ARDUINO

LED부터 IoT까지

홍대기 · 신상석 공저

아두이노 설계 & 코딩 DIY 여행

생능출판

저자 소개

홍대기 (hongdk@smu.ac.kr)

광운대학교 컴퓨터공학과를 졸업하고, 연세대학교 전자공학과에서 석사, 동 대학원에서 박사(통신 전공)를 취득하였다. 전자부품연구원(KETI) 선임연구원을 거쳐 현재 상명대학교 시스템반도체공학과 교수로 재직 중이며, 상명대학교 공과대학장을 역임하였다. 전공 분야에 30여 편의 SCI 논문을 출판하였고, 최근에 실무 교육의 필요성을 느껴 실습 위주의 교육에 주력하고 있다.

신상석 (beasiam@naver.com)

서울대학교 제어계측공학과를 졸업하고, KAIST 전산학 석사, 동 대학원 박사과정을 수료하였다. 한국전자통신연구원(ETRI) 책임연구원, 벤처 기업 연구소장 등을 거쳐 현재 제이씨넷 연구소장 및 상명대학교 시스템반도체공학과 겸임교수로 재직 중이다. 전자계산기기술사로 마이크로컨트롤러 교육에 관심이 많고, 『마이크로컨트롤러 ATmega128 DIY 여행』의 저자이다. 있는 그대로, 예쁘게, 즐겁게, 함께 살아가기를 힘쓰며 살고 있다.

LED부터 IoT까지 아두이노 설계 & 코딩 DIY 여행

초판발행 2020년 3월 30일
제1판2쇄 2021년 9월 10일

지은이 홍대기, 신상석
펴낸이 김승기
펴낸곳 (주)생능출판사 / **주소** 경기도 파주시 광인사길 143
출판사 등록일 2005년 1월 21일 / **신고번호** 제406-2005-000002호
대표전화 (031)955-0761 / **팩스** (031)955-0768
홈페이지 www.booksr.co.kr

책임편집 김민보 / **편집** 신성민, 유제훈, 명하나, 권소정 / **디자인** 유준범
마케팅 최복락, 김민수, 심수경, 차종필, 백수정, 최태웅, 김민정
인쇄 성광인쇄(주) / **제본** 은정문화사

ISBN 978-89-7050-354-7 93560
정가 22,000원

- 이 도서의 국립중앙도서관 출판예정도서목록(CIP)은 서지정보유통지원시스템 홈페이지(http://seoji.nl.go.kr)와 국가자료공동목록시스템(http://www.nl.go.kr/kolisnet)에서 이용하실 수 있습니다. (CIP제어번호: 2020001474)

머리말

아두이노는 오픈 소스인 스케치 프로그램을 기반으로 하는 오픈 소스 마이크로컨트롤러 플랫폼이다. 그러므로, 아두이노 홈페이지에 있는 스케치 소프트웨어를 이용하여 스케치 프로그램을 작성하고 이를 아두이노에 업로드하면 누구나 손쉽게 다양한 응용 시스템을 개발할 수 있다.

이러한 이유로, 아두이노는 공학도뿐만 아니라 예술인을 포함한 일반 대중들에게 점점 더 많이 보급되고 있으며, 최근에는 초중고 학생들에게도 인기있는 잇템이 되고 있다. 앱 제작 도구를 이용하면 전공자가 아닌 사람들도 스마트폰 앱을 쉽게 제작할 수 있듯이, 아두이노를 이용하여 누구나 자신이 원하는 간단한 전자 제품을 쉽게 만들어 볼 수 있는 시대가 열린 것이다.

현재, 아두이노와 관련된 책은 셀 수 없이 많이 출간되어 있다. 그럼에도 불구하고 이 책을 또 기획하고 출간하게 된 것은 다음의 2가지 이유 때문이다.

첫째 이유는, 아두이노의 다양한 응용 예(거의 모든 기능)를 효용성 있는 DIY 작품을 만들어 보는 과정을 통하여 쉽고 빠르게 체득할 수 있도록 하고자 함이다.

이를 위하여, 이 책은 아두이노의 디지털 출력, 디지털 입력, 아날로그 출력, 아날로그 입력, 인터럽트 응용, 타이머/카운터 응용, UART 통신, SPI 통신, I^2C 통신 등의 기능을 설명한다. 그리고 이를 기반으로, LED, 컬러 LED, FND, 스위치, 버저, 가변저항, 광센서, 온도센서, 적외선센서, 거리센서, 가속도/각속도/지자기 센서, 릴레이, RTC, DC모터, 서보모터, 문자 LCD, SD 카드 등의 다양한 전자부품을 이용하여, 신호등, 전압계, 탄생석 반지, 엘리베이터 표시기, 시한폭탄 계수기, 캐롤송 연주기, 정원등, 공중회전그네, 스마트 선풍기, 주차장 차단기, 디지털 시계, 글자 표시기, 키 측정기, 리모컨 전등, 리모컨 선풍기, 블루투스 무드등, 메모장, 인터넷 전등 등의 생활용품을 DIY로 구현할 수 있는 방법을 제시한다.

둘째 이유는, 아두이노를 포함한 다양한 전자 부품을 하나의 보드에 장착한 아두이노 실습 키트(JARDUINO-MEGA-IOT)를 이용한 예를 추가로 더 보임으로써, 회로 연결에 대한 부담을 줄이면서, 활용과 응용, 융합에 대한 프로그램(코딩) 능력을 빠르게 향상시키고자 함이다.

아두이노와 필요한 전자부품을 이용하여 다양한 예를 하나씩 꾸며가면서 학습을 진행해 가는 것은 아두이노를 배우는 좋은 방법 중의 하나이다. 하지만, 전자부품을 아두이노와 연결하는 과정에 많은 시간이 소요되고, 개인이 다양한 부품을 하나하나 직접 연결하여야 하므로 분실의 위험도 크다. 아두이노와 다양한 전자부품을 하나의 보드 내에 함께 장착한다면 이와 같은 단점을 보완할 수 있는데, JARDUINO-MEGA-IOT 키트가 이 예이다. 이 책은 JARDUINO-MEGA-IOT 키트를 이용하여 위에서 언급한 다양한 응용 예를 설명하는 내용을 추가함으로써 사용자가 시간과 노력을 절약하면서 응용 프로그램(코딩) 능력을 향상시키는데 좀 더 집중할 수 있게 한다.

이 책의 구성 및 내용은 다음과 같다.

1장부터 5장까지는 아두이노를 사용하기 위하여 필요한 기초적인 내용을 설명한다. 아두이노의 개념을 설명하고, 아두이노 포트와 기본 기능, 스케치 소프트웨어 사용법 등을 공부한다. 또한, 응용 프로그램 작성을 위하여 필요한 C/C++ 언어의 기초 사용법도 소개함으로써 6장부터 시작되는 실습 진행을 위한 기초를 마련한다.

6장부터는 21개의 다양한 실습 프로젝트가 순서대로 펼쳐진다. 프로젝트의 주제는 실제 생활에서 응용이 가능한 실용적인 내용으로, 앞에서 언급한 바와 같다. [LED 비상등]과 같이 기초적인 것에서 부터 [인터넷으로 동작하는 IoT 전등]까지, 마치 여행을 떠나듯, 하나하나 적절한 프로젝트를 실행해 볼 수 있다.

이 책은 일반적인 아두이노 교재의 구성 형식과는 다르게, 목표를 제시하고 이를 직접 설계하고 코딩하는 DIY 실습 프로젝트 방식을 채택하였다. 21개의 프로젝트를 하나씩 차근차근 완성해 가다 보면 기본 이론 및 공학 설계 개념이 잡히고, 실전 DIY 제작 능력도 쑥쑥 늘어나, 마치 전문 엔지니어가 된 듯한 성취감도 맛볼 수 있을 것이다. 또한, 각 프로젝트의 내용을 적절히 조합 또는 수정하거나 약간의 아이디어를 추가하여 작품을 설계한다면 자신만의 창조적인 DIY 작품(또는, 캡스톤이나 프로젝트의 결과물) 제작도 충분히 가능할 것이다.

이 책의 또 다른 특징은, 꼭 필요한 핵심적인 부분만 체계적이고, 명쾌하게 기술함으로써 바로 이해하고 바로 써먹을 수 있도록 한 것이다. 이를 위하여 하드웨어 플랫폼으로는 아두이노 메가2560(폼팩터와 핀 할당 동일)과 주변 전자부품(센서, 액추에이터 등)을 함께 내장한 제이씨넷 사의 JARDUINO-MEGA-IOT 키트를 채택함으로써, 회로를 연결하는데 소요되는 시간을 최소화하고, 아두이노 실드를 사용할 수 있는 환경도 제공한다. 회로도는 아두이노 메가2560을 기준으로 프리징(fritzing) 툴로 작성된 것과 JARDUINO-MEGA-IOT를 기반으로 작성된 것을 동시에 제공함으로써 이해를 돕는다.

마지막으로, 이 책, 아두이노(JARDUINO-MEGA-IOT), 그리고 네이버 카페 [임베디드홀릭]의 환상적인 콜라보가 여러분을 새로운 아두이노 DIY 여행으로 인도하는 멋진 안내자가 되기를 희망한다.

2020년 새싹이 쏘옥 올라오는 시점에, 지은이

학교에서 교재로 사용 시 강의 계획(예시)

이 책으로 학교 강의를 하는 경우에는 학생의 수준과 상태, 요구 정도에 따라 다양한 방법으로 강의 계획을 작성할 수 있다. 몇 가지 예를 보이면 아래와 같다.

[한 학기만 강의하는 경우]

주차	한 학기(3학점) 강의 (초급 과정)	한 학기(3학점) 강의 (IoT 고급 과정)
1	1장 – 2장	1장 – 2장
2	3장 – 4장	3장 – 4장
3	5장	5장 – 6장
4	6장	7장 – 8장
5	7장	9장 – 10장
6	8장	11장 – 12장
7	9장	13장 – 14장
8	중간고사	중간고사
9	10장	15장 – 16장
10	11장	17장 – 18장
11	13장	19장 – 20장
12	14장	21장 – 22장
13	15장	23장 – 24장
14	17장	25장
15	19장	26장
16	기말고사 또는 프로젝트	기말고사 또는 프로젝트

[두 학기 동안 강의하는 경우]

주차	두 학기 중 첫 학기(2학점) 강의	두 학기 중 두 번째 학기(2학점) 강의
1	1장	15장
2	2장	16장
3	3장	17장
4	4장	18장
5	5장	19장
6	6장	20장
7	7장	21장
8	중간고사	중간고사
9	8장	22장
10	9장	23장
11	10장	24장
12	11장	25장
13	12장	26장
14	13장	프로젝트 설계 1
15	14장	프로젝트 설계 2
16	기말고사 또는 프로젝트	기말 프로젝트 발표

CONTENTS / 차례

CONTENTS / 표 차례

CONTENTS / 표 차례

CONTENTS / 그림 차례

CONTENTS / 그림 차례

CONTENTS / 그림 차례

CONTENTS / 그림 차례

CONTENTS / 그림 차례

CONTENTS / 그림 차례

01 장

기초 개념 이해하기

학습 목표

- 오픈 소스 및 통합개발환경의 개념을 이해할 수 있다.
- 마이크로컨트롤러의 기본 구조와 기능을 이해할 수 있다.
- 아두이노 순서도 작성 도구, 회로도 작성 도구, 시뮬레이션 도구를 이해할 수 있다.

학습 내용

- 스케치 소프트웨어 : 통합개발환경(IDE, Integrated Development Environment)
- 아두이노 : CPU(Central Processing Unit), 메모리, 마이크로컨트롤러, 센서, 액추에이터
- 활용 도구 : Fritzing, www.draw.io, TinkerCAD

개요

마이크로컨트롤러(Microcontroller, 이하 'μ컨트롤러'로 표기)를 응용한 시스템을 개발하려면 **[그림 1.1]**과 같이 하드웨어, 하드웨어를 동작시키기 위한 프로그램 코드, 그리고 프로그램 코드를 작성하고 하드웨어로 업로드하는 도구인 소프트웨어가 있어야 한다. 아두이노 응용 시스템을 개발하기 위한 하드웨어를 아두이노라고 하고, 아두이노를 동작시키기 위한 코드를 스케치 프로그램, 스케치 프로그램을 작성하고 아두이노에 업로드하는 도구를 스케치 소프트웨어라고 한다.

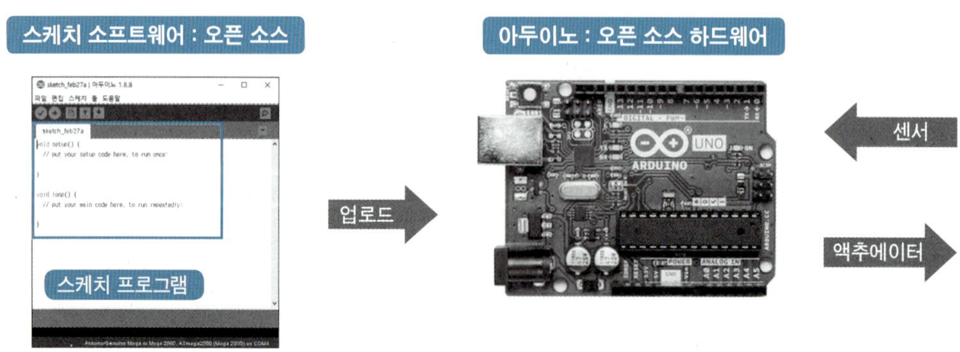

[그림 1.1] μ컨트롤러 응용 시스템 개발의 개념

모든 아두이노는 오픈 소스 하드웨어이므로 누구나 공개된 회로도를 이용하여 아두이노를 제작해 사용할 수 있고, 스케치 소프트웨어도 오픈 소스이므로 누구나 공개된 소프트웨어를 다운로드 받아 스케치 프로그램을 개발할 수 있다. 스케치 소프트웨어는 그 자체로 오롯이 아두이노 응용 시스템의 개발이 가능한 통합개발환경(IDE)을 제공한다. 아두이노의 핵심인 μ컨트롤러 칩에는 CPU와 메모리, 그리고 주변장치들이 집적되어 있어, 센서 등을 통해 외부 환경으로부터 정보를 얻거나 액추에이터 등을 통해 외부 환경에 어떤 작용을 가할 수 있다.

오픈 소스 / 오픈 소스 하드웨어

[그림 1.2]와 같은 TV 프로그램에서는 출연자가 음식을 맛있게 만드는 비법, 즉 레시피를 공개한다. 이를 영어로 표현한다면 '오픈 레시피' 라고 할 수 있다. 오픈 레시피가 허용된다면 많은 식당들이 동일한 음식을 만들어 팔 수 있게 된다. 또한 어떤 식당들은 오픈 레시피를 변형하여 새로운 레시피를 만들어 낼 수도 있을 것이다. 이를 IT(Information Technology)에 적용해 보자. 어떤 프로그램의 개발자가 소스코드를 공개해 제3자가 자유롭게 그 소스를 사용하고 수정하는 것이 가능하다면 이를 '오픈 소스(Open Source)' 라고 명명할 수 있다. 오픈 소스가 되면 제3자가 공개된 오픈 소스를 사용해 응용 시스템을 개발할 수 있으며, 새로운 기능을 추가하여 개선할 수 있게 된다. 대표적인 예가 리눅스 운영체제와 스마트폰의 안드로이드 운영체제이다. 스케치 소프트웨어 또한 오픈 소스이므로 누구든지 이 소프트웨어를 사용하여 아두이노 응용 시스템을 개발할 수 있다.

[그림 1.2] 오픈 레시피

하드웨어에 오픈 소스 개념이 적용되면 '오픈 소스 하드웨어(Open Source Hardware)' 라고 명명할 수 있다. 즉, 하드웨어 설계도가 모두에게 공개되는 경우, 누구든지 설계도를 이용해서 하드웨어를 제작하거나, 자유롭게 수정한 후 제작하여 판매할 수 있다. 이에 대한 대표적인 예가 바로 아두이노이다. **[그림 1.3]**에는 아두이노 우노(Uno)의 회로도와 외관이 나타나 있다. 회로도 중앙 하단에는 핵심 부품인 ATmega328p μ컨트롤러 칩이 있는데 이 칩이 아두이노의 모든 제어 신호를 만들어 낸다. 누구나 이러한 회로를 똑같이 사용하거나 자유롭게 변형하여 자신만의 하드웨어를 제작할 수 있는 것이다.

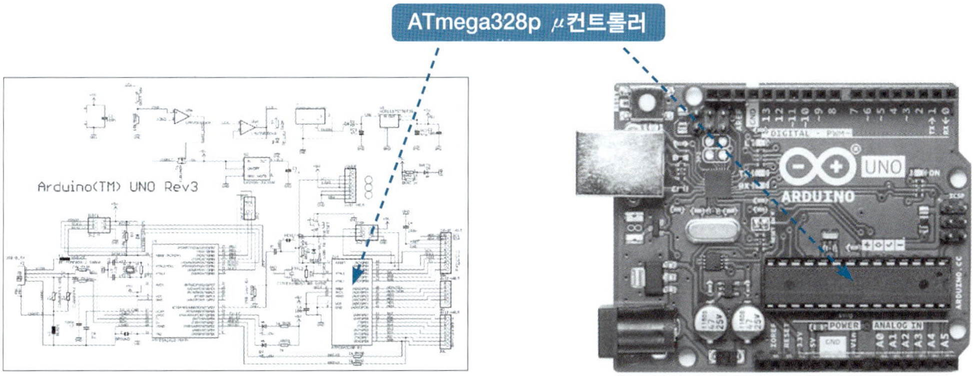

[그림 1.3] 아두이노 우노 회로도 및 외관

통합개발환경(IDE)

프로그램을 개발하는 과정을 생각해보자. 먼저 '편집기' 를 이용하여 프로그램을 코딩하여야 한다. 코딩이 끝나면 '컴파일러' 를 이용하여 코딩된 프로그램이 문법적으로 오류가 없는지 검사하고, 오류가 없을 경우 기계가 이해할 수 있는 기계어 프로그램을 생성하여야 한다. 마지막으로 '업로더' 를 이용하여 컴파일된 기계어 프로그램을 하드웨어에 업로드하여야 한다. 경우에 따라서는 컴파일된 프로그램을 모의로 실행시키는 '시뮬레이터' 기능도 필요하다.

보통 응용 시스템 개발에 필요한 소프트웨어 도구는 위에 열거한 편집기, 컴파일러, 업로더, 시뮬레이터 등의 기능이 통합되어 제공된다. 이를 우리는 통합개발환경(IDE)을 제공하는 소프트웨어 도구라고 표현한다. 아두이노를 개발하기 위한 스케치 소프트웨어도 IDE의 형태로 개발되어 있다.

[그림 1.4]는 스케치 소프트웨어의 실행 화면이다. 화면의 [파일] 메뉴나 [편집] 메뉴를 이용하여 다양한 '편집기' 기능을 수행할 수 있으며, [스케치]나 [도구] 메뉴를 이용하여 '컴파일러' 기능과 '업로더' 기능을 수행할 수 있다. 메뉴의 아래에 있는 체크 아이콘(∨)은 컴파일을 수행하는 아이콘이며, 우측 화살표 아이콘(→)은 컴파일과 업로드를 동시에 수행하는 아이콘이다. 스케치 소프트웨어에 대해서는 나중에 좀 더 자세하게 설명할 것이다. 결론적으로 스케치 소프트웨어는 아두이노에 대한 편집기, 컴파일러, 업로더 등의 기능이 하나의 소프트웨어로 통합된 통합개발환경, 즉 아두이노 IDE이다.

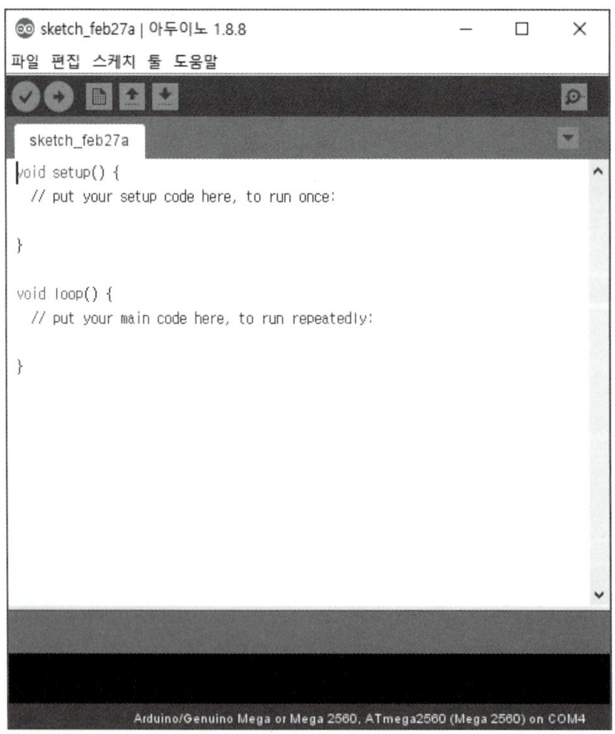

[그림 1.4] 스케치 소프트웨어 : 아두이노 IDE

중앙처리장치(CPU)

집안에서 빛의 밝기를 측정하여 일정 밝기 이상이 될 경우, 아두이노를 이용해 자동으로 커튼을 닫는 응용 시스템이 동작하는 과정을 **[그림 1.5]**를 이용하여 설명해 보자. 센서로서 조도센서, 액추에이터로서 서보모터, 그리고 아두이노가 나타나 있다. 아두이노는 중앙처리장치(CPU)가 집적되어 있는 μ컨트롤러를 내장하고 있다. (아두이노는 μ컨트롤러와 다양한 주변장치들을 포함하는 개념이다.)

조도센서는 0V부터 5V까지의 전압을 출력하는데, 밝기를 최대로 감지할 때는 5V, 최저로 감지할 때는 0V를 출력한다고 가정한다. 먼저 조도센서를 이용하여 밝기 정보를 감지하고, 이 정보를 아두이노에 내장된 μ컨트롤러로 전송한다. μ컨트롤러는 입력 전압의 크기에 따라 빛의 밝기를 추정할 수 있으므로, 빛의 밝기가 일정 수치를 넘어서는 경우 커튼을 닫을 수 있도록 서보모터를 구동시키는 신호를 출력할 수 있다. 물론 개발자는 사전에 이러한 역할을 할 수 있는 내장 소프트웨어를 코딩하여 μ컨트롤러로 업로드해 주어야 한다.

μ컨트롤러 내부의 CPU에 초점을 맞추어 조금 더 자세히 살펴보자. CPU는 보통 레지스터 모음, 연산장치(ALU, Arithmetic Logic Unit), 제어장치(CU, Control Unit)로 구성된다. 레지스터는 데이터를 임시로 저장하는 공간이고, 연산장치는 덧셈, 곱셈 등을 계산하는 장치이며, 제어장치는 이러한 일련의 동작이 가능하도록 읽기, 쓰기 등의 제어 신호를 생성하는 장치이다. 연산에 필요한 값(앞서 획득한 외부 환경 데이터 값)들은 레지스터에 저장되어 있다. 연산장치는 여러 가지 연산을 통해 이 값이 일정 수치 이상 올라가는지 확인한다. 제어장치는 일정 수치 이상 올라가는 순간이 검출되면 액추에이터인 서보모터를 구동시키는 제어 신호를 출력한다. 그러면 서보모터의 동작에 의해 커튼이 자동으로 닫히거나 열리게 되는 것이다. 이 과정을 보면, CPU가 사람의 두뇌와 같이 전체 프로세싱 과정에서 핵심적인 역할을 담당한다는 것을 알 수 있다.

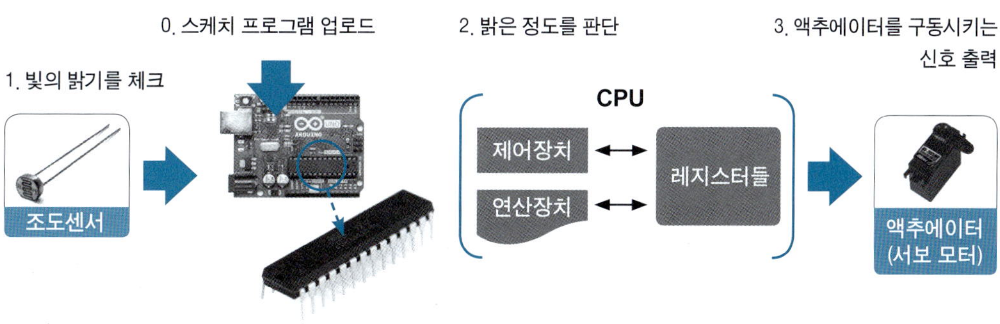

[그림 1.5] 중앙처리장치의 구조 및 기능

메모리

일반적으로, PC는 CPU, RAM(Random Access Memory), ROM(Read Only Memory)이 각각 독립적인 칩(IC, Integrated Circuit)으로 존재하며 이들을 버스로 연결하는 형태로 설계된다. 그러나 μ컨트롤러는 **[그림 1.6]**에서처럼 CPU와 더불어 EEPROM(Electrically Erasable Programmable ROM)과 RAM, 그리고 플래시메모리(Flash Memory) 등의 메모리가 하나의 칩(IC) 안에 함께 집적된다.

EEPROM과 플래시메모리는 모두 ROM 계열의 비휘발성(Nonvolatile) 메모리이며 한번 데이터가 저장되면 전원이 차단되어도 지워지지 않는다. 플래시메모리는 스케치 프로그램이 업로드되는 메모리로 사용되며, EEPROM은 수시로 변경되지 않는 설정 값이나 초깃값을 저장하기 위한 메모리로 사용된다.

RAM은 휘발성(Volatile) 메모리이며 데이터가 저장되었다고 하더라도 전원이 차단되면 지워진다. RAM은 CPU가 스케치 프로그램을 실행하면서 필요로 하는 변수 값이나 임시 데이터를 저장하기 위한 작업 메모리로 사용된다.

아두이노 우노의 ATmega328p 칩에는 32KByte의 플래시메모리, 1KByte의 EEPROM, 2KByte의 RAM이 집적되어 있다. 스케치 소프트웨어가 스케치 프로그램을 업로드하면 이것은 플래시메모리에 저장되고 CPU는 이 프로그램을 실행하게 된다.

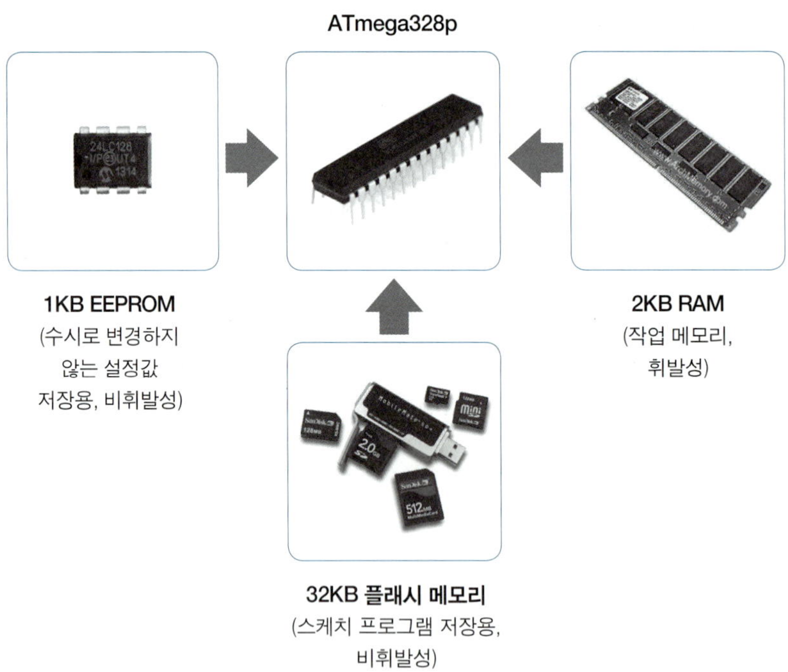

[그림 1.6] 아두이노 우노의 μ컨트롤러에 집적된 메모리들

μ컨트롤러 : 입출력을 제어하는 두뇌

앞서 μ컨트롤러는 CPU와 메모리 및 주변장치가 하나의 칩에 집적되어 있다고 설명하였는데, 이와 비슷한 용어로 μ프로세서가 있다. 2가지 용어가 자주 혼용되므로 여기서 그 차이점을 간단히 짚어보고 가자. 가장 기본적인 차이점은 μ컨트롤러는 CPU 외에도 메모리나 입출력 제어기 회로 등이 모두 내장되어 있다는 점이며, μ프로세서는 CPU와 간단한 부가 회로가 내장되어 있고, 외부에 메모리나 제어기를 장착할 수 있는 인터페이스를 제공하는 구조를 갖는다는 점이다.

μ컨트롤러가 μ프로세서의 슈퍼셋으로 더 크고, 더 기능이 많고, 더 고가일 것으로 생각할 수 있지만 이것은 잘못된 생각이다. 오래 전에는 μ컨트롤러가 μ프로세서에 주변 입출력장치를 더 추가한 개념으로 많이 사용되었지만, 얼마전부터는 조금 다른 개념으로 사용되고 있다. 즉, μ컨트롤러는 하나의 칩으로 모든 것을 제어하는 임베디드시스템에 사용되는 정도의 칩으로, μ프로세서는 다른 주변 칩과 함께 유연하게 구성되어 좀 더 복잡한 임베디드시스템에 사용되는 정도의 칩으로 자리잡는 추세이다. 한편, PC에서는 마이크로(μ)라는 단어가 갖고 있는 작다는 의미 때문에 μ컨트롤러나 μ프로세서는 잘 사용하지 않고, 그냥 프로세서 또는 CPU라는 용어를 더 많이 애용하는 편이다.

최근에는 두 개념의 경계가 점점 허물어져 μ프로세서와 μ컨트롤러의 구분이 모호해지고 있으며, 특히 모바일 기기에서는 응용 프로세서(AP: Application Processor)라는 새로운 개념도 등장하고 있다. **〈표 1.1〉**에 μ프로세서와 μ컨트롤러의 일반적인 차이를 간단히 정리하여 나타내었다. 아두이노에는 μ컨트롤러의 정의에 충실한 ATmega328p라는 칩이 내장되어 있다.

〈표 1.1〉 μ프로세서와 μ컨트롤러의 일반적인 차이(최근)

	μ 프로세서	**μ 컨트롤러**
집적 범위	CPU와 확장 인터페이스	CPU, 메모리(ROM/RAM/플래시), 입출력 제어기
두뇌역활	주변 칩과 함께 구성	단독 구성
명령어 길이	8/16/32비트, 64비트(최근)	8/16비트, 32비트(최근)
용도	데이터 연산/처리/제어	제어 전용
구성의 편의성	복잡	단순
유연성, 확장성	높음	낮음

센서 : μ컨트롤러를 위한 눈, 코, 귀

센서란 열, 빛, 온도, 압력, 소리 등의 물리적인 양 혹은 변화를 감지하거나 계측하여 일정한 신호(전류, 전압)로 변환한 후 μ컨트롤러에게 알려주는 부품이다. [그림 1.7]처럼 보통 인간이 보고, 듣고, 냄새를 맡는 등의 오감을 기계적이거나 전자적으로 모델링하여 만들게 된다. 센서의 종류는 조도센서, 소리센서, 가스센서 외에도 온도센서, 압력센서, 유량센서, 가속도센서, 자이로센서, 지자기센서, 당도센서 등 매우 다양하다. 최근 이슈가 되고 있는 먼지센서도 이러한 센서 중의 하나이다.

[그림 1.7] 센서의 종류 및 역할

액추에이터 : μ컨트롤러의 팔, 다리

액추에이터의 전통적 의미는 전기적인 신호를 물리적인 운동으로 바꿔주는 장치를 가리키는 제한적인 용어였다. 그러나 요즘 사물인터넷에서는 전기적인 신호에 반응하는 모든 장치를 액추에이터라고 부르는 추세이다. 예를 들어, 앞에서 소개한 커튼을 닫는 장치에서 서보모터가 액추에이터에 해당된다. 즉, 액추에이터는 센서에 반대되는 개념으로 전기적인 신호를 입력받아 외부에 물리적인 제어를 제공하는 전자/기계 부품을 의미한다. 액추에이터는 보통 μ컨트롤러의 출력 신호를 입력받아 동작하게 되는데 [그림 1.8]에 여러 예가 나타나 있다. LED(Light Emitting Diode), 스피커, FND(Flexible Numeric Display), 서보모터 등은 모두 μ컨트롤러의 제어 신호를 입력받아 인간이 감지할 수 있는 형태의 출력을 생성한다.

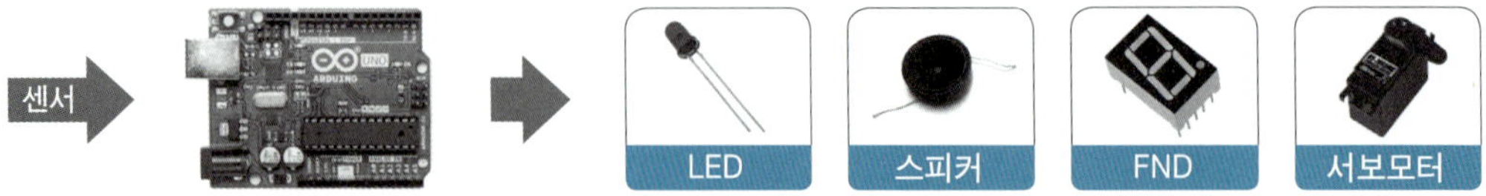

[그림 1.8] 액추에이터의 종류 및 역할

브레드보드

아두이노를 이용한 시스템을 구성하려면 앞서 설명한 아두이노와 센서, 액추에이터 등을 도선을 이용하여 연결하여야 한다. 연결의 편의성을 위해서는 식빵처럼 상단에 구멍이 뚫린 **[그림 1.9]**와 같은 브레드보드를 활용하면 편리하다. 브레드보드의 내부는 그림의 오른쪽과 같이 가장자리의 구멍(전원 연결부)들은 상하로 도선이 연결되어 있고, 가운데의 구멍(회로 연결부)들은 좌우로 도선이 연결되어 있다. 그러므로 건전지와 LED를 연결할 때는 **[그림 1.9]**의 왼쪽처럼 연결하면 된다. 회로가 매우 단순하면 굳이 브레드보드를 사용할 이유가 없지만, 회로가 복잡해질 경우 브레드보드를 이용해야 회로 전체를 조감하면서 구현하기가 쉽다.

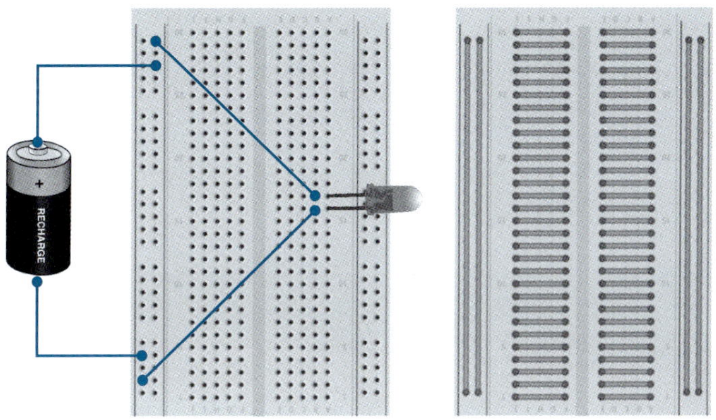

[그림 1.9] 브레드보드의 연결 방법

아두이노 회로도 작성 도구 : fritzing [fritzing.org/]

fritzing은 아두이노 회로도를 그릴 수 있는 소프트웨어 도구이다. fritzing.org/에 접속하면 **[그림 1.10]**의 1번과 같은 화면이 나타난다. 여기서 [Download] 메뉴를 선택하면 2번의 화면이 나타난다. 이 중 [Windows]용을 다운 받아 설치한 후 실행하면 3번의 화면과 같이 프로그램이 실행된다.

이 프로그램의 메뉴에는 [Breadboard], [Schematic], [PCB]가 있다. 이 중에서 [Breadboard]를 선택하면 4번의 화면이 나타나는데, 화면 우측에 보이는 다양한 부품을 이용하면 회로를 구성할 수 있다. 도선은 마우스로 연결하면 된다. [Breadboard] 메뉴에서 부품과 도선을 이용해 회로를 구성하면, [Schematic]과 [PCB]는 자동으로 생성된다. PCB(Printed Circuit Board)는 직접 fritzing에서 주문할 수도 있지만 여기서는 이 과정에 대한 설명은 생략한다. [〈〉code] 메뉴가 있어서 코드도 저장할 수는 있지만, 시뮬레이션을 제공하지는 않는다.

이 책에서는 필요할 때마다 fritzing을 이용한 회로도를 제시할 것이다. 회로도를 구성하는 방법은 매우 다양하므로 반드시 제시된 것과 똑같이 구성해야 하는 것은 아니다. 작성 방법은 매우 직관적이므로 필요시 매 설계마다 직접 수행해보기 바란다.

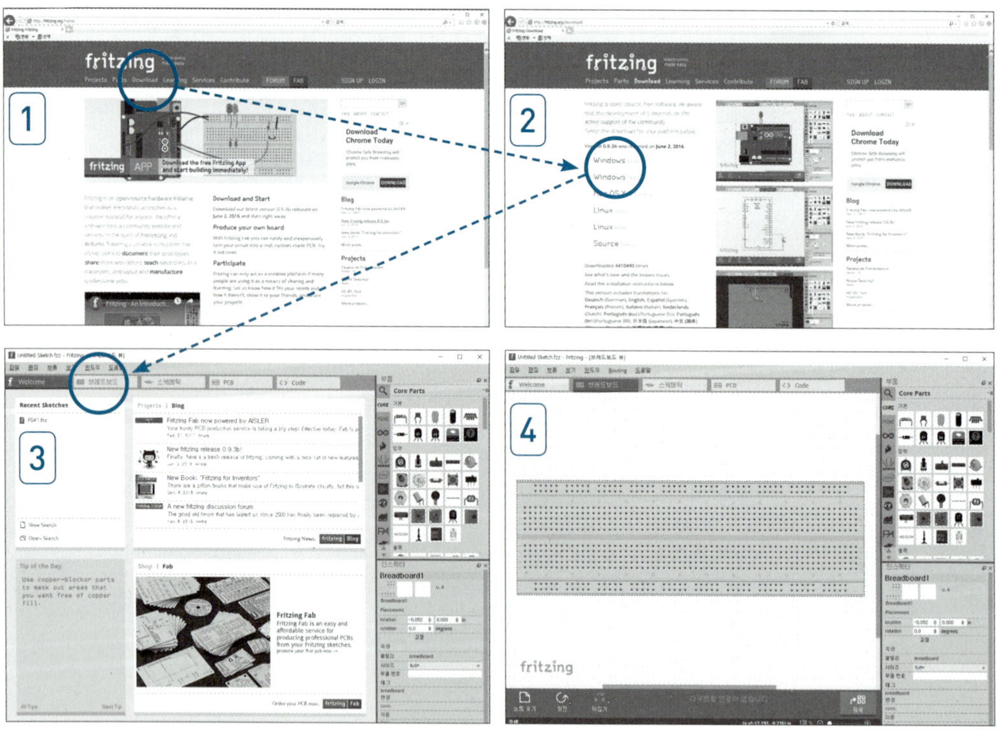

[그림 1.10] 회로도 작성 도구 : fritzing 소프트웨어

순서도 작성 도구 : [www.draw.io/]

프로그램을 하기 전에, 구현하고자 하는 기능을 어떻게 하면 구현(해결)할 수 있는지를 순서적으로 논리적으로 기술해 보는 것도 필요하다. 이 때, 순서도를 이용하는 것은 한 가지 좋은 방법이다. 아래 [그림 1.11]은 순서도 작성을 위한 소프트웨어 도구인 www.draw.io의 실행 화면이다. 이 소프트웨어는 다운받아 설치하는 것이 아니고, 웹페이지인 [www.draw.io/]에서 직접 실행하는 형태로 되어 있다. 작성 방법은 매우 직관적이므로 필요시 매 설계마다 직접 수행해보기 바란다.

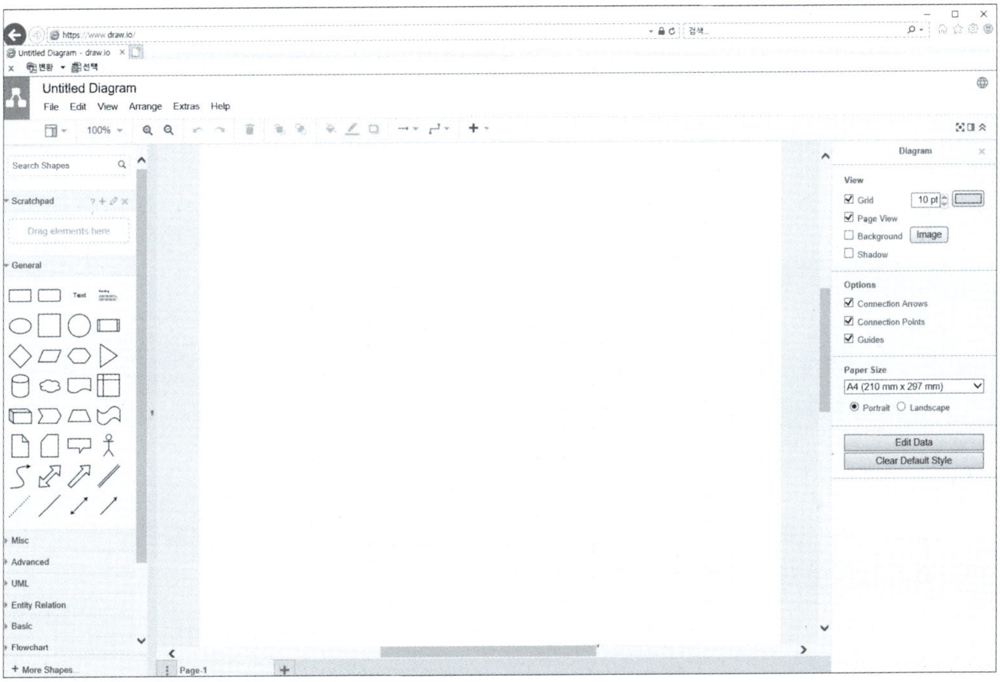

[그림 1.11] 순서도 작성 도구 [www.draw.io/]

아두이노 시뮬레이션 도구 : TinkerCAD [www.tinkercad.com/]

TinkerCAD는 아두이노를 시뮬레이션할 수 있는 소프트웨어 도구이다. 이 소프트웨어는 다운받아 설치하는 형태가 아니고, 웹상에서 직접 시뮬레이션을 수행할 수 있게 되어 있다. [www.tinkercad.com/]에 접속하면 **[그림 1.12]**의 1번 화면이 나타난다. 회원 가입을 하고 로그인하면 2번 화면이 나타난다. [3D 디자인], [Circuits], [학습] 중에서 [Circuits]을 클릭하면 3번 화면이 나타나는데 중앙의 [새 회로 작성]을 클릭하면 4번 화면이 나타난다. 이 화면의 우측에는 부품이 나열되어 있어 이것을 이용하여 회로를 구성할 수 있다.

TinkerCAD는 웹상에서 아두이노 하드웨어 실습을 수행할 수 있는 매우 유용한 도구이다. 다만 TinkerCAD에서 제공되는 부품들이 다양하지는 않기 때문에, 이 책에서 제시하는 모든 회로를 시뮬레이션 할 수는 없다. 시뮬레이션 방법은 매우 직관적이므로 필요시 매 설계마다 직접 수행해보기 바란다.

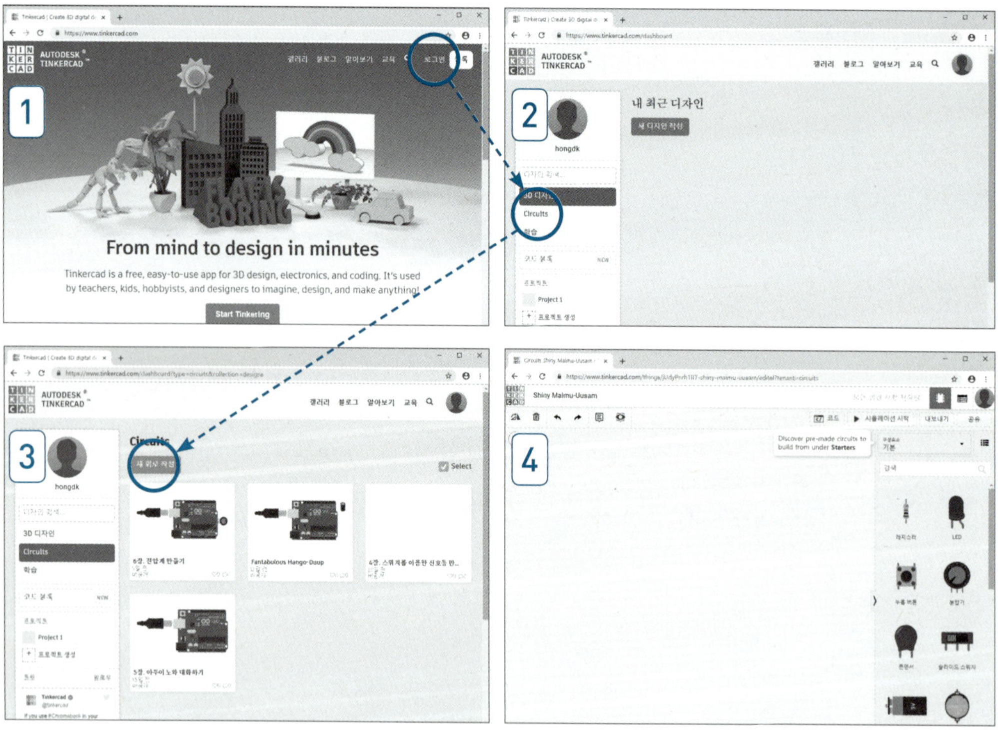

[그림 1.12] TinkerCAD 시뮬레이션

연습 문제

1 아두이노 응용 시스템을 개발하기 위한 하드웨어를 (　　　　), 아두이노를 동작시키기 위한 코드를 (　　　　　　　), 스케치 프로그램을 작성하고 아두이노에 업로드하는 도구를 (　　　　　　　)라고 한다.

2 아두이노는 (　　　　　　　　)이므로 누구나 공개된 회로도를 이용하여 아두이노를 제작해 사용할 수 있고, 스케치 소프트웨어는 (　　　　　　)이므로 누구나 공개된 소프트웨어를 다운로드 받아 스케치 프로그램을 개발할 수 있다.

3 편집기, 컴파일러, 업로더, 시뮬레이터 등의 기능이 통합되어 제공되는 소프트웨어 도구를 (　　　　　　　)을 제공하는 소프트웨어 도구라고 하며, 영어 약자로는 (　　　　　　)를 사용한다.

4 스케치 소프트웨어에서 체크 아이콘(∨)은 (　　　　　)을 수행하는 아이콘이다. 우측 화살표 아이콘(→)은 컴파일 및 (　　　　　)를 동시에 진행한다.

5 (　　　　　)는 칩 내부에 CPU 외에도 메모리, 입출력 회로 등이 집적되어 있고, 데이터의 크기는 8~32비트 정도이다.

6 아두이노 우노에는 (　　　　　　)라는 μ컨트롤러 칩이 내장되어 있다.

7 (　　　　　　)는 스케치 프로그램을 업로드하기 위한 메모리로 사용되고, (　　　　　)은 수시로 변경되지 않는 설정 값이나 초깃값을 저장하는데 사용된다.

8 (　　　　　)은 CPU가 스케치 프로그램을 처리하면서 발생하는 데이터를 임시로 저장하기 위한 작업 메모리로 쓰인다.

9 ATmega328p에는 32KByte의 (　　　　　　), 1KByte의 (　　　　　), 2KByte의 (　　　　)이 집적되어 있다.

10 스케치 소프트웨어가 스케치 프로그램을 업로드하면 (   )에 전체 프로그램이 저장되고 (   )는 이 프로그램을 실행하게 된다.

11 (   )란 열, 빛, 온도, 압력, 소리 등의 물리적인 양 혹은 변화를 감지하거나 계측하여 일정한 신호(전류, 전압)로 변환한 후 μ컨트롤러에게 알려주는 부품이다. 반대로 전기적인 신호를 입력 받아 외부환경에 물리적인 제어를 제공하는 전자/기계 부품을 (   )라고 한다.

12 (   )은 아두이노 회로도를 그릴 수 있는 소프트웨어 도구이다.

13 (   )는 아두이노를 시뮬레이션할 수 있는 소프트웨어 도구이다.

14 순서도 작성을 위한 소프트웨어 도구의 주소는 (   )이다.

02장 아두이노 이해하기

학습 목표

- 아두이노에 실장된 μ컨트롤러와 부품의 기능을 이해할 수 있다.
- μ컨트롤러의 내부 구조를 상상할 수 있다.
- 아두이노의 종류 및 실드의 개념을 이해할 수 있다.

학습 내용

- 아두이노에 실장된 μ컨트롤러 및 부품
- 우노 R3, 메가 2560의 주요 규격
- 나노, 우노 R3, 메가 2560, 릴리패드, 그리고 실드

아두이노의 역사

2005년 이탈리아 Ivrea에서 Massimo Banzi와 David Cuartielles가 아두이노(Arduino) 시스템을 개발하였다. 아두이노는 이탈리아어로 '친한 친구' 라는 의미이기도 하다. 아두이노는 오픈 소스인 스케치 프로그램을 기반으로 하는 오픈 소스 μ컨트롤러 플랫폼(또는 그냥 아두이노)이다. 플랫폼이라 함은 모든 응용 시스템들의 기반이 된다는 의미이다. 만일 밀가루로 만들 수 있는 음식이 국수, 만두, 튀김 등이 있다고 하면 밀가루가 이 모든 음식의 플랫폼이라고 할 수 있다. 즉, **[그림 2.1]**의 아두이노 홈페이지에 있는 IDE 기반의 스케치 소프트웨어를 이용해 스케치 프로그램을 작성하여 아두이노에 업로드하면 다양한 응용 시스템을 개발할 수 있는 것이다.

아두이노 이전에도 공학자들을 위한 많은 μ컨트롤러가 이미 존재하고 있었다. 하지만 아두이노는 예술가들이 작품을 제작할 때 쉽고 저렴하게 제어장치를 사용하기 위한 목적으로 제작되었다. 최근에는 IoT(Internet of Things, 사물인터넷) 개념이 부각되며 마치 스마트폰 앱을 제작하듯이 누구나 공학 제품을 개발하려는 수요가 증가하면서, 아두이노의 활용 범위가 예술 이외의 분야로 확대되고 있다. 우리나라에서는 최근 코딩 교육에 대한 관심이 높아지면서, 코딩 교육의 기본 플랫폼으로 아두이노에 대한 수요가 폭발적으로 증가하고 있는 중이다.

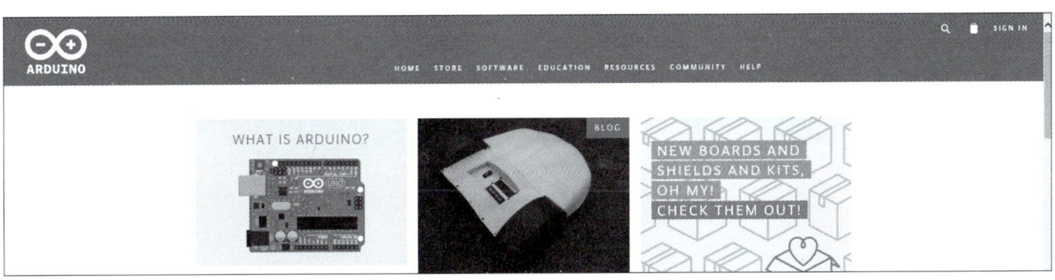

[그림 2.1] 아두이노 홈페이지 [www.arduino.cc]

아두이노 용어 정리 : 아두이노, 스케치 소프트웨어, 스케치 프로그램

아두이노 μ컨트롤러 플랫폼만을 아두이노라고 부르기도 하고 아두이노의 IDE인 스케치 소프트웨어를 포함하여 아두이노라고 부르기도 한다. 이 책에서는 **[그림 2.2]**와 같이 IDE를 스케치 소프트웨어, 이것으로 개발된 코드를 스케치 프로그램, 아두이노 μ컨트롤러 플랫폼을 아두이노라고 부르기로 한다. 아두이노의 장점은 오픈 소스이고, 가격이 저렴하며, 스케치 소프트웨어의 사용법도 매우 간단하고 편리하다는 것이다.

일반적으로 μ컨트롤러 플랫폼을 동작시키려면 매우 복잡한 코딩 스킬이 필요하다. 그러나 스케치 소프트웨어에는 빈번히 사용되는 코드들의 집합인 라이브러리(Library)가 이미 빌트인(Built-in)되어 있어 프로그램 개발이 매우 쉬워진다. 개발자는 단순히 이 라이브러리를 프로그램에 포함시켜 사용하기만 하면 된다. 이는 최고 수준의 음식을 만들기 위해서 간장, 고추장, 된장 등의 양념들을 직접 만들 수도 있지만, 시중에서 이미 잘 만들어진(빌트인 된) 양념을 구입하여 음식을 만들어도 충분히 훌륭한 음식을 만들어 낼 수 있는 것과 같다. 이러한 양념이 스케치 소프트웨어에서는 바로 라이브러리이다.

아두이노 홈페이지는 Mac OS X, 윈도우즈, 그리고 Linux 운영체제에서 동작하는 스케치 소프트웨어를 무료로 제공한다. 우리는 윈도우즈 운영체제 기반의 PC에 스케치 소프트웨어를 설치하여 아두이노 응용 시스템을 개발할 것이다.

조금 엉뚱한 생각을 해보자. 혹시 μ컨트롤러에도 운영체제를 설치하여 사용할 수 있을까?(이것을 OS(Operating System, 운영체제) 포팅이라 부른다.) 즉, 아두이노를 PC로 생각하고 여기에 운영체제를 설치하고 입력장치나 출력장치를 연결하여 PC처럼 사용할 수는 없을까 하는 것이다. '가능할 수도, 가능하지 않을 수도 있다.' 가 정답이다. 운영체제의 종류, 아두이노의 종류에 따라 다르겠지만, 일반적으로는 CPU 성능의 제약, 메모리 크기의 제약 등으로 인하여 대부분의 아두이노에는 운영체제가 탑재될 수 없다. 운영체제를 올려서 사용해야 할 정도의 복잡한 응용 시스템을 개발해야 한다면 아두이노가 아닌 더 우수한 규격을 갖는 다른 μ컨트롤러의 사용을 고려해야 할 것이다.

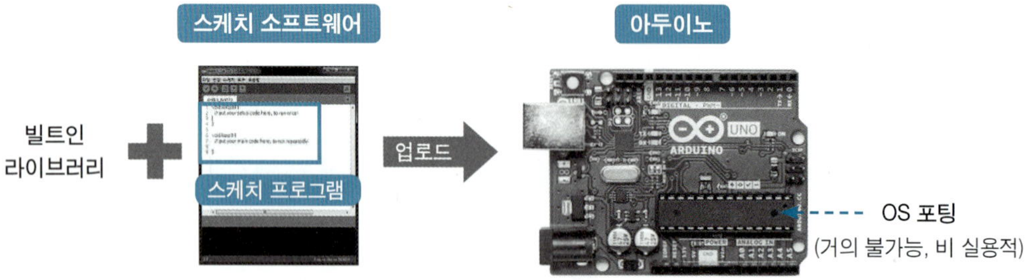

[그림 2.2] 아두이노의 개념

아두이노의 겉 모습

[그림 2.3]에는 아두이노 우노 R3(3번째 수정 버전이라는 의미임)의 회로도, 아두이노 우노 R3, 아두이노 메가 2560이 나타나 있다. 아두이노 회로도는 아두이노 홈페이지에 공개되어 있다. 아두이노 우노 R3(이후부터는 단순화하여 '우노' 로 명명한다.)에는 28핀의 반도체 칩인 마이크로칩 사의 DIP[*] 타입 ATmega328p μ컨트롤러가 내장되어 있다. 아두이노 메가 2560(이후부터는 단순화하여 '메가' 로 명명한다.)에는 SMD[*] 타입의 100핀 ATmega2560 μ컨트롤러가 장착되어 있다. 칩 주변의 부품들은 전류의 안정적 공급을 위한 전원장치, 그리고 PC와 USB 연결을 위한 통신 칩, LED 회로 등이다. 아두이노를 이용해 응용 시스템을 개발하려면, 아두이노에 필요한 회로를 결합하고 스케치 소프트웨어에서 이를 위한 프로그램을 코딩한 후 이를 아두이노에 업로드하여 실행시키면 된다.

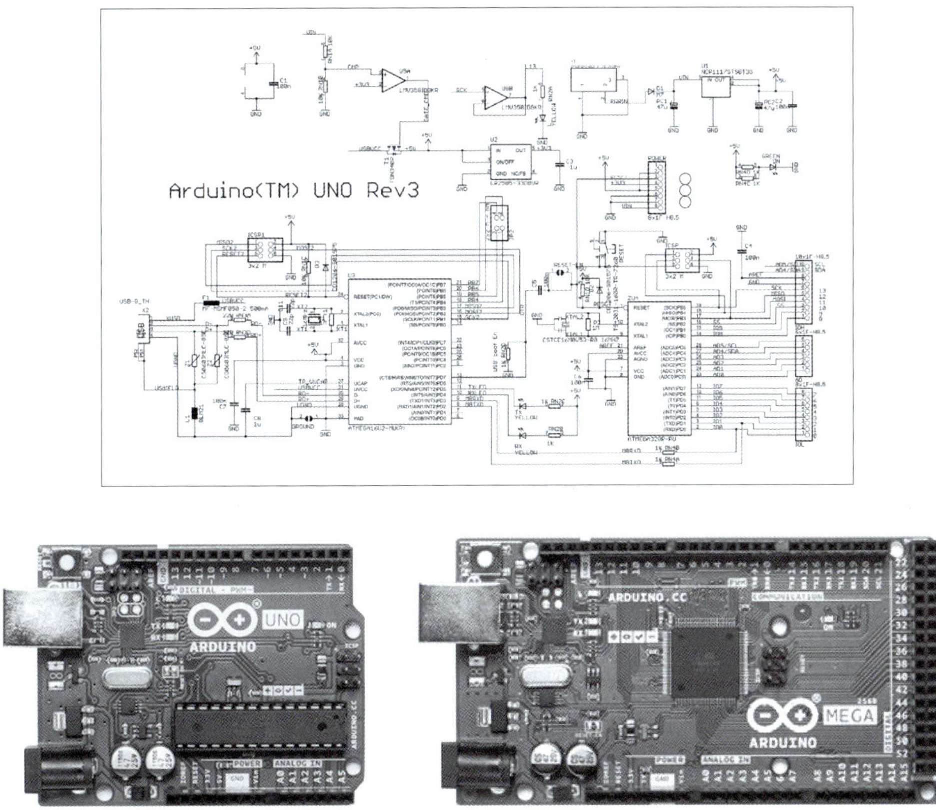

[그림 2.3] 아두이노 우노 회로도, 아두이노 우노, 아두이노 메가 2560

* 일반적으로 소켓이나 브레드보드에 끼우거나, PCB(Printed Circuit Board)를 관통하는 형태로 되어 있는 칩을 DIP(Dual-Inline Package) 타입 또는 리드 타입이라고 부른다. 반면에 납땜을 이용하여 PCB 표면에 직접 반영구적으로 부착하는 형태를 SMD(Surface Mount Device) 타입이라고 부른다.

아두이노의 속 모습 : μ컨트롤러

아두이노에서 사용한 부품을 개략적으로 살펴보자. 아두이노가 사용하는 부품 중 가장 중요한 것은 μ컨트롤러이다. μ컨트롤러에는 CPU, 각종 메모리, 입출력 주변장치가 한꺼번에 집적되어 있다고 언급한 바 있다.

[그림 2.4]에는 우노의 μ컨트롤러인 ATmega328p의 논리적인 간략 구조가 나타나 있다. ATmega328p μ컨트롤러는 28핀의 DIP 타입 칩이며, 8비트 CPU를 내장하고 있다. 여기서 8비트는 한 번(한 클록)에 처리할 수 있는 데이터의 크기를 의미한다. 만일 이 비트수가 증가한다면 한 번에 더 많은 양의 데이터를 처리할 수 있게 된다. 최근에 출시되는 PC용 프로세서는 주로 64비트이며 모바일용 AP도 64비트가 일반화되어 있지만, 소형 임베디드 기기나 가전제품에는 8비트나 16비트, 혹은 32비트의 μ컨트롤러를 사용하는 것이 많다.

μ컨트롤러의 CPU를 구동시키는 프로그램, 즉 스케치 소프트웨어에서 컴파일된 기계어 프로그램은 비휘발성 메모리인 플래시메모리에 저장된다. 이 프로그램이 CPU로 하나씩 옮겨져 실행되는 것이다. 플래시메모리의 특정 영역은 부트로더 영역으로 설정되어 있다. 부트로더는 전원이 들어오면 가장 먼저 실행되는 영역으로 사용자가 작성한 스케치 프로그램을 플래시메모리로 업로드하는 역할과 스케치 프로그램으로 점프하여 이를 실행하는 역할을 담당한다.

RAM은 프로그램 실행 시에 생성되는 변수를 저장하거나, 스택(stack) 또는 힙(heap) 영역으로 사용되는데, 휘발성이므로 전원이 차단되면 데이터는 소실된다.

EEPROM에는 수시로 변경되지는 않으나 사용자의 필요에 의하여 변경될 수 있는 설정 값 등이 저장되며, 비휘발성이므로 전원이 차단되어도 그 값은 유지된다.

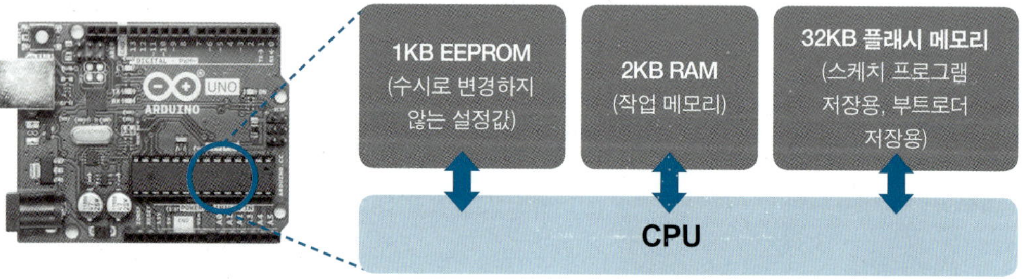

[그림 2.4] ATmega328p의 간략 구조도

아두이노의 속 모습 : 입출력

[그림 2.5]와 같이 PC에서 아두이노에 스케치 프로그램을 업로드할 때는 ATmega328p 칩에 내장된 UART(Universal Asynchronous Receiver/Transmitter : 범용 비동기 송수신기)를 이용한다. 아두이노는 USB(Universal Serial Bus)를 통해 PC로부터 스케치 프로그램을 받는다. 이 프로그램을 USB 인터페이스 칩을 통해 UART 데이터 형태로 변환한 후에 ATmega328p로 보내면 부트로더가 이것을 플래시메모리에 저장하게 된다. 최근의 PC는 외부에 UART 인터페이스를 가지고 있지 않으므로 통신 경로로 USB를 이용하고, 아두이노 내부에서 USB를 UART로 변환하는 과정을 거치는 것이다. 한편, USB 인터페이스는 전원 공급의 용도로도 사용된다. 아두이노와 주변 회로에 +5V의 전원을 500mA까지 공급 할 수 있다.

스케치 프로그램에 의해 구동된 CPU가 외부 환경으로부터 환경 정보를 입력받아야 할 경우, 또는 외부 환경에 어떤 제어를 제공해야 할 경우에는 어떠한 경로를 이용하여야 할까? 이 경우에는 입출력 포트를 이용하여야 한다. 입출력 포트는 0V에서 5V까지의 전압을 입력받거나 출력해 줄 수 있다. 디지털 포트의 경우에는 0V(OFF)와 5V(ON) 레벨의 두 전압 값을 입출력하여 아두이노와 외부 장치(센서, 액추에이터)를 연결하여 환경값 입력 또는 외부장치 제어(모터 속도, 조명 밝기 제어)를 수행한다. 아날로그 포트일 경우에는 0V에서 5V 사이의 전압 값을 입력받는 형태로 아두이노와 외부 장치를 연결한다. (참고로 우노의 경우 아날로그 출력은 제공하지 않는다.)

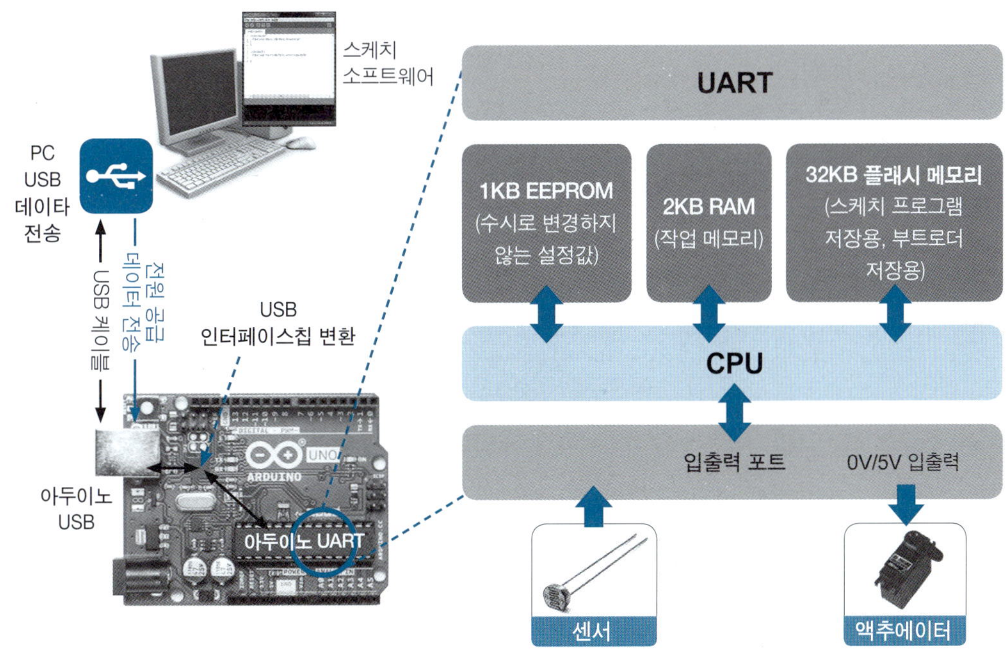

[그림 2.5] ATmega328p의 내부 구조도 및 입출력 동작

아두이노의 속 모습 : 핵심 부품

[그림 2.6]에는 아두이노 우노의 각 부품에 대한 명칭이 기입되어 있다.

좌측 하단에 있는 전원 연결부는 DC(Direct Current) 잭을 통해 7~12V의 전압을 입력받는다. 그 위의 5V 전압 레귤레이터는 입력된 7~12V의 전압을 5V의 안정적인 전압으로 낮춰주는 역할을 한다. 앞서 설명한 것처럼 전원은 좌측 상단의 USB 포트를 통해 공급될 수도 있다. 이 경우 전원은 레귤레이터를 거치지 않고 아두이노에 직접 공급된다.

ATmega328p 칩의 중앙 위 부분에 있는 작은 레조네이터(크리스털과 기능 동일)는 16MHz 주파수(1초에 1600만 번)의 클록을 발생시켜 ATmega328p μ컨트롤러 칩에 제공한다. 따라서 μ컨트롤러는 1초에 최대 1600만 개의 명령어를 수행할 수 있다.

오실레이터 클록은 마치 인간의 심장박동과 같은 역할을 하기 때문에 오실레이터가 없다면 어떠한 전자제품도 동작할 수 없다. 리셋 스위치를 누르면 ATmega328p μ컨트롤러에 RESET 신호가 발생하여(0V) μ컨트롤러는 초기 상태로 되돌아 간다.

2x3 핀헤더 타입인 2개의 ICSP(In-Circuit Serial Programming) 커넥터(=시리얼 프로그래밍 커넥터)는 각각 SPI(Serial Peripheral Interface) 통신을 이용해 ATmega16U2 USB 인터페이스 칩과 ATmega328p μ컨트롤러 칩에 직접 프로그램을 업로드할 수 있는 핀이지만 거의 사용되지 않는다.

그림에서 보드 상단과 하단에는 1xn 소켓 커넥터 타입인 포트가 있는데 이는 전원 관련 포트, 디지털 입출력 포트, 아날로그 입출력 포트로 구분된다. 자세한 내용은 3장에서 설명될 것이다.

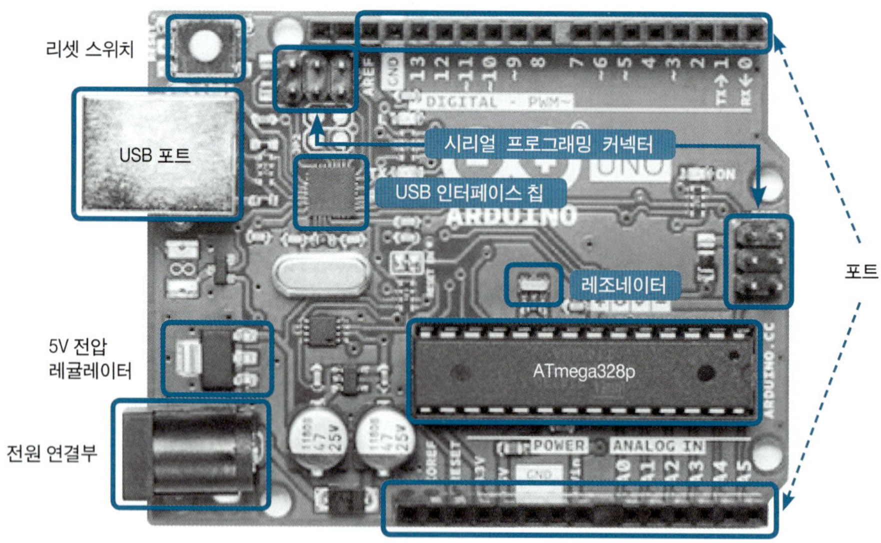

[그림 2.6] 아두이노 우노의 핵심 부품

아두이노의 주요 규격

우노와 메가의 규격을 〈표 2.1〉에 정리하였다. 우노는 클록 속도가 16MHz이므로 1초에 최대 1600만개의 명령어를 수행할 수 있다. 하지만 명령어 하나가 여러 번의 클록 시간에 동작하는 것이 일반적이므로 실제로는 이 보다 적은 개수의 명령어가 실행된다.

권장 입력 전압(VIN)은 아두이노를 동작시키기 위해 외부에서 제공해 주는 전압이다. 어댑터를 이용하여 220V 교류를 전원 연결부에 적합한 7~12V 정도의 직류로 변환하여 전원 연결부(DC 잭) 또는 [VIN] 포트에 연결시킨다. 이 전원이 연결되면 USB를 통한 전원은 즉시 차단된다. 아두이노는 7~12V 입력 전압을 5V로 강압시켜 사용한다. 만약, USB 케이블을 연결한 상태로 아두이노를 사용한다면 USB 케이블을 통하여 5V 전원이 공급되므로 외부 전원을 사용하지 않아도 된다.

우노는 외부와의 통신을 위해서 1쌍의 UART 포트를 제공하며, 입출력 포트로서 디지털 입출력 포트 14개([~] 표시가 있는 PWM(Pulse Width Modulation) 출력 포트 6개, UART 통신용 포트 [TX]/[RX] 포함)와 아날로그 입출력 포트 6개([AREF] 제외)를 가진다. 플래시메모리 및 RAM, 그리고 EEPROM의 용량은 제시된 바와 같다.

메가의 주요 규격도 표에 정리되어 있다. 우노에 비해서 입출력 포트 수가 많고 내장된 메모리의 용량도 크며, 통신 포트도 많다. 따라서 많은 수의 센서와 액추에이터를 구동해야 하는 경우에는 메가를 활용하는 것이 적합할 수 있다.

〈표 2.1〉 아두이노 우노/메가의 주요 규격

주요 특징	우노 (R3)	메가
μ컨트롤러	ATmega328p	ATmega2560
클록 속도	16MHz	16MHz
동작 전압 [VCC]	5V	5V
권장 입력 전압 [VIN]	7-12V	7-12V
UART 포트	1쌍	4쌍
입출력 포트	디지털 14개(PWM 6개) 아날로그 6개([AREF] 제외)	디지털 54개(PWM 12개) 아날로그 16개([AREF] 제외)
플래시메모리	32KByte	256KByte(8배)
RAM	2KByte	8KByte(4배)
EEPROM	1KByte	4KByte(4배)

아두이노의 종류

아두이노는 기능과 사용 목적에 따라 다양한 종류를 가진다. 가장 작은 크기의 아두이노는 [그림 2.7]의 나노, 그리고 마이크로이다. 나노는 SMD 타입의 ATmega328p μ컨트롤러를 사용하고, 마이크로는 SMD 타입의 ATmega32U4 μ컨트롤러를 사용한다. 나노와 마이크로의 가장 큰 장점은 크기가 작으므로 소형의 작품을 제작할 때 유리하다는 것이다. 물론 우노 규격에 맞추어 제작된 실드를 사용할 수 없다는 것은 단점이다.

가장 널리 사용되는 보드가 아두이노 우노이다. 우노는 발전 과정에서 아두이노 데시밀라 또는 아두이노 듀에밀라노베라는 이름으로 불리기도 했다. 세 가지 모두 회로에 약간의 차이만 있을 뿐 기능은 거의 차이가 없는 보드들이다. 현재는 공식적으로 아두이노 우노만 사용된다. 우노는 DIP 타입의 ATmega328p를 이용해 제작되었으며 다양한 실드를 활용할 수 있는 장점이 있다.

아두이노 메가는 SMD 타입의 100핀 ATmega2560 μ컨트롤러가 보드에 내장되어 있다. 전반적으로 ATmega2560은 ATmega328p보다 더 강력한 기능과 성능을 가지며, 우노 실드와의 포트 호환성도 유지하고 있다는 장점이 있다. 아두이노 릴리패드는 꽃과 같은 모양을 가지고 있어 다른 모듈과 결합하기 쉬운 보드이다.

최근에는 32비트 ARM CPU를 내장한 듀에(Due)나 μ컨트롤러를 2개 내장한 윤(Yun), 사물인터넷(IoT)에 알맞게 소형화된 MKR(Maker) 시리즈 등이 출시되면서 아두이노도 더 다양하게 발전하고 있는 추세이다.

[그림 2.7] 여러 가지 아두이노

실드(확장 보드)

보통 어떤 μ컨트롤러의 기능을 확장하기 위해서는 새롭게 회로를 설계하고 보드를 제작하여야 한다. 하지만 아두이노는 응용 개발자가 아두이노의 기능을 확장하려 할 때, 기능 확장 보드를 아두이노의 상위에 꽂기만 하면 되는 쉬운 방법을 제공한다. 이러한 확장 보드를 실드(Shield)라고 하는데 그 이유는 아두이노를 감싸서 보호하는 도터보드(Daughter Board) (이 때, 아두이노를 마더보드(Mother Board)라고 한다.)의 형태로 제작되어 있기 때문이다.

아두이노 홈페이지는 **[그림 2.8]**과 같이 다양한 종류의 실드가 소개되고 있는데 응용 실드로서 모터 실드, 이더넷 실드 등이 있다.

IoT 프로젝트를 위해 제공되는 소형화된 실드 제품군을 MKR 패밀리라고 한다. 최근에는 MKR 패밀리가 기존의 실드를 대체해 나가고 있다. **[그림 2.8]**에는 대표적인 WiFi(Wireless Fidelity) MKR 보드인 MKR1000 WIFI 보드와 이를 우노와 연결시켜 주는 MKR2UNO 어댑터 보드, 아예 아두이노와 WiFi 실드를 하나의 보드로 제작한 아두이노 우노 WIFI 보드가 나타나 있다.

[그림 2.8] 아두이노 모터실드, MKR1000 WIFI, MKR2UNO 어댑터, 아두이노 우노 WIFI

이 책에서 활용하는 아두이노 : JARDUINO-MEGA-IOT

이 책의 내용은 시중에 나와 있는 거의 모든 아두이노 보드로 실습이 가능하다. 회로도는 아두이노 메가를 기준으로 fritzing 툴로 작성된 것과 아두이노 메가2560 기반의 실습 키트인 제이씨넷 사의 JARDUINO-MEGA-IOT의 회로로 작성된 것을 동시에 제공할 것이다. 실제 실습은 JARDUINO-MEGA-IOT에서 실행시키는 것을 기본으로 하지만 우노, 메가 어떤 보드에서 동작시켜도 대부분은 잘 동작할 것이다.

JARDUINO-MEGA-IOT는 아두이노 메가를 내장함과 동시에(아두이노 메가와 폼팩터와 핀 할당이 동일함) 여러 가지 센서와 액추에이터 및 통신을 위한 부품을 함께 실장하였기 때문에 실습을 진행하는데 매우 편리하다.

[그림 2.9]에는 JARDUINO-MEGA-IOT의 모습이 나타나 있다. 좌하단에 아두이노 메가가 실장되어 있고 주변으로 실습에 필요한 센서와 액추에이터가 실장되어 있다. 좀 더 구체적으로 살펴본다면, 컬러 LED, 버저, 스위치, 가변 저항, 릴레이 등의 기본 부품과 FND, CLCD 등의 디스플레이, 광센서, 온도센서, IR센서 등의 센서가 제공되며, 외부와의 통신을 위한 WIFI 모듈과 블루투스 모듈도 제공된다. 또한, DC 모터, 서보모터, 거리센서, 9축센서, microSD 카드 등의 모듈은 오른쪽 가장자리에 제공되는 커넥터에 케이블을 이용하여 장착하는 형태로 제공된다. 더 자세한 것은 [부록]을 참조하기 바란다.

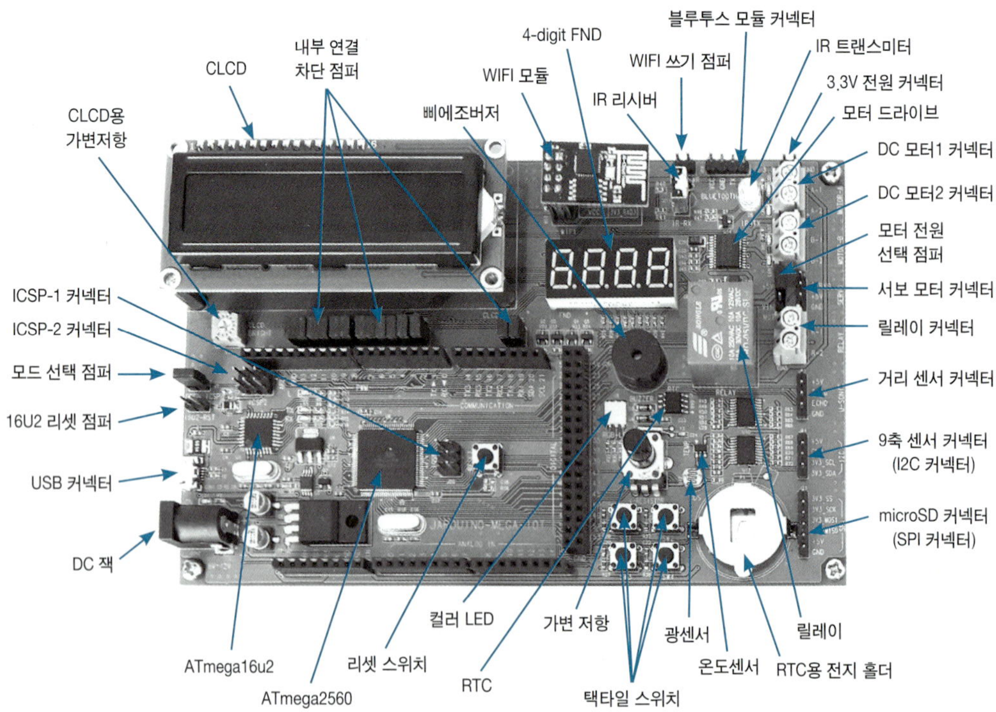

[그림 2.9] JARDUINO-MEGA-IOT 외관

아두이노로 할 수 있는 일들

아두이노는 센서를 통해 외부 환경 데이터를 입력 받아 액추에이터를 이용해 외부 환경에 대한 제어를 제공한다. 이를 통해 다양한 응용 시스템을 제작할 수 있다. 가장 넓은 응용 분야는 최근 이슈가 되고 있는 IoT([그림 2.10])이다. 이외에 Wearable 디바이스 등에도 활용될 수 있다. 아두이노 홈페이지에는 Wearable 디바이스와 관련된 기능을 구현할 수 있는 여러 가지 도구를 제공한다. 3D 프린팅 분야도 아두이노의 활약이 기대되는 분야이다. 아두이노는 일반 μ컨트롤러가 활용될 수 있는 세탁기, DVD 플레이어, 장난감, 공기청정기 등을 제어하는 데에도 응용될 수 있으며, 코딩 교육의 도구 및 다양한 메이커(MAKER) 활동의 도구로도 많이 사용된다.

사실 아두이노는 원래 디자인 예술 분야에서 인터렉티브 디자인을 가능하게 하기 위한 도구로 개발되었다. 인터렉티브 디자인이란 디지털 기술을 이용해 사람과 작품 간의 상호작용을 조정하여 서로 소통할 수 있도록 하는 디자인 분야를 의미한다. 인터렉티브 디자인은 인터렉션 디자인 또는 피지컬 컴퓨팅이라고 표현되기도 하며, 디자인 분야에서는 사용자 경험(UX: User eXperience)이라는 용어로 표현되기도 한다. 대표적인 예는 [그림 2.10]과 같은 모바일 앱 인터페이스(사람과 기계의 소통 통로)이다. 앱 인터페이스는 순수한 디자인의 범위를 넘어서서 디자인 객체의 기능과 결합된 디자인이 구현된 것이다. 이 객체와 결합된 기능을 구현하기 위한 도구로서 아두이노가 개발된 것이다.

[그림 2.10] UX 디자인 및 IoT

아두이노로 할 수 있는 것들에 대한 구체적인 예가 <표 2.2>에 제시되어 있다. 예에 제시된 영상이나 아두이노를 기반으로 한 작품 영상을 꼭 한 번 시청하기를 권장한다. <표 2.3>과 <표 2.4>에는 아두이노와 관련된 국내 및 해외 사이트들이 제시되어 있다. 공부를 하거나 개발할 때 의문 나는 점이 있으면 참고하기 바란다. 특히 '임베디드홀릭' 카페는 우리가 다룰 JARDUINO-MEGA-IOT를 개발한 기업이 운영하는 카페이므로 의문점이 날 때마다 질문해 보도록 하자. 빠르고 친절한 답변이 돌아올 것이다.

〈표 2.2〉 아두이노로 할 수 있는 것들

이름	URL
LED 큐브	[www.youtube.com/watch?v=GUcX41pokZY]
LED 아두이노 클럭	[www.youtube.com/watch?v=q4RwP0UK8gM]
뮤직 비주얼라이저	[learn.adafruit.com/piccolo]
아두이노 종이 피아노	[www.youtube.com/watch?v=_4clv6qLaM8]
아두이노 칵테일 머신	[www.youtube.com/watch?v=hJIkJ9x0-JQ]
아두이노 장난감	[www.youtube.com/watch?v=-PqcCjFaf3I]
장애물을 피하는 로봇카	[www.youtube.com/watch?v=fHeNsh-AYHU]

〈표 2.3〉 아두이노 관련 사이트(국내)

이름	URL	참고사항
아두이노스토리	[cafe.naver.com/arduinostory]	강의, 판매
하드카피월드	[www.hardcopyworld.com]	강의, 커뮤니티
코코아팹	[kocoafab.cc]	강의, 판매
아두이노배우기	[cafe.naver.com/studyonarduino]	강의, 카페
메카솔루션	[blog.naver.com/roboholic84]	강의, 판매
임베디드홀릭	[cafe.naver.com/lazydigital]	강의, 판매, JARDUINO-MEGA-IOT 키트 제작

〈표 2.4〉 아두이노 관련 사이트(해외)

이름	URL	참고사항
아두이노	[www.arduino.cc]	판매, 학습
스파크펀	[learn.sparkfun.com/tutorials]	판매, 학습
에이다프루츠	[learn.adafruit.com]	판매, 학습
인스트럭터블	[www.instructables.com/circuits/arduino/projects]	DIY 작품

연습 문제

1 아두이노 IDE를 ( ), 이것으로 개발된 코드를 ( ), 아두이노 μ컨트롤러 플랫폼을 ( )라고 부른다.

2 스케치 소프트웨어에는 빈번히 사용되는 코드들의 집합인 ( )가 이미 빌트인(Built-in)되어 있다.

3 아두이노 우노에는 28핀의 반도체 칩인 마이크로칩 사의 DIP 타입 ( ) μ컨트롤러가 내장되어 있다. 아두이노 메가는 SMD 타입의 100핀 ( ) μ컨트롤러가 보드에 장착되어 있다.

4 스케치 소프트웨어에서 컴파일된 기계어 프로그램을 아두이노에 업로드하면 ( )에 저장된다.

5 μ컨트롤러 자체를 구동시키는 펌웨어, 즉 부트로더는 전원이 차단될 경우에도 데이터가 유지되어야 하므로 비휘발성인 ( )의 특정 영역인 ( )에 저장한다.

6 μ컨트롤러의 ( )에는 프로그램이 수행되면서 수시로 변경되지 않는 설정 값들이 저장된다.

7 스케치 프로그램에 의해 구동된 CPU가 외부 환경으로부터 환경 정보를 입력받아야 할 경우에는 ( )포트를 이용하여야 한다. 플래시메모리에 스케치 프로그램을 업로드할 때는 ATmega328p칩에 내장된 ( )포트를 이용한다.

8 전원 연결부는 어댑터를 통해 ( )의 전압을 입력 받아 아두이노에게 전원을 공급한다. 공급된 전원은 ( )를 통해 5V의 안정적인 전압으로 변환된다.

9 ATmega328p은 USB 통신이 불가능하므로 아두이노에는 USB 데이터를 UART 데이터로 변환하는 ( )이 설치되어 있다. USB로 업로드가 불가능할 경우에는 ( )를 통해 업로드할 수도 있다.

10 (　　　　　　　　)은 마치 인간의 심장박동과 같은 역할을 하기 때문에 이것이 없다면 어떠한 전자제품도 동작을 할 수 없게 된다.

11 아두이노 우노의 디지털 입출력 포트의 개수는 (　　　)개이고, 이 중 PWM 포트는 (　　　)개이며, 아날로그 입출력 포트의 개수는 [AREF]를 제외하면 (　　　)개이다.

12 아두이노 메가의 디지털 입출력 포트의 개수는 (　　　)개이고, 이 중 PWM 포트는 (　　　)개이며, 아날로그 입출력 포트의 개수는 [AREF]를 제외하면 (　　　)개이다.

13 아두이노의 확장 보드를 (　　　　)라고 한다.

14 자주 사용되는 아두이노 4종류를 크기순으로 정렬하면 나노 - (　　　　) - (　　) - 메가가 된다.

15 (　　　　　　　　　)이란 디지털 기술을 이용해 사람과 작품 간의 상호작용을 조정하여 서로 소통할 수 있도록 하는 디자인 분야를 의미한다.

03장

아두이노 포트 마스터하기

학습 목표

- 아두이노 우노 포트의 용도를 이해하고 응용할 수 있다.
- 아두이노 메가 포트의 용도를 이해하고 응용할 수 있다.
- 실습에 사용되는 센서와 액추에이터의 종류를 알 수 있다.

학습 내용

- 아두이노 우노 포트
- 아두이노 메가 포트
- 센서, 액추에이터

아두이노 우노의 포트 배치

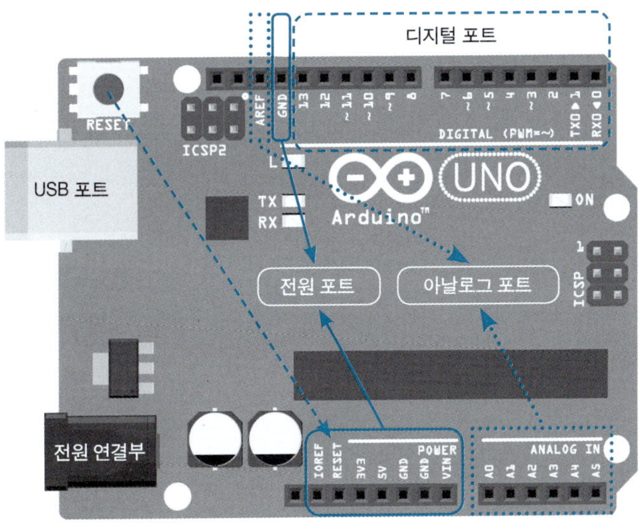

[그림 3.1] 아두이노 우노의 포트 배치

[그림 3.1]에 나타난 것처럼 아두이노 우노에는 총 32개의 핀을 꽂을 수 있는 커넥터(포트)가 배치되어 있다. 핀과 포트는 구분되는 개념이지만 이 책에서는 적절히 혼용하여 사용하도록 한다. 이들 중 좌하단의 가장 왼쪽 포트 1개는 사용하지 않고, 좌상단의 가장 왼쪽 포트 2개는 다른 포트와 중복되어 있다. 사용되는 29개의 포트는 전원 및 리셋 포트 8개([5V], [3V3], [VIN], [IOREF], [RESET], [GND] 3개), 아날로그 포트 7개([A0]~[A5], [AREF] (이 포트는 물리적으로는 전원 포트이지만, ADC의 동작과 관련이 있으므로 이 책에서는 아날로그 포트로 취급하여 설명한다.)) 그리고 디지털 포트 14개([0]~[13])로 나누어진다. ATmega328p μ컨트롤러가 28개의 핀으로 구성되었다는 것과 혼동하지 말자. 각 포트의 역할을 이해하는 것이 이번 장의 주요한 목표이다.

전원 포트(8개)

[5V], [3V3], [GND] 포트

응용 시스템을 제작할 때 센서 및 액추에이터에 전원을 공급해야 할 필요가 있을 때 아두이노와 접지 레벨을 동일하게 하기 위해서는 아두이노의 전원과 동일한 전원을 제공하는 것이 좋다. 아두이노에서 전원을 공급하면 별도의 전원 장치를 사용할 필요가 없어서 간편하다. 대부분의 센서나 액추에이터는 5V의 전원을 사용하므로 아두이노의 [5V] 포트를 이용하고 접지는 [GND] 포트를 이용한다. 경우에 따라서 3.3V의 전원을 필요로 하는 센서나 액추에이터들도 있는데, 이 때는 [3V3] 포트를 이용한다. 단, 전류의 양은 최대 50mA로 제한되므로 주의하여야 한다.

[VIN] 포트

전원 연결부로 입력된 7~12V의 전원은 [VIN] 포트에 직접 연결된다. 그러므로 전원 연결부를 통하지 않고 [VIN] 포트에 직접 전원을 인가하는 것도 가능하다. 이 경우 USB를 통한 전원은 즉시 차단된다. 아두이노는 이 전압을 5V로 강압시켜 사용한다. USB 케이블을 연결한 상태로 아두이노를 사용하는 경우에는 USB 케이블을 통하여 5V 전원이 공급되므로 외부 전원을 사용할 필요도 없고, [VIN] 포트를 사용할 필요도 없다.

[RESET] 포트

이 포트는 ATmega328p의 $\overline{\text{RESET}}$ 핀에 연결되어 있어, 아두이노를 초기 상태로 되돌리는 역할을 한다. 핀 이름에 바(bar)가 붙어 있다는 것은 Active Low를 의미하므로 0을 입력할 때 리셋된다. 하드웨어적으로는 RESET 스위치를 누르는 것과 동일한 효과가 있다.

[IOREF] 포트

실드의 입장에서 아두이노 보드가 사용하는 전압이 얼마인지 알 수 있도록 전압 레벨을 제공하는 역할을 하는 포트이다. 우노의 경우에는 5V가 연결되어 있다.

〈표 3.1〉 전원 포트의 역할(아두이노 우노)

포트 명칭	포트의 역할
[5V]	- 외부에 5V의 전압을 공급
[3V3]	- 외부에 3.3V의 전압을 공급
[GND]	- 외부에 0V의 기준점을 제공해주는 접지(Ground)
[VIN]	- 외부 전원 입력 - 7~12V의 전원을 공급하면 USB 전원이 차단됨
[RESET]	- 프로그램의 시작 위치로 되돌아감 - RESET 스위치를 누르는 것과 동일한 효과
[IOREF]	- 실드가 부착될 경우 실드에 아두이노 사용 전압 레벨을 알려줌

디지털 포트(14개)

디지털 포트(14개)

디지털 포트의 기본 역할은 디지털 값을 입력(5V→1, 0V→0) 받거나, 디지털 값을 출력(1→5V, 0→0V)하는 것이다. 예를 들어 외부 센서로부터 환경 값을 입력 받을 때 사용하거나, 디지털 값을 출력시켜 외부 액추에이터를 동작시키는 역할을 한다. 이 외에도 다양한 역할을 수행할 수 있는데, 〈표 3.2〉에 각 포트의 역할을 나타내었다.

〈표 3.2〉 디지털 포트의 역할(아두이노 우노)

포트 명칭	각 포트의 역할			
	인터럽트	PWM	통신 포트	
			시리얼(UART/USART)	SPI
[0]=[RX]			U(S)ART 수신	
[1]=[TX]			U(S)ART 송신	
[2]=[INT0]	인터럽트0			
[~3]=[INT1]	인터럽트1	PWM		
[4]=[XCK]			USART 클럭	
[~5]		PWM		
[~6]		PWM		
[7]				
[8]				
[~9]		PWM		
[~10]=[SS]		PWM		Slave Select(SS)
[~11]=[MOSI]		PWM		Master Out Slave In(MOSI)
[12]=[MISO]				Master In Slave Out(MISO)
[13]=[SCK]				Serial ClocK(SCK)

인터럽트 포트

프로그램을 처리하다가 외부 입출력 장치에서 긴급한 처리 요구가 들어왔을 때 수행하던 프로그램을 잠시 멈추고, 처리 요구를 완료한 후 다시 본래의 프로그램을 수행하는 것은 매우 필요한 기능이다. 이 때, 입출력 장치의 처리 요구를 인터럽트라고 하는데 이러한 처리 요구는 인터럽트 포트([2][3])를 통해 전달되어야만 아두이노가 처리할 수 있다.

PWM 포트

PWM 출력 포트([3][5][6][9][10][11])는 개발자가 자유롭게 폭을 조절할 수 있는 사각파를 출력하는 포트이다. 이 파형을 사용하여 LED의 밝기나 모터의 속도를 조절할 수 있다.

통신 포트

〈표 3.3〉 통신 포트의 역할(아두이노 우노)

통신		통신 선로 개수	클럭 유무	다중 통신	대역폭	포트 번호
시리얼 통신	UART	직렬, 전이중	비동기	1:1	저속(Kbps 수준)	[0][1][4]
	USART	직렬, 전이중	동기			
I^2C(=TWI)		직렬, 반이중	동기	1:N	중속(1Mbps 내외)	[A4][A5]
SPI		직렬, 전이중	동기	1:N	고속(1Mbps 이상)	[10][11][12][13]

아두이노가 제공하는 주변장치와의 데이터 전송 방식은 〈표 3.3〉에 나타난 것처럼 UART/USART((Universial Synchronous/Asynchronous Receiver Transmitter), I^2C(Inter-Integrated Circuit), SPI 전송의 총 3가지이다. 위의 전송 방식은 모두 1개의 전송 선로로 전송하므로 한 순간에는 1개의 비트만 전송할 수 있다. 이 방식을 한 순간에 여러 비트를 전송하는 병렬 전송 방식과 구분하여 직렬 전송 방식이라고 한다. 직렬 전송은 연속적으로 비트 데이터를 전송할 때 선로에서 예측할 수 없는 시간적 지연이 발생하므로 수신기에서는 현재 수신된 비트가 몇 번째 비트인지를 알 수가 없다. 이를 알아내는 방식에 따라 동기 전송과 비동기 전송으로 구분된다.

UART는 송신 선로(TX[1])와 수신 선로(RX[0])를 따로 사용하는 전이중(Full Duplex) 방식의 비동기 통신으로 저속의 데이터를 전송할 때 많이 사용한다. 통신하는 양쪽이 모두 동일한 보레이트(전송속도)를 미리 설정하여 통신하여야만 정상적인 통신이 가능하다. USART의 경우에는 UART 신호에 동기를 맞추기 위한 클럭(XCK[4]) 선로가 추가적으로 필요하다. 과거 PC에서 외부로 수십Kbps 속도의 데이터를 전송할 때 사용되었으며, 최근에는 시스템을 개발할 때 디버깅 용도로 많이 사용된다.

I^2C는 필립스 사에서 개발한 직렬 동기식 양방향 전송 방식으로 반이중(Half Duplex)인 1개의 데이터 선로 SDA(Serial DAta)와 클록 SCL(Serial CLock)으로 1Mbps 내외의 전송 속도를 제공한다. 사실 I^2C는 아날로그 포트를 중복하여 사용하지만, 편의상 여기에서 설명한다. I^2C는 저속의 주변장치를 각종 하드웨어 보드에 연결하는 용도로 많이 사용된다. ATmega 시리즈의 칩에서는 I^2C를 TWI(Two Wire Interface)라는 이름으로 사용하므로 혼동하지 말자.

SPI는 모토롤라 사에서 근거리용으로 개발한 고속의 직렬 동기식 양방향 통신 버스이다. SPI는 저장장치와 같은 고속의 주변장치를 각종 하드웨어 보드에 전이중으로 연결하는 용도로 많이 사용된다. 통신 선로인 MISO[12]와 MOSI[11], 동기 클럭인 SCK[13], 그리고 통신 객체를 선택하기 위한 SS[10]의 4개 선로가 필요하다.

아날로그 포트(7개)

아날로그 포트는 보통 센서로부터 0~5V의 연속적인 외부 전압을 입력 받는데 활용된다. 아두이노는 아날로그 출력 포트는 제공하지 않으며, 디지털 출력의 PWM 기능을 이용하여 아날로그 출력의 효과를 내는 것은 가능하다. **〈표 3.4〉**처럼 아날로그 포트도 한 가지 이상의 역할을 수행하며, 다른 역할을 하지 않을 경우, 디지털 포트로도 사용될 수 있는데, 이 때 [A0]~[A5] 포트는 [14]~[19] 포트가 된다.

〈표 3.4〉 아날로그 포트의 역할(아두이노 우노)

포트 명칭	포트의 역할	
	ADC	TWI(=I^2C)
[A0]=[ADC0]	ADC0 입력(10비트)	
[A1]=[ADC1]	ADC1 입력(10비트)	
[A2]=[ADC2]	ADC2 입력(10비트)	
[A3]=[ADC3]	ADC3 입력(10비트)	
[A4]=[ADC4]=[SDA]	ADC4 입력(10비트)	Serial Data
[A5]=[ADC5]=[SCL]	ADC5 입력(10비트)	Serial Clock
[AREF]	ADC 입력의 기준전압	

ADC 포트

아날로그 포트를 통해 외부 전압을 입력 받는다고 생각해보자. 외부 센서의 출력 값은 연속적인 전압이다. 하지만 아두이노의 프로세서는 디지털 집적회로이므로 디지털 값을 입력해 주어야만 데이터 처리가 가능하다. 이를 위해 모든 아날로그 포트로 입력된 아날로그 신호는 내부의 10비트 ADC(Analog to Digital Converter)에 의하여 디지털 신호로 변환된다. 10비트라는 의미는 ADC로 0V가 입력되면 숫자 0(2진수 0000000000)으로 변환되고, 5V가 입력되면 숫자 1023(2진수 1111111111)으로 변환된다는 것을 의미한다. 만일 2.5V가 입력되면 숫자 512(2진수 1000000000)로 변환될 것이다.

AREF 포트

AREF는 Analog Reference의 약자이다. 만일 [AREF] 포트에 2.5V를 인가하고 ADC의 기준 전압으로 [AREF]를 선택한다면 아두이노는 아날로그 포트로 입력되는 최대 전압을 2.5V로 인식하여, 2.5V일 때 1023의 변환값을 생성한다. 이 경우, 일반적으로 5V일 때의 분해능 보다 2배의 분해능으로 아날로그 전압값을 변환할 수 있는 장점이 있다. 하지만, AREF를 ADC의 기준 전압으로 사용하는 경우는 드물고, 5V를 기준 전압으로 사용하는 경우가 대부분이다.

TWI(I^2C)포트

TWI(Two Wire Interface)는 ATmega 시리즈의 칩에서 사용하는 (I^2C)의 다른 표현으로 [디지털 포트] 항목 내의 통신 포트를 설명할 때 언급하였다.

아두이노 메가의 포트 배치

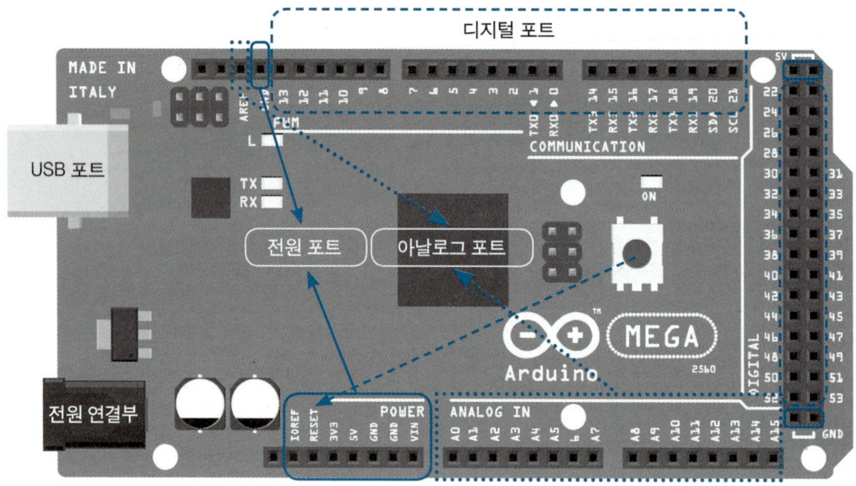

[그림 3.2] 아두이노 메가의 포트 배치

[그림 3.2]에 나타난 것처럼 아두이노 메가에는 총 86개의 핀을 꽂을 수 있는 포트가 배치되어 있다. 메가는 우노의 기본 폼팩터에 추가로 우상단, 우중앙, 우하단의 커넥터가 각각 1개씩 더 추가된 형태를 갖는다. 사용되는 83개의 포트는 전원 포트 12개([5V] 3개, [3V3], [VIN], [IOREF], [RESET], [GND] 5개), 아날로그 포트 17개([A0]~[A15], [AREF]), 그리고 디지털 포트 54개([0]~[53])로 나누어진다. ATmega2560 μ컨트롤러가 100개의 핀으로 구성되었다는 것과 혼동하지 말자.

메가는 우노에 비해 포트의 배치가 다르고 개수가 많을 뿐이며 포트의 역할은 별 차이가 없다. 따라서 포트의 기능에 대한 추가적인 설명은 생략하도록 한다. 다만 실습에서 사용할 JARDUINO-MEGA-IOT는 각 포트에 다양한 센서와 액추에이터를 이미 할당하여 회로를 구성해 놓았으므로 〈표 3.5〉 및 〈표 3.6〉를 참조하도록 한다. 모르는 이름이 많아도 기죽을 필요는 없다. 앞으로 나가면서 하나씩 친숙해 지면 저절로 다 외워진다.

디지털 포트(54개)

〈표 3.5〉 디지털 포트의 역할(아두이노 메가 및 JARDUINO-MEGA-IOT)

포트 명칭	각 포트의 역할					
	UART	TWI	인터럽트	SPI	PWM	JARDUINO
[0]=[RX0]	UART수신0					RX0 - USB 시리얼
[1]=[TX0]	UART송신0					TX0 - USB 시리얼
[~2]			인터럽트0		PWM	삐에조 버저
[~3]			인터럽트1		PWM	PWM - 모터 드라이브 1
[~4]					PWM	PWM - 모터 드라이브 2
[~5]					PWM	R - 컬러 LED
[~6]					PWM	G - 컬러 LED
[~7]					PWM	B - 컬러 LED
[~8]					PWM	IR 수광 소자
[~9]					PWM	IR 발광 소자
[~10]					PWM	서보모터
[~11]					PWM	SW1
[~12]					PWM	SW2
[~13]=[L LED]					PWM	LED
[14]=[TX3]	UART송신3					TX3 - WIFI 시리얼
[15]=[RX3]	UART송신3					RX3 - WIFI 시리얼
[16]=[TX2]	UART송신2					TX2 - 블루투스 시리얼
[17]=[RX2]	UART송신2					RX2 - 블루투스 시리얼
[18]=[TX1]	UART송신1		인터럽트5			SW3
[19]=[RX1]	UART송신1		인터럽트4			SW4
[20]=[SDA]		SDA	인터럽트3			SDA - RTC, MPU9250
[21]=[SCL]		SCL	인터럽트2			SCL - RTC, MPU9250
[22]						A - FND
[23]						B - FND
[24]						C - FND
[25]						D - FND
[26]						E - FND
[27]						F - FND
[28]						G - FND
[29]						DP - FND
[30]						FND_SEL1 - FND
[31]						FND_SEL2 - FND
[32]						FND_SEL3 - FND
[33]						FND_SEL4 - FND
[34]						STBY - 모터 드라이브
[35]						AIN1 - 모터 드라이브
[36]						AIN2 - 모터 드라이브
[37]						BIN1 - 모터 드라이브
[38]						BIN2 - 모터 드라이브
[39]						TRIG - 거리센서
[40]						ECHO - 거리센서
[41]						릴레이
[42]						DB4 - CLCD
[43]						DB5 - CLCD
[~44]					PWM	DB6 - CLCD
[~45]					PWM	DB7 - CLCD
[~46]					PWM	RS - CLCD
[47]						E - CLCD
[48]						
[49]						
[50]=[MISO]				MISO		MISO - SD 카드
[51]=[MOSI]				MOSI		MOSI - SD 카드
[52]=[SCK]				SCK		SCK - SD 카드
[53]=[SS]				SS		SS - SD 카드

아날로그 포트(17개)

〈표 3.6〉 아날로그 포트의 역할(아두이노 메가 및 JARDUINO-MEGA-IOT)

포트 명칭	각 포트의 역할	
	ADC	JARDUINO-MEGA-IOT
[A0]=[ADC0]	ADC0 입력(10비트)	
[A1]=[ADC1]	ADC1 입력(10비트)	
[A2]=[ADC2]	ADC2 입력(10비트)	
[A3]=[ADC3]	ADC3 입력(10비트)	
[A4]=[ADC4]	ADC4 입력(10비트)	
[A5]=[ADC5]	ADC5 입력(10비트)	
[A6]=[ADC6]	ADC6 입력(10비트)	
[A7]=[ADC7]	ADC7 입력(10비트)	
[A8]=[ADC8]	ADC8 입력(10비트)	
[A9]=[ADC9]	ADC9 입력(10비트)	
[A10]=[ADC10]	ADC10 입력(10비트)	
[A11]=[ADC11]	ADC11 입력(10비트)	
[A12]=[ADC12]	ADC12 입력(10비트)	
[A13]=[ADC13]	ADC13 입력(10비트)	가변저항
[A14]=[ADC14]	ADC14 입력(10비트)	광센서
[A15]=[ADC15]	ADC15 입력(10비트)	온도센서
[AREF]	ADC 입력의 기준 전압	

센서 및 액추에이터 정리

이 책에서 활용되는 부품들은 크게 기본 소자, 센서, 그리고 액추에이터로 나누어 볼 수 있다. 지금 당장 이 부품들을 완벽히 이해할 필요는 없지만, 앞으로 실습에 사용될 것이므로 〈표 3.7〉과 함께 간단히 한 번 알아보도록 한다.

기본 소자에는 LED와 직렬로 연결되는 1KΩ저항(트랜지스터를 구동하는 용도로 쓰기도 함), 스위치의 채터링 방지를 위한 10KΩ 저항과 0.1μF 커패시터, FND 제어 입력을 위한 250Ω 저항 등이 있다. 트랜지스터는 주로 전압 제어 스위칭 용도로 쓰이고, 다이오드는 역방향 전압 보호 및 전류 조절 용도로 쓰인다. 광센서는 빛의 밝기를 센싱하고, IR(InfraRed) 수광 소자는 리모컨 신호를 수신하는 역할을 한다. RTC(Real Time Clock)는 실시간 시계이고, 크리스털은 RTC를 동작시키기 위한 클럭을 생성하는 부품이다.

FND는 7-세그먼트 디스플레이를 의미하고, CLCD(Character LCD)는 문자를 표시할 수 있는 간단한 LCD(Lyquid Crystal Display)이다. 삐에조 버저는 원하는 주파수의 소리를 출력하는 아주 간단한 스피커라고 생각하면 된다. 릴레이는 비교적 큰 전원의 ON/OFF를 제어하는 스위치이다. 좀 더 자세한 내용은 각 장에서 설명하도록 한다.

〈표 3.7〉 JARDUINO-MEGA-IOT의 기본 부품, 센서 및 액추에이터

종류	부품	규격	필요 개수
기본 소자	저항	250Ω	8
		1KΩ	5
		10KΩ	4
		200KΩ	1
	가변저항	RK09K1130A5R(10kΩ)	1
		GF063P1-502(5kΩ)	1
	커패시터	20pF	1
		0.1μF	2
		1μF	1
	다이오드	1N4148	2
		1N4004	1
	트랜지스터	PMBT2222A	4
센서	광센서	GL5537	1
	온도센서	TMP36GRT	1
	거리센서	HC-SR04	1
	IR수광 소자	KSM-603LM	1
	가속도센서	MPU9250	1
	RTC	PCF8563T	1
	크리스탈	CH-206	1
	리모컨	기성품	1
액추에이터	적색 LED	BL-B5134(대용 SMD LED)	1
	녹색 LED	BL-B2134(대용 SMD LED)	2
	황색 LED	BL-B3134(대용 SMD LED)	2
	컬러 LED	5050-RGB-LED	1
	FND	WCN4-0036SR-C11	1
	삐에조 버저	GEC-13C	1
	택타일 스위치	TS-1005-5MM	2
	모터드라이버	TB6612FNG	1
	DC모터	3V~6V 소형	2
	서보모터	SG-90	1
	CLCD	LCD1602A	1
	릴레이	SRD-05VDC-SL-C	1
	레벨 변환기	GTL2003PW	1
	SD 카드리더	SZH-EK035	1
	SD 카드	기성품	1
	블루투스 시리얼 모듈	HC-06	1
	WIFI 시리얼 모듈	ESP-01	1

연습 문제

1 아두이노 우노에 사용되는 29개의 포트는 전원 포트 (   )개, 아날로그 포트 (   )개, 그리고 디지털 포트 (   )개로 나누어진다.

2 대부분의 센서나 액추에이터는 5V의 전원을 아두이노의 (   ) 포트로부터 입력받고 접지는 (   ) 포트를 이용한다. 경우에 따라서는 (   )의 입력을 받는 센서나 액추에이터들도 있다.

3 아두이노의 전원으로는 보통 7~12V의 어댑터 전원이 사용되며, 이는 외부 전원 연결부 또는 (   ) 포트에 연결시킨다.

4 (   ) 포트는 아두이노를 초기 상태로 되돌리는 역할을 한다.

5 (   ) 포트는 실드를 사용할 경우 실드에게 아두이노의 전압 레벨을 알려주는 역할을 한다.

6 (   ) 포트는 입출력 장치의 긴급한 처리 요구를 받아들이는 포트이다.

7 (   ) 포트는 개발자가 자유롭게 폭을 조절할 수 있는 사각파를 출력하는 포트이다.

8 UART는 오직 2개의 선로인 송신 선로 (   ), 수신 선로 (   )를 이용해 비동기로 저속의 데이터를 전송하는 가장 기본적인 방식이다. USART의 경우에는 동기를 맞추기 위한 클럭(   ) 선로가 추가적으로 필요하다.

9 I^2C는 필립스 사에서 개발한 직렬 동기식 양방향 전송 방식을 사용하며 통신 선로 (   )와 클럭 (   ) 선로가 필요하다.

10 SPI는 통신 선로인 (   )와 (   ), 동기 클럭인 (   ), 그리고 통신 객체를 선택하기 위한 (   )의 4개 선로가 필요하다.

11 모든 아날로그 포트로 입력된 아날로그 신호는 이를 디지털 신호로 변환해 주는 10비트 (   )를 거쳐 디지털 신호로 바뀐다.

12 만일 (   ) 포트에 2.5V를 인가하여 ADC 기준 전압으로 선택한다면 아두이노는 아날로그 포트로 입력되는 최대 전압을 2.5V로 가정하여 변환값을 산출한다.

04장 스케치 소프트웨어 맛보기

학습 목표

- 스케치 소프트웨어를 설치하고, 환경을 세팅하며, 실행 과정을 이해할 수 있다.
- 상수 및 변수, 그리고 제어문을 코드에 활용할 수 있다.
- 스케치 프로그램은 함수의 집합임을 이해할 수 있다.

학습 내용

- 스케치 소프트웨어 환경 설정/코딩/업로드/실행 과정
- 프로그래밍 언어, 상수, 문자, 데이터 형, 함수, 제어문 (조건문, 분기문, 반복문)

도구

- PC, JARDUINO-MEGA-IOT 또는 아두이노 메가 또는 아두이노 우노
- USB 케이블(A타입-μB타입), 스케치 소프트웨어

프로그램

- [P041], [P042], [P043], [P044], [P045], [P046], [P047]

PC와 아두이노 연결하기

PC와 아두이노는 USB 케이블을 이용해 연결한다. **[그림 4.1]**처럼 USB는 A타입과 B타입, mini-5P타입, μB타입 등이 있다. 널리 알려진 납작한 것이 A타입이고, 정사각형 형태의 것이 B타입이며(모듈이나 장비 연결용), 작고 납작한 형태로 되어 있는 것이 μB타입 USB(스마트폰 연결용)이다. 아두이노 우노의 경우 한쪽은 A타입이고 한쪽은 B타입으로 되어있는 A-B타입 케이블이 필요하다. A-B타입 케이블은 아두이노에 전원을 공급하고 스케치 프로그램을 아두이노로 업로드하는 통로 역할을 한다. 전원이 공급되면 [ON LED]는 켜진다. 만일 아두이노를 구매하고 어떠한 프로그램도 업로드한 적이 없다면 아두이노의 [L LED](아두이노 로고 좌측 상단)도 깜빡이게 된다. 이는 아두이노 판매 전에 아두이노에 미리 Blink 프로그램을 업로드 해 놓기 때문이다. JARDUINO-MEGA-IOT는 A-μB타입 케이블을 사용한다.

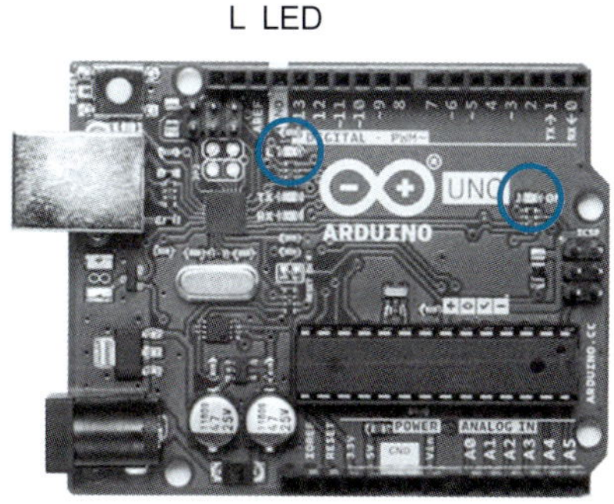

[그림 4.1] USB 케이블과 아두이노

스케치 소프트웨어 설치하기[www.arduino.cc]

이제 스케치 소프트웨어를 설치하여 보자. 스케치 소프트웨어를 설치하려면 먼저 아두이노 홈페이지[www.arduino.cc]를 방문하여야 한다. 홈페이지의 메뉴 중 SOFTWARE라는 탭을 선택하면 **[그림 4.2]**와 같이 온라인 상에서 스케치 소프트웨어를 실행시킬 수 있는 창과, **[그림 4.3]**과 같이 스케치 소프트웨어를 다운 받을 수 있는 창이 열린다. 홈페이지 상에서는 스케치라는 이름 대신에 Arduino IDE라고 명명되어 있음을 유의하자. 우리가 필요한 것은 그림에 네모 박스가 쳐져있는 윈도우즈 버전이며 이를 다운로드 하여 설치하도록 한다. 설치과정 중에는 **[그림 4.4]**와 같은 창이 뜰 것이며 설치가 진행되면서 드라이버 창이 뜨게 되는데 반드시 함께 설치하도록 한다. 만일 스케치 설치 중에 드라이버 설치에 실패한다면 다음에 설명할 [드라이버 설치하기]를 참조하여 설치를 완료하여야 한다. 혹시 버전이 업그레이드 될 수도 있지만 설치 방법은 비슷할 것이다.

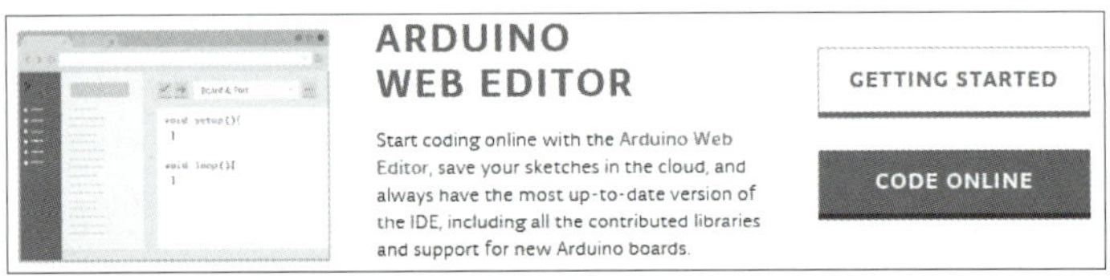

[그림 4.2] [www.arduino.cc]의 Arduino Web Editor

① Windows용 설치

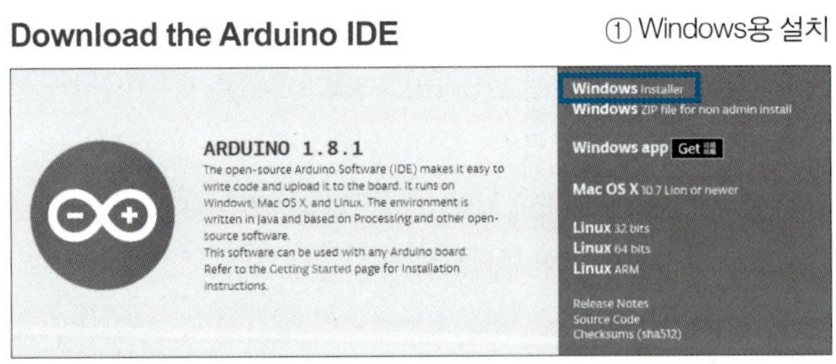

[그림 4.3] [www.arduino.cc]의 Arduino IDE(스케치 소프트웨어) 다운로드 창

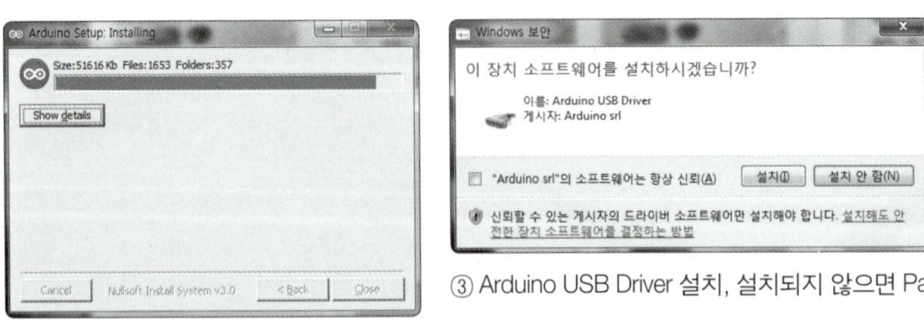

③ Arduino USB Driver 설치, 설치되지 않으면 Pass

② Arduino IDE 설치

[그림 4.4] 스케치 소프트웨어 설치 창 및 드라이버 설치 창

드라이버 설치하기

PC와 아두이노를 USB 케이블로 연결한다고 해서 아누이노와 PC가 통신을 바로 수행할 수 있는 것은 아니다. 논리적인 연결(스케치 소프트웨어가 아두이노를 인식하는 일)을 위해서는 PC에 아두이노 USB 드라이버가 설치되어 있어야 한다. 드라이버는 보통 스케치 소프트웨어를 PC에 설치함과 동시에 함께 설치되지만 경우에 따라 자동으로 설치되지 않는 경우도 있다. 만일 스케치 소프트웨어를 PC에 설치하고 USB 케이블을 이용하여 아두이노와 PC를 연결하였는데도 스케치 소프트웨어가 아두이노를 인식하지 못한다면, 사용자가 스스로 드라이버를 설치하여야 한다.

[그림 4.5] 장치관리자

설치 과정은 먼저 위도우즈 좌하귀에 있는 윈도우즈 로고를 우클릭하여 [그림 4.5]와 같이 [장치관리자] 창을 띄운다. [장치관리자]에 열거되어 있는 디바이스 중 물음표가 나타나 있거나 알 수 없는 장치로 표시된 부분(보통 [범용 직렬 버스 컨트롤러])에 커서를 위치시키고 우 클릭을 하여 [드라이버 소프트웨어 업데이트]를 실행한다. 소프트웨어를 업데이트 하려면 반드시 드라이버 파일을 가지고 있어야 하며 이는 스케치 소프트웨어를 설치할 경우 만들어지는 [C:₩Program Files₩Arduino₩drivers] 폴더에 저장되어 있다.

따라서 [드라이버 소프트웨어 찾아보기]를 통해 [C:₩Program Files₩Arduino₩drivers] 폴더를 선택하고 설치하면 된다.

드라이버가 설치된 이후에는 드라이버가 정상적으로 설치되었는지를 확인할 필요가 있다. 역시 [장치관리자]를 띄운 후에 [포트(COM&LPT)]항목에서 [Arduino UNO R3(COM n)] 또는 [Arduino Mega 2560(COM n)]가 설치되어 있는지를 확인해보자. 나중에 스케치 소프트웨어에서 포트를 선택하기 위해서는 COM 포트 번호인 숫자 n을 기억해 놓는 것도 필요하다.

스케치 소프트웨어 환경 설정하기

이제 우리가 공부할 첫 번째 스케치 프로그램을 아두이노에 업로드하여 보자. **[그림 4.6]**과 같이 스케치 프로그램을 열고 [파일] 탭을 클릭하여 [예제] 항목에 마우스 커서를 위치시키면 여러 가지 예제가 나열될 것이다. 이 중에서 [Basics]에 포함된 프로그램 중 [Blink]라는 프로그램을 클릭하여 파일을 열어보자. 그러면 스케치 소프트웨어 창에 Blink 프로그램이 표시될 것이다.

이 Blink 프로그램을 컴파일하고 아두이노에 업로드하기 위해서는 최초에 한번 아두이노의 종류와 사용할 시리얼포트를 지정하여야 한다. 이를 위해 **[그림 4.7]**과 같이 [툴] 탭을 클릭하여 나타나는 [보드]에서 현재 사용하는 보드에 알맞게 [Arduino/Genuino Uno] 또는 [Arduino/Genuino Mega or Mega 2560]을 선택하자. [Arduino/Genuino Mega or Mega 2560]을 선택할 경우 [프로세서]는 자동으로 [ATmega2560 (Mega 2560)]으로 설정될 것이다. 자동으로 설정되지 않으면 바꾸어야 한다. [포트] 항목은 드라이버가 설치된 포트 번호 (COM n : n은 앞서 기억한 포트 번호)로 설정하자. 포트 번호는 시스템마다 다를 수도 있음을 유의하라. [보드] 항목과 [포트] 항목을 설정하는 이유는 스케치 소프트웨어에게 현재 사용하고 있는 보드를 알려주고, 그 보드와 통신하게 될 포트를 알려주는 것이며, 이것을 올바로 설정하지 않으면 컴파일한 프로그램을 아두이노로 업로드할 때 에러가 발생하게 된다.

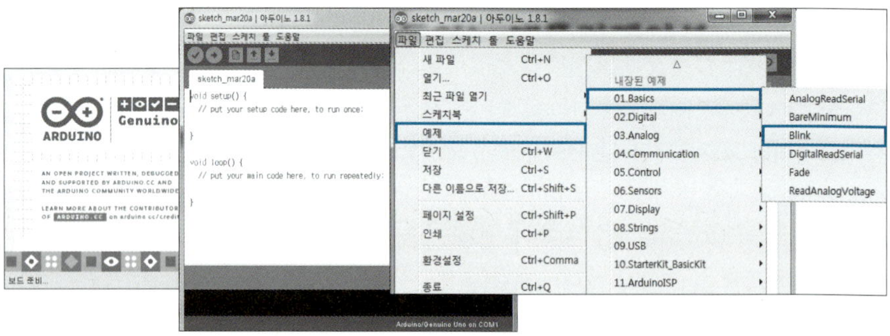

[그림 4.6] 첫 번째 스케치 프로그램인 Blink 업로드하기

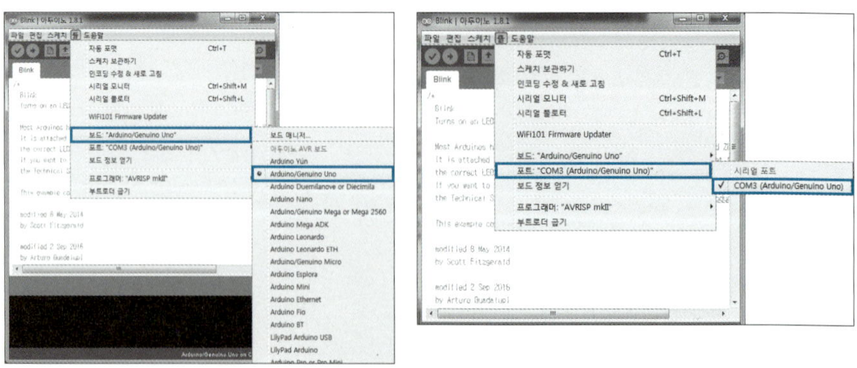

[그림 4.7] 아두이노 보드 및 시리얼포트 지정하기

첫 번째 스케치 업로드하기

이제 Blink 프로그램을 저장하고, 컴파일하며, 업로드할 준비가 완료되었다. **[그림 4.8]**에서처럼 최초의 Blink 프로그램은 아마도 delay() 함수의 시간 지연이 500으로 세팅되어 있을 것이다. 이는 [L LED]의 점멸 간격이 0.5초임을 의미한다. (여기서는 프로그램의 분석을 하려는 것이 아니라, 프로그램의 변경을 통하여 아두이노의 동작을 제어하는 것이 가능하다는 것을 보여주려 할 뿐이다. 따라서 전체 프로그램에 대한 이해는 잠시 뒤로 미뤄두자.) 이를 100으로 수정하자. 이는 점멸 간격을 0.1초로 줄이겠다는 의도이다. 수정한 Blink 프로그램 파일을 저장하기 위해 **[그림 4.8]**에 나타난 [파일] 탭의 [다른 이름으로 저장하기]를 클릭하여 적당한 위치에 저장한다. (Blink 파일은 읽기 전용이라 이를 변경한 프로그램은 반드시 새로운 폴더에 저장해야 한다. 여러분이 직접 프로그래밍 한 파일이라면 [저장]을 이용해 곧바로 저장할 수 있다.) 계속하여 메뉴의 아래에 있는 체크 아이콘([V])을 클릭하여 Blink 파일을 컴파일한다.

컴파일은 프로그램에 오류가 없는지 검사하고 아두이노가 이해할 수 있는 기계어를 만들어 내는 과정이다. 컴파일이 끝나면 스케치 창의 좌측 하단에 [컴파일 완료]가 표시될 것이다. 이후에는 메뉴의 아래에 있는 우측 화살표 아이콘([→])을 클릭하여 컴파일된 기계어 파일을 아두이노로 업로드한다. 사실 우측 화살표 아이콘을 클릭하면 저장과 컴파일, 그리고 업로드가 순차적으로 진행되므로 컴파일이 진행되면서 문법적 오류가 없으면 업로드가 바로 진행된다. 만일 문법적인 오류가 있다면 오류 메시지를 출력하며 업로드되지 않는다. 따라서 앞으로는 체크 아이콘을 사용하지 않고 우측 화살표 아이콘만 사용하여도 무방하다.

모든 작업이 완료되면 아두이노의 동작 변화를 관찰하여 보자. [L LED]의 점멸 속도가 급격히 빨라졌을 것이다. 이는 delay() 함수의 값을 작게 하였기 때문이다. 이제는 점멸 속도를 늦추어보자. 어떻게 해야 할까? 스스로 연습해 보기로 한다.

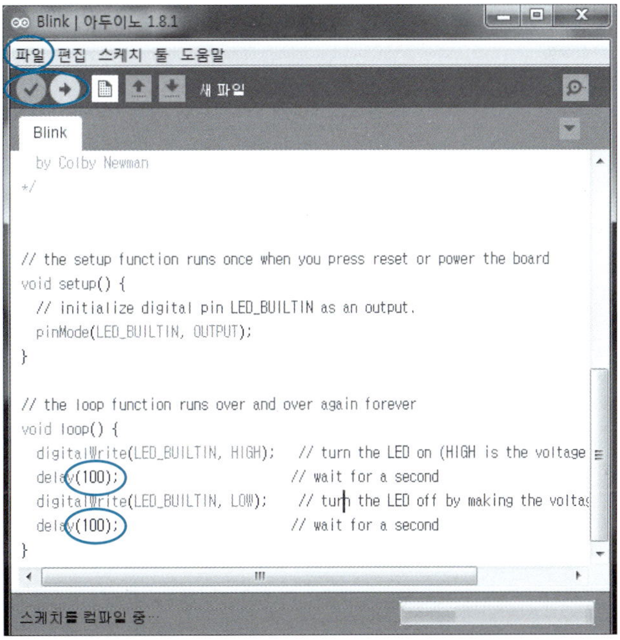

[그림 4.8] 프로그램 저장, 컴파일, 업로드하기

프로그램이란? 그리고 언어란?

본격적으로 프로그램을 작성하고, 업로드하고, 실행해 보기 전에, 프로그램 및 컴퓨터 언어의 정의와, 변수와 상수의 의미에 대해 먼저 공부해 보자. 사실 프로그램은 약간의 변수와 상수, 그리고 일련의 함수 모임이라고 할 수 있다.

프로그램이란 무엇일까? TV나 라디오 방송국에서는 미리 계획된 순서에 따라 정해진 프로그램이 방영된다. 경우에 따라서 사회적으로 큰 이슈가 발생될 때는 뉴스특보의 형식으로 미리 계획되지 않은 프로그램이 방영되기도 하지만 이내 곧 정상적인 프로그램 순서로 되돌아오게 된다. 결국 방송국의 프로그램은 방송국에서 하는 일을 정의하고 진행 순서를 규정한 것이라고 볼 수 있다. 그렇다면 컴퓨터에서 프로그램이란 무엇일까? 컴퓨터도 방송국에서처럼 컴퓨터가 해야 할 일들을 정의하고 그 일들의 순서를 계획하여야 한다. 프로그래머는 이러한 일과 순서를 컴퓨터가 이해할 수 있는 적절한 형식으로 작성하게 되며 이를 컴퓨터 프로그램이라고 한다. 물론 컴퓨터 프로그램에서도 예기치 않은 일이 발생되는 경우가 있어 미리 계획하지 않은 어떠한 작업을 수행하여야 할 경우도 발생한다. 이를 인터럽트라고 하는데 이는 다소 어려운 개념이므로 나중에 설명할 것이다. 어쨌든 인터럽트가 발생한다고 하더라도 그 인터럽트에 해당되는 작업이 수행되고 난 이후에 컴퓨터는 TV 방송국에서처럼 원래의 계획된 프로그램으로 되돌아오게 된다.

언어란 무엇인가? 언어는 어떤 사람이 다른 사람에게 자신의 의사를 전달하기 위한 약속된 소리의 집합이다. 언어를 문서에 적어서 의사를 전달하려 할 때는 문자와 숫자를 이용하게 된다. 마찬가지로 사람이 컴퓨터에게 의사를 전달할 때는 미리 정해진 문자와 숫자의 조합을 이용하여 전달하여야 한다. 우리는 이러한 문자와 숫자의 조합을 컴퓨터 언어라고 부른다. 언어는 편리한 의사전달 수단이기는 하지만 사용하는 사람이 한국인인지 미국인인지에 따라 서로 다른 언어를 사용하는 경우도 발생한다. 프로그램을 위한 언어도 여러 종류가 있지만 우리가 관심이 있는 아두이노는 C/C++ 언어를 이용하여 의사를 전달할 수 있으므로 독자들은 C/C++ 언어에 익숙해질 필요가 있다.

그렇다면 컴퓨터 프로그램과 컴퓨터 언어와의 관계는 어떠할까? 일반적으로 컴퓨터 프로그램은 컴퓨터 언어를 이용하여 작성한다. 결국 컴퓨터 프로그램이라는 것은 컴퓨터가 이해할 수 있는 문자와 숫자들인 컴퓨터 언어를 이용하여, 컴퓨터가 해야 하는 일을 정의하고 순서를 규정해 준 것이라 하겠다.

프로그램에서 숫자(=상수)와 문자(=변수)의 용도는?

스케치 프로그램은 C 언어(엄밀하게는 C++ 언어)를 기본으로 하므로, 본격적인 프로그램 작성에 앞서 기본적인 사항을 간단히 살펴보기로 한다. 가장 먼저 살펴볼 것은 상수와 변수이다. 상수와 변수를 쉽게 이해하기 위해 카레 요리를 만들어가는 과정을 **[그림 4.9]**와 같이 생각해 보자. 먼저 감자와 양파를 각각 별도의 그릇에 담아두어야 한다. 이후에 감자와 양파를 규격에 맞게 먹기 좋은 크기로 손질하여야 한다. 마지막으로 손질된 식자재에 카레물을 넣고 열을 가하여 적절한 과정을 거치면 원하는 카레 요리가 만들어진다.

이 과정과 프로그램을 작성하는 과정을 **[그림 4.9]**와 같이 서로 비교하여 보자. 요리에서 감자와 양파는 프로그램에서 상수이며, 그릇은 프로그램에서 변수라 할 수 있다. 식자재 및 그릇의 종류가 다양한 것처럼, 프로그램에서 사용되는 상수와 변수도 정수형, 실수형, 문자형, 문자열형, 불형(데이터 형) 등 다양하게 존재한다. 요리에서 감자를 감자 그릇에 담고 양파를 양파 그릇에 담듯이, 정수형 상수는 정수형 변수에 담아야 하고 문자열형 상수는 문자열형 변수에 담아야 한다. 그림에서 [int a=13;]이라는 문장은 정수형(int) 상수 13을 정수형 변수 a에 담는다는 의미이고, [String s="HIGH";]이라는 문장은 문자열형(String) 상수 "HIGH"를 문자열형 변수 s에 담는다는 의미이다. 여기서 문자열형 상수는 반드시 큰 따옴표로 감싸야 한다. 등호(=)는 같다는 의미가 아니고 우변의 값을 좌변의 변수에 저장한다는 의미임을 명심하자. 문장의 끝은 반드시 세미콜론(;)으로 마쳐야 한다.

지금까지는 규격에 맞게 변수와 상수를 잘 손질하였다. 이제부터는 손질된 변수와 상수를 잘 조합하여 프로그램을 완성해 보자. [CURRY(a, s);]는 a와 s를 입력으로 받아 카레 요리를 만들어 내는 함수로, 어떤 키워드 이후에 괄호 ()가 있으면 항상 함수(다음절에서 논의)임을 유의하자. a는 정수형 상수 13을 담는 변수이므로 함수 CURRY()는 상수 13을 입력으로 받게 된다. 또한 s는 앞서 문자열형 상수 "HIGH"를 담는 변수이므로 함수 CURRY()는 상수 "HIGH"도 입력으로 받게 된다. 마찬가지로 delay(a)도 함수이며 정수형 상수 13을 입력으로 받게 된다.

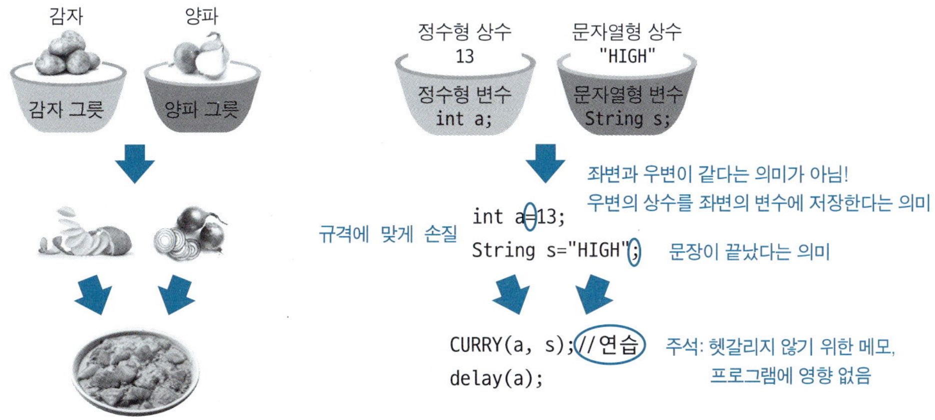

[그림 4.9] 카레 요리를 만드는 과정과 프로그램을 작성하는 과정의 비교

데이터 형이란?

<표 4.1>에는 스케치 소프트웨어에서 제공하는 데이터 형이 요약되어 있다. 어떤 변수에 저장되는 정수가 매우 작은 수라면 굳이 과도한 메모리 공간을 차지하게 하고, 연산 시간을 증대시킬 필요가 없다. 이 때문에 데이터 형을 구분하여야 한다.

정수형에는 byte, (signed) int, unsigned (int), 그리고 long (int) 형이 존재한다. byte 형은 1Byte에 정수형 상수를 저장하게 된다. 따라서 byte형은 십진수로 −128~127까지의 정수를 저장할 수 있다. 이진수로 저장할 수 있는 상수의 범위를 계산하는 방법은 나중에 설명하도록 한다. [byte b;]는 정수형의 변수 b를 선언한다는 의미이며, [b=1;]은 선언된 정수형의 변수 b에 정수형 상수 1을 저장한다는(담는다는, 초기화한다는) 의미이다. 선언과 초기화를 동시에 하려면 [byte b=1;]이라고 코딩하여야 한다. (signed) int 형/unsigned (int) 형은 2Byte에 부호 있는/부호 없는 정수형 상수를 저장하게 된다. 한 가지 조심할 것은 int 형이 아두이노에서는 일반적으로 알고 있는 4Byte 크기가 아니고 2Byte 크기라는 것이다. long (int) 형도 유사한 방법으로 이해할 수 있다.

실수형인 float와 double형은 4Byte에 실수형 상수를 저장하게 된다.

문자형은 1Byte의 메모리 공간에 하나의 문자를 저장할 수 있는 데이터 형이다. char c='A';에서 c는 문자형 변수이고 'A'는 문자형 상수이다. 문자형 상수는 반드시 작은따옴표로 감싸야 한다. 문자를 저장하면 실제 메모리에는 ASCII(American Standard Code for Information Interchange) 코드(나중에 설명!)가 저장된다. 문자열형은 한 개 이상의 문자를 저장할 수 있는 데이터 형이다. String s="arduino"; 에서 s는 문자열형 변수이고 "arduino"는 문자열형 상수이다. 문자열형 상수는 큰 따옴표로 감싸야 한다. 또한 점유하는 메모리 공간은 (문자의 개수+1)Byte이다. 1Byte가 더 필요한 이유는 문자열형 상수는 문자열의 끝임을 표시하는 널 문자(Null Character, \0)가 끝에 포함되기 때문이다. 불형(boolean)은 1Byte의 메모리 공간을 차지하며 true(참, 1) 또는 false(거짓, 0)을 저장하게 된다.

<표 4.1> 데이터 형

데이터 형	선언	메모리 크기	초기화	선언 + 초기화

정수형	byte b;
	int i;
	unsigned u;
	long l;
		1Byte
		2Byte
		2Byte
		4Byte
			b=1;
			i=-3;
			u=3;
			l=3;
				byte b=1;
				int i=-3;
				unsigned u=3;
				long l=3;

실수형	float fl; double do;	4Byte 4Byte	fl=3.14; do=3.14159;	float fl=3.14; double do=3.14159;
문자형	char c;	1Byte	c='A';	char c='A';
문자열형	String s;	(n+1)Byte	s="arduino"	String s="arduino";
불형	boolean b;	1Byte	b=true;	boolean b=false;

함수란? : 빌트인 함수

초등학교 시절에 배웠던 함수의 내용은 [그림 4.10]과 같이 요약될 수 있다. 그림에서 통 속으로 들어가는 값은 x이며 통 속에서 3이 합산되어 출력으로 y가 산출되게 된다. 여기서 x를 인수라고하고, y를 반환 값 또는 return 값이라고 한다. 이를 수식으로 표현하면 y=f(x)=x+3이 된다. y=f(x)에서 x는 인수(입력 값), y는 반환 값(출력 값)이며 f는 함수의 이름이 된다. 이러한 분석을 C언어에서의 함수로 그대로 적용시켜 보자. [그림 4.10]에 제시된 프로그램은 Arduino.h 라이브러리(앞에서 설명한 시판중인 양념)에 포함된 함수의 예이다.

delay() 함수는 프로그램의 실행을 입력된 인수만큼 지연시키는 빌트인(이미 만들어져서 제공하는) 함수로 시간의 단위는 ms이다. 이 함수에서 입력 인수가 500이라면 500ms 즉, 0.5초의 시간 지연이 발생하게 된다. delay() 함수는 void로 선언되어 있으므로 반환 값이 없다. pinMode() 빌트인 함수는 입력 인수가 2개이다. 첫 번째 인수는 신호를 출력시킬 디지털 입출력 핀 번호를 지정하고, 두 번째 인수는 디지털 입출력 핀의 방향성을 설정한다. 즉, pinMode(13, OUTPUT) 함수는 [그림 4.10]에서 아두이노 상단의 13번 포트를 출력으로 설정하는 역할을 한다. 이 함수도 void로 선언되어 있으므로 반환 값이 없다. digitalWrite() 빌트인 함수도 입력 인수가 2개이다. 첫 번째 인수는 앞서와 마찬가지로 신호를 출력시킬 디지털 입출력 핀 번호를 지정하고, 두 번째 인수는 출력 값을 설정한다. digitalWrite(13, HIGH)는 13번 포트에 HIGH, 즉 5V를 출력하는 역할을 한다. 만일 0V를 출력하려면 LOW를 함수의 인수로 사용하여야 한다. 이 함수도 void로 선언되어 있으므로 반환 값은 없다.

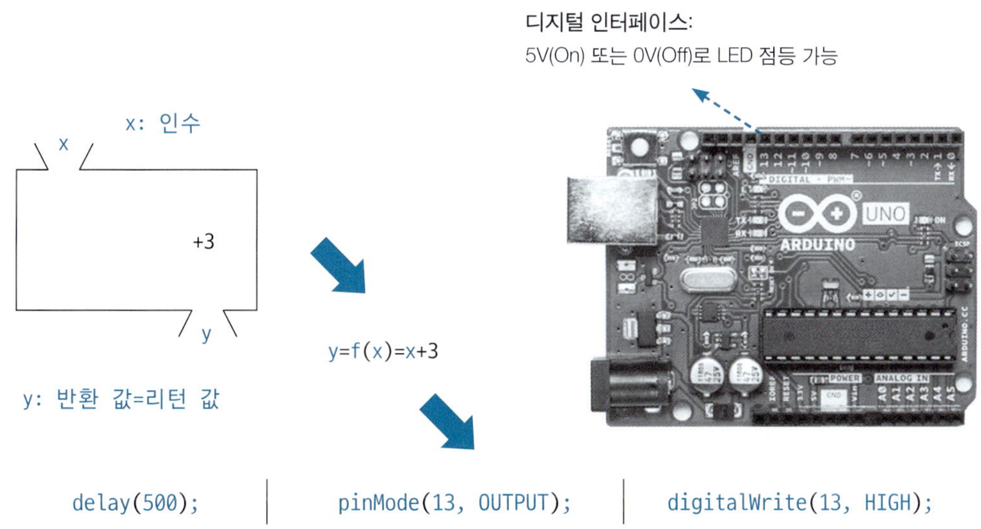

[그림 4.10] 함수의 의미와 빌트인 함수의 예

함수란? : 사용자 정의 함수

```
void setup(){
  pinMode(13, OUTPUT);
}
void loop(){
  digitalWrite(13, HIGH);
  delay(500);
  digitalWrite(13, LOW);
  delay(500);
} //[P041]
```

delay(), pinMode(), digitalWrite()와 같은 빌트인 함수는 이미 그 역할이 프로그래밍되어 있어서 프로그래머가 함수의 내용을 직접 코딩할 필요가 없다. 그러나 프로그래머가 함수의 내용을 코딩해야 할 경우도 빈번하게 발생한다. 이렇게 프로그래머(=사용자)가 직접 코딩한 함수를 사용자 정의 함수라고 하며, 예로서 setup() 함수와 loop() 함수가 오른쪽에 나타나 있다. 사용자 정의 함수에서는 원하는 동작을 중괄호(brace)내에 기술하여야 한다.

위 프로그램에서는 사용자 정의 함수인 setup() 함수가 먼저 실행되어 빌트인 함수인 pinMode() 함수가 실행되고, 그 이후에 사용자 정의 함수인 loop() 함수가 실행되어 빌트인 함수인 digitalWrite() 함수, delay() 함수, digitalWrite() 함수, 그리고 delay() 함수가 차례대로 실행된다. 아두이노는 내부에 main() 프로그램을 이미 가지고 있는데 이 main() 프로그램 내부에서 setup() 함수는 단 한번만 실행하고, loop() 함수는 무한히 반복적으로 실행하도록 프로그램되어 있다. setup() 함수나 loop() 함수 모두 입력 인수는 없으며, 반환 값도 없다. 입력 인수가 없을 때는 함수 이름 뒤의 괄호 안을 비우거나 void라고 써야 하며, 반환 값이 없을 때는 함수 이름 앞에 void라고 써야 한다.

이제 프로그램을 이해해보기로 하자. 먼저 setup() 함수가 실행되며 13번 디지털 입출력 핀을 출력으로 설정하게 된다. setup() 함수는 한 번만 실행되도록 정의되어 있으므로 한 번만 실행되고 이후에 loop() 함수가 실행된다. loop() 함수 내부의 첫 번째 digitalWrite() 함수는 13번 포트에 5V의 전압(HIGH)을 출력한다. 그런데 아두이노에서 13번 디지털 출력은 TEST LED([L LED])에 연결되어 있으므로 [L LED]가 켜지게 된다. 이후, delay() 함수에 의해 0.5초 지연되고, digitalWrite() 함수에 의해 13번 출력에 0V의 전압을 출력하므로 [L LED]는 꺼지며, 꺼진 상태로 다음의 delay() 함수에 의해 0.5초 지연된다. loop() 함수는 반복적으로 실행되므로 결국, 0.5초 간격으로 [L LED]가 켜지고 꺼지는 동작이 무한히 반복된다.

프로그램을 작성할 때 함수이건, 변수이건, 상수이건 간에 모든 이름은 공백 없이 써야 하며, 대소문자를 구분하여 작성하여야 한다. 하나의 문장은 언제나 세미콜론으로 끝내야 한다. 함수를 사용할 때 입력 인수가 2개 이상이면 쉼표에 의해 구분하여 써야 하고, 반환 값은 없거나 하나이다. 또한 함수가 실행되는 것을 '함수를 호출한다' 라고 표현하고, 인수는 함수 실행 중에 함수 내부로 전달된다.

기본 예제 실행해 보기

스케치 소프트웨어를 실행시키면 오른쪽 그림과 같은 창이 나타난다. 코딩하지 않았는데도 이미 setup() 함수와 loop() 함수가 생성되어 있고 코딩하는 요령이 설명되어 있다. setup() 함수를 코딩해야 하는 위치와 단 한번만 실행된다는 설명이 있고, loop() 함수를 코딩해야 하는 위치와 반복해서 실행된다는 설명이 있다. 실제로 그렇다. 이제 원하는 코드를 함수들 내부에 코딩해 보자!

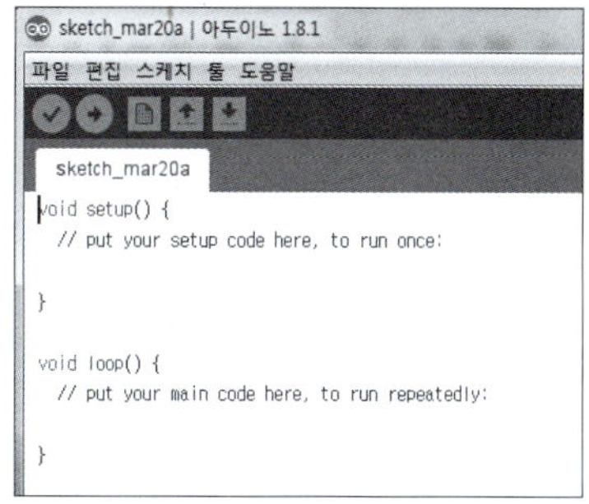

앞서 0.5초 간격으로 [L LED]가 켜지고 꺼지는 동작을 무한히 반복하는 프로그램을 설명하였다. 오른쪽의 예제도 기능적으로 다른 것은 없다. 다만 지연시간인 500과 디지털 입출력 핀 번호인 13을 상수 인수로 직접 함수로 전달한 것이 아니고 정수형 변수 ledPin와 delayPeriod에 저장하고 이 변수를 통해 함수의 인수로 전달한 것만 다르다. 실제 스케치 프로그램과 아두이노를 이용하여 결과를 반드시 확인하고 시간 간격을 변경해 보면서 예상대로 동작하는 지도 확인해 보기 바란다.

```
int ledPin=13;
int delayPeriod=500;
void setup(){
  pinMode(ledPin, OUTPUT);
}
void loop(){
  digitalWrite(ledPin, HIGH);
  delay(delayPeriod);
  digitalWrite(ledPin, LOW);
  delay(delayPeriod);
}//[P042]
```

오른쪽 프로그램은 최초 지연시간을 100으로 설정하였으며, loop() 함수는 반복적으로 실행되므로 [delayPeriod = delayPeriod+100;]가 무한히 반복 실행된다. 이는 loop() 함수가 한 번 실행될 때마다 지연시간이 100ms씩 누적된다는 것을 의미한다. 따라서 [L LED]가 점멸되는 시간이 점차로 증가하게 될 것이다. 이 수식을 처음 보면 수학에서 통용되는 것과는 전혀 다른 해석이 되므로 매우 이상하게 보일 수도 있다. 하지만 프로그래밍 언어에서 누적을 할 때 널리 사용되는 형태이므로 잘 알아두어야 한다.

```
int ledPin=13;
int delayPeriod=100;
void setup(){
  pinMode(ledPin, OUTPUT);
}
void loop(){
  digitalWrite(ledPin, HIGH);
  delay(delayPeriod);
  digitalWrite(ledPin, LOW);
  delay(delayPeriod);
  delayPeriod=delayPeriod+100;
}//[P043]
```

스케치 프로그램이 실행되는 과정

프로그램 작성 → 컴파일 (→ 오류수정 → 컴파일) → 업로드 → 자동 실행

스케치 소프트웨어의 편집 기능을 이용하여 [L LED]를 무한히 반복하여 점멸시키는 프로그램을 작성하여 저장했다고 가정하자. 그 이후에 해야 할 일은 스케치 소프트웨어에서 제공하는 컴파일 기능을 이용해서 컴파일을 수행하는 것이다. 경우에 따라서 오류가 발생할 수도 있으며, 이럴 경우 적절히 수정하여 오류가 전혀 없는 프로그램을 완성하여야 한다. 하나의 오류도 없이 한 번에 컴파일되는 경우는 거의 없다. 따라서 이 과정은 여러 번 반복되는 것이 보통이다.

이제 USB 케이블을 이용하여 PC와 아두이노를 서로 연결한 후, 스케치 소프트웨어의 업로드 기능을 이용하여 기계어 프로그램을 아두이노에 내장된 μ컨트롤러의 플래시메모리에 업로드 해보자. 이 기계어 프로그램은 오직 특정 CPU만 이해할 수 있는 이진 코드이다. 하나하나 분석하면 사람도 기계어 프로그램을 이해할 수는 있지만 이는 매우 고된 작업이며, 굳이 이런 작업을 할 필요는 없다.

업로드되자마자 아두이노는 동작하므로 [L LED]는 반복적으로 점멸한다. 그림 **[그림 4.11]**에서처럼 업로드된 플래시메모리의 기계어 프로그램이 CPU로 전달되어 명령어 단위로 실행되고, CPU는 제어 신호를 [L LED]로 전달하여 이에 대한 결과로 [L LED]가 반복적으로 점멸되는 것이다.

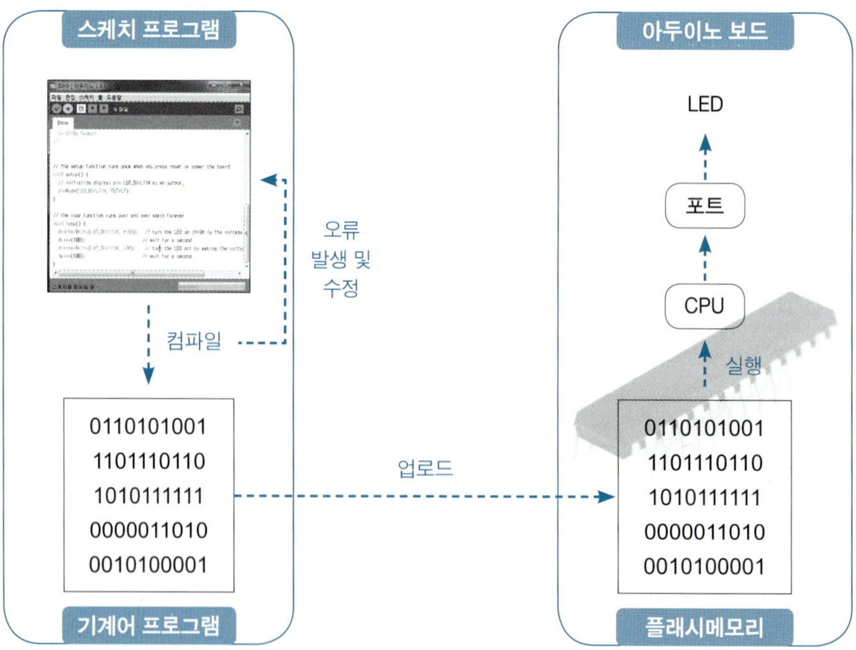

[그림 4.11] 스케치 프로그램이 실행되는 과정

조건문 : 갈림길에 도달했을 때 어느 길을 선택할 것인가?

프로그램에 대해 논의하면서 프로그램은 컴퓨터가 해야 하는 일의 순서를 규정한다고 하였다. 기본적으로 프로그램은 위에서 아래로 순서대로 실행되는 것이 원칙이지만, 제어문에 따라서 실행 순서가 달라질 수도 있다. 제어문에는 if와 같은 조건문, for, while, 그리고 do ~ while과 같은 반복문, 그리고 goto와 같은 분기문이 있다.

가장 먼저 설명할 것이 if 조건문이다. 조건문은 갈림길이라고 생각하면 된다. 즉, 조건을 보고 판단하여 갈림길에서 어느 쪽 길로 갈 것인지를 결정하게 된다. 아래 〈표 4.2〉는 if 조건문의 사용 예를 보여주고 있다. 먼저 단순 if 문을 살펴보자. num에 저장된 값이 max에 저장된 값보다 큰지 작은지를 판단하여, 크면 num에 저장된 값을 max에 저장하게 된다. 만일 작거나 같다면 [max=num;]을 수행하지 않고 바로 다음 줄로 넘어가게 된다. 이 코드는 입력된 값 중에서 최댓값을 찾는 루틴의 일부로 활용될 수 있다. if 이하의 코드를 중괄호({ }, brace) 내부에 넣었다는 것에 유의하자. 만일 세미콜론(;)으로 끝난 코드가 오직 한 줄이라면 중괄호를 생략할 수 있다.

두 번째 예로 if ~ else ~ 문을 살펴보자. b에 저장된 값보다 a에 저장된 값이 크다면(if 이하) max라는 변수에 a에 저장된 값을 저장하고, 작거나 같다면(else 이하) max라는 변수에 b에 저장된 값을 저장하게 된다. 예에서는 if 이하의 코드와 else 이하의 코드가 모두 한 줄이므로 중괄호를 생략하였다.

세 번째 예로 중첩된 if 문을 이해해보자. 여기서 if 문은 2개이고 else 문은 1개이므로 else가 어떤 if 문에 연결되는지를 이해하는 것이 중요하다. 별다른 괄호가 없다면 else는 무조건 가까운 if 문에 연결된다. 그러므로 중첩된 if 문의 첫 번째 예는 두 번째 예와 문법적으로 완전히 동일하며, 단순 if 문 내부에 if ~ else ~ 문이 포함된 형태가 된다. 즉, a의 값이 b의 값보다 크지 않다면 내부의 if ~ else 문은 전혀 실행되지 않는다. 세 번째 예는 조금 다르다. 중괄호로 두 번째 if 문을 묶었기 때문에 else 문은 첫 번째 if 문에 연결된다. 즉 b의 값보다 a의 값이 크다면 내부의 단순 if 문을 수행하고, 작거나 같다면 else 이하의 문장을 수행하게 된다.

〈표 4.2〉 if 조건문

단순 if	If ~ else ~	중첩된 if			If ~ else if ~ else ~

if(max<num){
  max=num;
}
	if (a>b)
	  max=a;
	else
	  max=b;
		if(a>b)
		  if(b>c)
		    m=a;
		  else
		    m=b;
			if(a>b){
			  if(b>c)
			    m=a;
			  else
			    m=b;
			}
				if(a>b){
				  if(b>c)
				    m=a;
				}
				else
				  m=b;
					if (score>=90) grade='A';
					else if (score>=80) grade='B';
					else if (score>=70) grade='C';
					else if (score>=60) grade='D';
					else grade='F';

마지막으로 if ~ else if ~ else ~ 문을 고려해보자. 이 문장에는 조건이 여러 개 있다. score의 값이 90보다 크거나 같다면 변수 grade에 'A' 의 값을 저장하고 이하의 문장을 수행하지 않는다. 만일 score의 값이 90보다는 작지만 80보다는 크거나 같다면 변수 grade에 'B' 의 값을 저장하고 이하의 문장을 수행하지 않는다. 이와 같은 방식으로 문장이 모두 끝날 때까지 실행된다. 알아두어야 할 것은 grade= 'A' , grade= 'B' , grade= 'C' , grade= 'D' , grade= 'F' 중 오직 하나만 실행된다는 것이다.

예제 [P044]는 앞선 **예제** [P043]을 약간 변형한 것이다. [P043]에서는 지연시간이 100ms씩 누적되어 [L LED]가 점멸되는 시간이 무한히 증가하였다. 그러나 **예제** [P044]에서는 점멸 시간이 무한히 증가되는 것을 막기 위해 지연 시간이 1초가 되었을 때 다시 지연 시간을 0.1초로 초기화하는 코드가 추가되었다. 이 과정에서 if 조건문의 사용은 필수적이다.

```
int     ledPin = 13;
int     delayPeriod = 100;
void setup()
{
          pinMode(ledPin, OUTPUT);
}
void loop()
{
        digitalWrite(ledPin, HIGH);
        delay(delayPeriod);
        digitalWrite(ledPin, LOW);
        delay(delayPeriod);
        delayPeriod = delayPeriod + 100;
        if (delayPeriod>1000)
        {
               delayPeriod = 100;
        }
} // [P044]
```

if 문을 마치기에 앞서 조건부 연산자에 대해 알아보도록 하자. 앞서 if ~ else ~ 문의 예인 아래의 프로그램을 살펴보자.

```
if (a>b)
    max=a;
else
    max=b;
```

위 프로그램은 조건부 연산자를 이용해 다음과 같이 간단히 프로그래밍 할 수도 있다.

```
max = (a > b) ? a : b;
```

조건부 연산자는 3항 연산자로서 ? 앞 부분의 참, 거짓을 판단하여 참이면 a의 저장값을 max로, 거짓이면 b의 저장값을 max로 저장하게 된다. 코드를 간단히 구성할 수 있어 자주 사용되는 코드이므로 알아두면 도움이 된다. 특이하게 이것은 제어문이 아니고 연산자이다.

마지막으로, if 문과 더불어 조건문으로 많이 쓰이는 문장은 break 문과 결합된 switch ~ case ~ 문이다. 다음의 예를 살펴보자. 만일 switch 문에서 정수형 변수 value에 저장된 값이 1이면 case 1에서 시작하여 [break;]를 만나거나 오른쪽 중괄호 "}" 가 나올 때까지 모든 문장을 수행한다. 이 경우 level 변수에는 최종적으로 40이 저장된다. 같은 방식으로 저장된 값이 2이면 case 2, case 3, 그리고 default의 문장을 수행한다. 저장된 값이 3이면 case 3, 그리고 default의 문장을 실행한다. 만일 value에 저장된 값이 1도 2도 3도 아니면 default의 문장만을 실행한다. 만일 value가 1일 때 case 1의 문장만을, value가 2일 때 case 2의 문장만을, value가 3일 때 case 3의 문장만을, 그리고 나머지 경우에 대해서는 default의 문장만을 실행하고 싶다면 매 라인마다 break를 추가하면 된다. (아래 코드에서 [//break;] 를 [break;]로 바꾸면 된다.) break는 loop나 switch 문을 빠져나오는 명령이다. switch의 괄호 내부에는 반드시 정수형이나 문자형 입력되어야 하고, case 문 다음의 값도 반드시 정수형이나 문자형이어야 한다는 점에 주의하자.

```
switch(value)
{
  case 1: level = 10; //break;
  case 2: level = 20; //break;
  case 3: level = 30; //break;
  default: level = 40; //break;
}
```

반복문 : 사람은 제일 싫어하지만 컴퓨터는 제일 좋아하고 잘 하는 일

반복문이란 프로그램이 순서대로 실행되다가 특정 부분을 정해진 횟수만큼 반복해서 수행하게 하는 문장이다. 〈표 4.3〉에서 첫 번째 예는 for 반복문이다. for(A; B; C){ D }는 A→(B→D→C)→(B→D→C)→(B→D→C) ... 의 순서대로 실행된다. A는 최초 한번만 실행되는데, 보통은 변수에 초깃값을 지정해 주는 문장으로 사용된다. 예에서는 i를 1로 초기화하였다. 이후 B를 수행하는데, 보통 for 반복문이 끝나는 조건문으로 사용된다. 이 예에서는 i가 100보다 작거나 같을 때만 계속 반복해서 실행하도록 코딩되어 있다. B 조건이 참이라면 D를 실행하는데, 보통 반복해서 실행하여야 하는 작업을 기술하게 된다. 예에서는 [sum+=i;] ([sum=sum+i;]와 같다.)로 코딩되어 있으므로 최초 0으로 초기화된 sum에 i를 누적시키게 된다. 이후 C를 수행하는데, 보통 변수의 값을 갱신하는 코드가 사용된다. 이 예에서는 i를 계속적으로 1씩 증가시킨다. 결국, 첫 번째 예는 i를 1에서부터 100까지 증가시키면서 sum에 갱신된 i값을 누적시키게 되므로 1부터 100까지의 합을 구하는 프로그램이 된다.

1부터 100까지의 합을 구하는 작업을 do ~ while 문으로 작성한 코드가 표의 두 번째에 나타나 있다. do {A} while(B)는 A→B→A→B ... 의 순서대로 실행된다. 이 예에서는 do 이하의 중괄호로 묶여있는 문장 A를 일단 수행하고 while 문의 조건인 B를 판단하여 조건을 만족하면 do 이하의 문장 A를 다시 반복 수행한다. 이 프로그램도 i를 1에서부터 100까지 1씩 증가시키면서 sum에 누적하게 되므로 1부터 100까지의 합을 구하게 된다. 조건에 상관없이 무조건 한 번은 꼭 실행되어야만 하는 프로그램에 사용하면 편리하다. 한 가지 더 유의해야 할 사항은 while(B); 와 같이 while의 오른쪽 끝에는 세미콜론(;)이 반드시 추가되어야 한다는 점이다.

이 작업은 while 문으로 작성할 수도 있으며 이 코드는 표의 세 번째에 나타나 있다. while(A) { B }는 A→B→A→B ... 의 순서대로 실행된다. 이 예에서는 while 문의 조건인 A를 판단하여 조건을 만족하면 중괄호로 묶인 문장 B를 반복하여 수행한다. 이 프로그램도 i를 1에서부터 100까지 1씩 증가시키면서 sum에 누적하게 되므로 1부터 100까지의 합을 구하는 프로그램이 된다.

〈표 4.3〉 반복문

for 문	do ~ while 문	while 문

`int i;`
`int sum=0;`
`for(i=1;i<=100;i++){`
`  sum+=i;`
`}`
	`int i=1, sum=0;`
	`do{`
	`  sum+=i;`
	`  i++;`
	`}`
	`while(i<=100);`
		`int i=1, sum=0;`
		`while(i<=100){`
		`  sum+=i;`
		`  i++;`
		`}`

예제 [P045]는 for 문을 사용하여 i를 0에서부터 4까지 증가시키면서 총 5회 [L LED]를 점멸시키는 프로그램이다.

```
int ledPin = 13;
int delayPeriod = 250;
void setup(){
  pinMode(ledPin, OUTPUT);
}
void loop(){
  for(int i=0; i<5; i++){
    digitalWrite(ledPin, HIGH);
    delay(delayPeriod);
    digitalWrite(ledPin, LOW);
    delay(delayPeriod);
  }
  delay(3000);
} // [P045]
```

예제 [P046]은 [P045]와 똑같은 기능을 while 문을 사용하여 구현한 것이다. 스스로 분석해보기 바란다.

```
#define ledPin 13
int delayPeriod = 250;
void setup(){
  pinMode(ledPin, OUTPUT);
}
void loop(){
  int i = 0;
  while(i<5){
    digitalWrite(ledPin, HIGH);
    delay(delayPeriod);
    digitalWrite(ledPin, LOW);
    delay(delayPeriod);
    i++;
  }
  delay(3000);
} // [P046]
```

분기문 : 지정된 곳으로 뛰어 넘어라!

분기문이란 프로그램을 순서대로 실행시키지 않고 미리 정해진 곳으로 뛰어 넘게하는 문장을 의미한다. 분기문을 쉽게 이해하기 위해 앞선 예제와 크게 다르지 않는 예제인 [P047]을 제시하였다. 앞선 예제와 다른 점은 오직 프로그램 중간에 [goto last;]와 끝 부분에 [last:]가 추가되었다는 점이다. 프로그램이 순서대로 진행되다가 [goto last;]에 도달하게 되면 프로그램에서 [last:]에 해당되는 위치로 뛰어 넘게 된다. 따라서 이 프로그램에서는 while 이하 [L LED]를 점멸하는 코드가 전혀 실행되지 않으므로 LED는 점멸하지 않는다. goto 문은 구조화된 프로그램에서는 해석을 어렵게 할 여지가 있으므로 가능한 사용을 자제하는 것이 좋다.

```
#define ledPin 13
int delayPeriod = 250;
void setup(){
  pinMode(ledPin, OUTPUT);
}
void loop(){
  int i = 0;
  goto last;
  while(i<5){
    digitalWrite(ledPin, HIGH);
    delay(delayPeriod);
    digitalWrite(ledPin, LOW);
    delay(delayPeriod);
    i++;
  }
  last: delay(3000);
}// [P047]
```

연습 문제

1 (   ) 함수는 단 한번만 실행되고, (   ) 함수는 무한히 반복해서 실행된다.

2 delay(100)의 의미는 무엇인가?

3 pinMode(13, OUTPUT)의 의미는 무엇인가?

4 digitalWrite(13, HIGH)의 의미는 무엇인가?

※ [5–10] 다음 코드를 보고 물음에 답하여라.

```
int ledPin=13;
int delayPeriod=500;
void loop(){
  pinMode(ledPin, OUTPUT);
}
```

```
void setup(){
  digitalWrite(ledPin, HIGH);
  delay(delayPeriod);
  digitalWrite(ledPin, LOW);
  delay(delayPeriod);
}
```

5 잘못된 부분을 찾아 수정하라.

6 올바로 수정되었다고 가정하고 실행시키면 어떤 동작을 수행하는가?

7 올바로 수정되었다고 가정하고, [L LED] 점멸 간격을 1초로 하려면 어떻게 변경하면 되는가?

8 올바로 수정되었다고 가정하고, [L LED] 점멸 간격을 loop문이 실행될 때마다 2배씩 증가하도록 프로그램을 변경하라.

9 올바로 수정되었다고 가정하고, [L LED] 점멸 간격을 loop문이 실행될 때마다 2배씩 증가시키면서 5초에 도달할 경우 다시 처음 지연 시간부터 시작하도록 코딩하라.

10 올바로 수정되었다고 가정하고, 전체 지연 시간을 합산하는 루틴을 삽입하라.

11 다음의 반복문은 각각 내부 루틴이 몇 회 반복되는가?

```
int i;
int sum=0;
for(i=1;i<100;i++){
  sum+=i;
}
```

```
int i=0, sum=0;
do{
  sum+=i;
  i++;
}
while(i<=99);
```

```
int i=10, sum=0;
while(i<=100){
  sum+=i;
  i++;
}
```

05장 고급 프로그래밍 익히기

학습 목표

- 프리프로세싱을 이용하여 값을 치환하고 파일을 포함시킬 수 있다.
- 다양한 연산자를 활용할 수 있다.
- 숫자 배열, 문자 배열을 선언할 수 있다.

학습 내용

- 매크로 치환(#define), 파일 포함(#include)
- 산술/관계/논리/비트/복합연산자, 배열 및 이진수 표현
- 스케치 소프드웨어 빌트인 힘수

프리프로세싱 : 매크로, #include

프리프로세싱이란 컴파일을 하기 전에 미리 실행되는 작업을 의미하여, 매크로 치환(#define)과 파일 포함(#incldue)으로 구분된다.

매크로란 코딩할 때 자주 사용되는 상수나 변수, 그리고 함수들을 미리 정의해 놓고, 이를 대표하는 단순한 서식을 코딩에 포함시켜, 반복적으로 상수, 변수, 함수들을 사용할 수 있게 하는 문법적 방법으로 [#define A B] 형식을 취한다. A는 보통 프로그램 내에서 사용할 문자열이고 B는 치환될 내용으로 상수, 변수이다. 매크로 치환의 예로서, 아래와 같이 프로그램에서 ledPin을 3으로 정의하면 이후에 ledPin으로 사용된 것은 컴파일하기 전에 먼저 3으로 변경된 후 컴파일된다. 따라서 [digitalWrite(ledPin, HIGH);]라는 함수의 인수인 ledPin이 함수로 전달될 때는 3이 전달된다.

파일 포함이란 지정하는 파일을 현재의 위치로 그 내용 전체를 가져오는 방법으로, 보통 "#include 〈filename〉"을 취한다. 그러면 이미 지정된 경로에서 filename에 해당되는 파일을 찾아 그 내용을 현재의 위치에 그대로 넣게 된다.

파일 포함의 예로 아래와 같이 프로그램에서 Arduino.h를 포함하면 Arduino.h 파일의 내용이 그대로 이 위치에 입력되어, 결국 Arduino.h 파일에 포함된 모든 상수, 변수, 함수들도 함께 컴파일된다. Arduino.h는 명칭이 의미하는 바와 같이 아두이노와 관련된 상수(#define OUTPUT 1, #define INPUT 0, ...), 변수, 그리고 함수(digitalWrite(), pinMode(), ...) 프로토타입들이 포함되어 있는 헤더이다. 따라서 pinMode() 함수나 digitalWrite() 함수를 아래와 같이 사용할 때 OUTPUT, LOW는 각각 이미 지정된 매크로 값인 '1'과 '0'으로 바뀌게 되는 것이다. Arduino.h는 main.cpp 안에 "#include 〈Arduino.h〉" 형태로 기술되어 있어(추후 설명) 컴파일 시 자동으로 포함되므로 사용자 프로그램에서는 생략한다.

```
#include <Arduino.h>
#define  ledPin  3
pinMode(ledPin, OUTPUT);
digitalWrite(ledPin, LOW);
```

연산자 이해하기 : 산술연산자, 관계연산자

식 x=1+2;을 생각해보자. 여기서 +는 더하기 연산자(Operator)이며, 1과 2는 피연산자(Operand)이다. 더하기 연산자는 2개의 피연산자에 대해 연산을 수행하므로 이항 연산자이다. 단항이나 삼항 연산자도 존재한다.

산술연산자 : =, +, -, *, /, %

〈표 5.1〉의 산술연산자는 가장 널리 쓰이는 연산자이다. 더하기 (+), 빼기 (-), 곱하기 (*), 나누기 (/)는 별도의 설명이 필요 없고, =은 이전에 설명한 바 있다. 나머지 연산자(%)는 말 그대로 나머지를 구한다. 표에 나타난 것처럼 [c=5%3;]의 결과는 2이다.

관계연산자 : ==, !=, <, <=, >, =>

〈표 5.1〉의 관계연산자는 등호와 부등호로 이루어진 연산자이며, 두 피연산자 사이의 크기 관계를 결정한다. a는 3, b는 2인 상태에서 a==b를 살펴보자. 이는 a와 b가 같은지를 판단한다(Equal). 저장된 값이 다르므로 이 식은 거짓이 된다. 따라서 프로그램에서는 a==b가 있는 자리에 거짓을 의미하는 논리 값 '0' 이 대체될 것이다. a=b와 a==b는 다른 의미라는 것에 주의하자. a!=b는 a와 b가 다르다는 의미이다(Not Equal). 저장된 값이 다르다면 이 식은 참이 된다. 따라서 프로그램에서는 a!=b가 있는 자리에 참을 의미하는 논리 값 '1' 이 대체될 것이다. a<b도 살펴보자. 이는 a가 b보다 작다는 의미이다(Less Than). 실제로 a가 크므로 이 식은 거짓이 된다. 따라서 프로그램에서는 a<b가 있는 자리에 거짓을 의미하는 논리 값 '0' 이 대체될 것이다. a<=b는 어떨까? 이는 a가 b보다 작거나 같다는 의미이다(Less Than or Equal). 실제로 a가 크므로 이 식은 거짓이 된다. 따라서 프로그램에서는 a<=b가 있는 자리에 거짓을 의미하는 논리 값 '0' 이 대체될 것이다. a>b는 Greater Than을 의미하며 a>=b는 Greater Than or Equal을 의미한다. 대체되는 값이 무엇일지는 여러분에게 맡긴다.

〈표 5.1〉 산술연산자, 관계연산자

산술연산자				관계연산자			
int a=3, b=2, c;							
표현	결과 값	표현	결과 값	표현	결과 값	표현	결과 값
c=a+b;	8	c=a/b;	1	if(a==b){ … }	False	if(a<=b){ … }	False
c=a-b;	5	c=a%b;	2	if(a!=b){ … }	True	if(a>b){ … }	True
c=a*b;	15			if(a<b){ … }	False	if(a=>b){ … }	True

연산자 이해하기 : 논리연산자(&&, ||, !)

〈표 5.2〉의 논리연산자는 논리식(참이나 거짓으로 표현되는 식)과 관련된 연산자이다. 논리 연산에는 AND, OR, NOT의 3가지가 있다. &&는 논리적 AND(둘 다 참일 때만 참, 나머지 경우는 모두 거짓)를 의미하고, ||는 논리적 OR(둘 중 하나라도 참일 때만 참, 나머지 경우는 모두 거짓)를 의미하며, !는 NOT(현재 논리값의 반대)을 의미한다. 스케치 소프트웨어에서 정수 0은 거짓이고, 정수 0을 제외한 모든 숫자는 참으로 간주한다. 중요한 것은 스케치 소프트웨어가 참을 세팅해야 할 경우는 항상 논리 값 '1' 로 세팅한다는 것이다. 물론 거짓을 세팅해야 할 경우에는 논리 값 '0' 으로 세팅한다. a가 3일 때 c=!!a를 고려해보자. a는 3이므로 a의 논리값은 참('1')이다. 따라서 !a는 거짓이므로 논리값 '0' 이 된다. 그러고 나서 !(!a)는 다시 참이 되므로 논리 값 '1' 이 된다. 결국 c에는 논리 값 '1' 이 저장된다. 계산 순위를 명확히 하기 위해 괄호를 넣었다. 성급한 독자는 c=!!a에서 !!이 서로 상쇄되므로 c에는 a 값인 3이 저장될 것이라고 판단할 수 있겠지만 이는 잘못된 생각이다.

〈표 5.2〉 논리연산자

논리연산자	
int a=3, b=0, c;	
표현	결과 값
c=a&&b;	0
c=a||b;	1
c=!! a;	1

연산자 이해하기 : 비트연산자(&, |, ^, ~, 〉〉, 〈〈)

〈표 5.3〉에는 비트연산자 및 그 사용 예가 나타나 있다. 비트연산자는 이진수로 저장된 값에 대해 비트별로 논리 연산을 수행하거나 시프트 연산을 수행하는 연산자이다. 먼저 정수형 변수 a에 정수형 상수로서 십진수 333$_{10}$이 저장되어 있다고 가정하자. int형은 2Byte에 저장되므로 메모리에는 00000001_01001101$_2$이 저장된다. 정수형 변수 b에는 정수형 상수로서 십진수로는 −777$_{10}$이, 이진수로는 11111100_11110111$_2$이 메모리에 저장된다.

먼저 ~b는 b에 대한 비트별 NOT 연산을 수행한다. 즉 1의 보수를 취하는 것이다. 따라서 결과는 00000011_00001000$_2$이 된다. 이를 십진수로 변환하면 776$_{10}$이 된다. 결국 이진수에 대한 1의 보수를 취하면 십진수로 변환하였을 때 부호가 반대이고 크기가 1이 차이 나는 수로 변환된다. NOT을 의미하는 논리연산자인 !와 혼동하지 않도록 하자. !b의 결과는 0이다.

a&b는 두 피연산자에 저장된 이진수 값에 대해 비트별 AND 연산을 취하는 연산이다. 따라서 결과는 00000000_01000101$_2$이 된다. AND을 의미하는 논리연산자인 &&와 혼동하지 말도록 하자. a&&b의 결과는 1이다.

a|b는 두 피연산자에 저장된 이진수 값에 대해 비트별 OR 연산을 취하는 연산이다. 따라서 결과는 11111101_11111111$_2$이 된다. OR을 의미하는 논리연산자인 ||와 혼동하지 말도록 하자. a||b의 결과는 1이다. 예에는 나타나 있지 않지만 a^b는 비트별 배타적 논리합(EXCLUSIVE-OR, 두 피연산자가 같으면 '0' , 다르면 '1')을 의미하는 연산자이다.

a〈〈1은 a에 저장된 값을 왼쪽으로 1번 쉬프트 시키라는 의미이다. 시프트시킨 결과는 십진수로 666$_{10}$이 되는데 이는 원래 값에 2를 곱한 값이다. 만일 시프트를 2번 하게 되면 2를 두 번 곱한 값을 얻게 될 것이다. 예에는 나타나 있지 않지만 오른쪽 시프트(〉〉)는 오른쪽으로 숫자만큼 시프트시키라는 의미이다. 한 번의 시프트마다 2로 나눈 값을 얻게 된다.

〈표 5.3〉 비트연산자

비트연산자		
int a=333, b=-777;		
표현	메모리 저장 값(이진수)	정수 값(십진수)
a	00000001_01001101$_2$	333$_{10}$
b	11111100_11110111$_2$	-777$_{10}$
~b	00000011_00001000$_2$	776$_{10}$
a&b	00000000_01000101$_2$	69$_{10}$
a|b	11111101_11111111$_2$	-513$_{10}$
a<<1	00000010_10011010$_2$	666$_{10}$

연산자 이해하기 : 복합연산자(++, --, +=(모든 산술연산자, &, | 가능))

〈표 5.4〉에는 일반연산자가 2개 이상 결합된 복합연산자가 나타나 있다. 먼저 ++a 혹은 a++는 a에 저장된 값에 1을 더하라는 의미이며, --a 혹은 a--는 a에 저장된 값에 1을 빼라는 의미이다. ++이나 --가 피연산자의 전위에 쓰일 때(++a, --a)와 후위에 쓰일 때(a++, a--)의 의미는 약간 다르다. a에 3이 저장되어 있을 때 m=++a와 m=a++의 두 가지 예를 살펴보자. m=++a에서는 먼저 a에 1을 더하고 나서, 더한 결과를 m에 저장한다. 따라서 a는 4가 되고, m도 4가 된다. 그러나 m=a++에서는 먼저 a의 값을 m에 저장하고 나서, a에 1을 더한다. 따라서 a는 4가 되고, m는 3이 된다. 이와 같은 사실을 이해한다면 표에 제시된 모든 전위 및 후위 연산자에 대한 예를 이해할 수 있을 것이다.

표에서 가장 복잡한 예인 c=a--*++b를 이해해보자. 먼저 a는 후위연산자가 붙어 있고, b는 전위연산자가 붙어 있다. 즉 a는 감소되지 않은 상태에서, b는 증가된 상태에서 곱셈이 이루어진다. 따라서 곱셈의 결과인 6이 c에 저장된다. 그리고 나서 a가 감소되므로 a는 2가 되고, b는 이미 증가되어 있으므로 2가 된다.

복합연산자의 또 다른 유형은 산술연산자나 논리연산자가 등호와 결합된 케이스이다. 예를 들어 a+=2는 a=a+2와 완전히 같다. a에 3이 저장되어 있었으므로 여기에 2가 더해지면 최종적으로 a에는 5가 저장되게 된다. 이 유형의 복합연산자에는 -=, *=, /=, %=, &=, |=이 있으며 아래의 예를 통해 그 쓰임새를 각자 이해하도록 하자.

〈표 5.4〉 복합연산자

선언과 초기화					
int a=3, b=1, m, n;					
표현	등가 표현	결과 값	표현	등가 표현	결과 값
++a; a++;	a=a+1;	4	a+=2;	a=a+3;	5
--a; a--;	a=a-1;	2	a-=2;	a=a-2;	1
m=++a;	a=a+1; m=a;	4, 4	a*=2;	a=a*2;	6
n=b++;	n=b; b=b+1;	1, 2	a/=2;	a=a/2;	1
c=a--*++b;	b=b+1; c=a*b; a=a-1	2, 6, 2	a%=2;	a=a%2;	1
			a&=2;	a=a&2;	2
			a|=2;	a=a|2;	3

배열 이해하기 : 숫자 배열

프로그래밍을 하다보면 동일한 데이터 형을 갖는 여러 개의 데이터를 사용해야할 필요성이 생긴다. 예를 들어, 어떤 학교 전교생의 수학 성적을 저장하여 평균과 분산을 계산한다고 가정하자. 전교생이 100명이라면 100개의 수학 성적을 저장할 수 있는 정수형 변수가 필요할 것이다. 그러면 100개의 정수형 변수를 선언해야 할까? 너무나 귀찮은 작업이므로 스케치 소프트웨어에서는 100개의 데이터를 간단하게 저장할 수 있는 방법을 제공한다. 이를 배열(Array)이라고 한다. 모든 데이터 형은 배열로 선언 가능하며 여기서는 정수형과 문자형에 대해서 배열을 선언하는 예를 보인다.

정수형 변수 5개를 배열로 선언하고 초깃값을 할당해 보자! 이를 위해 아래와 같이 코딩한다. ages라는 정수형 변수 5개를 배열로 선언하면서 각 변수를 10, 20, 30, 40 50으로 초기화 하였다. 중요한 것은 대괄호 안에 생성할 변수의 개수인 5를 적어 넣어야 한다는 것이다.

```
int ages[5]= {10, 20, 30, 40, 50 };
```

이렇게 되면 첫 번째 정수형 변수 ages[0]에는 정수형 상수 10이 저장되고, 두 번째 정수형 변수 ages[1]에는 정수형 상수 20이 저장된다. 그 이후도 마찬가지이다. 잊지 말아야 할 것은 저장 위치를 지정하는 첨자가 0부터 시작한다는 것이다. 저장되는 메모리의 번지수를 확인해보자. **[그림 5.1]**에서는 그냥 1000번지부터 시작한다고 표현했는데 실제로 시작 번지는 PC가 알아서 지정하므로 임의의 번지라고 생각하면 된다. 배열은 메모리에 데이터를 연속적으로 저장하고, 스케치 소프트웨어의 경우 정수형 변수는 2Byte에 정수형 상수를 저장하므로 2번지씩(메모리는 Byte 단위로 번지가 지정된다.) 간격이 발생한다는 것도 확인할 수 있을 것이다.

ages[0]	ages[1]	ages[2]	ages[3]	ages[4]
10	20	30	40	50
1000번지	1002번지	1004번지	1006번지	1008번지

[그림 5.1] 숫자 배열의 메모리 저장 구조

배열 이해하기 : 문자 배열, 문자열

이번에는 문자 배열을 고려해보자. 아래 예 ①에서는 문자형 변수 name 4개를 배열로 선언하고 문자형 상수 H, O, N, G로 각각의 변수를 초기화하였다. **[그림 5.2]**에서 ①을 수행한 메모리 상의 결과를 보여주고 있다. 배열은 메모리에 데이터를 1Byte 간격으로, 연속적으로 저장하고 있다.

문자 배열을 약간 다르게 선언하고 저장할 수도 있다. 아래 예 ②에서는 문자형 변수 name 5개를 배열로 선언하고 문자형 상수 H, O, N, G, 그리고 널 문자(Null Character, \0)로 각각의 변수를 초기화하였다. 저장하여야 할 문자가 널 문자를 포함하여 5개이므로 5개의 변수를 선언하였다. 예 ③에서는 ②와는 좀 다르게 문자형 상수를 하나하나 저장하지 않고 문자열로 한꺼번에 저장하였다. 이럴 경우 널 문자는 자동으로 저장된다. 예 ④의 경우에는 문자형 상수의 개수를 특정하지 않았다. 그렇다고 하여도 널 문자를 포함하여 문자형 상수의 개수인 5를 자동적으로 인식하여 메모리에 저장하게 되므로 ②, ③과 다르지 않는 결과를 얻게 된다. 따라서 ②와 ③과 ④는 문법적으로 완전히 동일하다. 앞서 설명한 ①의 경우에는 문자형 상수 4개를 문자형 변수 4개에 저장한 것이지만 ②, ③, ④는 문자열형 상수를 문자형 배열에 저장한 것이 된다. 두 경우는 조금 다르며 논리적으로는 널 문자가 포함되었는지에 따라 구분된다. 널 문자는 PC에게 문자열이 끝나는 위치를 알려주는 역할을 한다. **[그림 5.3]**에서 ②, ③, ④는 널 문자가 있는 문자열형 상수라는 사실에 유의하자.

```
char name[4]= {'H', 'O', 'N', 'G'};             ......................... ①
char name[5]= {'H', 'O', 'N', 'G', '\0'};       ......................... ②
char name[5]="HONG";                            ......................... ③
char name[ ]="HONG";                            ......................... ④
```

name[0]	name[1]	name[2]	name[3]
H	O	N	G
1000번지	1001번지	1002번지	1003번지

[그림 5.2] 문자 배열의 메모리 저장 구조

name[0]	name[1]	name[2]	name[3]	name[4]
H	O	N	G	\0
1000번지	1001번지	1002번지	1003번지	1004번지

[그림 5.3] 문자열의 메모리 저장 구조

배열 이해하기 : 이차원 숫자 배열

정수형 변수 8개를 2차원 2×4 배열로 선언하고 초깃값을 할당해 보자. 이를 위해 아래와 같이 코딩한다. 아래에는 digit라는 정수형 변수 8개를 2차원 2×4 배열로 선언한 것이다. 즉, 행이 2개이고 열이 4개인 배열이며, 0, 1, 2, 3, 4, 5, 6, 7의 초깃값을 갖는다.

```
int digit[2][4] = { {0, 1, 2, 3}, {4, 5, 6, 7}};
```

선언 이후에 digit[0][1]라고 쓰면 1이다. 또한 digit[1][2]는 6이다. 배열의 인덱스는 0부터 시작한다는 점에 유의하자. 따라서 digit[0][0]부터 digit[1][3]까지 인덱싱이 가능하다. 위의 코드를 통해 구성되는 메모리 저장 구조를 **[그림 5.4]**에 나타내었다. 메모리에 연속적으로 저장되는 번지수도 확인해보자.

digit[0][0]	digit[0][1]	digit[0][2]	digit[0][3]
0	1	2	3
1000번지	1002번지	1004번지	1006번지

digit[1][0]	digit[1][1]	digit[1][2]	digit[1][3]
4	5	6	7
1008번지	1010번지	1012번지	1014번지

[그림 5.4] 2차원 숫자 배열의 메모리 저장 구조

원소별로 초기화 하지 않고 모든 원소를 0으로 초기화 하려면 다음과 같이 간단히 쓸 수도 있다.

```
int digit[2][4] = { 0 };
```

이진수의 표현

이진수를 메모리에 저장하는 방법을 생각해보자. 설명의 흐름상에는 적절하지 않지만 다소 어려운 내용이라 마지막으로 설명하려 한다. 〈표 5.5〉처럼 이진수를 저장하는 메모리가 4비트로 제한되어 있다고 가정하자. 먼저 십진수로 1_{10}을 저장하려면 메모리에는 이진수로 0001_2을 저장하면 된다. 십진수 1_{10}에서 1_{10}을 뺀 0_{10}을 메모리에 저장하려면 역시 이진수 0001_2에서 0001_2을 뺀 0000_2을 저장하면 된다. 이제, 십진수 0_{10}에서 1_{10}을 뺀 -1_{10}을 저장하려면 어떻게 하여야 할 지를 고민해 보자. 0000_2에서 0001_2을 빼면 (첫 번째 숫자의 다섯 번째 자릿수에 1이 있다고 가정하고 10000_2-0001_2) 1111_2이 된다. 음수는 보통 이렇게 표현하며, 이러한 방식을 [2의 보수](Two's Complement) 표현 방식이라고 한다. 이런 식으로 계속 1을 빼 나가다 보면 십진수 -8_{10}을 표현하기 위해서는 1000_2이 된다. 여기서 1_{10}을 한 번 더 빼보자. 그러면 0111_2이 되는데 이는 십진수로 7_{10}이 된다. 즉, 예상했던 것처럼 -9_{10}가 되지는 않는다. 이는 메모리가 4비트로 한정되어 있기 때문에 생기는 오류이며, 이를 오버플로가 발생했다고 부른다.

음의 이진수를 기계적인 방법으로 구하는 방법을 고민해 보자. 십진수 -5_{10}를 이진수로 표현하려면, 먼저 십진수 5_{10}의 이진수인 0101_2을 구한 후에 이에 대한 2의 보수를 구하면 된다.(2의 보수는 1의 보수, 즉 원래 수의 1과 0을 반대로 취한 값을 구한 후 여기에 1을 더하여 구한다.) 반대로 음의 이진수 1100_2을 십진수로 표현하기 위해서는 맨 앞자리가 1이므로(모든 양수는 앞자리가 0, 모든 음수는 앞자리가 1) 2의 보수($0011_2+0001_2=0100_2$)를 구한 후에 이를 십진수로 변환한 후 음 부호를 붙이면 -4_{10}가 된다.

데이터형 중 byte형은 1Byte(=8비트)의 공간을 차지하므로 이진수로 00000000_2 ~ 11111111_2(0_{10}~255_{10})까지 부호 없는 정수를 저장할 수 있다. 부호 있는 정수를 저장하면 이진수로 10000000_2~$0111\,1111_2$(-128_{10}~127_{10})까지 저장할 수 있다. unsigned (int) 형은 2Byte(=16비트)의 공간을 차지하므로 이진수로 $00000000\_00000000_2$ ~ $11111111\_11111111_2$(0_{10}~ 65535_{10})까지 정수를 저장할 수 있다. (signed) int 형은 2Byte(=16비트)에 부호 있는 정수형 상수를 저장하므로 이진수로 $10000000\_00000000_2$~ $01111111\_11111111_2$(-32768_{10}~ 32767_{10})까지 정수를 저장할 수 있다.

〈표 5.5〉 진수 간 변환

이진수(4비트)	십진수	이진수(4비트)	십진수
0000_2	0	1000_2	−8
0001_2	1	1001_2	−7
0010_2	2	1010_2	−6
0011_2	3	1011_2	−5
0100_2	4	1100_2	−4
0101_2	5	1101_2	−3
0110_2	6	1110_2	−2
0111_2	7	1111_2	−1

데이터 형에 대한 고급 주제

const 변수

```
const int LED = 13; //== #define LED 13
```

const는 constant(상수)의 약자이며, 혹시라도 변경될지 모르는 변수에 대해 절대로 값이 변경될 수 없도록 제한을 두는 데에 사용된다. 즉, #define과 동일한 효과를 가진다. 만일 프로그램 어딘가에서 LED의 값을 바꾸려 한다면 read-only 변수의 값을 바꿀 수 없다는 오류가 발생할 것이다.

전역 변수

```
int a;
setup(){
  int b;
  ...
}
```

변수를 선언할 때 함수 내부에서 선언하면 지역 변수(b)이고, 외부에서 선언하면 전역변수(a)이다. 전역 변수는 프로그램 파일 내의 전체 범위에서 유효하다. 지역 변수는 함수 내에서만 유효하고 함수의 실행이 끝나면 메모리에서 삭제된다.

volatile 변수

최적화 전	최적화 후

`int a = 1; // volatile int a = 1;`
`for (int i=0 ;i<10;i++) { a = i; }`
	`int a = 9 ;`

volatile 변수는 컴파일러에서 자동으로 프로그램을 최적화하는 것을 방지하는 방법이다. 최적화 전 프로그램에서 a를 volatile로 선언하지 않으면 스케치 소프트웨어는 for 문의 필요성이 없다고 판단하고 최적화 후처럼 자동으로 최적화할 가능성이 있다. 이를 방지하려면 volatile로 선언해 주어야 한다. 특히 인터럽트 서비스 루틴에서 전역 변수를 사용할 필요성이 있다면 반드시 volatile로 선언하여 컴파일러가 자동 최적화를 수행함으로서 발생할 수 있는 부작용을 미연에 방지하는 것이 좋다.

static(정적) 변수

```
static int a;
```

함수 내부에서 선언한 지역 변수는 함수의 실행이 끝나면 메모리에서 자동으로 삭제된다고 하였다. 그런데 위와 같이 지역변수를 정적(static) 변수로 선언하면 함수가 끝나도 지워지지 않고 메모리에 값이 유지된다. 즉, 반복해서 이 함수가 호출되었을 때 이전에 갱신되었던 값이 그대로 재사용된다.

외부 변수

```
extern int a;
```

함수 외부에서 선언한 전역 변수는 프로그램 파일 전체에서 유효하다. 어떤 프로그램이 여러 개의 파일로 이루어지는 경우, 특정 파일이 다른 파일에서 이미 전역 변수로 선언한 변수를 함께 사용하고 싶다면 위와 같이 선언해야 한다. 사실은 좀 더 복잡하지만 여기까지만 알아두자.

File 타입 변수

```
File testFile = SD.open("test.txt", FILE_WRITE); // 파일 생성
testFile.println("This is my 1st secret memo"); // 파일에 쓰기(write)
testFile.close();  // 파일 닫기
```

특수한 변수로 File 타입 변수도 있다. 예를 들어 test.txt 파일 내부에 어떤 내용을 쓰고 이를 저장하고 싶다면 위의 코드처럼 testFile 변수를 File 타입 변수로 선언하고 프로그래밍해야 한다. 파일은 선언하고 나서 열고 닫는 동작이 수반되어야 한다.

Primitive System 데이터 타입

```
uint8_t, uint16_t, uint32_t, int8_t, int16_t, int32_t
```

컴파일러에 따라 int 등의 크기가 달라질 수 있으므로(예를 들어 일반적인 시스템에서는 int가 4Byte이지만 아두이노 스케치에서는 int가 2Byte이다.) 변수나 데이터의 크기를 확실하게 표시하기 위하여 uint8_t, int8_t 와 같은 타입을 사용하기도 한다. uint의 경우는 unsigned 타입, int의 경우는 signed 타입이며, 숫자는 데이터의 비트 수를 나타낸다.

라이브러리 함수 : 분류

라이브러리란 사용자가 자주 사용할만한 부분 프로그램을 미리 만들어 제공하는 프로그램의 모음을 말하는데, 아두이노에서는 라이브러리 폴더를 제공하여 여러 가지 함수들이 정의된 헤더파일(이름.h), 소스파일(이름.cpp)의 모음을 제공한다. 헤더파일에는 함수들의 프로토타입(함수 사용 형식)이 코딩되어 있고, 소스파일에는 함수들의 기능(함수 동작 내용)이 코딩되어 있으며, 일반적으로 헤더파일과 소스파일은 동일한 이름으로 만들어진다.

라이브러리는 빌트인 라이브러리(하드웨어 빌트인 라이브러리 + 페리페럴 빌트인 라이브러리)와 외래 라이브러리의 두 가지로 나누어진다. 하드웨어 빌트인 라이브러리에는 아두이노 그 자체와 관련된 함수들이 정리되어 있고, 페리페럴 빌트인 라이브러리는 널리 사용되는 아두이노 주변장치(부품)와 관련된 함수들이 정리되어 있다. 빌트인 라이브러리(하드웨어 + 페리페럴)는 스케치 소프트웨어를 설치할 때 같이 설치되므로 프로그래머가 따로 설치할 필요는 없다.

IoT 시대에는 생산되는 부품의 종류가 너무 많고, 미래에 생산될 부품에 대한 라이브러리를 미리 예상할 수 없기 때문에 모든 라이브러리를 구축하는 것은 불가능에 가깝다. 따라서 부품 생산업체는 하나의 부품이 새롭게 생산되면 이 부품을 구동하기 위한 함수가 정의된 라이브러리를 같이 배포하게 된다. 프로그래머는 단지 이 라이브러리를 받아 사용할 뿐이다. 이를 외래 라이브러리라고 하며, 빌트인 라이브러리와는 달리 프로그래머가 스케치 소프트웨어에 직접 설치해 주어야 한다.

참고로 세 가지 라이브러리의 폴더 경로는 다음의 **〈표 5.7〉**~**〈표 5.9〉**에 제시되어 있다. 외래 라이브러리 폴더를 제외하고 이 폴더들 내부에는 여러 가지 헤더파일(이름.h) 및 소스파일(이름.cpp)이 이미 코딩되어 설치되어 있다. 헤더 및 소스 파일의 내용을 알고 싶다면 해당 폴더를 찾아가면 된다. 예를 들어 하드웨어 빌트인 라이브러리 폴더인 C:\Program Files (x86)\Arduino\hardware\arduino\avr\libraries\SoftwareSerial\src를 찾아가 보면 SoftwareSerial에 해당되는 헤더 파일(SoftwareSerial.h)과 소스 파일(SoftwareSerial.cpp)이 존재할 것이다. 헤더 파일에는 소속 함수에 대한 사용 형식이 나열되어 있고, 소스 파일에는 소속 함수에 대한 기능이 코딩되어 있을 것이다. 필요할 때마다 참고하기 바란다.

각 함수에 대한 사용법과 사용 예를 좀 더 쉽게 파악하기 위해서는 C:\Program Files (x86)\Arduino\reference\www.arduino.cc\en에 저장된 내용을 통해 [www.arduino.cc]의 관련 위치에 접속하거나 [www.arduino.cc]에 직접 접속하여 [Resources] → [Reference] 탭을 참고하면 된다.

라이브러리 함수

라이브러리 함수를 사용하려면 프로그래머가 작성한 ino 파일의 첫머리에 #include〈이름.h〉 또는 #include "이름.h" 를 추가해 주어야 한다. 앞에서 간단히 언급했지만 여기서 조금 더 설명하도록 하자.

스케치 소프트웨어는 컴파일하기 전에 라이브러리 포함 코드인 "#include 〈Arduino.h〉"가 나타나면 〈Arduino.h〉를 지정 경로인 "C:\Program Files (x86)\Arduino\hardware\arduino\avr\cores\arduino" 에서 찾아 현재 위치에 이 파일의 내용을 포함시킨 후 컴파일을 진행한다.

한편, 라이브러리 포함 코드를 #include "Arduino.h" 로 코딩하면 "Arduino.h" 를 현재 프로그램이 위치한 폴더 내에서 찾는다. 그런데 이렇게 하려면 폴더에 헤더 파일("이름.h") 및 소스 파일("이름.cpp")을 복사해 놓아야 하므로 귀찮아지는 문제가 있다. 따라서, 이미 만들어져 있는 라이브러리라면 #include 〈이름.h〉 형식으로 코딩하는 것이 일반적이다.

〈표 5.6〉 라이브러리 함수를 포함시키는 방법

라이브러리 포함코드	스케치 소프트웨어가 폴더 경로를 찾는 규칙
#include <Arduino.h>	Arduino.h의 지정 경로 : C:\Program Files (x86)\Arduino\hardware\arduino\avr\cores\arduino
#include "Arduino.h"	현재 .ino 파일이 포함된 폴더

라이브러리 함수 : main.cpp, 그리고 #include를 생략해도 되는 라이브러리

일반적인 C(C++)프로그램은 항상 main() 함수가 가장 먼저 수행되고 main() 함수가 끝나면 프로그램이 종료된다. 그런데 스케치 프로그램은 main() 함수가 없고 setup() 함수가 가장 먼저 수행되고, 이후에 loop() 함수가 반복적으로 수행되는 것처럼 보인다. 하지만 스케치 프로그램도 사실은 main() 함수가 가장 먼저 실행된다. 다만 스케치 프로그램 상에서 보이지 않을 뿐이다.

이를 이해하기 위해 C:\Program Files (x86)\Arduino\hardware\arduino\avr \cores\arduino에 있는 main.cpp 파일을 찾아 그 내용을 살펴보자. 아래 프로그램은 main.cpp에서 일부를 발췌한 것이다.

스케치 프로그램은 컴파일 시 항상 아래의 main.cpp 파일을 함께 포함하여 컴파일하며, 실행 시에는 main() 함수가 가장 먼저 실행된다. 프로그램에서 알 수 있는 것처럼 main() 함수에는 setup() 함수가 먼저 한 번 실행되고, loop() 함수가 무한히 반복되어 실행되도록 코딩되어 있다. 여기서 setup() 함수는 프로그래머가 코딩한 ino 파일의 setup() 함수를 의미하고, loop() 함수는 프로그래머가 코딩한 ino 파일의 loop() 함수를 의미한다. 결국 스케치 프로그램도 일반 C(C++)프로그램과 동일한 실행 체계를 갖는다.

추가적으로 main.cpp 파일은 Arduino.h를 포함하고 있다. 또한 Arduino.h는 math.h와 string.h, HardwareSerial.h를 포함하고 있기 때문에, 프로그래머가 코딩한 ino 파일에서 Arduino.h, math.h, string.h, 그리고 HardwareSerial.h는 포함하지 않아도 무방하다. 즉, #include〈Arduino.h〉, #include〈math.h〉, #include〈string.h〉, #include〈HardwareSerial.h〉는 ino 파일에 쓰지 않아도 자동으로 포함된다는 것이다.

```
#include <Arduino.h>
...
int main(void){
        ...
        setup();
        for (;;) {
                loop();
                ...
        }
        return 0;
}
```

라이브러리 함수 : 하드웨어 빌트인 라이브러리

이 책에서 활용되는 하드웨어 빌트인 라이브러리는 Arduino.h, HardwareSerial.h, SoftwareSerial.h, Wire.h, EEPROM.h에 포함되어 있다. 〈표 5.7〉은 각 라이브러리의 폴더 경로와 라이브러리에 포함되어 있는 함수들을 나타낸 것이다.

앞서 설명한 것처럼 #include로 포함할 필요가 없는 헤더는 Arduino.h와 HardwareSerial.h이다. 각 함수에 대한 사용법과 사용 예는 C:\Program Files (x86)\Arduino\reference\www.arduino.cc\en에 저장된 내용을 통해 [www.arduino.cc]의 해당 위치에 접속하거나 [www.arduino.cc]에 직접 접속하여 Resource → Reference 탭을 참고하면 된다고 이미 언급한 바 있다.

〈표 5.7〉 하드웨어 빌트인 라이브러리 경로 및 함수의 예

C:₩Program Files (x86)₩Arduino₩hardware₩arduino₩avr ...		
라이브러리 헤더	**함수 분류**	**경로 및 함수**
Arduino.h	기본 함수	setup( ), loop( )
	디지털 입출력 함수	pinMode( ), digitalWrite( ), digitalRead( )
	아날로그 입출력 함수	analogRead( ), analogWrite( ), map( )
	톤 및 펄스 함수	tone( ), noTone( ), pulseIn( )
	난수 관련 함수	randomSeed( ), random( )
	지연 함수	delay( ), delayMicroseconds( )
	타이머 함수	millis( )
	인터럽트 관련 함수	attachInterrupt( ), dettachInterrupt( )
HardwareSerial.h (클래스 함수)	... ₩cores₩arduino	
	begin( ), read( ), write( ), print( ), println( ), available( )	
SoftwareSerial.h (클래스 함수)	... ₩libraries₩SoftwareSerial₩src	
	begin( ), read( ), print( ), available( ), find( )	
Wire.h (클래스 함수)	... ₩libraries₩Wire₩src	
	begin( ), beginTransmission( ), write( ), read( )	
EEPROM.h (클래스 함수)	... ₩libraries₩EEPROM₩src	
	write( ), length( ), read( )	

라이브러리 함수 : 페리페럴 빌트인 라이브러리, 외래 라이브러리

이 책에서 활용하는 페리페럴 빌트인 라이브러리는 〈표 5.8〉에 나타난 것처럼 Servo.h, LiquidCrystal.h, SD.h의 세 파일에서 제공된다. 앞서 언급한 것처럼 이 라이브러리내 함수를 사용하려면 반드시 #include를 통해 헤더를 포함시켜야 한다.

〈표 5.8〉 페리페럴 빌트인 라이브러리 경로 및 함수의 예

C:₩Program Files (x86)₩Arduino₩libraries ...	
라이브러리 헤더	**경로 및 함수**
Servo.h (클래스 함수)	... ₩Servo₩src
	attach( ), write( )
LiquidCrystal.h (클래스 함수)	... ₩LiquidCrystal₩src
	begin( ), write( ), print( ), clear( ), setCursor( )
SD.h (클래스 함수)	... ₩SD₩src
	begin( ), open( ), available( ), read( ), println( ), close( )

외래 라이브러리는 스케치 소프트웨어가 기본적으로 제공하지 않는다. 주변장치로 쓰이는 부품의 동작을 제어하기 위한 함수를 직접 작성하는 것은 많은 시간이 소요되는 작업이므로 부품과 함께 공급되는 라이브러리를 내 컴퓨터의 지정된 폴더에 설치해 놓는 것이 좋다. 라이브러리는 [스케치]→[라이브러리 포함하기]를 통해 설치하면 되는데 설치 방법은 잠시 후에 설명한다. 〈표 5.9〉에 이 책에서 활용하는 외래 라이브러리 경로 및 함수의 예가 제시되어 있다. 외래 라이브러리 폴더는 [파일]→[환경설정]→[설정]→[스케치북 위치]에서 사용자가 설정할 수 있다.

〈표 5.9〉 외래 라이브러리 경로 및 함수의 예

C:₩Users₩user₩Documents₩Arduino₩libraries ...	
라이브러리 헤더	**경로 및 함수**
Rtc_Pcf8563.h (클래스 함수)	... ₩orbitalair-arduino_rtc_pcf8563-1fd3fcfc7941
	initClock( ), formatDate( ), formatTime( ), setDate( ), setTime( ), getHour( ), getMinute( ), getSecond( ), getYear( ), getMonth( ), getDay( )
IRremote.h (클래스 함수)	... ₩IRremote
	enableIRIn( ), decode( ), resume( )
MPU9250.h (클래스 함수)	... ₩mpu9250_raw
	initialize( ), getMotion9( )
Pitches.h	C:₩Program Files (x86)₩Arduino₩examples₩02.Digital₩toneKeyboard
	헤더만 존재하며 사용되는 함수는 없음

라이브러리 함수 설치 방법

스케치 소프트웨어를 실행시키고 **[그림 5.5]**처럼 메뉴 중에 [스케치] → [라이브러리 포함하기]를 찾아가 보자. 이 중에서 [라이브러리 관리]는 스케치 프로그램이 온라인에서 새로 검색한 외래 라이브러리를 자동으로 설치하는 메뉴이다. [.ZIP 라이브러리 추가...]는 프로그래머가 다운받은 외래 라이브러리를 압축파일 상태에서 바로 설치하는 메뉴이다. [아두이노 라이브러리]는 빌트인 라이브러리와, [라이브러리 관리] 또는 [.ZIP 라이브러리 추가...]를 통해 설치된 외래 라이브러리를 보여주는 항목이다. [Contributed 라이브러리]는 [.ZIP 라이브러리 추가...]를 통해 설치한 외래 라이브러리를 보여주는 항목이다. 항상 먼저 [라이브러리 관리] 메뉴를 이용해 검색 후 설치하고, 검색이 되지 않는다면 구글이나 네이버 등 온라인 상에서 .ZIP 라이브러리 파일을 찾아 [.ZIP 라이브러리 추가...]를 이용해 설치하도록 한다.

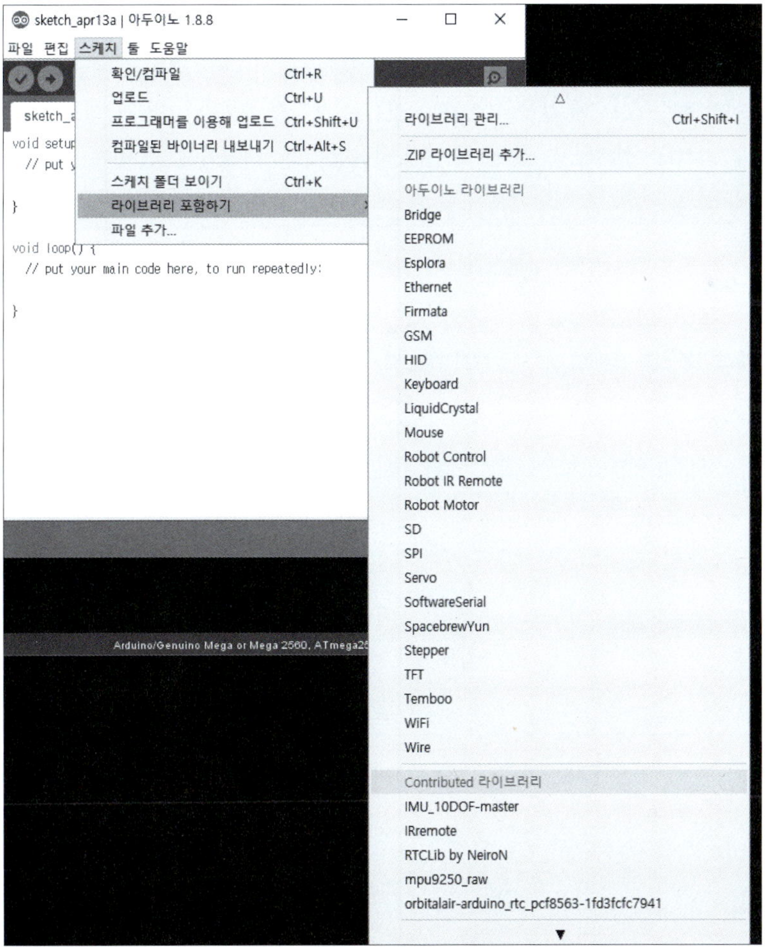

[그림 5.5] 라이브러리 관리하기

객체 지향 언어 C++

이제까지 설명한 내용은 모두 C언어에 대한 것이다. C언어는 강력한 기능을 갖지만 협업으로 프로그램을 개발할 때 불편한 점이 있다. 즉, 제3자가 다른 사람이 코딩한 프로그램을 사용하려면, 해당 코드를 완벽히 이해해야 한다는 것이다. 객체 지향 언어는 다른 사람이 코딩한 프로그램을 분석하지 않고 헤더를 통해 개략적인 사용법만을 숙지하면 큰 어려움 없이 활용할 수 있는 방법론을 제공한다. 개발자 각각은 다양한 레고 블록중 하나를 만드는 데 전념하되, 이 레고 블록을 완전하게 사용할 수 있는 인터페이스를 외부에 제공한다. 여기서 각각의 레고 블록을 객체(Object)라고 한다. 즉, 객체는 그 객체에 필요한 모든 변수나 상수를 포함하고 있어, 객체 자체로서 완전한 기능 블록을 구현할 수 있도록 하고, 최종 프로그램 결과물은 이 객체들을 상호 연결하여 만들어 낸다.

객체 지향 언어에서는 클래스(Class)와 객체의 개념이 중요하다. **[그림 5.6]**과 같이 판화를 만드는 과정을 가정해 보자. 기본 판화 프레임은 클래스이고, 기본 판화 프레임을 이용해 종이에 찍어낸 그림은 객체이다. 기본 판화 프레임에는 눈사람 그림이 그려져 있다. 또한 멤버 변수 color와 멤버 함수 star()가 정의되어 있다. 종이에 찍어낸 사본은 객체이며, 객체는 다시 다른 색으로 채색할 수도 있다. 채색하는 동작은 멤버 변수 color에 값을 부여하는 것으로 생각할 수 있다. 별모양의 장식품을 부착하는 것은 멤버 함수 star()로 정의될 수 있다. 첫 번째 사본은 blue 객체이다. 두 번째 사본은 yellow 객체이다. 이 상황을 프로그램으로 코딩해보자.

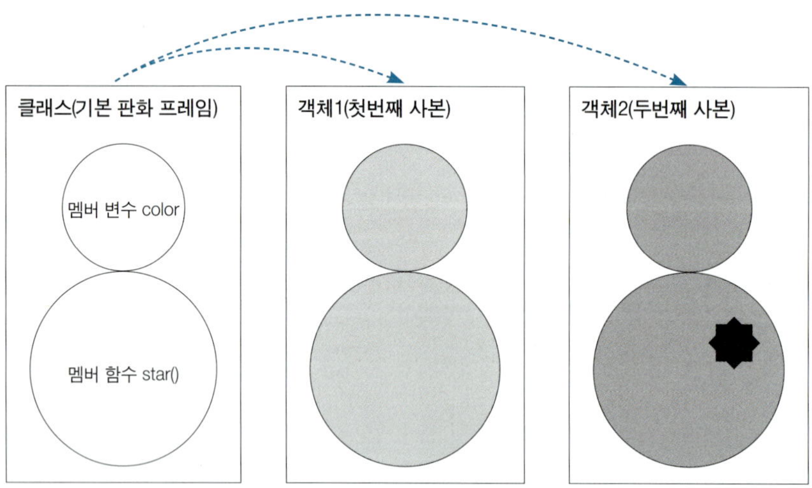

[그림 5.6] 객체 지향 언어에서 클래스 및 객체의 개념

```
snowman first;              // 클래스 snowman인 객체 first 선언
snowman second;             // 클래스 snowman인 객체 second 선언
first.color = blue;         // 객체 first의 멤버 변수 color를 blue로 부여
second.color = yellow;      // 객체 second의 멤버 변수 color를 yellow로 부여
second.star( );             // 객체 second의 멤버 함수 star( )를 실행
```

먼저 "int i;" 처럼 변수를 선언하듯이, "snowman first;" 를 통해 snowman 클래스의 first 객체를 생성한다. 객체명은 변수명을 정하는 규칙에 따르면 된다. 여기서 데이터 형 지시자인 int가 클래스 지시자 snowman에 대응되고, 변수명 i가 객체명 first에 대응된다.

변수와 객체가 다른 점은 객체는 단순한 변수가 아니라, 여러 변수와 함수의 집합이라는 것이다. 따라서 first 객체는 상수를 저장할 수도 있지만 함수를 직접 사용할 수도 있다. 클래스에는 눈사람의 색을 결정하는 멤버 변수 color와 별모양의 장식품을 부착하는 멤버 함수 star()가 정의되어 있다. 객체 first의 color는 blue로 정의하였다. 그래서 눈사람의 색이 파란색으로 바뀌었다. 주의할 것은 멤버 변수를 사용하기 위해서는 마침표를 사용하여 first.blue(객체명.변수명)라고 써야 한다는 것이다. 객체 second의 color는 yellow로 정의하고, 멤버 함수 star()를 실행하여 별모양 장식품을 부착하였다. 멤버 함수를 사용할 때도 마침표를 이용하여 second.star()(객체명.함수명())라고 쓰면 된다. 일단 객체가 선언되면, second.star() 함수는 일반 함수인 star()로 간주해도 무방하다.

모든 라이브러리 함수 중에서 Arduino.h에 포함된 함수 외에는 모두 클래스를 이용한 객체 함수이므로 사용할 때 클래스명과 마침표를 반드시 써주어야 한다. 예로서 HardwareSerial.h를 자세히 살펴보자. 아래 프로그램에 HardwareSerial.h 내용 중 우리에게 중요한 내용만을 발췌해서 나타내었다. 라이브러리를 정확히 이해하려면 HardwareSerial.cpp까지 이해해야 하지만, 우리는 사용자의 입장이므로 HardwareSerial.h만 보고 클래스의 사용법만을 익힐 것이다.

```
class HardwareSerial : public Stream{
  public:
    void begin(unsigned long baud) { begin(baud, SERIAL_8N1); }
    void end();
    virtual int available(void);
    virtual int read(void);
    ...
};
```

```
#if defined(UBRRH) || defined(UBRR0H)
  extern HardwareSerial Serial;
  #define HAVE_HWSERIAL0
#endif
#if defined(UBRR1H)
  extern HardwareSerial Serial1;
  #define HAVE_HWSERIAL1
#endif
#if defined(UBRR2H)
  extern HardwareSerial Serial2;
  #define HAVE_HWSERIAL2
#endif
#if defined(UBRR3H)
  extern HardwareSerial Serial3;
  #define HAVE_HWSERIAL3
#endif
extern void serialEventRun(void) __attribute__((weak));
#endif
```

간단한 설명을 위한 것이므로, 코드가 복잡해 보여도 걱정할 필요는 없다. 프로그램에는 Hardware Serial 클래스가 선언되어 있고 그 내부에 함수 begin(), end(), available(), read() 등의 프로토타입이 정의되어 있다. 클래스 사용자는 프로토타입을 보고 그 사용법을 숙지하여 사용하기만 하면 된다. 특별히 HardwareSerial.h의 하단에는 클래스 HardwareSerial의 객체 Serial, Serial1, Serial2, Serial3도 선언되어 있다. 즉, 객체를 선언할 필요도 없이 Serial.begin()처럼 함수를 직접 사용하면 된다. Arduino.h를 제외한 하드웨어 빌트인 라이브러리는 모두 객체가 이미 선언되어 있고, 그 외 라이브러리는 선언되어 있지 않은 것이 보통이다. 이 구분은 절대적인 것은 아니므로 헤더 파일을 보고 확인할 필요가 있다. 만일 객체가 선언되어 있지 않거나 초깃값을 전달하면서 선언해야 할 경우에는 사용자가 작성한 프로그램에서 클래스에 해당하는 객체를 직접 선언하여야 한다.

독자들이 이해하는데 어려움이 있을 것 같아, 이 책의 각 장에서는 실습에 필요한 클래스 사용법 및 멤버 함수에 대한 설명을 제시하기로 한다.

연습 문제

1 digitalWrite( ) 함수를 이용하여 출력 값을 정의할 때 인수 HIGH를 입력시키면 함수에 값 1이 전달되어 그 디지털 입출력 포트는 (   )V를 출력하게 된다.

2 다음 연산의 결과 값을 채워라.

<table>
<tr><td colspan="10">int a=7, b=3, c;</td></tr>
<tr><th>표현</th><th>결과</th><th>표현</th><th>결과</th><th>표현</th><th>결과</th><th>표현</th><th>결과</th><th>표현</th><th>결과</th></tr>
<tr><td>c=a+b;</td><td>①</td><td>c=a/b;</td><td>④</td><td>if(a==b){ … }</td><td>⑥</td><td>if(a<=b){ … }</td><td>⑨</td><td>c=a&&b;</td><td>⑫</td></tr>
<tr><td>c=a-b;</td><td>②</td><td>c=a%b;</td><td>⑤</td><td>if(a!=b){ … }</td><td>⑦</td><td>if(a>b){ … }</td><td>⑩</td><td>c=a||b;</td><td>⑬</td></tr>
<tr><td>c=a*b;</td><td>③</td><td></td><td></td><td>if(a<b){ … }</td><td>⑧</td><td>if(a>=b){ … }</td><td>⑪</td><td>c=a!!b;</td><td>⑭</td></tr>
</table>

3 다음 연산의 결과 값을 채워라.

<table>
<tr><td colspan="3">int a=3, b=-7;</td></tr>
<tr><th>표현</th><th>메모리 저장 값</th><th>정수 값</th></tr>
<tr><td>~b</td><td>①</td><td>⑤</td></tr>
<tr><td>a&b</td><td>②</td><td>⑥</td></tr>
<tr><td>a|b</td><td>③</td><td>⑦</td></tr>
<tr><td>a<<1</td><td>④</td><td>⑧</td></tr>
</table>

4 다음 연산의 결과 값을 채워라.

<table>
<tr><td colspan="4">int a=7, b=3, m, n;</td></tr>
<tr><th>표현</th><th>결과 값</th><th>표현</th><th>결과 값</th></tr>
<tr><td>--a; a--;</td><td>①</td><td>a/=3;</td><td>⑤</td></tr>
<tr><td>m=++a;</td><td>m=②</td><td>a%=3;</td><td>⑥</td></tr>
<tr><td>n=b++;</td><td>n=③</td><td>a&=3;</td><td>⑦</td></tr>
<tr><td>c=a--*++b;</td><td>c=④</td><td>a|=3;</td><td>⑧</td></tr>
</table>

5 정수 1, 2, 3, 4를 정수형 변수 num에 배열로 저장하라.

6 4개의 문자 J, U, N, E를 문자형 변수 name1에 배열로 저장하라.

7 문자열 "JUNE"을 문자열 변수 name2에 배열로 저장하라.

8 8비트 이진수 0100_1001을 십진수로 변환하라.

9 십진수 69를 8비트 이진수로 변환하라.

10 1Byte 메모리 공간에 저장할 수 있는 부호 없는 정수의 범위를 계산하라.

11 1Byte 메모리 공간에 저장할 수 있는 부호 있는 정수의 범위를 계산하라.

06장 LED를 이용한 비상등 만들기

학습 목표

- LED의 개념을 이해하고, LED의 데이터시트를 이해할 수 있다.
- 아두이노에서 디지털 출력을 찾을 수 있다.
- 전압과 전류, 저항을 스스로 계산하여 LED를 아두이노에 연결할 수 있다.
- 스케치 소프트웨어에서 제공하는 빌트인 함수를 활용하여 LED를 켜거나 끌 수 있다.

학습 내용

- 데이터시트를 참고하는 방법
- 전원과 접지, 그리고 그 사이에 소자를 연결하는 방법
- 빌트인 함수를 사용하는 방법

도구	• PC, JARDUINO–MEGA–IOT 또는 아두이노 메가 또는 아두이노 우노 • USB 케이블(A타입–μB타입), 스케치 소프트웨어, Fritzing, draw.io
부품	• BL–B5134 적색 LED(BL–B5134.pdf), 1KΩ
함수	• pinMode( ), digitalWrite( ), delay( )
프로그램	• [P061]

대표 회로도

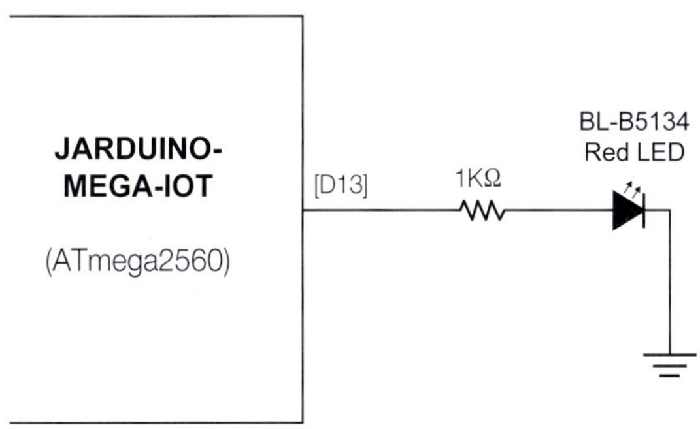

[그림 6.1] 대표 회로도(LED 비상등)

이론 이해하기 [LED의 원리]

LED는 빛을 방출하는 다이오드이다. 다이오드 양단에 순방향 전압을 걸면 전류가 흐르게 되는데, 이 때, 일부의 에너지를 빛에너지의 형태로 방출하게 된다. 칼륨(Ga), 인(P), 비소(As) 등의 재료에 따라 방출하는 에너지의 양(파장)이 달라져 방출하는 색이 달라진다. **[그림 6.2]**에 나타나 있는 것처럼 대표적인 LED의 색은 적색, 황색(노란색), 녹색의 3가지가 있으며, 추가적으로 주황색(오렌지색), 청색, 백색이 있다. 하나가 여러 가지의 색을 다중으로 만들어 내는 3색 LED도 있다. 외부 케이스의 직경에 따라 2mm(2∅), 3mm(3∅), 5mm(5∅)의 종류로 구분되며, SMD 타입의 LED도 존재한다.

[그림 6.2] 6색의 LED(적, 주황, 황, 녹, 청, 백)

잘 알고 있는 일반 백열전구나 형광등은 전기에너지를 빛에너지로 방출할뿐 아니라 열에너지로도 많이 방출한다. 즉, 전기를 빛으로 변환하는 효율이 낮다. 그러나 LED는 전기에너지를 대부분 빛에너지로 방출하기 때문에 변환 효율이 매우 높다. 또한 열이 나지 않기 때문에 내구성도 매우 좋다. 마지막으로 LED는 반도체 공정에 의해 제작되기 때문에 대량으로 생산이 가능하고, 소형으로 쉽게 제작할 수 있으며, 응답 속도도 매우 빠르다는 장점이 있다. LED의 원리를 이용하여 대용량의 빛을 증폭해내면 광저장장치나 광통신에 활용되는 레이저를 만들어 낼 수 있고, 전기에너지를 빛에너지로 변환하는 LED의 원리를 역으로 이용하면 빛에너지를 전기에너지로 변환하는 태양광 발전 셀을 만들어 낼 수도 있다.

LED는 최신 기술로서 다양한 응용 범위를 갖는다. 일반 전구나 형광등을 대체하는 조명, 고효율의 광원을 요구하는 최신 자동차 조명, LCD의 액정을 발광시키는 백색 백라이트 유닛을 대체하는 광원 역할(액정에 형광등 기반의 백라이트를 적용한 TV를 LCD TV라고 하고, 액정에 LED 기반의 백라이트를 적용한 TV를 LED TV라고 부른다. OLED(Organic LED) TV는 백라이트 유닛 없이 액정을 대체하는 발광 소자 자체에 유기 LED를 적용한 것이다.), 광통신용 빛 발생기, 광 저장장치, 태양광 셀 등에 주로 사용되며, 앞으로 실습에 자주 사용될 7-Segment Display도 LED를 이용해 만든다.

부품 살펴보기 [LED 및 데이터시트]

LED는 형태에 따라 리드 타입, SMD 타입으로 나누어진다. **[그림 6.3]**의 첫 번째 그림은 리드 타입의 LED인데, 긴 다리가 전원과 연결되는 애노드(Anode, 양극)이고, 짧은 다리가 접지와 연결되는 캐소드(Cathode, 음극)이다. 두 번째 그림인 SMD 타입*은 PCB에 실장되는 반도체 칩과 같은 형태로 되어 있으며 녹색점이 있는 곳이 음극(캐소드)이다. 세 번째 그림은 LED의 기호이다. 다이오드와 유사하게 큰 화살표 머리 모양의 애노드와 세로 직선 모양의 캐소드로 표현되며, 빛을 방출한다는 의미의 작은 화살표 두 개가 포함되어 있다. 애노드의 큰 화살표 방향이 전류의 방향이며(따라서 애노드가 +, 캐소드가 −) 첫 문자의 알파벳 순서로 암기하면 편하다.

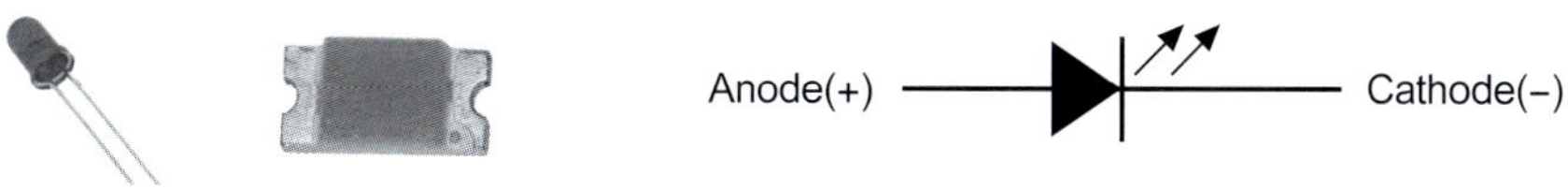

[그림 6.3] 리드 타입의 LED, SMD 타입의 LED, LED의 기호

[그림 6.4]에는 이번 장에서 실습할 LED(Part No. BL-B5134)** 에 대한 데이터 시트가 나타나 있다. BL-B5134는 직경이 5mm이고, 파장이 700nm인 적색의 빛을 방출하는 LED임을 알 수 있다. 전형적인 정격 순방향전압(Typ. Vf)은 2.2V이다. 최대 순방향전압(Max. Vf=2.6V)과 정격 순방향전류

Part No.	Chip		Lens Appearance	Absolute Maximum Ratings				Electro-optical Data(At 20mA)		
	Material / Emitted Color	Peak Wave Length λP (nm)		Δλ (nm)	Pd (mw)	If (mA)	Peak (mA)	Vf(V) Typ	Vf(V) Max	Iv(mcd) Typ.
BL-B1134	GsAsP / GaAs / Red	655	Red Diffused	40	80	40	200	1.7	2.0	8.0
BL-B5134	GaP / GaP / Bright Red	700		90	40	15	50	2.2	2.6	12.0
BL-B4534	GsAsP / GaP / Hi−Eff Red	635		45	80	30	150	2.0	2.6	80.0
BL-B2134	GaP / GaP / Green	568	Green Diffused	[illegible]	[illegible]	[illegible]	[illegible]	[illegible]	[illegible]	[illegible]
BL-B3134	GsAsP / GaP / Yellow	585	Yellow Diffused	[illegible]	[illegible]	[illegible]	[illegible]	[illegible]	[illegible]	[illegible]
BL-B2434	GaP / GaP / Green	568	Green Diffused	30	80	30	150	2.0	2.6	200
BL-B4634	GsAsP / GaP / Yellow	635	Red Diffused	45	80	30	150	2.0	2.6	200

소모전력 ≈ 전류 X 전압

[그림 6.4] LED(Part No. BL-B5134)의 데이터시트와 해석 방법

(If=15mA)를 곱하면 대략적으로 최대 소모전력(Pd) 40mW를 얻을 수 있다. 최대 순방향전류(Peak If) 50mA를 과도하게 초과하는 전류가 다이오드에 흐르거나 최대 순방향전압 2.6V를 과도하게 초과하는 전압이 다이오드 양단에 걸리게 되면 정상 동작을 보장할 수 없거나, 비가역적으로 파괴될 수도 있으므로 조심하여야 한다.

* SMD LED의 규격은 1005, 1608, 2012등으로 표현됨, 1005 = 1.0mm(가로) × 0.5mm(세로)를 의미함.

** [www.alldatasheet.co.kr/]

회로 구상하기 [디지털입출력 - LED - 저항 - 전원(또는 접지)]

디지털 입출력, 전원 및 접지 이해하기

아두이노와 같은 모든 μ컨트롤러에는 디지털 입출력 핀이 매우 많이 배치되어 있다. 이것은 오직 2가지의 전압 레벨(5V, 0V)만을 출력하거나 입력받을 수 있다. 보통 5V를 논리 값 '1' 이라고 가정하고, 0V를 논리 값 '0' 이라고 가정한다. 작품 설계에서는 아두이노의 13번 포트[13]을 활용할 것이다. 전원 포트[5V]는 쉽게 생각해 전압 5V 레벨(=전지의 양극), 그리고 접지 포트[GND]는 쉽게 생각해 0V 레벨(=전지의 음극)이라고 간주하면 된다. [13]과 [GND](혹은 [13]과 [5V]) 사이에 LED를 연결하여 비상등을 구현할 것이다.

디지털 출력과 접지(전원) 사이에 LED 연결하기

이제 LED를 [13]과 [GND], 또는 [13]과 [5V] 사이에 연결해보자. 이는 디지털 출력(5V와 0V만 출력 가능)과 접지(항상 0V) 사이에 LED를 연결하거나 반대로 디지털 출력(5V와 0V 만 출력 가능)과 전원(항상 5V)사이에 LED를 연결한다는 의미이다. 이 때, 그냥 LED만 연결하면 LED가 오래가지 않아 고장 나게 되는데 그 이유는 [13]과 [GND](또는 [13]과 [5V])사이의 최대 전위차가 5V가 될 수 있어 LED에 걸리는 전압이 최대 순방향 전압(**[그림 6.5]**에서는 Max. Vf = 2.6V)을 넘어서기 때문이다. 따라서 5V의 전압을 LED와 나누어 부담할 직렬 저항이 필요하게 된다.

문제는 이 직렬저항의 연결 위치 및 크기를 어떻게 정해야 하는지가 중요하다. 이를 이해하기 위해 다음 **[그림 6.5]**와 같은 간략화 된 회로도를 가정해보자. 회로도에서는 5V(디지털 논리 '1') 또는 0V(디지털 논리 '0')를 출력하는 [13]과 [GND](혹은 [5V])사이에 LED와 저항이 직렬로 연결되어 있다. 그림에서 LED와 저항의 연결 순서는 중요하지 않다. 중요한 것은 LED가 파괴되지 않도록 저항이 LED와 함께 5V의 전체 전위차를 나누어 부담하여야 한다는 것이다. 예를 들어 **[그림 6.5]**에 제시된 BL-B5134 LED를 사용한다고 가정하자. 이 LED에 걸려야 하는 V_D는 데이터시트로부터 2.2V(전형적인 정격 순방향 전압(Typ. Vf))이므로 저항이 부담하여야 하는 전압 V_R은 2.8V이다. 이래야만 LED가 파괴되지 않는다. 이 때 LED에 흘러야 하는 전류는 데이터시트로부터 15mA(정격 순방향 전류(If))로 설정한다면, LED에 연결되어야 하는 직렬 저항은 옴의 법칙(R=V/I)에 의해 (5V−2.2V)/15mA=187Ω이 된다. 실제 사용하는 저항은 그 근처값을 갖는 180Ω이나 200Ω 정도를 선택하는 것이 적당할 것이나, 불빛을 강하게 하는 것을 원하지 않으면 300Ω~1KΩ 정도의 값을 사용하는 것도 방법이다.

[그림 6.5] 디지털 출력에 LED와 저항을 연결하는 방법

작품 목표 이해하기 [LED 비상등]

- 1초 동안 적색 LED가 켜지고, 다음 1초 동안 꺼지는 일을 무한 반복하는 비상등을 설계한다.

작품 회로 설계하기 [디지털입출력 - LED - 저항 - 접지]

아두이노 메가를 이용한 회로(fritzing, [F061])

[그림 6.6]와 같이 [13]과 [GND]핀 사이에 저항과 LED를 직렬로 연결한다. [13]은 논리 값 '0' (0V)과 '1' (5V)을 출력해 줄 수 있으며 [GND]와 최대 5V의 전위차를 제공할 수 있다. LED는 극성이 있으므로 연결 시 긴 다리를 [13]에 짧은 다리를 [GND]에 연결하여야 한다. 저항은 구하기 쉬운 1KΩ으로 하였다. 이 정도만 해도 충분히 구별할 정도의 밝기는 된다.

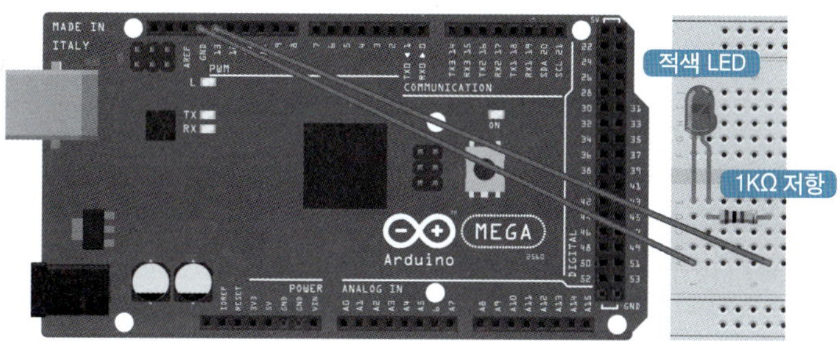

[그림 6.6] 아두이노 메가를 이용한 회로(LED 비상등)

JARDUINO-MEGA-IOT에 실장된 회로

[그림 6.7]에는 JARDUINO-MEGA-IOT에 실장된 부품의 위치와 PCB 회로도가 나타나 있다. JARDUINO-MEGA-IOT에는 SMD 타입의 주황색 LED를 사용하여 위 회로가 구성되어 있다. 회로 연결이 자세히 표현되지는 않았지만 부품들은 PCB 보드를 통해 연결되어 있다.

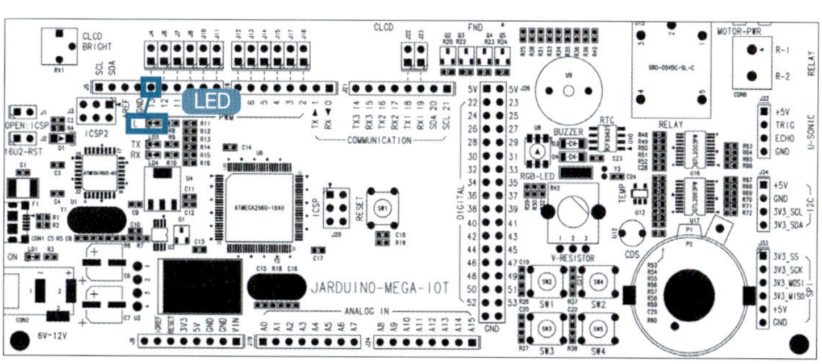

[그림 6.7] JARDUINO-MEGA-IOT의 PCB 회로도(LED 비상등)

작품에 필요한 함수 이해하기 [디지털 출력 함수 및 시간 지연 함수]

void pinMode(uint8_t pin, uint8_t mode)

아두이노의 디지털 핀은 입력과 출력이 가능하다. pinMode함수는 pin으로 지정된 디지털 포트를 입력(INPUT, INPUT_PULLUP) 또는 출력(OUTPUT)으로 설정하는 함수이다. 만일 디지털 핀 [13]번의 방향을 출력으로 설정하려면 pinMode(13, OUTPUT), 입력으로 설정하려면 pinMode(13, INPUT), 풀업된 입력으로 사용하려면 pinMode(13, INPUT_PULLUP)으로 쓰면 된다. Arduino.h에서 INPUT, OUTPUT, INPUT_PULLUP은 각각 0x0, 0x1, 0x2로 정의되어 있다. 풀업은 7장에서 설명한다.

void digitalWrite(uint8_t pin, uint8_t value)

아두이노 함수의 이름은 아두이노를 중심으로 명명되어 있다. 아두이노가 Write한다는 의미는 외부에 출력을 내준다는 것이고, Read한다는 것은 외부로부터 입력을 받는다는 의미이다. digitalWrite(pin, value) 함수는 pin으로 지정된 디지털 포트로 HIGH 또는 LOW를 출력하는 역할을 한다. 디지털 출력이므로 LOW는 0V(논리값 '0', Arduino.h에 0x0로 정의됨), HIGH는 5V(논리값 '1', 0x1)를 출력한다. 만일 LED가 디지털 출력과 GND 사이에 있을 경우, LED를 켜려면 디지털 출력에 HIGH를 출력해 주어야 하고, 끄려면 LOW를 출력해 주어야 한다. 반대로 LED가 디지털 출력과 5V 사이에 있을 경우, LED를 켜려면 디지털 출력에 LOW를 출력해 주어야 하고, 끄려면 HIGH를 출력해 주어야 한다. 결국 LED는 두 단자 사이의 전압 차에 의해 ON/OFF가 결정된다.

void delay(unsigned long ms)

delay()함수는 지정된 ms 시간만큼 아두이노가 어떤 역할도 하지 않고 그대로 대기하는 함수이다. ms에는 지연시간을 ms(1/1000초) 단위로 쓴다. 언뜻 보면 별 필요성이 없어 보이지만, 하드웨어 제어 프로그램에서 매우 빈번하게 사용된다. 예를 들어 LED를 1초 동안 켜놓고 싶으면 먼저 LED를 켜고, 1초간 지연시키고, 이후에 LED를 끄면 된다.

〈표 6.1〉 핀 모드 함수, 디지털 출력 함수 및 시간 지연 함수

void pinMode(uint8_t pin, uint8_t mode)		
Arduino.h	핀 모드 함수	• pin: 핀 번호(uint_8는 unsigned char를 의미) • mode: OUTPUT, INPUT, INPUT_PULLUP
void digitalWrite(uint8_t pin, uint8_t value)		
Arduino.h	디지털 출력 함수	• pin: 핀 번호 • value: HIGH 또는 LOW
void delay(unsigned long ms)		
Arduino.h	시간 지연 함수	•ms: ms 단위 지연 시간

작품 알고리즘 고민하고 순서도 그리기[FC061]

보통 setup() 함수에는 초깃값을 코딩하고, loop() 함수에서는 초깃값 이후에 적용될 알고리즘을 코딩하여야 한다. **[그림 6.8]**에서 setup() 함수에서는 pinMode(pin, mode) 함수를 이용하여 [13]을 출력으로 설정함으로써, LED의 ON/OFF를 제어할 수 있게 한다. loop() 함수에서는 digitalWrite(pin, value) 함수를 이용하여 [13]에 HIGH를 출력하여 LED를 켜고, delay(ms) 함수를 이용하여 1초간 지연시키면 LED가 1초간 켜진 상태를 유지한다. 이후에 digitalWrite(pin, value) 함수를 이용하여 [13]에 LOW를 출력함으로서 LED를 끄고, delay(ms) 함수를 이용하여 1초간 지연시키면 LED는 1초간 꺼진 상태를 유지한다.

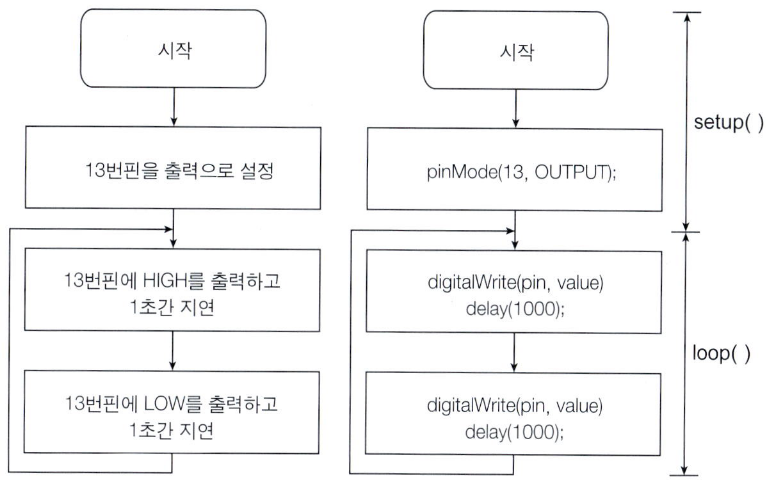

[그림 6.8] 알고리즘 순서도(LED 비상등)

작품의 스케치 프로그래밍 하기 [P061]

```
void setup(){
  pinMode(13, OUTPUT);
}

void loop(){
  digitalWrite(13, HIGH);
  delay(1000);
  digitalWrite(13, LOW);
  delay(1000);
}
```

이 프로그램에는 총 5개의 함수가 사용되었다. setup() 함수 내에는 pinMode() 함수가 있고, loop() 함수 내에는 digitalWrite() 함수와 delay() 함수가 있다. setup() 함수와 loop() 함수는 모두 인수나 return값이 없고, pinMode() 함수와 digitalWrite() 함수의 인수는 uint8_t형 2개이고 return 값은 없다. Arduino.h 헤더 파일에 OUTPUT과 HIGH는 정수로 정의되어 있다는 점을 주의하자. 이 프로그램은 먼저 setup() 함수가 실행되면 내부에 있는 pinMode(13, OUTPUT) 함수가 실행되어 [13]을 출력으로 설정한다. digitalWrite(13, HIGH) 함수는 [13]에 5V를 출력해주는 역할을 하므로 [13]에 연결된 LED가 켜진다. delay(1000)이라고 코딩하여 1초 기다린 후에, 다시 digitalWrite(13, LOW) 함수로 LED를 끈 후에 다시 1초간 기다리는 동작을 무한 반복한다.

아두이노 동작시키기

- 아두이노가 연결된 상태에서 스케치 프로그램을 업로드한다.

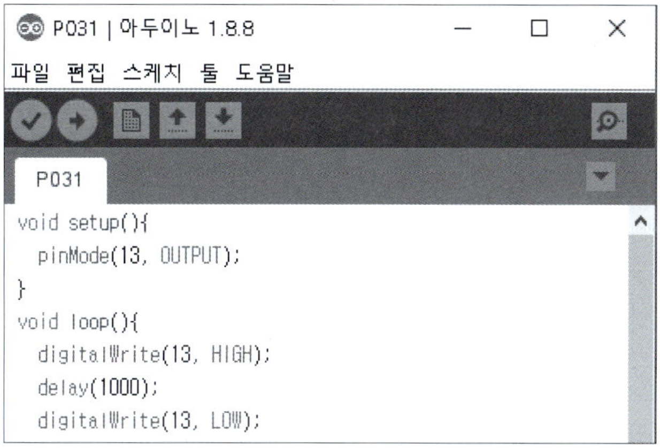

[그림 6.9] 스케치 프로그램(LED 비상등)

연습 문제

1 LED 전압이 2.8V인 고휘도 청색 LED를 5V의 공급 전압으로 제어하려고 할 때, 함께 연결할 직렬 저항의 저항값은 얼마로 하여야 할까? 단, LED의 전류는 11mA가 적정 전류라고 한다.

2 **[그림 6.4]**에 제시된 BL-B5134 LED의 데이터 시트를 보고, 이 LED를 5V의 디지털 출력과 접지 사이에 연결하여 제어한다고 할 때 요구되는 최소 저항값을 구하여라.

3 [P061]에서 깜빡이는 주기를 0.2초(즉, 꺼져 있는 시간과 켜져 있는 시간이 각각 0.1초)로 줄이려면 어떻게 코드를 바꾸어야 하는가?

4 Arduion.h에 HIGH가 1, LOW가 0으로 정의되어 있는지 [P061]의 코드를 변형하여 확인해보려면 어떻게 하여야 하는가?

5 pinMode( ) 함수와 digitalWrite( ) 함수의 return 값이 없음을 [P061]의 코드를 변형하여 확인해보려면 어떻게 하여야 하는가?

6 [P061]에서는 함수가 총 몇 번 사용되었는가?

7 [P061]에 사용된 pinMode( ) 함수를 pinmode( )로 쓰고 컴파일하면 어떻게 되는가?

07장 스위치를 이용한 신호등 만들기

학습 목표

- 스위치의 개념을 이해할 수 있다.
- 플로팅의 문제를 인식하고 풀업 및 풀다운 저항 회로를 구성할 수 있다.
- 채터링의 원인을 이해하고 바이패스 커패시터 회로를 구성할 수 있다.
- 스위치를 활용하여 LED를 켜거나 끌 수 있다.

학습 내용

- 바이패스 커패시터 및 전압에 대한 개념
- 스위치 사용 방법
- 스위치 바운싱(채터링) 현상 및 방지 대책
- 풀업, 풀다운 개념

도구	• PC, JARDUINO-MEGA-IOT 또는 아두이노 메가 또는 아두이노 우노 • USB 케이블(A타입-μB타입), 스케치 소프트웨어, Fritzing, draw.io
부품	• TS-1105-5MM 택타일 스위치(TS-1105-5MM SMD.pdf), 5050-RGB 컬러 LED(5050-RGB-LED.pdf), 10KΩ, 0.1uF, 1KΩ 3개
함수	• digitalRead( )
프로그램	• [P071], [P072]

대표 회로도

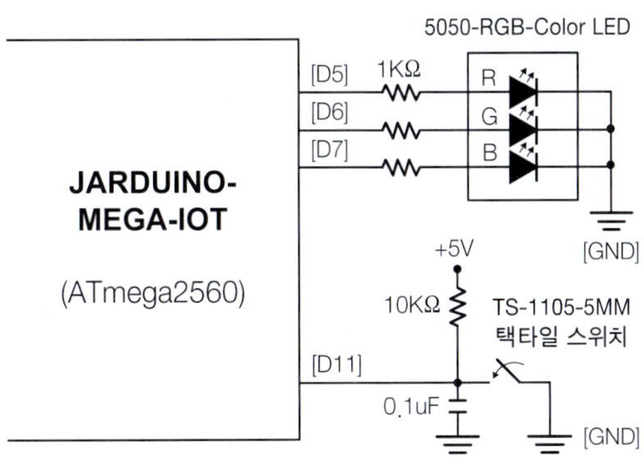

[그림 7.1] 대표 회로도(스위치를 이용한 신호등)

이론 이해하기 [스위치의 종류]

전기 회로를 잇거나 끊는 부품을 통칭하여 스위치라고 하며, 그 종류는 **[그림 7.2]**와 같다. 푸시버튼 스위치와 택타일 스위치(=택트 스위치)는 버튼을 누르고 있을 때만 ON이 되며 버튼에서 손을 떼는 즉시 원상복귀 되면서 OFF 상태로 변경된다. (푸쉬버튼 스위치 중에는 누를 때마다 ON/OFF 상태가 한 번씩 변하면서 유지되는 것도 있다.)

[그림 7.2]의 가장 우측에 나타난 것처럼 일반적인 4핀 택타일 스위치는 ⓐ로 표시된 2곳과 ⓑ로 표시된 2곳이 각각 내부적으로 서로 연결되어 있으며 스위치를 누르면 이 ⓐ와 ⓑ가 서로 연결된다. 암기의 편의를 위해 영원히 만나지 않는 철길이 평행하게 놓여 있는데 스위치를 누르면 두 길이 만나게 된다고 정리해두면 편하다.

토글은 긴 막대를 의미한다. 스위치에 긴 막대가 달려있어서 이를 좌우로 움직여 ON/OFF 상태를 변경할 수 있는 스위치가 토글 스위치다. 슬라이드 스위치는 용어 그대로 작은 막대를 밀어 슬라이딩 시키면서 연결할 핀을 결정한다. 락커 스위치는 가정에서 전기기기를 ON/OFF시키는 용도로 많이 사용되며, 기능적으로는 토글 스위치와 같은 역할을 수행한다. 토글 스위치를 여러 개 모아서 작게 만든 것은 딥 스위치라고 한다. 이외에도 막대를 돌려서 원하는 접점을 연결하는 로터리 스위치, 자동화 기기에 활용되면서 리밋 스위치로 불리기도 하는 마이크로 스위치 등이 있다.

[그림 7.2] 여러 가지 스위치와 택타일 스위치의 내부 회로

부품 살펴보기 [스위치 내부 원리 및 스위치와 관련된 문제들]

채터링(=바운싱)

공을 바닥에 떨어뜨리면 한 번에 바닥에 놓이는 것이 아니고 몇 번 튀어오르는 것을 반복한 후 결국 바닥에 놓여 정지한다. 마찬가지로 **[그림 7.3]**의 왼쪽 그림에 제시된 것처럼, 스위치도 ON에서 OFF로 또는 OFF에서 ON으로 이동시키면 한 번에 이동되는 것이 아니고 매우 짧은 시간 동안 ON과 OFF 사이를 미세하게 왔다갔다 하다가 원하는 상태로 고정된다. 이 현상을 채터링 또는 바운싱이라고 하고, 이 문제를 해결하는 작업을 디바운싱이라고 한다.

플로팅 상태(=임의 상태)

digitalRead(pin) 함수는 선택한 아두이노 디지털 입력 포트(예를 들어 **[그림 7.3]**의 오른쪽 그림에서 [11])로부터 디지털 입력을 받는 함수이다. 그런데 만약 선택된 포트에 어떠한 입력도 연결되지 않았다고 (도선 자체가 연결되지 않았다고) 가정해 보자. 그렇다면 [11]로 입력되는 논리값은 '1' 일까? '0' 일까? 결론은 "무엇이 될지 알 수 없다." 이다. 이러한 상태를 플로팅 상태(=임의 상태)라고 한다.

스위치에서 발생하는 플로팅 상태

5V('1' , HIGH)의 전원([5V])을 스위치를 통하여 아두이노의 디지털 입력 핀 [11]로 입력하는 회로를 구상해 보자. 가장 단순한 방법은 **[그림 7.3]**의 우측처럼 [5V]의 전원을 스위치를 통해 바로 [11]에 연결하는 방법이다. 이 방법의 문제는 무엇일까? 만일 스위치가 닫혔다고 가정하면 [11]로 온전히 5V가 공급되어 [11]은 확실히 논리 값 '1' (HIGH. 5V)을 입력 받을 것이다. 하지만 스위치가 열렸다고 가정해보자. 스위치를 열게 된 이유는 [11]이 논리 값 '0' (LOW, 0V)을 입력 받을 것이라는 기대를 하는 것이다. 하지만 [11]은 어떠한 전압도 공급받고 있지 않기 때문에 입력되는 논리값이 '1' 인지 '0' 인지 알 수 없다. 즉, 플로팅 현상이 발생하게 된다.

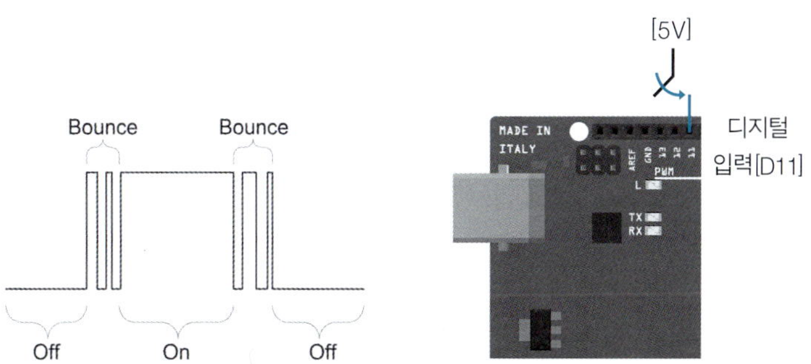

[그림 7.3] 채터링(바운싱)과 플로팅의 의미

회로 구상하기 [전원(또는 접지) - 스위치 - 디지털입력: 플로팅 방지책]

플로팅 현상을 해결하는 방법을 생각해 보자. **[그림 7.4]**의 가운데 그림처럼 아두이노의 [11]에 [GND](0V, 논리 값 '0' , LOW)를 연결하면 어떨까? 이렇게 되면 스위치가 열렸을 때 [11]은 확실히 논리 값 '0' 을 입력받을 것이다. 하지만 이것은 문제가 있다. 만일 스위치가 닫힌다면 [11]에 [GND]뿐만 아니라 [5V] 전원도 연결되므로 디지털 입력의 논리값이 '0' 인지 '1' 인지 확실하지 않게 된다. 더 큰 문제는 [5V]와 [GND]가 직접 연결되므로 이 회로는 도선이 타버리거나 연결된 부품이 손상될 것이다. 여기서 간과한 사실은 [5V] 전원에 의한 전류가 [11]로는 흐르지 않고, 거의 100% [GND]로만 흐르게 된다는 것이다. 왜 그럴까? 그 이유는 모든 반도체 칩을 설계할 때는 디지털 입력의 입력 저항이 거의 무한대가 되도록 설계하기 때문이다. 즉 [5V] 전원에 의한 전류는 [11]과 [GND]의 교차 지점에서 [11]의 저항이 거의 무한대이므로 모두 [GND]로 흐르게 된다.

[그림 7.4]의 오른쪽 그림은 이 문제의 해결 방법을 제시한다. 스위치가 닫히면 [11]의 입력 저항이 무한대이므로 [5V]로부터 생성된 전류는 모두 [GND]와 연결된 저항으로 흐르게 되어 [11]의 입력은 항상 5V임이 보장되면서 논리 값 '1' 이 된다. 또한 저항이 있기 때문에, 회로가 타 버리는 현상도 생기지 않는다. 반대로 스위치가 열리면 [11]은 [GND]와 연결되므로 논리 값 '0' 이 된다. [5V] 전원과 [GND] 사이의 저항과 [GND]를 이용해 모든 문제를 해결할 수 있으며, 이러한 저항을 풀다운(Pull Down) 저항이라고 한다. 반대로 풀업(Pull Up) 저항을 적용한 예는 **[그림 7.5]**에 나타나 있다. 풀업에 대해서는 각자 생각해 보자.

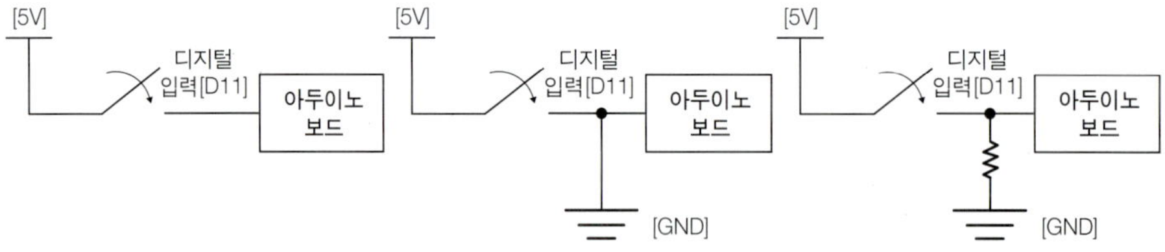

[그림 7.4] [5V]('1', HIGH) - 스위치 - 아두이노의 [11] 연결 방법(풀다운)

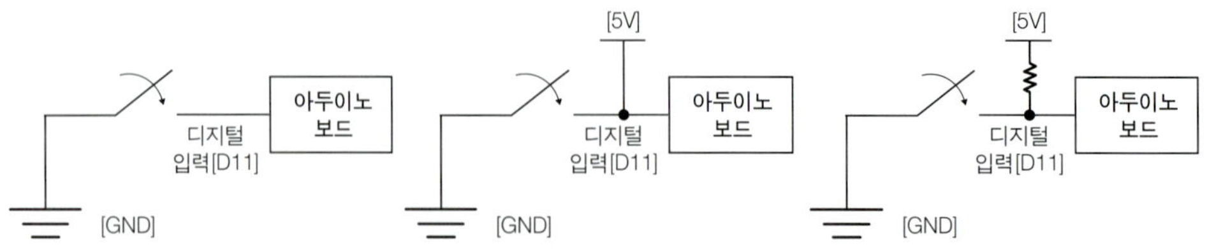

[그림 7.5] [GND]('0', LOW) - 스위치 - 아두이노의 [11] 연결 방법(풀업)

회로 구상하기 [전원(또는 접지) - 스위치 - 디지털입력: 채터링 방지책]

채터링 문제를 해결하기 위한 회로 구상 (H/W적 해결 방법)

[그림 7.6]의 첫번째 그림에서 스위치의 한 쪽은 [GND]에 다른 한쪽은 [11]에 연결되어 있고, 10KΩ의 풀업저항이 [5V]에 연결되어 있다. 스위치를 눌렀을 때 채터링이 발생하면 **[그림 7.6]**의 세 번째 그림처럼, [11]이 인식하는 논리값이 '0' 이나 '1' 의 고정된 값을 갖지 못하고, 짧은 시간 동안(대체적으로 0.1초 이하) 진동할 것이다. 시간이 지나면 [11]은 논리값 '0' 으로 고정된다. 반대로 스위치에서 손을 떼었을 때 역시 채터링 때문에 짧은 시간 동안에 진동이 발생하고, 잠시 후 [11]이 인식하는 논리값은 '1' 로 고정된다. 채터링을 방지하기 위해 **[그림 7.6]**의 두 번째 그림과 같이, 직류(DC)는 차단하고 교류(AC: Alternating Current)는 통과시키는 바이패스 커패시터를 설치한다. 스위치를 누르거나 떼었을 때 채터링에 의해 [11]에 입력되는 전압이 0V와 5V 사이에서 짧은 시간에 진동하려 한다. 하지만 이 신호는 AC이므로 바이패스 커패시터가 통과시켜 [GND]로 빠져 나가므로, [11]의 입력 논리 값 결정에 영향을 끼치지 않게 된다. [11]이 인식하게 하고 싶은 이상적 전압 레벨은 **[그림 7.6]**의 세 번째 그림의 굵은 점선이다. 하지만 커패시터가 AC를 통과시키는 시간 때문에 [11]이 인식하는 실제 전압 레벨은 **[그림 7.6]**의 세 번째 그림의 조밀한 점선이 된다. 스위치에 즉각적으로 반응하는 형태는 아니지만 채터링 현상은 어느 정도 막을 수 있다. 보통 바이패스 커패시터의 값은 시상수(=R×C)가 1~10ms 정도 되어야 하므로 10KΩ 저항에 대해 0.1μF 정도의 커패시터를 사용한다.

채터링 문제를 해결하기 위한 프로그램 구상 (S/W적 해결 방법)

[그림 7.6]의 세 번째 그림에서 스위치를 누르는 순간(t=0) 이후부터 채터링이 끝나는 시점까지 대략 0.05초 소요된다고 가정하고, 프로그램으로 이를 해결해 보자. 아두이노는 스위치를 누르자마자 논리값 '1' 에서 논리값 '0' 으로 변하는 순간(t=0인 순간)을 캐치하여 동작을 수행한다. 이후에 채터링이 발생하는 0.05초 구간 동안에는 아두이노가 절대로 입력의 변화를 감지하지 못하도록 코딩한다. 구체적으로 스위치의 첫 번째 변화를 감지한 후에 delay() 함수를 이용하여 0.05초 보다 긴 0.1초 이상의 지연을 준 후, 신호 상태를 다시 검사하여 처리하면 이 문제를 해결할 수 있다.

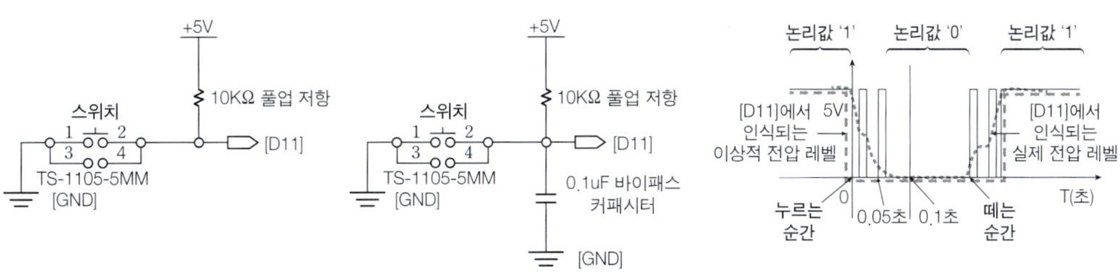

[그림 7.6] 채터링 방지를 위한 회로

작품 목표 이해하기 [스위치를 이용한 신호등]

- 택타일 스위치를 누르면 LED의 색깔이 적색에서 녹색으로, 다시 한 번 누르면 녹색에서 청색으로, 다시 한 번 누르면 청색에서 적색으로 변하는 3색의 신호등을 구현한다. (적색→녹색→청색→적색...: 라운드 로빈 방식의 무한 순환)

작품 회로 설계하기 [전원(또는 접지) - 스위치 - 아두이노 - 컬러LED]

아두이노 메가를 이용한 회로(fritzing, [F071])

[그림 7.7]에서 좌측은 입력 측이고, 우측은 출력 측이다. 입력 측과 출력 측의 브레드보드에는 전원 공급을 위한 [5V]와 [GND]를 각각 연결한다. 입력 측에는 [GND]에 연결된 택타일 스위치를 연결한다. 채터링 방지를 위한 0.1μF 바이패스 커패시터를 [GND]에 연결하고, [11]을 위한 풀업 저항 10KΩ을 [5V]에 연결한다. 출력 측에는 RGB LED를 위한 1KΩ 직렬저항 3개를 R[5], G[6], B[7]에 각각 연결한다. RGB LED의 접지는 [GND]에 연결한다.

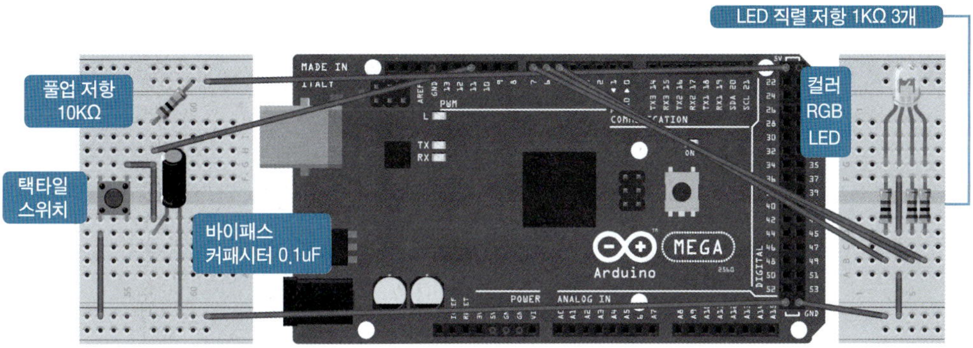

[그림 7.7] 아두이노 메가를 이용한 회로(스위치를 이용한 신호등)

JARDUINO-MEGA-IOT에 실장된 회로

[그림 7.8]에는 JARDUINO-MEGA-IOT에 실장된 부품의 위치와 PCB 회로도가 나타나 있다. 회로 연결이 자세히 표현되지는 않았지만 부품들은 PCB 보드를 통해 연결되어 있다.

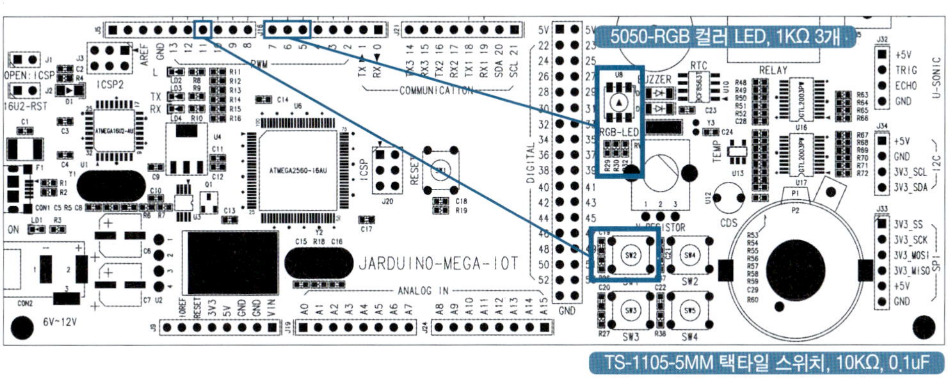

[그림 7.8] JARDUINO-MEGA-IOT의 PCB 회로도(스위치를 이용한 신호등)

작품에 필요한 함수 이해하기 [디지털 입력 함수]

int digitalRead(uint8_t pin)

이 함수는 pin으로 지정된 디지털 포트로 입력된 전압 레벨이 HIGH(논리 값 '1')인지 LOW(논리 값 '0')인지를 판정하여 스케치 프로그램으로 전달하는 함수이다. 보통 입력 전압이 2.0V 이상이면 HIGH, 0.8V 이하이면 LOW로 인식한다. (그 사이값이면 상황에 따라 변함) 스위치로부터 입력을 받아 그 입력이 HIGH인지 LOW인지 확인하는 프로그램을 스위치 풀업회로(**[그림 7.5]**)를 기준으로 작성한다고 가정해 보자. 이 회로에서 digitalRead(11)로 코딩하고 스위치를 누르면 [11]은 [GND]에 연결되므로 digitalRead(pin) 함수는 LOW(논리값 '0')를 return하게 된다. 반대로 스위치를 떼면 [11]에 [5V]가 연결되므로 digitalRead(pin) 함수는 HIGH(논리값 '1')를 return한다. 이를 통해 스위치의 입력이 HIGH인지 LOW인지를 확인할 수 있다.

〈표 7.1〉 디지털 입력 함수

int digitalRead(uint8_t pin)		
Arduino.h	디지털 입력 함수	• pin: 핀 번호 • return 값: HIGH 또는 LOW

작품 알고리즘 고민하고 순서도 그리기 [FC071]

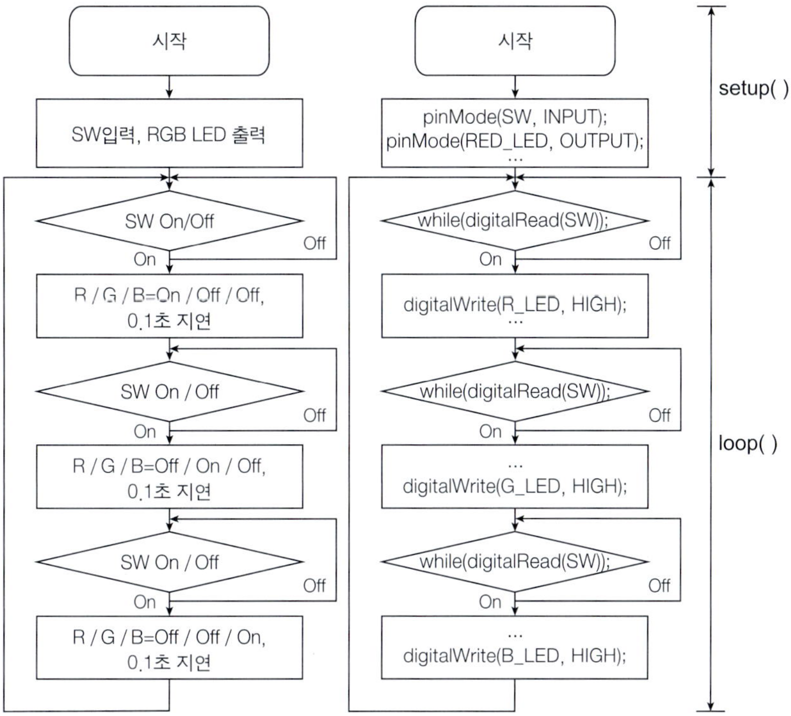

[그림 7.9] 알고리즘 순서도(스위치를 이용한 신호등)

[그림 7.9]에서 setup() 함수에서는 pinMode(pin, mode) 함수를 이용하여 [5], [6], [7]을 출력으로 설정함으로써, LED의 ON/OFF를 제어할 수 있게 한다. loop() 함수에서는 스위치가 연결된 핀의 값을 digitalRead(SW)로 읽어, 이 값이 '1' (HIGH, SW Off)이면 반복해서 스위치를 검사하고, '0' (LOW, SW On)이면 루프를 빠져나와 digitalWrite(pin, value) 함수를 이용하여 [5]/[6]/[7]에 HIGH/LOW/LOW를 출력하여 적색 LED만을 켠다. delay(ms) 함수를 이용하여 0.1초간 지연시키게 되면 LED가 0.1초간 켜진 상태를 유지한다. 지연 함수는 채터링을 방지하는 역할을 하기도 한다. 이후에는 순서대로 녹색과 청색 LED가 켜지도록 유사하게 반복하여 코딩한다. 여기까지 코딩하면, loop() 함수에 의하여 다시 라운드 로빈 방식으로 적색이 켜지는 코드로 연결되면서 반복 실행된다.

작품의 스케치 프로그래밍 하기 [P071]

```
const int SW = 11;       //#define을 이용해도 되지만 변수를 사용하는 것도 방법
const int RED_LED = 5;   //const는 define과 동일한 효과, 5번핀 빨강
const int GREEN_LED = 6;                          // 6번 핀 녹색
const int BLUE_LED = 7;
                                                  // 7번 핀 파랑
void setup(){
  pinMode(SW, INPUT);                             // 11번 핀은 스위치 입력
  pinMode(RED_LED, OUTPUT);                       // 5번 핀은 빨강 LED 출력
  pinMode(GREEN_LED, OUTPUT);                     // 6번 핀은 녹색 LED 출력
  pinMode(BLUE_LED, OUTPUT);                      // 7번 핀은 파랑 LED 출력
}

void loop(){
  while(digitalRead(SW));                         // 스위치가 눌려질 때까지 대기
  digitalWrite(RED_LED, HIGH);                    // 빨강 ON
  digitalWrite(GREEN_LED, LOW);                   // 녹색 OFF
  digitalWrite(BLUE_LED, LOW); delay(100);        // 파랑 OFF
  while(digitalRead(SW));                         // 스위치가 눌려질 때까지 대기
  digitalWrite(RED_LED, LOW);                     // 빨강 OFF
  digitalWrite(GREEN_LED, HIGH);                  // 녹색 ON
  digitalWrite(BLUE_LED, LOW); delay(100);        // 파랑 OFF
  while(digitalRead(SW));                         // 스위치가 눌려질 때까지 대기
  digitalWrite(RED_LED, LOW);                     // 빨강 OFF
  digitalWrite(GREEN_LED, LOW);                   // 녹색 OFF
  digitalWrite(BLUE_LED, HIGH); delay(100);       // 파랑 ON
}
```

setup() 함수에서는 pinMode() 함수를 이용해 입출력 포트 중 스위치에 연결된 것은 입력으로, LED에 연결된 것은 출력으로 설정한다.

loop() 함수에서 while 문은 괄호 안의 내용이 참일 때만 수행된다. 만일 스위치가 열려있으면 [11] 입력이 5V(HIGH, '1')가 되어 참으로 인식되므로 while 문을 빠져 나오지 못한다. 반면에 스위치가 눌려지면 [11] 입력이 0V(LOW, '0')이 되어 거짓으로 인식되므로 while 문을 빠져 나오게 된다. 만약 delay() 함수가 삭제된다면 어떤 결과가 나타날 지도 한 번 생각해 보고 실습해 보자.

- 아두이노가 연결된 상태에서 스케치 프로그램을 업로드한다.

P071 | 아두이노 1.8.9

파일 편집 스케치 툴 도움말

P071

```
const int SW = 11;          // #define을 이용해도 되지만 변수를
const int RED_LED = 5;      // const 는 define과 동일한 효과
const int GREEN_LED = 6;
const int BLUE_LED = 7;

void setup(){
  pinMode(SW, INPUT);          // 11번핀은 스위치 입력
  pinMode(RED_LED, OUTPUT);    // 5번핀은 빨강 LED 출력
  pinMode(GREEN_LED, OUTPUT); // 6번핀은 녹색 LED 출력
  pinMode(BLUE_LED, OUTPUT);  // 7번핀은 파랑 LED 출력
}
void loop(){
  while (digitalRead(SW));       // 스위치가 눌려질 때까지 대
  digitalWrite(RED_LED, HIGH);  // 빨강 ON
  digitalWrite(GREEN_LED, LOW); // 녹색 OFF
  digitalWrite(BLUE_LED, LOW);  // 파랑 OFF
  delay(1000);

  while (digitalRead(SW));       // 스위치가 눌려질 때까지 대
  digitalWrite(RED_LED, LOW);    // 빨강 OFF
  digitalWrite(GREEN_LED, HIGH);// 녹색 ON
  digitalWrite(BLUE_LED, LOW);  // 파랑 OFF
  delay(1000);

  while (digitalRead(SW));       // 스위치가 눌려질 때까지 대
  digitalWrite(RED_LED, LOW);    // 빨강 OFF
  digitalWrite(GREEN_LED, LOW); // 녹색 OFF
  digitalWrite(BLUE_LED, HIGH); // 파랑 ON
  delay(1000);
}
```

[그림 7.10] 스케치 프로그램(스위치를 이용한 신호등)

연습 문제

1 [P071]에서 정수형 상수 선언을 매크로 치환으로 바꾸었을 때 같은 결과가 나오는지 확인하라.

2 [P071]에서 스위치를 계속적으로 누르고 있으면 어떻게 되는가?

3 [P071]에서 delay( ) 함수를 모두 삭제하고 실행해 보자. 어떤 현상이 발생하는가? delay(100)을 포함시킨 이유는 무엇인가?

4 [P071]에서 평상시에는 적색을 디스플레이하며, 스위치를 누르면 약 10초 동안 녹색을 디스플레이하는 보행자용 신호등을 제작하라. [P072]

5 [P071]에서 모든 색을 모두 ON 시켰을 때 합성된 색은 무슨 색인지 확인하라.

6 만일 [P071]에서 SW=13;을 setup() 함수에 삽입하면 어떤 오류가 나는지 확인하라.

08장 아두이노와 대화하기

학습 목표	
	• ASCII 코드의 개념을 이해하고, 장치 간 대화 언어로 사용될 수 있음을 이해한다. • UART 통신 방식의 개념을 이해하고, UART 통신을 설정할 수 있다. • UART 통신 방식을 이용한 대화의 통로가 시리얼 모니터임을 이해할 수 있다.
학습 내용	• 클래스의 멤버 함수 사용법 • 시리얼모니터를 이용한 아두이노와의 대화

도구	• PC, JARDUINO-MEGA-IOT 또는 아두이노 메가 또는 아두이노 우노 • USB 케이블(A타입-μB타입), 스케치 소프트웨어, Fritzing, draw.io
함수	• Serial.begin( )/available( )/read( )/write( )
프로그램	• [P081], [P082], [P083], [P084]

대표 회로도

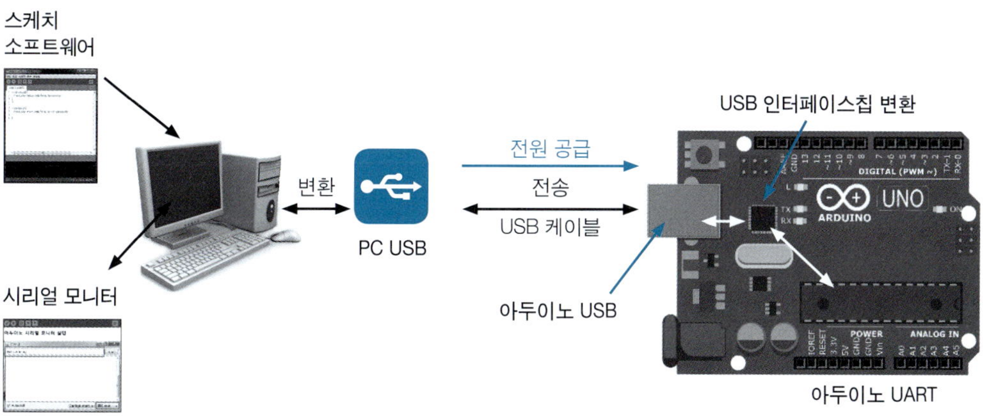

[그림 8.1] 대표 회로도(UART 통신)

USB의 역할

• 아두이노에 전원 공급
• 스케치 프로그램 업로드
• UART 통신 경로

이론 이해하기 [통신을 위한 대화의 언어인 ASCII 코드]

PC와 아두이노가 통신을 할 때는 ASCII(American Standard Code for Information Interchange)코드를 이용한다. ASCII는 미국정보교환표준부호이지만 전세계에서 표준으로 채택하여 사용하고 있는 대표적인 영문 알파벳 문자 인코딩 코드이다. 통신을 통해 'A' 라는 문자를 전송할 때, 문자 그 자체를 전송할 수는 없다. 보통 PC는 아두이노에게 영어 대문자 'A' 를 이진수로 표현하여 전송한다. 영어 대문자는 총 26개이므로 5비트(2^5=32)로 영어 대문자를 표현한다고 하면 'A' 는 00000, B는 00001, ... , Z는 11010로 표현할 수 있을 것이다. 그런데 우리가 빈번히 사용하는 문자들은 영어 대문자('A' ~ 'Z'), 영어 소문자('a' ~ 'z') 뿐만 아니라 숫자('0'~'9') 및 기타 기호나 특수 문자를 포함하여 100개 이상이 될 것이다. 따라서 이들을 모두 표현하려면 총 7(2^7=128)비트가 필요하게 된다. 여기에 오류를 정정하기 위한 1비트(또는 무시)를 포함하여, 총 8비트로 128개의 문자를 표현한 것 중 하나가 ASCII 코드이다.

ASCII 코드의 일부가 **<표 8.1>**에 나타나 있다. 알파벳 대문자는 이진수 0x41(십진수 65)부터 시작한다. PC와 아두이노는 이 ASCII 코드를 이용하여 대화를 나눈다. 예를 들어 "hi!" 를 전송하려면, 0x68(104), 0x69(105), 0x21(33)을 연속적으로 전송하면 된다.

ASCII 코드를 모두 암기할 수는 없지만 몇 가지 중요한 ASCII 코드는 암기하면 코딩할 때 적절히 활용할 수 있다. 대표적으로 0x00(0)은 Null(NUL, 문자열의 마지막 표시), 0x08(8)은 Back Space(BS, 이전에 입력된 문자를 취소), 0x0a(10)은 Line Feed(LF, 커서의 위치를 1줄 아래 위치로 이동), 0x0d(13)은 Carriage Return(CR, 커서의 위치를 현재 줄 첫 번째 위치로 이동), 0x30(48)은 '0', 0x41(65)은 'A', 0x61(97)은 'a' 등이다.

<표 8.1> ASCII 코드(일부)

10진	16진	문자	10진	16진	문자
0	0x0	NUL	65	0x41	A
1	0x1	SOH	66	0x42	B
2	0x2	STH	67	0x43	C
...	...	...	...	...	...
48	0x30	0	97	0x61	a
49	0x31	1	98	0x62	b
50	0x32	2	99	0x62	c
...	...	...	...	...	...

이론 이해하기 [통신을 위한 통로인 UART]

IT 디바이스 간에 유선으로 통신을 하는 방법은 **[그림 8.2]**와 같이 직렬 전송과 병렬 전송으로 나누어진다. 직렬 전송은 1개의 통신 선로에 통신 데이터를 직렬, 즉 시리얼로(I^2C, UART, USART, USB) 전송하므로 한 순간에는 1개의 비트만 전송할 수 있다. 반대로 대화를 위한 선이 여러 개 존재하는 병렬 전송 방식에서는 한 순간 여러 개의 통신 선로를 이용하여 데이터를 병렬, 즉 패러렐로 전송한다.

직렬 전송에서 연속적으로 비트 데이터를 전송할 때, 선로에서는 예측할 수 없는 시간적 지연이 발생하므로 수신기에서는 현재 수신된 비트가 몇 번째 비트인지를 알 수 없다. 이를 알기 위해서는 두 가지 방법이 있는데, 하나는 송신기가 송신할 때 동기 신호(보통 클록)를 함께 전송하여 수신기가 이를 검출함으로서 비트의 순서를 알 수 있게 하는 방법이고, 다른 하나는 송신기가 송신할 때 데이터 신호만 전송하는 상태에서 수신기가 스스로 비트 순서를 검출하는 방법이다. 전자를 동기(Synchronous) 전송이라고 하고, 후자를 비동기(Asynchronous) 전송이라고 한다. 직렬 전송 중에서 UART는 비동기 전송만 지원하고, USART는 동기와 비동기 전송 모두를 지원한다.

UART를 위해서는 TxD, RxD, GND 포트가 필요하다. TxD(Transmit Data) 포트는 데이터를 송신하는 포트이고, RxD(Receive Data) 포트는 데이터를 수신하는 포트이며, 마지막으로 GND는 접지 (Ground) 포트이다. UART를 서로 연결할 때 조심해야 할 것은 한 쪽이 TxD(송신) 포트이면 반대 쪽은 RxD(수신) 포트가 연결되도록 해야 한다는 점이다(**[그림 8.2]**). 접지는 서로 연결하면 된다. 접지를 서로 연결하지 않으면 PC와 아두이노의 0V 레벨이 달라져 비트 1을 전송했는데 비트 0을 수신하거나, 비트 0을 전송했는데 비트 1을 수신하는 경우가 발생할 수 있다.

일단 연결이 완성되면 그 다음에는 두 개의 UART 간의 통신 속도를 일치시켜 주어야 한다. 설정할 수 있는 통신 속도(보레이트, baudrate)는 4800, 9600, 38400, 115200[baud = bit/sec] 등이 있는데, 보통 문자를 전송할 때는 9600[baud]이면 충분하다. 여기서 [baud]의 의미는 초당 전송하는 비트의 개수를 의미한다.

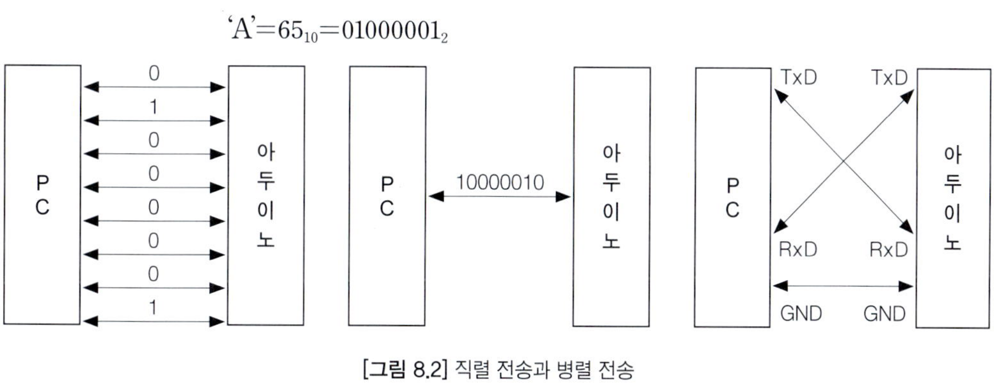

[그림 8.2] 직렬 전송과 병렬 전송

이론 이해하기 [통신을 위한 대화 창구인 시리얼 모니터]

시리얼 모니터는 스케치 소프트웨어에 포함되어 있는 프로그램으로, PC가 UART를 이용해 통신하는 상황을 확인하고 제어하는데 사용된다. 조금 더 자세히 말한다면, 아두이노 UART 쪽에서는 아두이노에 업로드된 프로그램이 데이터를 전송하거나 수신하고, PC UART 쪽에서는 시리얼 모니터가 데이터를 전송하거나 수신한다.

코딩된 프로그램을 아두이노로 업로드한 후 스케치 소프트웨어에서 [툴] → [시리얼 모니터]를 선택하면 [그림 8.3]과 같은 창이 생성된다. 창 위 쪽에 원하는 문자를 타이핑하고 [전송]을 누르면 PC에서 아두이노로 타이핑된 문자가 전송된다. 이 문자는 아두이노에 업로드된 프로그램이 수신한다.

[자동 스크롤]을 체크하면 모니터에 문자가 가득 차는 경우 자동으로 스크롤 된다. [타임스탬프 표시]를 체크하면 통신이 이루어지는 시간이 표시된다. 선택 박스 중 [새 줄]을 선택하면 새로운 문자가 전송될 때마다 엔터키를 누른 효과(NL과 CR)가 발생한다. 이 외에도 [line ending 없음], [캐리지 return], [Both NL & CR]을 선택할 수 있다. [새 줄]과 [Both N NL & CR]의 미묘한 차이점은 [P081] 프로그램으로 나중에 각자 확인해 보도록 하자. [보레이트]는 전송 속도를 의미하며, [9600]을 선택하는 것이 일반적이다. 아두이노 측의 보레이트는 스케치 소프트웨어에서 코딩하여 설정한다. [출력 지우기]는 지금까지의 출력을 모두 지우는 것이다. 모든 기능은 나중에 [P081] 프로그램을 실행시키다 보면 이해할 수 있을 것이다.

[그림 8.3] 시리얼 모니터

회로 구상하기 [PC UART → USB → 아두이노 UART]

아두이노는 UART 통신을 제공한다. UART를 이용하여 아두이노와 PC가 서로 통신하려면 아두이노의 UART 통신을 위한 포트가 PC의 UART 포트와 연결되어야 한다. 아두이노는 USB 인터페이스 변환 칩을 이용해 UART가 USB 포트와 연결되어 있고, PC 역시 UART가 USB에 연결되어 있다. PC에서 아두이노로 데이터가 이동하는 순서를 나열해보면 다음과 같다.

[시리얼 모니터] → [PC UART] → [PC USB] → [USB 케이블] → [아두이노 USB] →
[아두이노 USB 인터페이스 칩, 포맷 변환 기능] → [아두이노 UART]

USB는 중간 경로에서 UART를 대신하지만, 양쪽 단말(PC와 아두이노)에서는 UART로 통신하는 것과 동일하다. USB에 의한 UART는 2가지의 기능에 활용될 수 있는데, 첫 번째는 ① 스케치 소프트웨어로 코딩된 프로그램을 아두이노에 업로드하는 기능(PC → 아두이노, 단방향), 두 번째는 ② 아두이노에서 출력한 데이터를 시리얼 모니터에 출력하거나 그 반대 방향으로 전송하는 기능(PC ↔ 아두이노, 양방향)이다. 첫 번째 경우는 이미 여러 가지 아두이노 프로그램을 업로드함으로써 사용하였고 여기서 우리는 두 번째의 경우를 고민하고 있다는 것을 명심하자. 물론 USB의 기능은 통신뿐 아니라 별도의 전원 공급 없이 ③ PC의 USB 전원을 아두이노로 공급하는 기능도 있다.

이번 작품을 위해서는 별도의 회로 설계가 필요 없다. 단지 USB 케이블을 이용해 PC와 아두이노를 연결하고, 스케치 프로그램과 시리얼 모니터를 실행시키면 충분하다.

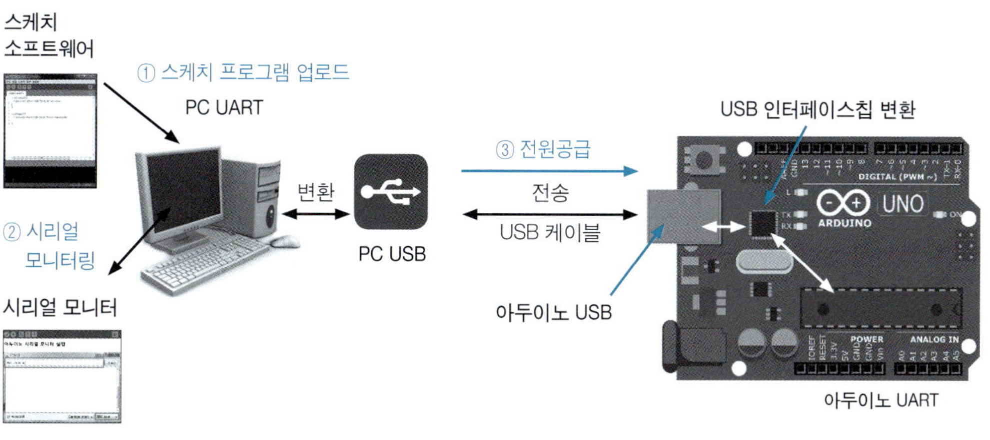

[그림 8.4] UART 통신 경로 및 USB의 3가지 기능

작품 목표 이해하기 [시리얼 모니터를 이용한 통신]

- 시리얼 모니터를 이용하여 "Hi~ Arduino!" 라고 입력하면 이 문장이 그대로 디스플레이되도록 구현한다. 단, 보레이트는 양측 모두 9600[bps]로 설정한다.

작품 회로 설계하기

별도의 회로 설계 없이 USB 케이블을 이용해 PC와 아두이노를 연결하고, 스케치 프로그램과 시리얼 모니터를 실행시키면 된다.

작품에 필요한 함수 이해하기 [시리얼 통신 함수]

Serial은 아두이노에 이미 선언되어 있는 클래스(아두이노는 C 언어의 기능을 포함하는 C++ 언어를 기본으로 사용)이며, 내부에 멤버 함수로서 begin(), available(), read(), write() 등을 가지고 있다. C++ 언어의 클래스에 대한 개념은 5장에서 간단히 설명하였다. 단순히 말하면 Serial.xxx( ) 형태는 C 언어에서 xxx( ) 함수를 의미한다.

void Serial.begin(unsigned long baud)

UART의 속도를 baud 값(bps)으로 설정하는 함수이다. 9600 baud가 가장 많이 사용되는 값이며, 115200도 가끔씩 사용된다. 통신의 상대인 PC 시리얼 모니터의 통신 속도도 동일하게 설정해야만 올바른 통신이 가능하다.

int Serial.available(void)

문자 전송 확인 함수로서 상대편에서 자신에게 전송한 문자가 UART로 수신되어 특정 버퍼에 저장되어 있는지 확인하는 함수이다. return 값은 도착한 데이터의 개수(Byte 단위)이다. 즉, 도착한 데이터가 한 개 있으면 1, 없으면 0이 return된다. 데이터가 도착해 있지도 않은데 아두이노가 데이터를 읽는다면 엉뚱한 쓰레기 값이 읽히기 때문에 필요한 함수이다.

int Serial.read(void)

UART 수신 버퍼에 수신된 데이터의 첫 문자를 스케치 프로그램으로 읽어오는(=수신하는) 함수이다. 그러므로 연속하여 실행하면 수신된 순서대로 한 문자씩 읽어올 수 있다.

size_t Serial.write(uint8_t val or str)

스케치 프로그램이 UART 송신 버퍼에 변수 값이나 문자열을 쓰는(=송신하는) 함수이다. 송신은 수신할 때와 마찬가지로 1Byte씩 이루어진다.

〈표 8.2〉 시리얼 통신 함수

void Serial.begin(unsigned long baud)		
HardwareSerial.h	속도 설정 함수	• speed: 9600, ... , 115200, ...
int Serial.available(void)		
HardwareSerial.h	문자 전송 확인 함수	• return 값 : 전송받은 데이터 개수
int Serial.read(void)		
HardwareSerial.h	문자 읽기 함수	• return 값 : 전송받은 첫 문자
size_t Serial.write(uint8_t val or str)		
HardwareSerial.h	문자 쓰기 함수	• val/str : 변수값/문자열 • size_t는 unsigned 데이터 전체

작품 알고리즘 고민하고 순서도 그리기[FC081]

[그림 8.5]에서 처럼 정수형(혹은 문자형) 변수를 하나 선언하고, 아두이노 UART의 보레이트를 9600으로 설정한다. 문자 수신을 확인해야 하므로 Serial.available()을 이용하되, 수신이 확인되었다면 루프를 빠져나가 이후 작업을 수행하고, 확인되지 않았다면 확인할 때까지 확인 동작을 반복해야 하므로 while(!Serial.available())로 코딩한다. 문자가 확인되었으면 바로 그 문자를 읽어야 하므로, value=Serial.read();와 같이 코딩하여 변수 value에 수신 문자를 저장한다. 마지막으로 수신 받은 문자를 그대로 PC의 시리얼 모니터로 반송하여야 하므로 Serial.write(value) 함수를 이용하여 수신 받은 문자를 송신하면 된다.

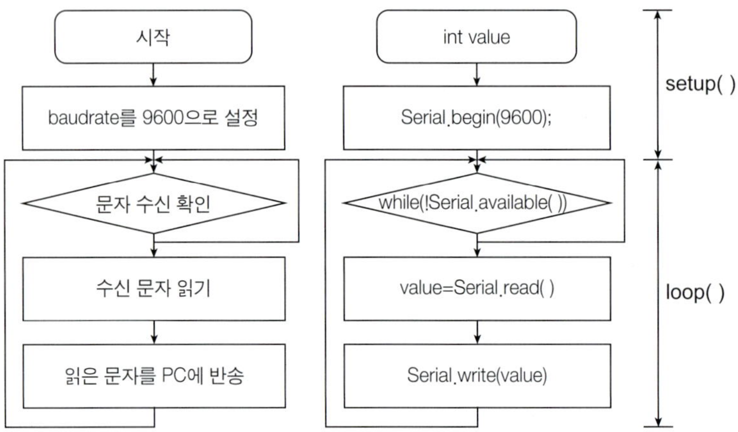

[그림 8.5] 알고리즘 순서도(UART 통신)

작품의 스케치 프로그래밍 하기 [P081]

```
char value;                       // UART 전송 문자 임시 저장용 변수

void setup(){
  Serial.begin(9600);             // 아두이노의 전송 속도를 9600baud로 설정
}

void loop(){
  while(!Serial.available()); // PC에서 아두이노로 입력된 데이터가 있는지 확인
  value = Serial.read();          // 입력된 데이터를 읽어옴
  Serial.write(value);            // 읽어온 데이터를 다시 PC로 전송(echo back)
}
```

아두이노 동작시키기

● 아두이노가 연결된 상태에서 스케치 프로그램을 업로드한다.

[P081]의 실행 결과가 **[그림 8.6]**에 나타나 있다. 결과에서는 프로그램 업로드 후 시리얼 모니터를 띄우고 문자열 ABC를 전송하였다. 주의할 것은 시리얼 모니터의 보레이트를 9600bps로 설정하여 아두이노와 일치시켰다는 것이다. 만일 보레이트를 일치시키지 않으면 엉뚱한 결과가 출력됨을 확인하기 바란다.

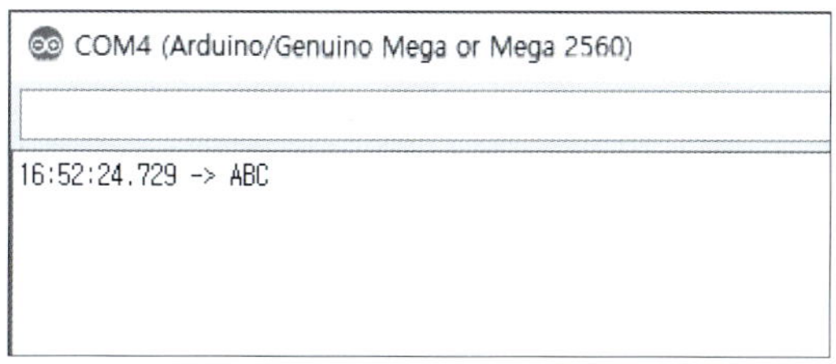

[그림 8.6] 아두이노 시리얼 모니터 실행 결과

연습 문제

1 [P081]에서 통신 속도를 낮추기 위해 코드 중 Serial.begin(9600);을 Serial.begin(4800); 로 바꾸고 통신을 시도하였다. 문제없이 잘 되는가? 문제가 생겼다면 그 이유는 무엇인가?

2 [P081]에서 while(!Serial.available())은 어떤 경우에 while 문을 빠져 나오는지 설명하라.

3 [P081]에서 loop() 함수 내부가 한 번 실행될 때마다 총 실행된 횟수를 디스플레이하도록 코드를 변경하라. [P082]

4 아래와 같이 시리얼 모니터에 입력한 글자가 중복해서 2번씩 나오도록 프로그램을 작성하라. [P083]

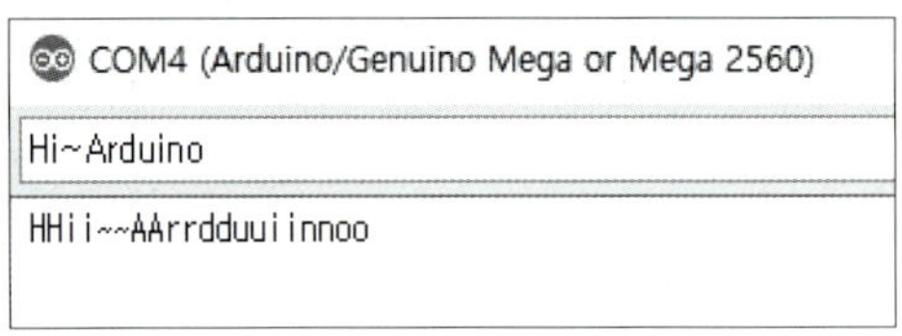

5 아래와 같이 시리얼 모니터에 입력한 글자가 청개구리처럼 대문자는 소문자로, 소문자는 대문자로 바뀌어서 나타나는 프로그램 작성하라. [P084] 단, 그 외 문자는 바꾸지 말고 그대로 나타나도록 한다.

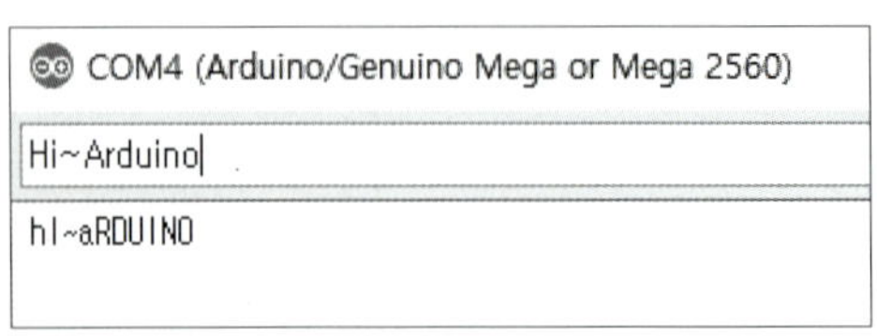

09장 디지털 전압계 만들기

학습 목표	• 아날로그와 디지털의 차이점과 아날로그-디지털 변환기 (ADC: Analog to Digital Converter)의 원리를 이해할 수 있다. • 가변저항을 이용한 전압 측정 회로를 구성할 수 있다.
학습 내용	• 아날로그-디지털 변환식 • 가변저항에 의한 전압 분배의 원리

도구	• PC, JARDUINO-MEGA-IOT 또는 아두이노 메가 또는 아두이노 우노 • USB 케이블(A타입-μB타입), 스케치 소프트웨어, Fritzing, draw.io
부품	• RK09K1130A5R 가변저항(퍼텐쇼미터, 10kΩ, RK09K1130A5R.pdf)
함수	• analogRead( ), map( ), Serial.print( )/println( )
프로그램	• [P091MEGA], [P091UNO], [P092MEGA], [P092UNO]

대표 회로도

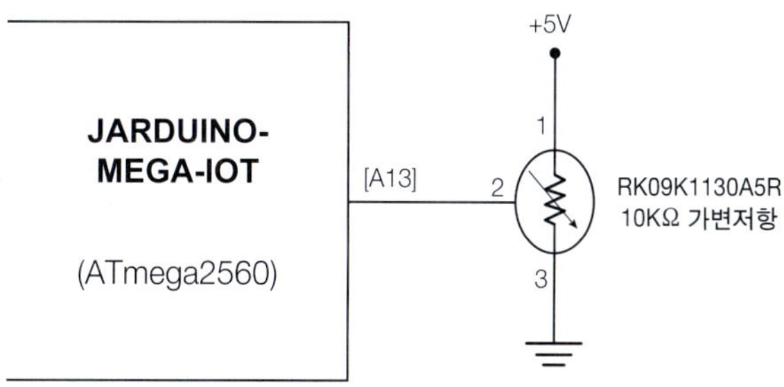

[그림 9.1] 대표 회로도(디지털 전압계)

이론 이해하기 [아날로그와 디지털] [ADC의 원리]

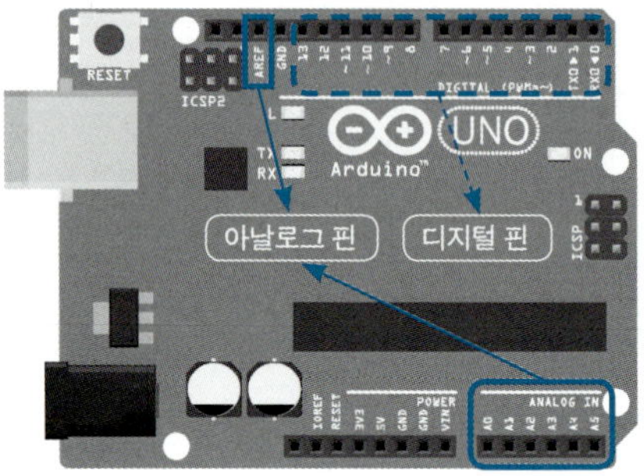

[그림 9.2] 아두이노 우노의 입출력 포트

아날로그와 디지털 신호에 대한 내용은 이미 익히 잘 알고 있을 것이다. 디지털 신호는 5V(이진수 '1', HIGH)와 0V(이진수 '0', LOW)의 불연속적인 2가지 값만을 가질 수 있는 신호이다. **[그림 9.2]**의 입출력 포트 중 숫자 [0]~[13]로 표시된 것이 그것으로 우노는 총 14개, 메가의 경우에는 총 54개의 디지털 입출력 포트를 가지고 있다.

그러면, 오른쪽 아래에 [A0]~[A5]로 표시된 입출력 포트는 어떤 기능을 하는 포트일까? 이것은 전압 레벨을 연속적인 값으로 읽어들일 수 있는 아날로그 입력 기능을 갖는 포트이다. 물론 이 포트는 디지털 입출력 포트([14]~[19])로도 사용 가능하다.

아날로그 신호는 연속적인 크기 레벨을 가질 수 있다. 즉 1.23V, 3.45V 등 0V부터 5V까지의 값 중 어떤 값이라도 가질 수 있다는 의미이다. [AREF]를 제외하면 우노는 6개, 메가는 16개의 아날로그 입력 포트(Analog In)를 제공한다. 아두이노는 디지털 신호만을 다룰 수 있는 장치이므로, 외부에서 입력된 아날로그 신호는 내장된 ADC 회로를 이용해 디지털 신호로 변환해 주어야 한다.

이제, 입력 아날로그 신호의 최대 크기를 5V라고 하고, ADC 원리를 생각해 보자. 0V부터 5V까지의 전압 레벨을 등간격으로 2^n등분을 하면 아래 **[그림 9.3]**과 같은 결과를 얻을 수 있다. 간격마다 이진수 {0, 1}, {00, 01, 10, 11}, 그리고 {000, 001, 010, 011, 100, 101, 110, 111}이 각각 할당되어 있다. 십진수로 표현하면 {0, 1}, {0, 1, 2, 3}, 그리고 {0, 1, 2, 3, 4, 5, 6, 7}이 된다. 결국 0~5V 사이의 n 비트 ADC 입력에 대해, 십진수로 표현된 ADC 출력값의 범위는 $0 \sim 2^n-1$이다. x축도 등간격으로 나누어 샘플을 취하면 디지털 값 {0 1 1 1 0 0}, {01 11 11 11 01 00}, 그리고 {011 110 111 110 010 001}을 각각 얻을 수 있다.

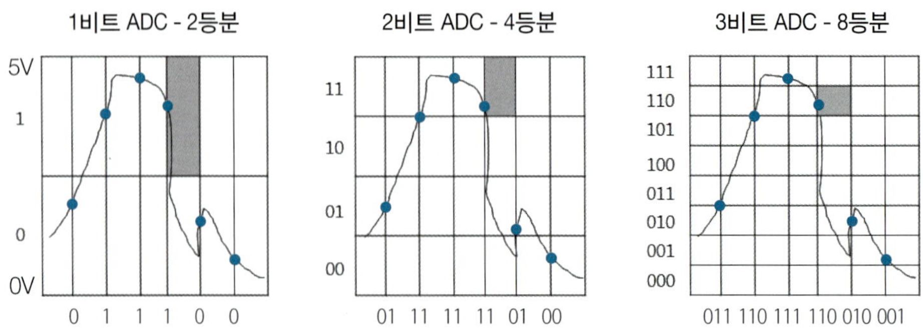

[그림 9.3] 아날로그 신호를 디지털 신호로 변환하는 예

부품 살펴보기/회로 구상하기 [퍼텐쇼미터를 이용한 ADC 입력값 조절]

아두이노는 입력 아날로그 전압을 0~5V 범위 내에서 입력받고 10비트 ADC(0~2^{10}−1(=1023))를 수행하므로, ADC 입력 전압이 X이고, ADC 출력값이 Y라고 할 때, 아래의 식에 의해 변환될 수 있다. **〈표 9.1〉**에 몇 가지 변환 예를 보였다.

5:1023=X:Y 이므로 Y=⌈X×1023/5⌉ 또는 X=Y×5/1023

〈표 9.1〉 ADC 입력 전압과 출력 값의 변환 예

X	Y(10진수)	Y(2진수)	Y(10진수)
0V	0(=⌈0×1023/5⌉)	0000000000	0
2.5V	512(=⌈2.5×1023/5⌉	1000000000	512
4.5V	921(=⌈4.5×1023/5⌉	1110011001	921
5V	1023(=⌈5×1023/5⌉	1111111111	1023

가변저항은 저항값을 임의로 조절할 수 있는 부품으로서 퍼텐쇼미터(Potentio Meter)라고 부르기도 한다. **[그림 9.4]**에서처럼 3개의 단자가 나와 있으며, 10KΩ의 가변저항이라면 A와 C 단자 사이의 저항이 10KΩ이다. 로터리 스위치를 돌리면서 A와 B 단자 사이의 저항을 측정하면 최소 0Ω에서 최대 10KΩ까지 변하며, 이 때, B와 C 단자 사이의 저항은 역으로 10KΩ에서 0Ω까지 변하게 된다.

즉, $R_{AB}+R_{BC}$=10KΩ이 된다. 가변저항 기호는 화살표 위치를 변화시켜 이러한 상황을 표현한다. 즉, B 단자의 위치가 나누어지는 저항값의 정도를 표현하게 된다. 만일 5V의 전원과 접지 사이에 가변저항을 연결하고 B 단자를 아두이노의 아날로그 입력 포트로 연결하면 가변저항의 로터리 스위치를 돌려 아날로그 입력 포트에 입력되는 전압을 조절할 수 있다. 아두이노 아날로그 입력 포트([A0])에 걸리는 전압은 전압 배분에 의해 다음의 식으로 결정된다.

$$A0 = 5[\mathrm{V}] \times \frac{R_2}{R_1+R_2} = 5 \times \frac{R_2}{R}[V]$$

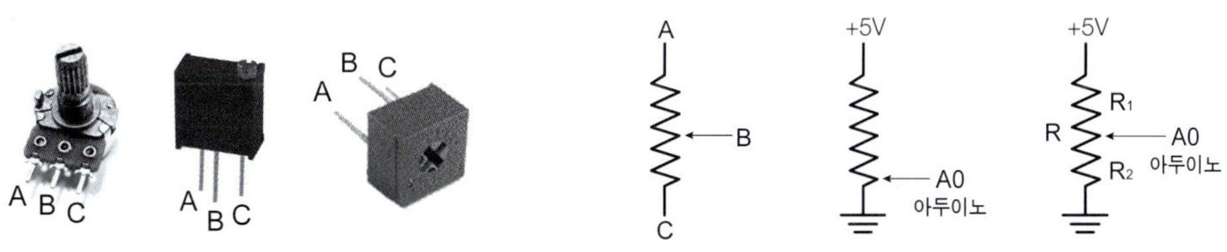

[그림 9.4] 가변저항의 종류, 기호, 아두이노에 가변저항을 연결하는 원리

작품 목표 이해하기 [디지털 전압계]

- 가변저항이 조절 노브에 의하여 GND 연결 위치(0Ω)부터 +5V 연결 위치(10KΩ)까지 변할 때 나타나는 전압값을 시리얼 모니터에 디스플레이하는 디지털 전압계를 설계한다.

작품 회로 설계하기

아두이노 메가를 이용한 회로(fritzing, [F091])

[그림 9.1], [그림 9.5]와 같이 가변저항의 한쪽 끝 단자를 전원[5V]에 연결하고, 다른 한쪽 끝 단자를 접지[GND]에 연결한다. 중간 단자를 아날로그 입력 포트인 [A13]에 연결하여 조절 노브를 돌리면 전체 5V의 전압이 저항 값의 비로 분배되어 [A13]에 입력된다.

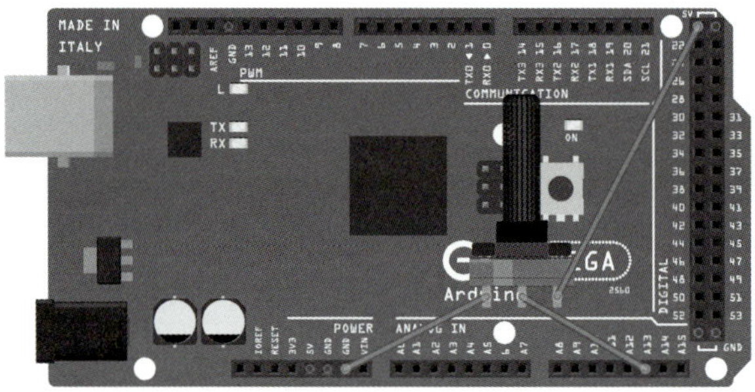

[그림 9.5] 아두이노 메가를 이용한 회로(디지털 전압계)

JARDUINO-MEGA-IOT에 실장된 회로

아두이노 메가 기반 실습 키트 (JARDUINO-MEGA-IOT)의 아날로그 입출력 포트는 매우 많이 존재한다. 가변저항은 아날로그 입력 [A13] 포트에 연결되어 있다.

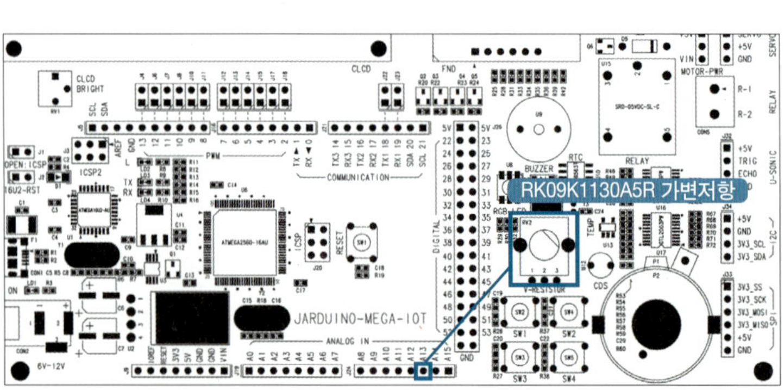

[그림 9.6] JARDUINO-MEGA-IOT의 PCB 회로도(디지털 전압계)

작품에 필요한 함수 이해하기 [ADC 및 시리얼 출력 함수]

int analogRead(uint8_t pin)

아날로그 포트(pin)로 입력되는 값을 ADC를 통해 디지털로 변환하여 스케치 프로그램으로 return 하는 함수이다. 입력될 수 있는 아날로그의 전압 범위는 0~5V이고, return값의 범위는 0~1023이다. 변환 관계는 앞서 제시하였다. 만약, [AREF] 핀으로 사용자가 원하는 기준 전압을 연결해주고 [AREF]를 ADC의 기준 전압으로 선택하는 경우, 매핑되는 아날로그 전압의 범위를 0~[AREF]V로 바꿀 수 있어 입력의 분해능(resolution)을 향상시킬 수 있다.

long map(long val, long fromLow, long fromHigh, long toLow, long toHigh)

디지털 레벨 값의 범위를 다른 범위로 매핑하는 함수이다. 예를 들어 anal_val의 변수에 저장된 0~1023의 입력값을, 0~5의 출력값인 voltage로 매핑하여 저장한다면, voltage=map(anal_val, 0, 1023, 0, 5)로 코딩하면 된다. 변환 관계는 앞서 제시하였다.

size_t Serial.print(any_type value, int format)

인수인 value에 저장된 값이나, " "로 싸여진 문자열을 시리얼 모니터로 출력하는 함수이다. format은 출력 포맷을 의미하는데 자세한 사항은 아두이노 홈페이지를 참고하기 바란다.

size_t Serial.println(any_type val, int format)

인수인 value에 저장된 값이나, " "로 싸여진 문자열을 시리얼 모니터로 출력하고, 추가로 줄바꿈을 출력하는 함수이다.

〈표 9.2〉 ADC 및 시리얼 출력 함수

int analogRead(uint8_t pin)		
Arduino.h	아날로그 입력 함수	• pin: 아날로그 연결핀 번호 • return값: 0~1023(입력 0~5V에 비례)
long map(long val, long fromLow, long fromHigh, long toLow, long toHigh)		
Arduino.h	범위 매핑 함수	• val: 측정값 (fromLow ~ fromHigh) • fromLow: 측정값이 가질 수 있는 최솟값 • fromHigh: 측정값이 가질 수 있는 최댓값 • toLow: 변환된 범위에서의 최솟값 • toHgh: 변환된 범위에서의 최댓값 • return 값: val의 변환값(toLow~toHigh)
size_t Serial.print(any_type value, int format) **size_t Serial.println(any_type value, int format): Serial.print의 기능 처리 후 줄바꿈 추가 처리**		
HardwareSerial.h	시리얼 출력 함수	• value: 출력 문자열 • format(optional): 출력 포맷 • return 값: 출력한 문자열 개수

작품 알고리즘 고민하고 순서도 그리기 [FC091]

[그림 9.7]처럼 가변저항 연결핀을 입력으로 할당하고, 보레이트를 9600bps로 설정한다. 아날로그 입력값(범위 0~1023)을 읽고 map() 함수를 이용해 전압값(범위 0~500)으로 매핑한 후에 실수형으로 형을 변환하기 위해 100.0으로 나눈다. 매핑되는 전압값의 범위를 0~5로 하면 측정값의 정확도가 떨어지므로 이렇게 처리한다.

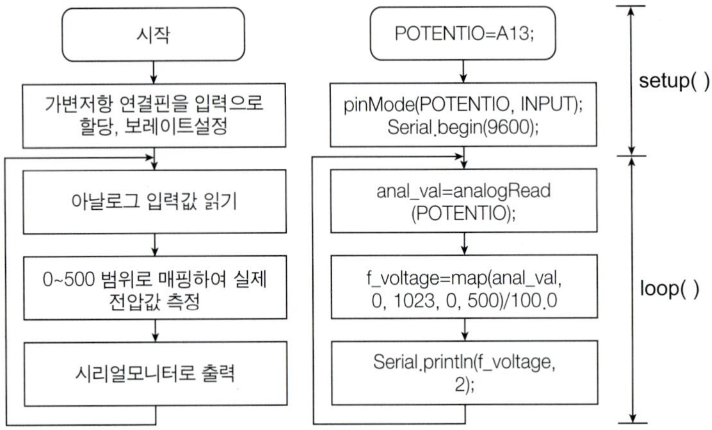

[그림 9.7] 알고리즘 순서도(디지털 전압계)

작품의 스케치 프로그래밍 하기 [P091MEGA]

```
const int POTENTIO=A13;                      // 가변저항은 A13 포트 연결

void setup(){
  pinMode(POTENTIO, INPUT);                  // 가변저항은 입력
  Serial.begin(9600);                        // 시리얼 통신 속도 9600bps로 설정
}

void loop(){
  int anal_val, voltage;
  float f_voltage;
  anal_val = analogRead(POTENTIO);           // 입력된 아날로그 측정값(0~1023)
  voltage = map(anal_val, 0, 1023, 0, 500); // 변환된 전압 값 (0 ~ 500)
  f_voltage = voltage/100.0;                 // 실제 전압값
  Serial.print("Value = ");                  // 시리얼 모니터 출력
```

```
    Serial.print(anal_val, DEC);          // 아날로그 값 시리얼 모니터 출력
    Serial.print("\tVoltage = ");         // 시리얼 모니터 출력
    Serial.println(f_voltage, 2);         // 실제 전압값을 소수점
                                          // 2자리로 시리얼 모니터 출력
    Serial.println("(V)");                // 시리얼 모니터 출력+줄바꿈
  }
```

아두이노 동작시키기

아두이노가 연결된 상태에서 스케치 프로그램을 업로드한다.

[P091]의 실행 결과가 **[그림 9.8]**에 나타나 있다. 먼저, 0V에서 5V까지의 범위로 입력된 아날로그 값이 0~1023 범위의 디지털 값으로 변환되어 출력된다. Voltage에는 원래의 입력 전압값이 출력된다. 앞서 제시한 관계식에 따라 올바로 출력되는 값인지 확인해 보자. 약간의 오차는 발생할 수 있다.

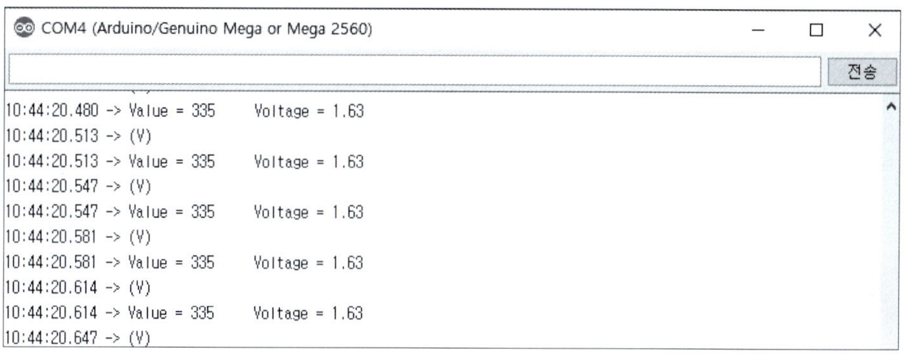

[그림 9.8] 아두이노 시리얼 모니터 실행 결과(디지털 전압계)

연습 문제

1 [P091MEGA] [P091UNO]에서 시리얼모니터에 나타나는 전압값(f_voltage)이 3V일 때, 아날로그 값(anal_val)이 얼마인지 확인하고 변환이 올바로 이루어졌는지 식을 통해 확인하라.

2 [P091MEGA] [P091UNO]에서 아날로그 값(anal_val)을 이진수/8진수/16진수로 출력하고 싶다. 어떻게 하여야 하는가?

3 [P091MEGA] [P091UNO]에서 전압 값(f_voltage)의 소수점 이하 자리수를 한 자리로 하고 싶다. 어떻게 하여야 하는가?

4 [P091MEGA] [P091UNO]에서 f_voltage는 float 선언하고, voltage는 int로 선언한 이유를 설명하라.

5 [P091MEGA] [P091UNO]를 이용해서 아두이노의 +5V 포트, GND 포트, +3.3V 포트을 찾아서 이 포트에 대한 실제 측정 아날로그 입력값과 전압을 화면에 디스플레이하라.

6 가변저항이 조절 노브에 의하여 GND 연결 위치(0Ω)부터 +5V 연결 위치(10KΩ)까지 변할 때 나타나는 전압값과 저항값을 화면에 디스플레이하는 프로그램을 작성하라. [P092MEGA] [P092UNO]

10장 컬러 LED로 탄생석 카멜레온 반지 만들기

학습 목표

- 빛의 3원색과 색의 3원색을 구분할 수 있다.
- RGB 컬러 코드를 기반으로 컬러 LED를 활용해 탄생석의 색을 표시할 수 있다.
- 공통 캐소드 컬러 LED를 이용해 회로를 구성할 수 있다.
- 배열를 이용해 데이터를 저장할 수 있다.
- for 문을 활용할 수 있다.

학습 내용

- PWM 파형
- 컬러 LED의 사용법

도구	• PC, JARDUINO-MEGA-IOT 또는 아두이노 메가 또는 아두이노 우노 • USB 케이블(A타입-μB타입), 스케치 소프트웨어, Fritzing, draw.io
부품	• 5050-RGB 컬러 LED, 1KΩ 3개
함수	• analogWrite( )
프로그램	• [P101], [P102], [P103]

대표 회로도

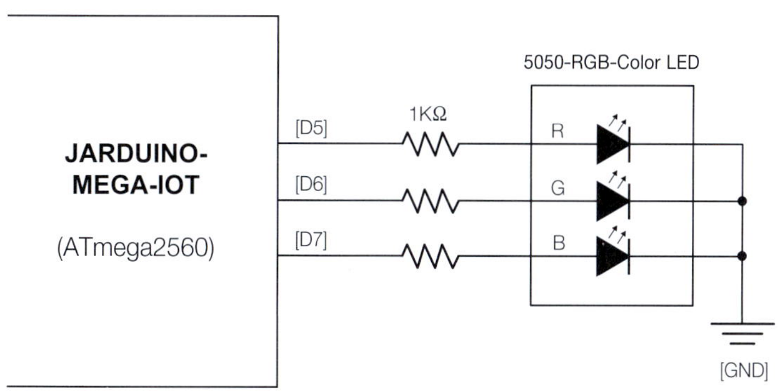

[그림 10.1] 대표 회로도(탄생석 카멜레온 반지)

이론 이해하기 [빛의 3원색, 색의 3원색]

빛(빛 자체 색)과 색(빛이 물질에 반사되는 색)은 다른 개념이다. 3원색이라는 용어도 빛의 경우와 색의 경우가 **[그림 10.2]**처럼 다르게 나타난다.

좌측 그림처럼 빛이 없으면 완전한 암흑(R=0, G=0, B=0)이다. 명도가 가장 어두운 적색 빛(R=0)에서 부터 명도가 가장 밝은 적색 빛(R=255)까지의 빛을 암흑에 비추게 되면 점차로 밝아지면서 적색 빛으로 변하게 된다. 만일 명도가 가장 밝은 R(Red: 적색=255), G(Green:녹색=255, B(Blue:청색=255)를 모두 혼합하여 암흑에 비추면 백색 빛으로 변하게 된다. RGB의 세 가지 빛의 명도를 바꾸어 가면서 혼합하면 모든 색의 빛을 만들어 낼 수 있으므로 RGB를 빛의 3원색이라고 부른다. 이는 마치 3차원 좌표계가 정해지면 공간상의 어떠한 점이라도 순서쌍 (x, y, z)으로 표시될 수 있는 것, 또는 주기율표의 모든 원소가 있으면 이 세상에 존재하는 모든 물질을 표현할 수 있는 것과 같은 이치이다. RGB는 컬러 LED(본 장에서 활용할 부품), 영상기기, 그리고 조명기기에서 발산하는 빛의 색을 결정할 때 널리 사용된다.

종이에 물감이 칠해지지 않으면 백색(C=0, M=0, Y=0)이다. 이 종이에 채도가 낮은 청록색 물감(C=0)에서 부터 채도가 가장 높은 청록색 물감(C=100)을 칠하면 점차로 선명한 청록색이 된다. 만일 채도가 가장 높은 C(Cyan:청록색=100), M(Magenta:심홍색=100), Y(Yellow:황색=100)를 모두 혼합하여 칠하면 흑색이 된다. RGB와 마찬가지로 CMY만으로 모든 색을 만들어 낼 수 있으므로 CMY를 색의 3원색이라고 하며, 조색의 편의를 위한 K(blacK:흑색)를 포함하여 CMYK로 표현한다. CMYK는 물감이나 프린터처럼 종이에 색을 표현할 때 활용된다. 아마도 여러분의 가정에 있는 컬러 프린터의 토너는 CMYK의 4가지 색을 설치하게 되어 있을 것이다.

주의해야 할 것이 있다. 본 장에서는 컬러 LED를 이용해 실습을 수행하므로 RGB가 중요하다. 미술 학도들에게는 CMY가 더 중요하다.

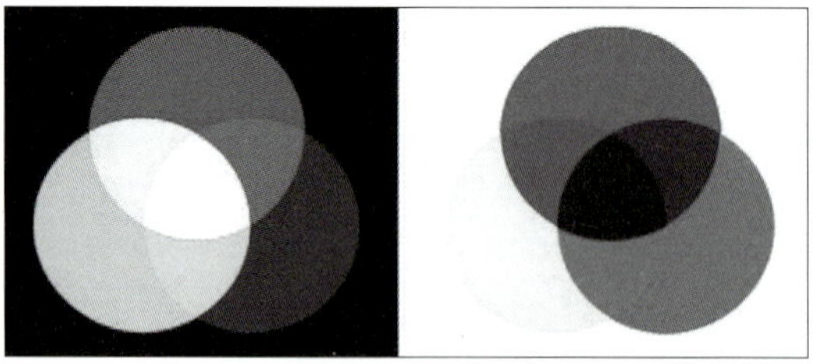

[그림 10.2] 빛의 3원색과 색의 3원색

이론 이해하기 [RGB 컬러 코드와 탄생석]

RGB 컬러코드(=색상표)는 **[그림 10.3]**처럼 임의의 색상을 (R, G, B) 순서의 3Byte 숫자로 표시한 것이다. 각 색상마다 가장 명도가 높은 빛을 255(16진수로 0×ff)로, 가장 명도가 낮은 빛을 0(16진수로 0×00)으로 표시한다. 이를 RGB 순서에 따라 16진수로 표시하면 명도가 가장 높은 순수한 적색은 0xff0000, 명도가 가장 높은 순수한 녹색은 0x00ff00, 명도가 가장 높은 순수한 청색은 0x0000ff로 표시된다. 이론적으로는 RGB의 조합으로 10억 가지 이상의(2의 24제곱) 색상을 표현할 수 있다.

탄생석이란 보석 12개를 12월에 각각 매핑하고, 각 보석의 의미를 부여하여, 그 달에 태어난 사람이 그 보석을 지니면 행운이 온다고 여기는 일종의 유행으로, 최근에는 여러 가지 캐릭터에 탄생석을 매핑하여 상업적 수단에 활용하기도 한다. 대륙마다 탄생석의 배열이 약간 다르기는 하지만 **[그림 10.4]**의 배열은 동양에서 널리 쓰이는 탄생석의 배열 중 하나이다. 탄생석의 색을 컬러 코드에 매핑하면 **〈표 10.1〉**과 같이 표시된다. (단, 이것은 임의로 채취한 값이다.)

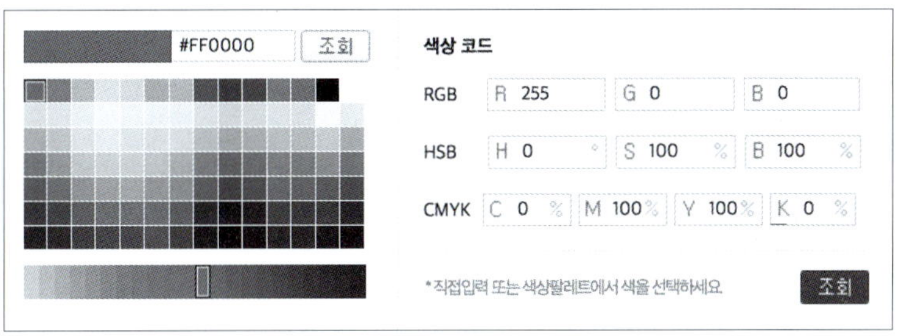

[그림 10.3] 네이버 색상 팔레트

[그림 10.4] 12가지의 탄생석

〈표 10.1〉 탄생석의 컬러 코드

월	한글 이름	R	G	B
1	가넷	254	26	27
2	자수정	179	117	180
3	아쿠아마린	211	246	251
4	다이아몬드	254	255	255
5	에메랄드	14	219	133
6	진주	246	241	237
7	루비	206	3	163
8	페리도트	167	212	31
9	사파이어	26	27	216
10	오팔	203	200	149
11	토파즈	254	198	40
12	터키석	58	197	189

부품 살펴보기 [컬러 LED]

실습에서는 빛을 발산하는 LED를 활용하므로, 빛의 3원색인 RGB에 대한 이론을 활용할 것이다. 앞서 명도를 바꾸어 가면서 RGB 3가지 빛을 혼합하면 모든 색의 빛을 만들어 낼 수 있다고 하였다. 즉, **[그림 10.5]**처럼 컬러 LED는 모든 색의 LED가 필요한 것이 아니고 단지 RGB 3개의 LED로 충분하다.

LED의 밝기(=명도)는 소모되는 에너지의 크기에 비례한다. 에너지는 전압의 크기 및 전압의 지속 시간에 비례한다. 따라서 전압의 지속 시간은 일정하게 두고, 전압의 크기를 변화시키면 LED의 밝기를 조절할 수 있다. 이를 위해서는 아날로그 출력이 가능한 포트가 필요하다. 반대로, 전압의 크기는 일정하게 두고 지속되는 시간을 조절하여 LED의 밝기를 조절 할 수도 있다. 이를 위해서는 디지털 포트로 출력되는 PWM 신호가 필요하다. 본 장에서는 이 방법을 이용할 것이다.

[그림 10.5]처럼 컬러 LED에는 총 3개의 LED가 있으므로 핀의 개수가 캐소드 3개, 애노드 3개, 총 6개이다. 이 핀 중 3개의 캐소드를 공통으로 묶은 것을 공통 캐소드(Common Cathode) LED, 3개의 애노드를 공통으로 묶은 것을 공통 애노드(Common Anode) LED 라고 한다. 이 경우 컬러 LED의 총 핀 개수는 4개로 줄어든다. 만일 공통 캐소드 LED를 사용한다면 핀 중에서 공통 캐소드 단자는 접지[GND]에, 나머지 3개의 LED별 애노드 단자는 디지털 출력에 연결하면 된다. 반대로 공통 애노드 LED를 사용한다면 핀 중에서 공통 애노드 단자는 전원[5V]에, 나머지 3개의 LED별 캐소드 단자는 디지털 출력에 연결한다. 본 실습에서는 공통 캐소드 LED를 사용할 것이다.

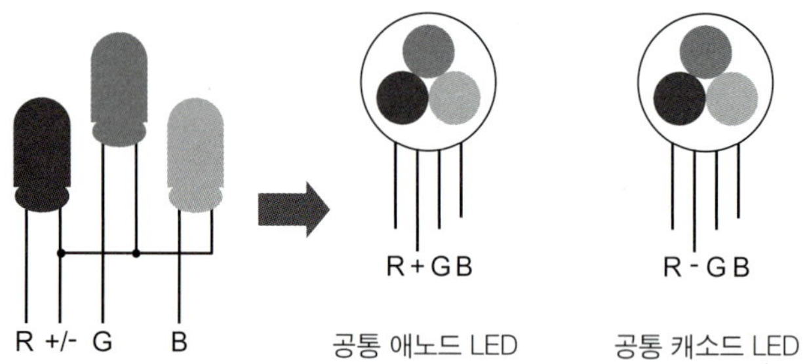

[그림 10.5] 컬러 LED의 구조

회로 구상하기 [디지털 출력 - 저항 - 컬러 LED - 접지]

PWM 파형 및 LED 구동 방식 이해하기

컬러 LED의 명도를 컬러 코드에 부합하게 256 레벨로 구동시키기 위해서는 앞서 설명한 바와 같이 PWM 디지털 출력 포트를 사용해야 한다. 디지털 출력 포트 중에서 PWM 출력 포트는 **[그림 10.6]**과 같이 사각형 펄스를 만들 수 있는데, 펄스의 주기도 조절할 수 있고 한 개의 펄스 중 HIGH 신호의 폭도 조절할 수 있다. 듀티비(Duty Cycle, %)는 [HIGH 신호 폭/전체 펄스 폭)×100]으로 정의된다. 그러므로 디지털 PWM 신호의 듀티비를 변화시키면 신호의 에너지가 조절되므로 디지털 신호로 아날로그 신호를 출력한 효과를 얻을 수 있다. 나중에 설명하겠지만 PWM 신호의 듀티비는 analogWrite() 함수를 이용하여 0/255(0)부터 255/255(1)까지 256 단계로 조절이 가능하다.

디지털 출력과 접지(전원) 사이에 컬러 LED 연결하기

만일 공통 캐소드 LED를 사용한다면 **[그림 10.7]**처럼 핀 중에서 공통 캐소드 단자는 접지[GND]에, 나머지 3개의 LED별 애노드 단자는 디지털 출력[5~7]에 연결하면 된다. 반대로 공통 애노드 LED를 사용한다면 핀 중에서 공통 애노드 단자는 전원[5V]에, 나머지 3개의 LED별 캐소드 단자는 디지털 출력[5~7]에 연결하면 된다. 저항은 전원[5V]이나 접지[GND] 쪽에 연결하지 않고, 반드시 LED별로 따로 연결해 주어야 한다. 그렇지 않으면 각 RGB LED 양단에 걸리는 전압이 같아지고, 전류가 달라지므로 RGB의 밝기가 조금씩 차이 나게 된다.

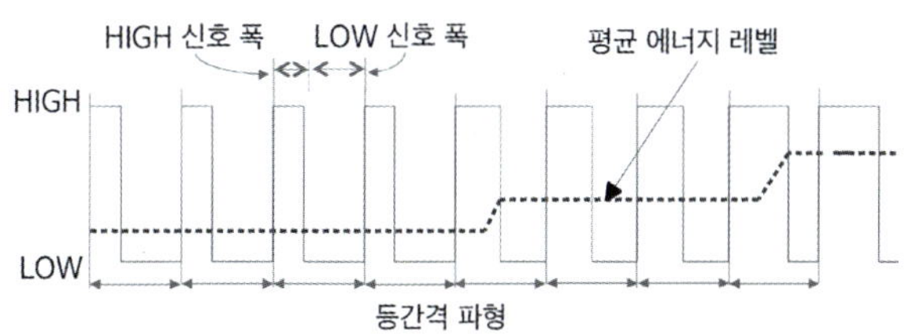

[그림 10.6] 듀티 비를 이용한 PWM 출력 제어

[그림 10.7] 컬러 LED 연결 회로

작품 목표 이해하기 [탄생석 카멜레온 반지]

- 12가지 탄생석의 색상을 1초 동안 순서대로 표현하는 카멜레온 반지를 제작한다.

작품 회로 설계하기 [디지털입출력 - 컬러 LED - 저항 - 접지]

아두이노 메가를 이용한 회로(fritzing, [F101])

[그림 10.1], [그림 10.8]과 같이 [5~7]과 [GND] 핀 사이에 저항과 LED를 직렬로 연결한다. 공통 캐소드 컬러 LED임에 유의하자. [5~7]은 논리 값 '0' (0V)과 '1' (5V)을 출력할 수 있다. 컬러 LED의 각 단자가 어떤 색상의 단자인지 확인하고 연결하자.

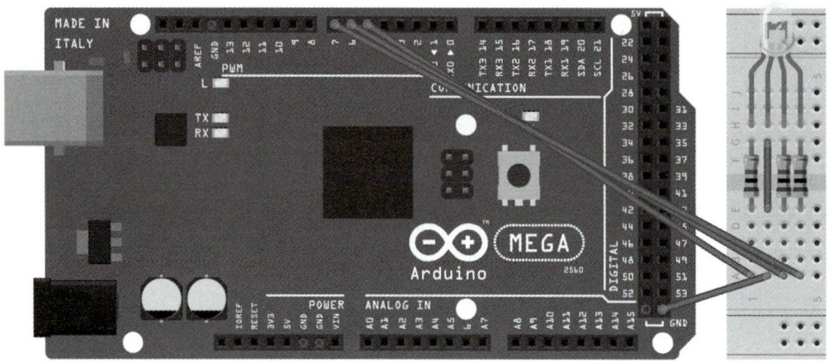

[그림 10.8] 아두이노 메가를 이용한 회로(탄생석 카멜레온 반지)

JARDUINO-MEGA-IOT에 실장된 회로

[그림 10.9]에는 JARDUINO-MEGA-IOT에 실장된 부품의 위치와 PCB 회로도가 나타나 있다. 회로 연결이 자세히 표현되지는 않았지만 부품들은 PCB 보드를 통해 연결되어 있다.

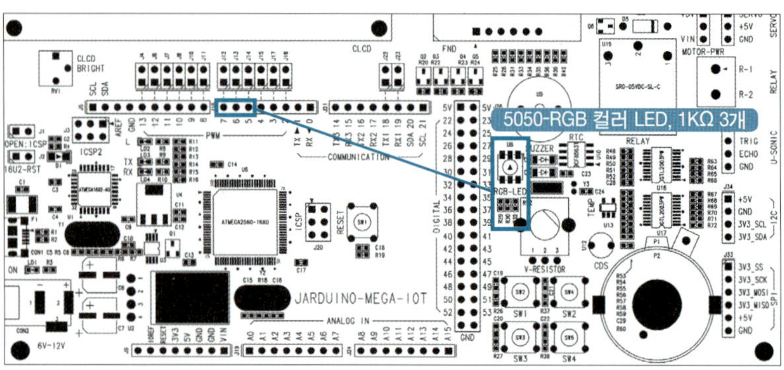

[그림 10.9] JARDUINO-MEGA-IOT의 PCB 회로도(탄생석 카멜레온 반지)

작품에 필요한 함수 이해하기 [PWM 출력 제어 함수]

void analogWrite(uint8_t pin, int value) 함수

digitalWrite(pin, value) 함수는 pin으로 지정된 디지털 포트에 0V와 5V 둘 중의 하나만을 출력하는 함수이다. 그러므로 digitalWrite() 함수로는 신호의 폭을 조절할 수 없다. 반면에 analogWrite(pin, value) 함수는 pin으로 지정된 디지털 포트(아날로그 포트가 아니다! 다시 언급하지만 아두이노의 아날로그 포트는 아날로그 출력을 내줄 수 없음을 유의하자.)에 앞서 설명한 PWM 신호를 신호폭 value로 출력할 수 있다. value가 가질 수 있는 값은 0부터 255까지이다. 예를 들어, value를 100으로 설정하였으면, HIGH 신호 폭은 100이고, LOW 신호 폭은 155(=255-100)이며, 듀티비는 100/255×100=39.2%가 된다.

〈표 10.2〉 PWM 출력 제어 함수

void analogWrite(uint8_t pin, int value)		
Arduino.h	PWM 출력 제어 함수	• pin: 핀 번호 • value : 0~255 값(0 : 0%, 255 : 100%)

작품 알고리즘 고민하고 순서도 그리기 [FC101]

[그림 10.10]의 setup() 함수에서는 pinMode(pin, mode) 함수를 이용하여 [5~7]을 출력으로 설정함으로써, 컬러 LED를 제어할 수 있게 한다. loop() 함수에서는 analogWrite(pin, value) 함수를 이용하여 [5~7]에 PWM 신호를 출력하되, value에 첫 번째 탄생석에 대한 색상별 컬러 코드를 출력한다. delay(ms) 함수를 이용하여 1초간 지연시키게 되면 컬러 LED가 1초간 켜진 상태를 유지한다. 나머지 11개의 탄생석 컬러 코드에 대해서도 같은 방법으로 코딩하면 1초마다 알록달록 변하는 탄생석 카멜레온 반지를 제작할 수 있다. 시간이 된다면 자신이 원하는 컬러를 새로 창조하여 빛나게 해보는 것도 방법이다.

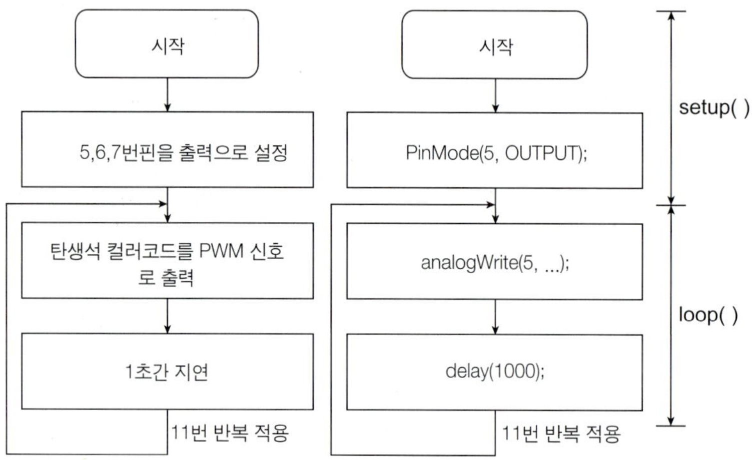

[그림 10.10] 알고리즘 순서도(탄생석 카멜레온 반지)

작품의 스케치 프로그래밍 하기 [P101]

```
#define RED_LED 5                    // 빨강색은 포트 5번
#define GREEN_LED 6                  // 녹색은 포트 6번
#define BLUE_LED 7
                                     // 파랑색은 포트 7번
void setup(){
  pinMode(RED_LED, OUTPUT);          // 5번 포트 출력 설정
  pinMode(GREEN_LED, OUTPUT);        // 6번 포트 출력 설정
  pinMode(BLUE_LED, OUTPUT);         // 7번 포트 출력 설정
}

void loop(){
  analogWrite(RED_LED, 254);         // 5번 포트 PWM 출력 듀티비 254(가넷)
  analogWrite(GREEN_LED, 26);        // 6번 포트 PWM 출력 듀티비 26(가넷)
  analogWrite(BLUE_LED, 27);         // 7번 포트 PWM 출력 듀티비 27(가넷)
  delay(1000);                       // 1초 지연

  analogWrite(RED_LED, 179);         // 5번 포트 PWM 출력 듀티비 179(자수정)
  analogWrite(GREEN_LED, 117);       // 6번 포트 PWM 출력 듀티비 117(자수정)
  analogWrite(BLUE_LED, 180);        // 7번 포트 PWM 출력 듀티비 180(자수정)
  delay(1000);                       // 1초 지연

  analogWrite(RED_LED, 211);         // 5번 포트 PWM 출력 듀티비 211(아쿠아마린)
  analogWrite(GREEN_LED, 246);       // 6번 포트 PWM 출력 듀티비 246(아쿠아마린)
  analogWrite(BLUE_LED, 251);        // 7번 포트 PWM 출력 듀티비 251(아쿠아마린)
  delay(1000);                       // 1초 지연

  analogWrite(RED_LED, 254);         // 5번 포트 PWM 출력 듀티비 254(다이아몬드)
  analogWrite(GREEN_LED, 255);       // 6번 포트 PWM 출력 듀티비 255(다이아몬드)
  analogWrite(BLUE_LED, 255);        // 7번 포트 PWM 출력 듀티비 255(다이아몬드)
  delay(1000);                       // 1초 지연

  analogWrite(RED_LED, 14);          // 5번 포트 PWM 출력 듀티비 14(에메랄드)
  analogWrite(GREEN_LED, 219);       // 6번 포트 PWM 출력 듀티비 219(에메랄드)
  analogWrite(BLUE_LED, 133);        // 7번 포트 PWM 출력 듀티비 133(에메랄드)
  delay(1000);                       // 1초 지연
```

```
    analogWrite(RED_LED, 246);          // 5번 포트 PWM 출력 듀티비 246(진주)
    analogWrite(GREEN_LED, 241);        // 6번 포트 PWM 출력 듀티비 241(진주)
    analogWrite(BLUE_LED, 237);         // 7번 포트 PWM 출력 듀티비 237(진주)
    delay(1000);                        // 1초 지연

    analogWrite(RED_LED, 206);          // 5번 포트 PWM 출력 듀티비 206(루비)
    analogWrite(GREEN_LED,  3);         // 6번 포트 PWM 출력 듀티비 3(루비)
    analogWrite(BLUE_LED, 163);         // 7번 포트 PWM 출력 듀티비 163(루비)
    delay(1000);                        // 1초 지연

    analogWrite(RED_LED, 167);          // 5번 포트 PWM 출력 듀티비 167(페리도트)
    analogWrite(GREEN_LED, 212);        // 6번 포트 PWM 출력 듀티비 212(페리도트)
    analogWrite(BLUE_LED, 31);          // 7번 포트 PWM 출력 듀티비 31(페리도트)
    delay(1000);                        // 1초 지연

    analogWrite(RED_LED, 26);           // 5번 포트 PWM 출력 듀티비 26(사파이어)
    analogWrite(GREEN_LED, 27);         // 6번 포트 PWM 출력 듀티비 27(사파이어)
    analogWrite(BLUE_LED, 216);         // 7번 포트 PWM 출력 듀티비 216(사파이어)
    delay(1000);                        // 1초 지연

    analogWrite(RED_LED, 203);          // 5번 포트 PWM 출력 듀티비 203(오팔)
    analogWrite(GREEN_LED, 200);        // 6번 포트 PWM 출력 듀티비 200(오팔)
    analogWrite(BLUE_LED, 149);         // 7번 포트 PWM 출력 듀티비 149(오팔)
    delay(1000);                        // 1초 지연

    analogWrite(RED_LED, 254);          // 5번 포트 PWM 출력 듀티비 254(토파즈)
    analogWrite(GREEN_LED, 198);        // 6번 포트 PWM 출력 듀티비 198(토파즈)
    analogWrite(BLUE_LED, 40);          // 7번 포트 PWM 출력 듀티비 40(토파즈)
    delay(1000);                        // 1초 지연

    analogWrite(RED_LED, 58);           // 5번 포트 PWM 출력 듀티비 58(터키석)
    analogWrite(GREEN_LED, 197);        // 6번 포트 PWM 출력 듀티비 197(터키석)
    analogWrite(BLUE_LED, 189);         // 7번 포트 PWM 출력 듀티비 189(터키석)
    delay(1000);                        // 1초 지연
}
```

작품의 스케치 프로그래밍 하기 [P102]: for 문 이용

```
#define RED_LED 5                                  // 빨강색은 포트 5번
#define GREEN_LED 6                                // 녹색은 포트 6번
#define BLUE_LED 7                                 // 파랑색은 포트 7번
int color[12][3]={{254, 26, 27}, {179, 117, 180},{211, 246, 251},
                 {254, 255, 255}, {14, 219, 133}, {246, 241, 237},
                 {206,  3, 163}, {167, 212, 31}, {26, 27, 216},
                 {203, 200, 149}, {254, 198, 40}, {58, 197, 189}};
                            // 12개 색상 및 각 색상의 3가지(R, G, B) 값

void setup(){
  pinMode(RED_LED, OUTPUT);                        // 5번 포트 출력 설정
  pinMode(GREEN_LED, OUTPUT);                      // 6번 포트 출력 설정
  pinMode(BLUE_LED, OUTPUT);                       // 7번 포트 출력 설정
}

void loop(){
  int i;
  for (i=0; i<12; i++){      // 12가지 탄생석 대표색을 루프를 돌면서 디스플레이
    analogWrite(RED_LED, color[i][0]);       // 12가지 탄생석의 R(Red) 값
    analogWrite(GREEN_LED, color[i][1]);     // 12가지 탄생석의 G(Green) 값
    analogWrite(BLUE_LED, color[i][2]);      // 12가지 탄생석의 B(Blue) 값
    delay(1000);                             // 1초간 디스플레이
  }
}
```

loop() 함수에 for 문을 도입하여 코드의 길이를 줄여보자. 먼저 컬러 코드는 총 12개에 대해서 RGB 3개의 값이 필요하므로 배열 color[12][3]을 선언하고 초기화 한다. 중요한 것은 배열의 첫 번째 원소는 0부터 시작한다는 것이다. 예를 들어 color[0][0]은 1월달 탄생석의 R 컬러 코드를 의미한다.

이를 for 문으로 구현하기 위해 loop() 함수에서 i를 0부터 11까지 1씩 증가시키면서, color[i][0]에는 적색, color[i][1]에는 녹색, color[i][2]에는 청색의 컬러 코드를 출력하면 된다.

아두이노 동작시키기

- 아두이노가 연결된 상태에서 스케치 프로그램을 업로드한다.

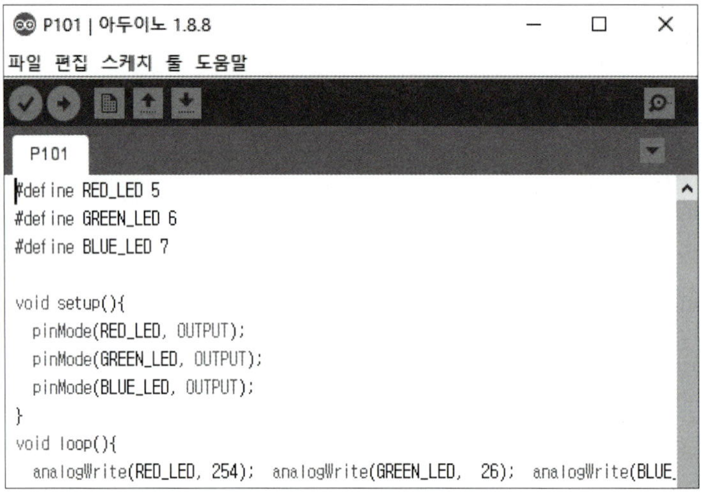

[그림 10.11] 스케치 프로그램(탄생석 카멜레온 반지)

연습 문제

1 RGB를 혼합하여 CMYK를 구성하라.

2 컬러 코드 0x123456에서 R의 십진 값, G의 십진 값, B의 십진 값은 얼마인가?

3 공통 애노드 컬러 LED를 아두이노에 연결한 회로도를 그려라.

4 본 장에서 주어진 회로에서 analogWrite(7, 127)가 실행되면

가. 출력되는 신호의 형태는?

나. 어느 포트로 신호가 출력되는가?

다. 출력 신호의 듀티비는 얼마인가?

라. 어떤 색의 LED가 켜지는가?

5 G, B 색이 0%로 고정된 상태에서, R 색상만 0%, 10%, 20%, ..., 100%로 부드럽게 변화시키고, 이 과정과 비슷하게, 고정 색이 B, R일 때는 G를 변화시키고, 고정색이 R, G일 때는 B를 변화시키는 프로그램을 작성하라. [P103]

11장 FND로 엘리베이터 층수 표시하기

학습 목표

- 1－Digit FND의 구조를 이해하고 핀 번호와 세그먼트를 매칭시킬 수 있다.
- 공통 캐소드 FND 회로를 구성하고 숫자를 표시할 수 있다.

학습 내용

- FND의 동작 원리

도구	• PC, JARDUINO－MEGA－IOT 또는 아두이노 메가 또는 아두이노 우노 • USB 케이블(A타입－μB타입), 스케치 소프트웨어, Fritzing, draw.io
부품	• WCN4－0036SR－C11 FND(WCN4－0036SR－C11.pdf), PMBT2222A (PMBT2222A.pdf) 트랜지스터 4개, 1KΩ 4개, 250Ω 8개
함수	
프로그램	• [P111MEGA], [P111UNO], [P112MEGA], [P112UNO][P113MEGA], [P113UNO]

대표 회로도

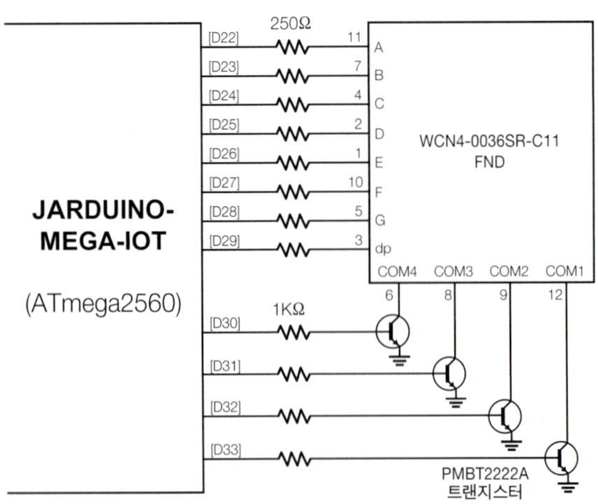

[그림 11.1] 대표 회로도(엘리베이터 FND)

이론 이해하기 [FND의 이해]

FND는 Flexible Numeric Display(가변 숫자 표시기)의 약어로, 7-Segment LED 혹은 7-Segment Display라고 부르기도 한다. FND는 **[그림 11.2]**처럼 길이가 긴 7개의 LED(도트를 포함하면 총 8개)가 숫자를 표시하는 각 부분에 배치되어 있어 0부터 9까지의 숫자를 표시할 수 있다.

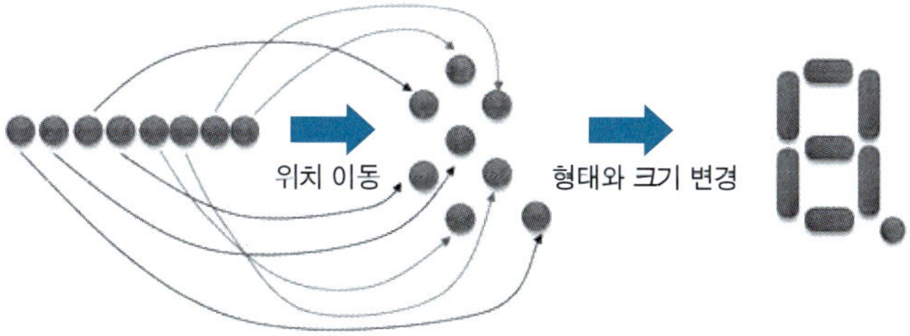

[그림 11.2] FND의 구조

보통 FND는 **[그림 11.3]**과 같이 1개에서 여러개의 숫자를 연속해서 배치한 형태가 일반적이며, 응용 분야로는 전자 시계, 엘리베이터 표시기, 임베디드 제품 상태 표시기 등 여러 가지가 있다.

[그림 11.3] FND의 형태

FND는 공통 애노드 타입과 공통 캐소드 타입이 있는데 **[그림 11.4]**에서 확인할 수 있는 것처럼, 8개의 LED가 전원(VCC, 5V)과 디지털 포트 사이를 연결하면 공통 애노드 타입, 접지와 디지털 포트 사이를 연결하면 공통 캐소드 타입이다.

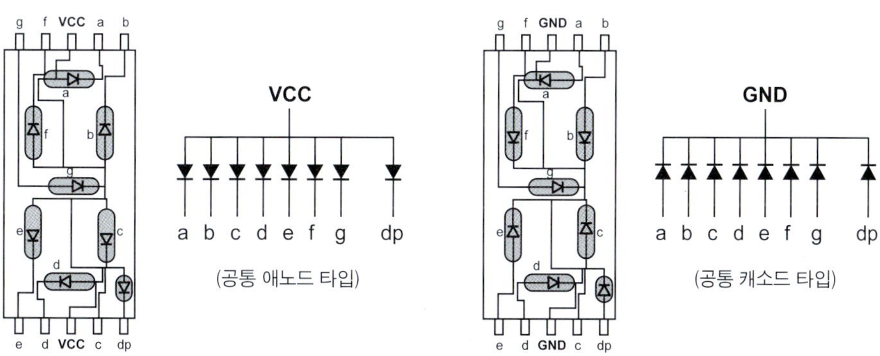

[그림 11.4] FND의 종류

부품 살펴보기 [4-Digit FND(WCN4-0036SR-C11)]

4-Digit FND의 모습이 **[그림 11.5]**에 나타나 있다. 핀 번호 순서는 좌 하단부터 시작하여, 좌 상단으로 끝난다. 세그먼트(A, B, C, D, E, F, G)핀 7개, 도트(DP)핀 1개, 그리고 Common핀 4개(COM1~COM4, 공통 애노드이면 [5V]에 연결, 공통 캐소드이면 [GND]에 연결) 등, 총 12개의 핀이 있다. 내부 LED와 핀 번호와의 연결(DP-3, G-5, F-10, E-1, D-2, C-4, B-7, A-11)을 이해하여야 회로 구성이 가능함을 알아두자. FND는 좌측부터 DIG1, DIG2, DIG3, DIG4이다. 그림에서 각 FND는 8개의 세그먼트 핀을 공유하고 있음에 주의하자. 이런 이유로 한순간에는 4개의 FND 중 하나만을 동작시킬 수 있다. **[그림 11.5]**를 보고 16진수 0부터 F까지의 숫자를 FND에 표시하기 위한 비트 세팅을 수행할 수 있어야 한다. 예를 들어 0을 표시하려면 A, B, C, D, E, F가 ON되고 G와 DP는 OFF되어야 한다. 이와 같은 방식으로 값을 세팅한 표가 **〈표 11.1〉**에 제시되어 있다. 각자 확인해 보자!

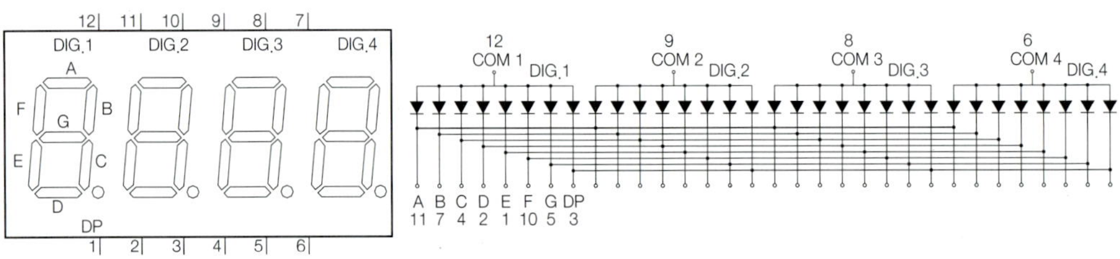

[그림 11.5] 4-Digit FND의 내부 구조

〈표 11.1〉 16진수를 표현하기 위한 FND의 비트 값

16 진수	7-세그먼트의 비트 값(핀 번호)								데이터 값 (HEX)
	DP(3)	G(5)	F(10)	E(1)	D(2)	C(4)	B(7)	A(11)	
0	0	0	1	1	1	1	1	1	0×3F
1	0	0	0	0	0	1	1	0	0×06
2	0	1	0	1	1	0	1	1	0×5B
3	0	1	0	0	1	1	1	1	0×4F
4	0	1	1	0	0	1	1	0	0×66
5	0	1	1	0	1	1	0	1	0×6D
6	0	1	1	1	1	1	0	1	0×7D
7	0	0	1	0	0	1	1	1	0×27
8	0	1	1	1	1	1	1	1	0×7F
9	0	1	1	0	1	1	1	1	0×6F
A	0	1	1	1	0	1	1	1	0×77
B(b)	0	1	1	1	1	1	0	0	0×7C
C	0	0	1	1	1	0	0	1	0×39
D(d)	0	1	0	1	1	1	1	0	0×5E
E	0	1	1	1	1	0	0	1	0×79
F	0	1	1	1	0	0	0	1	0×71

회로 구상하기 [디지털 출력 - 저항 - FND - 접지]

[그림 11.6]에는 1-Digit FND 회로를 구성한 예가 나타나 있다. 4개의 digit를 한꺼번에 연결하는 방법은 다음에 논의될 것이다. 사실 FND는 LED 8개(A, B, C, D, E, F, G, DP)를 늘어놓은 것에 지나지 않는다. 공통 애노드일 경우는 LED 8개의 애노드를 묶어 COM4 핀에 연결시키고, 8개의 캐소드는 별도의 핀으로 각각 뽑아내었을 뿐이고, 공통 캐소드일 경우는 LED 8개의 캐소드를 묶어 COM4 핀으로 연결시키고, 8개의 애노드는 각각 별도의 핀으로 뽑아내었을 뿐이다. 결국 LED를 연결할 때와 동일하게 FND의 8개 LED를 8개 저항(250Ω)과 직렬로 연결되도록 회로를 꾸미면 된다. 또한, 공통 캐소드일 때는 COM4 핀을 아두이노의 [GND] 포트에 연결하고, 공통 애노드일 때는 COM4 핀을 아두이노의 [5V] 포트에 연결하면 된다.

만일 공통 캐소드로 연결된 회로의 LED 세그먼트를 ON 시키려면 아두이노의 디지털 포트([22]~[29])에 HIGH를 출력시키면 되고, OFF 시키려면 LOW를 출력시키면 된다. 공통 애노드의 경우에는 반대로 하면 된다. 만일 사용하고 있는 아두이노가 메가가 아니라면 디지털 출력([22]~[29])은 보드에 맞게 다른 포트를 선택하도록 한다.

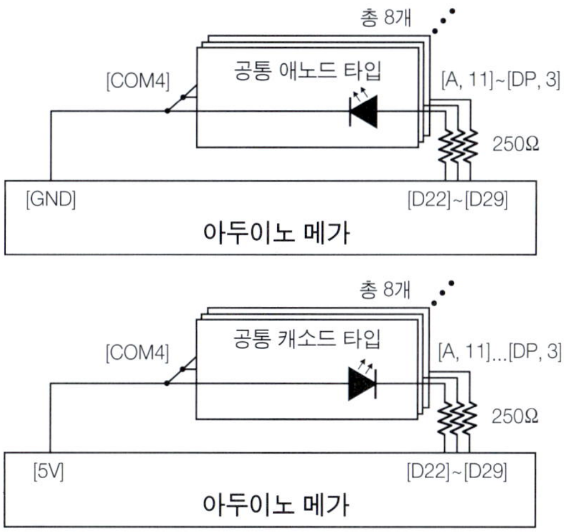

[그림 11.6] FND 회로의 구성

작품 목표 이해하기 [FND로 엘리베이터 층수 표시하기]

가장 오른쪽의 FND에 0부터 9까지를 순환으로 1초마다 숫자 하나를 출력하는 프로그램을 작성하여 엘리베이터 층수를 표시하라.

작품 회로 설계하기 [디지털출력 - 저항 - FND - 접지]

아두이노 메가를 이용한 회로(fritzing, [F111])

[그림 11.1], [그림 11.7]과 같이 아두이노 메가와 4-Digit FND를 차근차근 연결한다.

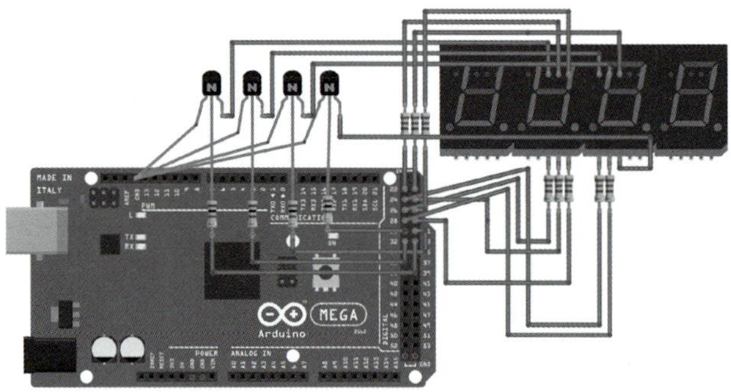

[그림 11.7] 아두이노 메가를 이용한 회로(엘리베이터 FND)

JARDUINO-MEGA-IOT에 실장된 회로

[그림 11.8]에는 JARDUINO-MEGA-IOT에 실장된 부품의 위치와 PCB 회로도가 나타나 있다. 회로 연결이 자세히 표현되지는 않았지만 부품들은 PCB 보드를 통해 연결되어 있다.

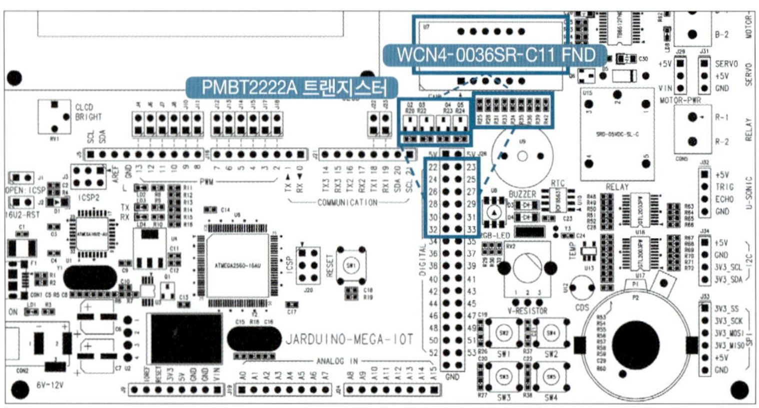

[그림 11.8] JARDUINO-MEGA-IOT의 PCB 회로도(엘리베이터 FND)

작품 알고리즘 고민하고 순서도 그리기[FC111]

[그림 11.9]의 setup() 함수에서는 pinMode(pin, mode) 함수를 이용하여 12개의 디지털 포트를 출력으로 설정한다. 이중 8개는 FND의 세그먼트를 켜고 끄는데 사용하고, 4개는 4-Digit FND의 각 자리수를 구동하는 포트로 사용한다.

8개의 디지털 포트에는 숫자 0부터 9까지 차례대로 출력시킨다. 출력 시에는 〈표 11.1〉에 제시된 7-세그먼트의 비트 값을 참고한다. 트랜지스터 구동용 포트 중 COM4가 연결된 트랜지스터의 베이스에 연결된 포트만 HIGH('1')를 출력하여 트랜지스터를 ON 시킴으로써 FND의 COM4 핀이 접지로 연결될 수 있도록 하고, COM1~COM3에 연결된 각 트랜지스터의 베이스에 연결된 3개의 포트는 LOW('0')를 출력하여 트랜지스터를 OFF 시킴으로써 해당 Digit를 OFF 시킨다. 이후에는 숫자를 1초간 표시하기 위해 지연시킨다.

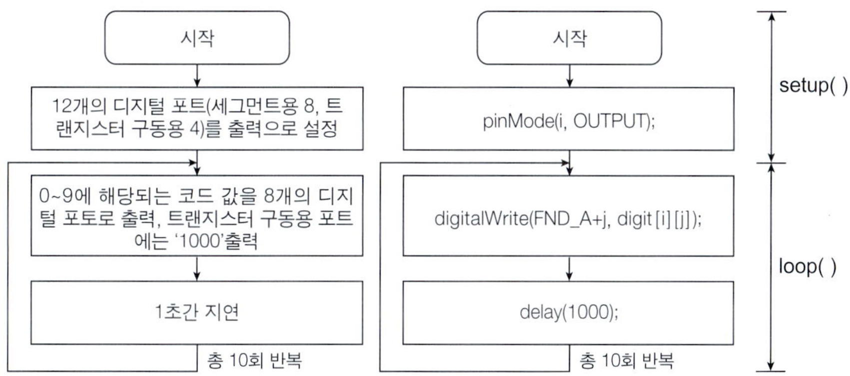

[그림 11.9] 알고리즘 순서도(엘리베이터 FND)

작품의 스케치 프로그래밍 하기 [P111MEGA]

```
#define FND_A 22                    // FND_A에 [22] 핀 할당
#define FND_COM 33                  // FND_COM1에 [33] 핀 할당
#define DIGIT 10                    // 10개 숫자

void setup(){
  int i;
  for(i=FND_A; i<=FND_COM; i++)  // 핀번호가 연속적으로 할당되어 있으므로 가능
    pinMode(i, OUTPUT);             // [22]~[33]까지 모두 출력으로 세팅
}
```

```
void loop(){
  int i, j;
  int digit[DIGIT][FND_COM-FND_A+1]={
      {1, 1, 1, 1, 1, 1, 0, 0, 1, 0, 0, 0},      //세그먼트 비트 값(숫자 0)
      {0, 1, 1, 0, 0, 0, 0, 0, 1, 0, 0, 0},      //세그먼트 비트 값(숫자 1)
      {1, 1, 0, 1, 1, 0, 1, 0, 1, 0, 0, 0},      //세그먼트 비트 값(숫자 2)
      {1, 1, 1, 1, 0, 0, 1, 0, 1, 0, 0, 0},      //세그먼트 비트 값(숫자 3)
      {0, 1, 1, 0, 0, 1, 1, 0, 1, 0, 0, 0},      //세그먼트 비트 값(숫자 4)
      {1, 0, 1, 1, 0, 1, 1, 0, 1, 0, 0, 0},      //세그먼트 비트 값(숫자 5)
      {1, 0, 1, 1, 1, 1, 1, 0, 1, 0, 0, 0},      //세그먼트 비트 값(숫자 6)
      {1, 1, 1, 0, 0, 0, 0, 0, 1, 0, 0, 0},      //세그먼트 비트 값(숫자 7)
      {1, 1, 1, 1, 1, 1, 1, 0, 1, 0, 0, 0},      //세그먼트 비트 값(숫자 8)
      {1, 1, 1, 0, 0, 1, 1, 0, 1, 0, 0, 0}       //세그먼트 비트 값(숫자 9)
  }; // 0~9 숫자(10개)를 표현하기 위한 개별 포트(8개+4개) 값
  for (i=0; i<DIGIT; i++) {                   // 숫자가 10개 이므로 10번 루프
    for (j=0; j<=FND_COM-FND_A+1; j++) {    // 숫자 1개 디스플레이
      digitalWrite(FND_A+j, digit[i][j]);   // 각 핀에 대응되는 1, 0 값을 Write
    }
    delay(1000);                     // 한 숫자가 디스플레이될 때마다 1초 동안 지속
  }
}
```

FND_A 세그먼트 핀부터 FND_DP 세그먼트 핀까지는 순서대로 아두이노의 22번부터 29번까지의 디지털 핀에 연결하고, FND_COM4부터 FND_COM1 핀까지는 순서대로 아두이노의 30번부터 33번까지의 디지털 핀에 연결하여야 하므로 #define 문을 이용하여 그렇게 선언한다. FND에 표시해야 할 숫자는 0부터 9까지 총 10개이므로, DIGIT는 10으로 선언한다.

setup() 함수에서는 아두이노의 22번부터 33번까지 디지털 핀을 출력으로 설정하는데, 코딩의 편의를 위해 for 문을 사용하였다.

loop() 함수에서는 먼저 배열 digit를 선언하고 숫자 0부터 9까지 10개에 해당하는 숫자의 세그먼트 비트 값을 초기화한다. 초기화시 DP는 0으로, COM4는 1로, COM3~COM1은 0으로 설정한다. 즉, FND의 4번째 digit만을 활성화한 것이다. 이후 for 문을 활용하여 모든 숫자에 대한 세그먼트 비트 값을 반복적으로 아두이노의 해당 디지털 포트로 출력해주면 된다. 일단 하나의 숫자가 표시되면 1초 동안 시간 지연을 주어 숫자의 변화가 감지될 수 있게 한다.

아두이노 동작시키기

- 아두이노가 연결된 상태에서 스케치 프로그램을 업로드한다.

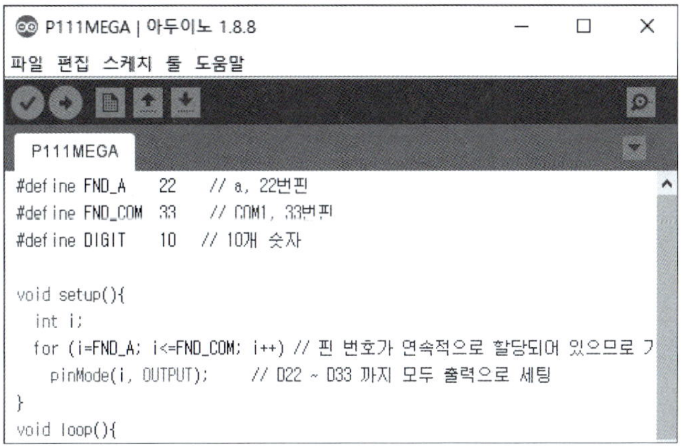

[그림 11.10] 스케치 프로그램(엘리베이터 FND)

연습 문제

1 FND에서 8개의 LED가 전원과 디지털 포트 사이를 연결하면 공통 (   ) 타입, 접지와 디지털 포트 사이를 연결하면 공통 (   ) 타입이다.

2 4-Digit FND는 각 FND가 8개의 세그먼트 핀을 공유하고 있다. 그러므로 특정 순간에는 4개의 FND중 (   )개만을 동작시킬 수 있다.

3 16진수 0부터 F까지의 숫자를 FND에 표시하기 위한 비트 세팅을 직접 수행하라.

4 FND의 가장 오른쪽 한 개의 digit을 이용하여 숫자 7을 디스플레이하라. [P112MEGA] [P112UNO]

5 FND의 가장 왼쪽 한 개의 digit을 이용하여 숫자 0을 디스플레이하라. [P113MEGA] [P113UNO]

12장

FND로 시한폭탄 카운트다운 계수기 만들기

학습 목표
- 4-Digit FND의 구조를 이해하고, 회로를 구성할 수 있다.
- BJT의 용도를 이해하고 스위치 회로를 구성할 수 있다.

학습 내용
- 트랜지스터를 전자 스위치로 활용하는 방법
- 상태 개념 및 상태도를 이용한 설계 방법

도구
- PC, JARDUINO-MEGA-IOT 또는 아두이노 메가 또는 아두이노 우노
- USB 케이블(A타입-μB타입), 스케치 소프트웨어, Fritzing, draw.io

부품
- WCN4-0036SR-C11 FND, TS-1005-5MM 택타일스위치 2개, 0.1uF 2개
- PMBT2222A 트랜지스터 4개, 1KΩ 4개, 250Ω 8개, 10KΩ 2개

프로그램
- [P121MEGA], [P121UNO], [P122MEGA], [P122UNO]

대표 회로도

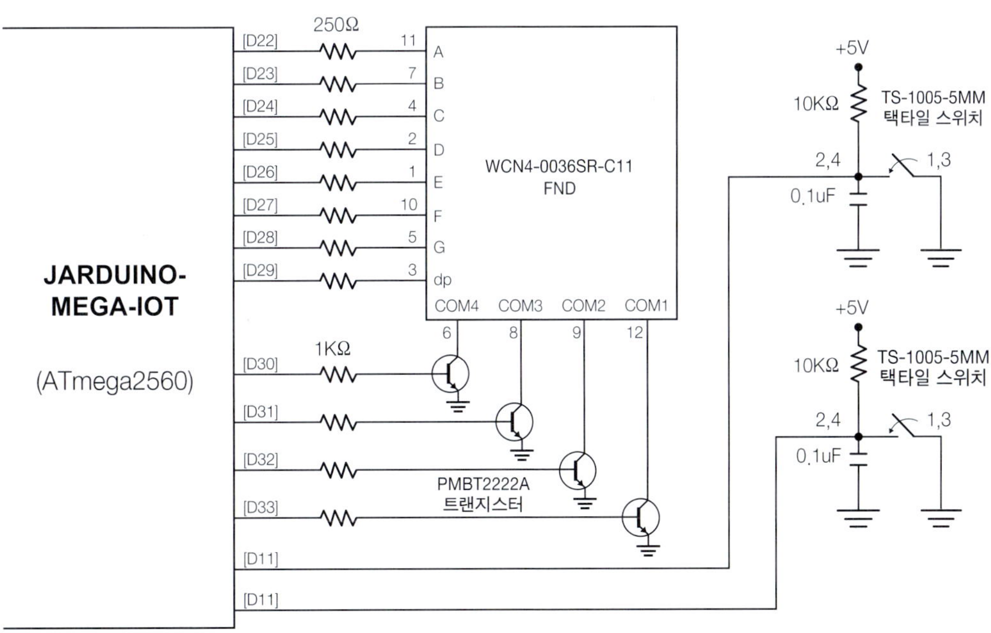

[그림 12.1] 대표 회로도(시한폭탄 카운트다운 계수기)

이론 이해하기 [트랜지스터의 이해]

트랜지스터는 바이폴라 접합 트랜지스터(BJT: Bipolar Junction Transistor), 금속-산화물-반도체 전계 효과 트랜지스터(MOSFET: Metal Oxide Semiconductor Field Effect Transistor) 등이 있다. BJT는 큰 부품으로 주로 생산되고, MOSFET은 집적회로에 주로 사용되지만 절대적인 것은 아니다. **[그림 12.2]**에는 트랜지스터의 사진이 나와 있는데, 원이나 반원 형태인 것이 BJT이고, 납작한 사각형 형태인 것이 MOSFET이다. 여기서는 BJT만 다루도록 한다. BJT는 단자가 3개인데, 스위치의 역할을 하는 핀이 B(Base, 베이스, 중앙 핀)이고 연결로의 역할을 하는 핀이 E(Emitter, 에미터, 한쪽 끝 핀)와 C(Collector, 콜렉터, 다른 한쪽 끝 핀)이다. 실습에서 널리 쓰이는 BJT는 납작한 면을 정면에서 보았을 때 좌측에서 우측으로 E→B→C 순으로 되어 있는 것이 일반적이다. 경우에 따라 핀 배치가 다른 경우가 있으니 데이터 시트를 통해 핀 배치를 확인하고 사용하도록 하자.

[그림 12.2]에는 E, B, C의 세 단자가 그려진 BJT의 기호가 나타나 있다. 다음의 내용을 그림과 함께 이해해 보자. 이 그림만 잘 이해하면 BJT의 대부분을 이해하는 것이다. 절대 암기할 필요가 없다. 이해하자.

- 화살표가 B 단자를 찌르는 형태이면 pnp BJT("찌르면 p난다!")이고, B 단자에서 나가는 형태이면 npn BJT(더 많이 사용됨)이다. 화살표의 시작은 언제나 P이고 끝은 언제나 n이다.
- 가능한 위쪽이 고전위, 아래쪽이 저전위가 되도록 그린다.
- 화살표는 언제나 B와 E사이에 그려져 있고, 전류의 방향을 의미한다. 따라서 위쪽이 고전위임을 감안한다면, 항상 위에서 아래쪽으로 그리는 것이 좋다. 전류는 위에서 아래로 흐르는 것이 자연스럽다.
- pnp는 E(1.00배)에서 전류가 흘러 들어와 B(0.01배)와 C(0.99배)로 나눠져 흘러나가고, npn은 B(0.01배)와 C(0.99배)에서 전류가 흘러 들어와 합쳐져 E(1.00배)로 흘러 나간다. (단, 괄호 안에 표기된 배율은 편의상 선정된 배율이며 BJT의 종류에 따라 값이 다르다.)

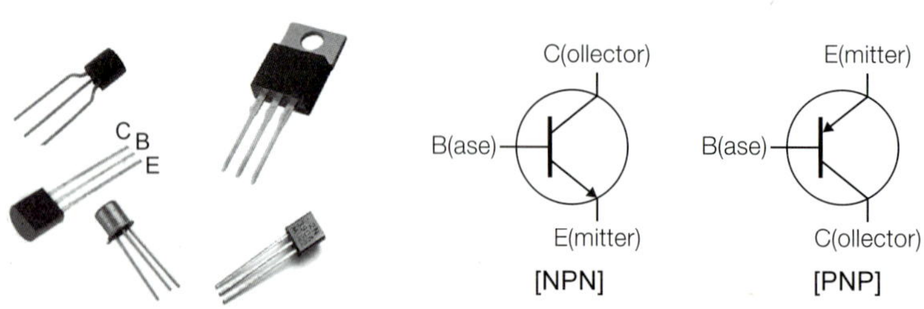

[그림 12.2] 트랜지스터 및 BJT 기호

부품 살펴보기 [npn 스위칭 BJT: PMBT2222A]

지금부터의 모든 설명은 BJT의 해석에만 적용되는 설명이다. 집적회로에 주로 사용되는 MOSFET은 다른 해석이 적용되므로 주의하여야 한다.

[그림 12.3]은 앞서 이론에서 설명한 네 가지 조건에 맞게 가장 기초적인 스위칭 회로를 그려놓은 것이며, 4가지 중 하나로 동작한다. 즉, 항상 위쪽이 고전위가 되도록, 화살표는 아래로 향하도록 그려야 하므로 pnp의 경우에는 위쪽이 E, npn의 경우에는 아래쪽이 E이다. 일반적으로 BJT는 화살표가 있는 B와 E사이의 전위(V_{BE}(npn) 또는 V_{EB}(pnp))가 0.7V보다 크면 ON(쇼트), 작으면 OFF(오픈)가 된다. V_{BC}를 위한 전위차 조건도 필요하지만 여기서는 항상 만족한다고 가정한다. ON 즉, 쇼트가 된다는 의미는 C와 E가 중간에 어떠한 저항 값도 없이 직접 연결된다는 의미이다. (엄밀하게 말하면 0.2~0.3V 정도의 전위차가 존재하지만 디지털 회로에서는 0으로 간주해도 무방하다.) 결국 C와 E가 같은 전위가 된다. 반대로 OFF 즉, 오픈 된다는 의미는 C와 E가 중간에 끊긴다는 의미이다. C와 E사이가 무한대 저항으로 연결되어 있다고 생각할 수도 있다. 지금까지 설명한 사실을 잘 이해하면 아래 그림의 모든 경우가 손쉽게 이해될 것이다. 여기서 BJT의 동작을 결정하는 B, C, E의 DC 전압을 바이어스라고 부르기도 한다.

PMBT2222A는 BJT의 형태로 제작된 SMD 타입 npn 트랜지스터이며, 스위칭 소자로 많이 사용된다. 이제 PMBT2222A가 스위칭 소자라는 의미를 **[그림 12.3]**의 오른쪽 npn 그림을 참조하여 설명해 보자. 예를 들어 B에 5V를 인가하면 E와 C가 붙게(쇼트, ON) 된다. 반대로 B에 0V를 인가하면 E와 C가 떨어지게(오픈, OFF) 된다. 따라서 B에 인가되는 전압에 따라 C-E가 붙기도, 떨어지기도 하므로 스위치의 역할을 한다는 것을 알 수 있다. 브레드보드 상에 구현할 때는 리드 타입의 BJT인 MPS2222A와 같은 대체 부품을 사용하는 것이 좋다.

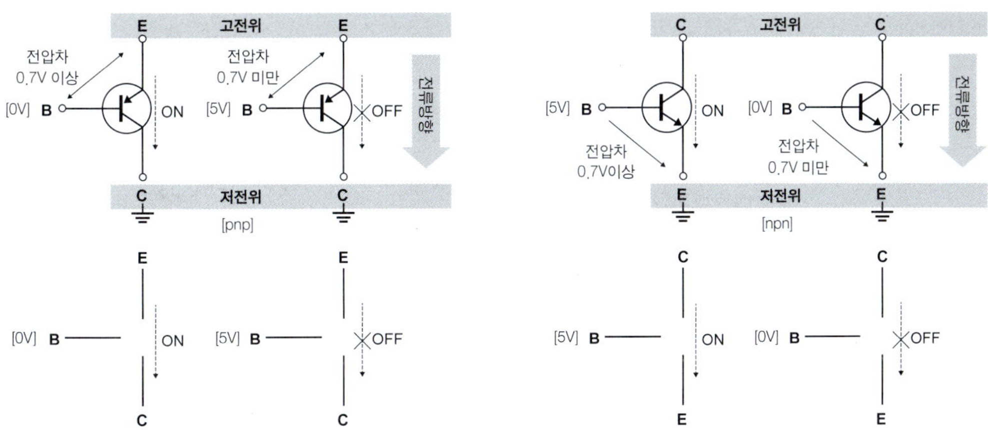

[그림 12.3] 스위칭 소자의 ON/OFF 원리

회로 구상하기 [디지털출력 - 저항 - FND - 트랜지스터 - 접지]

4-Digit FND는 **[그림 12.4]**처럼 4개의 FND마다 설치된 세그먼트 핀(8개)이 아두이노의 디지털 포트를 공유하는 형태로 되어 있다. 그러므로 동일한 숫자를 함께 디스플레이하는 특수한 경우를 제외하면 한 순간에는 오직 하나의 FND에만 숫자를 표시할 수 있다. 즉, 4개의 FND에 각각 다른 형태의 글자나 모양을 동시에 표시할 수 없는 문제가 발생한다. 이것을 해결하는 방법은 4-Digit FND의 각 FND를 한 개씩만 빠르게 돌아가면서 디스플레이하는 것이다. 이렇게 하면 눈의 잔상효과 때문에 모든 FND가 동시에 디스플레이되는 것처럼 보이게 된다. 눈에 잔상이 남아 있는 시간은 약 1/30초(33ms) 정도로 알려져 있으므로, 눈이 4개의 FND가 모두 동시에 디스플레이하는 것처럼 느끼려면, 각 FND를 하나씩 차례로 디스플레이하는데 걸리는 총 시간은 33ms 이내여야 하고, 이것이 반복적(1초당 30번 이상)으로 실행되어야 한다. 사실, TV를 포함하여 우리가 알고 있는 상당 수의 디스플레이 기기는 이러한 잔상효과를 이용하고 있다.

FND를 선택하는 COM핀(COM4~COM1)은 아두이노의 BJT 구동용 포트 4개([30~33])와 각각 연결한다. 4개의 FND에 숫자를 표시하기 위해, 아두이노의 구동용 포트를 가장 왼쪽부터 순서대로 하나씩 활성화시키며, 활성화된 FND에 원하는 숫자를 디스플레이 하도록 한다. 잔상효과를 위해 전체 FND를 디스플레이하는 시간이 약 33ms 이하이어야 하므로 각 FND 당 디스플레이 시간은 약 8ms 이하로 해야 한다.

4-Digit FND의 12개 핀 중, LED 세그먼트를 위한 8개의 핀을 제외하면 남는 4개의 핀이 바로 COM핀(COM1/12번 핀, COM2/9번 핀, COM3/8번 핀, COM4/4번 핀)이다. BJT의 C를 COM핀(공통 캐소드 FND)에 연결하고, E는 [GND]에 연결한다. B에는 아두이노의 BJT 구동용 포트([30~33])를 연결한다. BJT 구동용 포트가 HIGH 출력을 내주면 BJT가 ON되어 COM핀과 [GND]가 직접 연결되므로 해당 FND를 구동할 수 있다. 예를 들어, 4번째 Digit만 활성화하려면 [30]에 HIGH를 출력시키고 나머지 [31~33]에는 LOW를 시키면 된다.

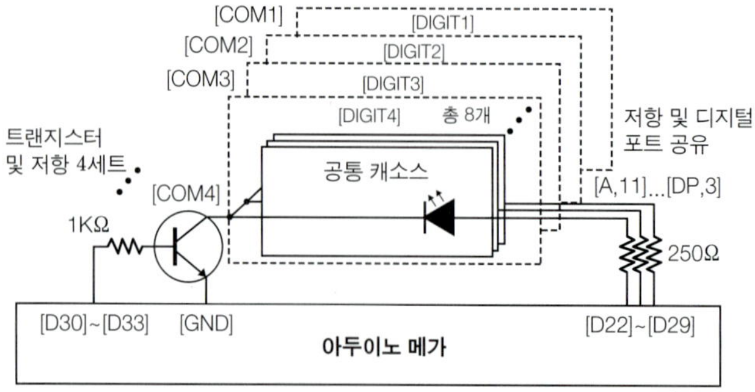

[그림 12.4] 4-Digit FND와 BJT의 연결 방법

작품 목표 이해하기 [시한폭탄 카운트다운 계수기 만들기]

- 아래의 조건을 만족하는, 시한폭탄 등에 사용되는 카운트다운 계수기를 제작한다.
    - 4-Digit FND로 시간을 디스플레이한다. 좌측 두 개의 digit는 분, 우측 두 개의 digit는 초를 나타낸다. 두번째 digit는 점(DP)과 함께 디스플레이한다.
    - 1초 단위로 디스플레이는 감소하고 00.00이 되면 정지한다.
    - 스위치1(SW1, 모드 선택용)을 누를 때마다 분 단위 값 세팅 모드 → 초 단위 값 세팅 모드 → 카운트 동작 모드 → 분 단위 값 세팅 모드의 순으로 반복된다.
    - 스위치2(SW2, 세트 값 증가용)를 누를 때마다 분 단위 값 세팅 모드에서는 분 값이, 초 단위 값 세팅 모드에서는 초 값이 각각 1씩 증가하며, 카운트 동작 모드에서는 아무런 동작도 하지 않는다. 분 단위 값과 초 단위 값이 59까지 증가하면 다음 값은 다시 00으로 순환된다.
    - 전원이 입력된 후 초깃값은 00.00이며 분 단위 값 세팅 모드이다.

작품 회로 설계하기 [디지털출력 - 저항 - FND - BJT 스위치 - 접지]

아두이노 메가를 이용한 회로(fritzing, [F121])

[그림 12.1], [그림 12.5]과 같이 아두이노 메가를 이용한 시한폭탄 카운트다운 계수기의 회로를 연결한다. 앞서 구상된 회로대로 구성되었는지 확인하여라.

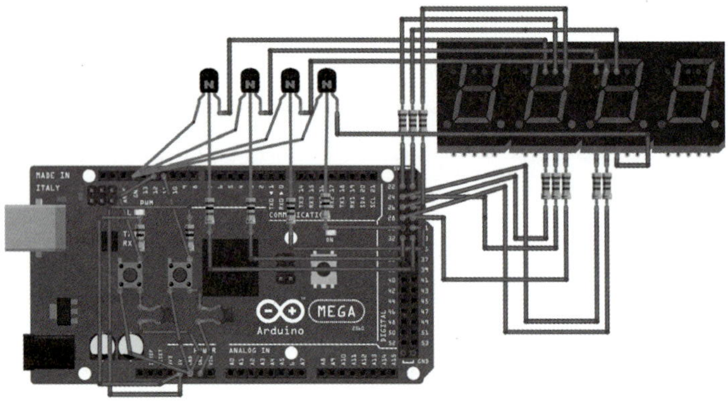

[그림 12.5] 아두이노 메가를 이용한 회로(시한폭탄 카운트다운 계수기)

JARDUINO-MEGA-IOT에 실장된 회로

[그림 12.6]에는 JARDUINO-MEGA-IOT에 실장된 부품의 위치와 PCB 회로도가 나타나 있다. 회로 연결이 자세히 표현되지는 않았지만 부품들은 PCB 보드를 통해 연결되어 있다.

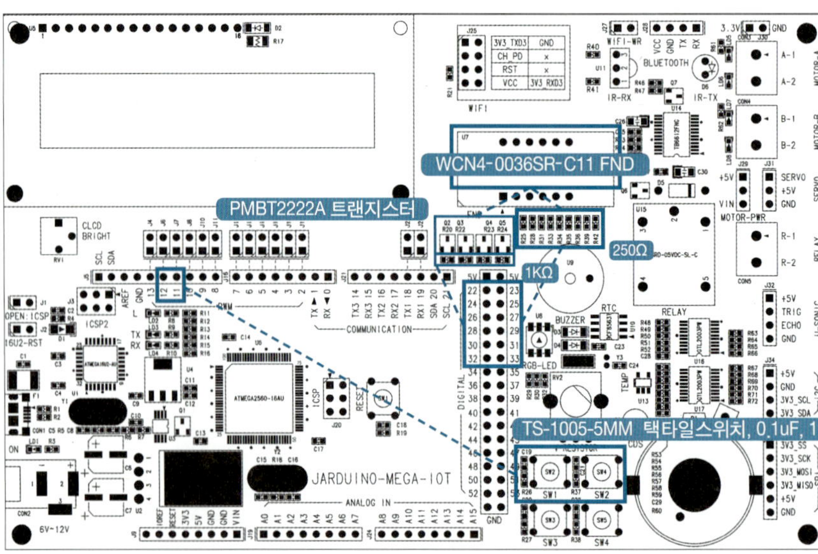

[그림 12.6] JARDUINO-MEGA-IOT의 PCB 회로도(시한폭탄 카운트다운 계수기)

작품 알고리즘 고민하기 [상태도 기반 설계]

프로그램 내에 유한 개수의 상태(State)를 두고, 현재 프로그램의 제어가 유한 개수의 상태를 이리저리 옮겨 다니면서 프로그램이 진행될 수 있도록 설계하는 방식을 상태도 기반 설계라고 한다. 디지털 회로 설계에서는 상태를 규정하기 위해 순차(Sequential)회로를 사용하고, 각 상태에서 수행해야 할 제어를 위해서는 조합(Combinational)회로를 사용한다. [그림 12.7]을 참조하여 시한폭탄 카운트다운 계수기를 상태도를 기반으로 설계해보자. 카운트다운 계수기는 분 상태(MIN_STATE), 초 상태(SEC_STATE), 그리고 카운트 상태(CNT_STATE)의 세 가지 상태를 가진다. 처음으로 아두이노에 전원이 공급되면 FND는 00.00으로 초기화되고, 초기 상태인 MIN_STATE로 진입한다.

MIN_STATE에서 첫 번째 스위치(SW1)가 눌려지면 다음 상태인 SEC_STATE로 진입한다. SW1이 눌려졌는지 확인하기 위해서는 present_SW1(현재 스위치 입력)과 past_SW1(과거 스위치 입력)을 비교하여, past_SW1=0인데 present_SW1=1이라면 스위치가 눌려졌다는 의미이고, past_SW1=0인데 present_SW1=0이라면 스위치가 눌려지지 않았다는 의미이다. 시간은 항상 경과되므로 현재 스위치가 눌려졌는지에 대한 판단이 끝나면, 다음의 판단을 위해 past_SW1의 값을 present_SW1의 값으로 바꾸어 준다. 하지만 MIN_STATE에서 두 번째 스위치(SW2)가 눌려지면 상태는 변화하지 않고 분 값만 1 증가한다. 현재의 분 값이 59분이라면 다시 00분으로 회귀한다. SW2가 눌려졌는지 확인하기 위해서는 앞서 설명한 방식이 그대로 적용된다.

SEC_STATE에서 첫 번째 스위치(SW1)가 눌려지면 다음 상태인 CNT_STATE로 진입한다. 하지만 SEC_STATE에서 두 번째 스위치(SW2)가 눌려지면 상태는 변화하지 않고 초 값만 1 증가한다. 현재의 초 값이 59초라면 다시 00초로 회귀한다. CNT_STATE에서 첫 번째 스위치(SW1)가 눌려지면 다음 상태인 MIN_STATE로 회귀한다. 하지만 CNT_STATE에서 두 번째 스위치(SW2)가 눌려지면 아무런 동작도 하지 않는다.

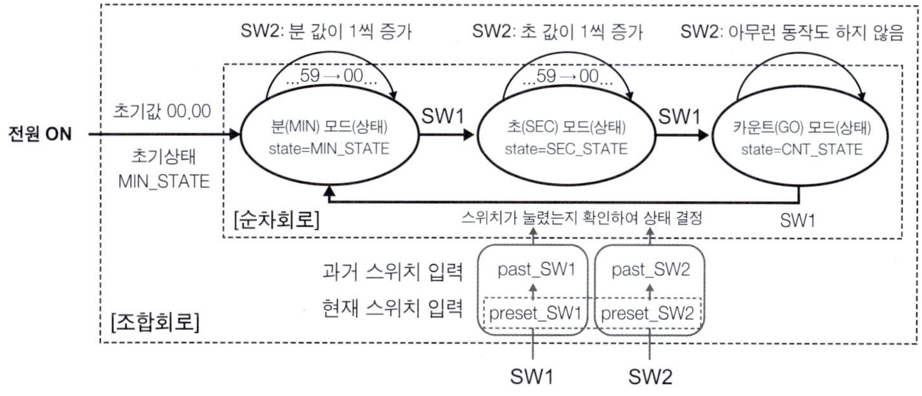

[그림 12.7] 시한폭탄 카운트다운 계수기의 상태도 기반 설계

작품 알고리즘 고민하고 순서도 그리기[FC121]

[그림 12.8]처럼 최초에 전원이 ON되면 MIN_STATE에서부터 프로그램이 수행되도록 하고, 나머지 변수들을 초기 조건에 맞추어 설정한다. 현재의 state가 MIN_STATE일 경우, SW1이 눌려지면 SEC_STATE로 현재 상태를 변경하고, present_SW1 값을 past_SW1 값으로 갱신한다. SW1이 눌려지지 않았으면 SW1 값을 갱신하기만 한다. 이후에 SW2가 눌려지면 분 값을 증가시키되 59에 도달하면 0으로 다시 세팅하고, present_SW2 값을 past_SW2 값으로 갱신한다. SW2가 눌려지지 않았으면 SW2 값을 갱신하기만 한다. 설정된 시간을 FND에 디스플레이하고, 다시 현재 state를 확인하는 루틴으로 돌아간다. 만일 앞선 루틴에서 현재 state가 SEC_STATE로 변경되었다면 순서도에서 SEC_STATE에 해당되는 루틴을 수행할 것이고, 그렇지 않으면 MIN_STATE를 다시 반복할 것이다.

SEC_STATE에서는 SW1이 눌려지면 CNT_STATE로 현재 상태를 변경하고, present_SW1 값을 past_SW1 값으로 갱신한다. SW1이 눌려지지 않았으면 SW1 값을 갱신하기만 한다. 이후에 SW2가 눌려지면 초 값을 증가시키되 59에 도달하면 0으로 다시 세팅하고, present_SW2 값을 past_SW2 값으로 갱신한다. SW2가 눌려지지 않았으면 SW2 값을 갱신하기만 한다. 이후의 작업은 MIN_STATE와 동일하다.

CNT_STATE도 이전의 상태와 유사하지만, 초깃값을 세팅하는 작업이 없으므로 SW2를 검사하는 루틴이 없음에 유의하자.

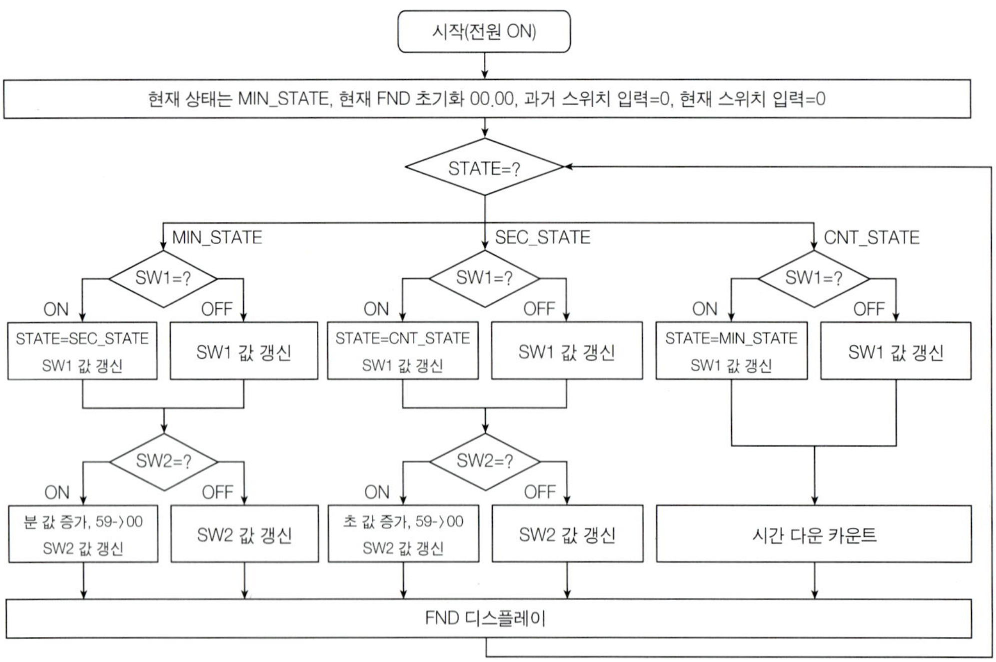

[그림 12.8] 알고리즘 순서도(시한폭탄 카운트다운 계수기)

작품의 스케치 프로그래밍 하기 [P121MEGA]

```
#define FND_A  22        // 핀 매치, a는 D22 핀
#define FND_DP 29        // 핀 매치, dp는 D29 핀
#define FND_SEL0 30      // 핀 매치, SEL0는 D30 핀
#define FND_SEL3 33      // 핀 매치, SEL3는 D33 핀
#define SW1 11           // 핀 할당, SW1은 D11 핀
#define SW2 12           // 핀 할당, SW2는 D12 핀

#define MIN 60           // 분의 최대값
#define SEC 60           // 초의 최대값
#define MIN_STATE 1      // 분 상태
#define SEC_STATE 2      // 초 상태
#define CNT_STATE 3      // 카운트 상태

byte digit[10]={0x3F, 0x06, 0x5B, 0x4F, 0x66, 0x6D, 0x7D, 0x27, 0x7F, 0x6F};
                         // unsigned char, 8비트
                         // FND 숫자 어레이(0, 1, 2, 3, 4, 5, 6, 7, 8, 9)
byte fnd[4];             // 현재 시간(XX분 XX초)의 네 자리 숫자 저장 변수
                         // min10, min1, sec10, sec1
int state;               // 현재 상태 저장 변수
int minute=0;            // 현재 시간(분)
int sec=0;               // 현재 시간(초)
int count=0;             // 프로그램 실행시간 측정 변수, 0.1초마다 1씩 증가
int min10;               // 현재 시간(분)의 십자리 숫자
int min1;                // 현재 시간(분)의 일자리 숫자
int sec10;               // 현재 시간(초)의 십자리 숫자
int sec1;                // 현재 시간(초)의 일자리 숫자

int past_SW1=0;          // 과거 스위치1 입력
int present_SW1=0;       // 현재 스위치1 입력
int past_SW2=0;          // 과거 스위치2 입력
int present_SW2=0;       // 현재 스위치2 입력
```

```
void display_fnd(int val1, int val2, int val3, int val4);

void setup(){
  int i;
  for(i=FND_A; i<=FND_DP; i++)
    pinMode(i, OUTPUT);                 // FND 데이터 (22~29) 출력 설정
  for(i=FND_SEL0; i<=FND_SEL3; i++)
    pinMode(i,OUTPUT);                  // FND 선택 (30~33) 출력 설정
  for(i=SW1; i<=SW2; i++)
    pinMode(i, INPUT);                  // 스위치 선택신호(11~12) 입력 설정
  state = MIN_STATE;                    // 초기 모드 설정
}

void loop(){
  present_SW1=!(digitalRead(SW1));      // SW1 값을 읽어옴, ACTIVE LOW
  present_SW2=!(digitalRead(SW2));      // SW2 값을 읽어옴, ACTIVE LOW
  switch (state){
    case MIN_STATE:                     // 분 값 상태 진입
      if(present_SW1==1 && past_SW1==0){ // 스위치1이 눌려짐
        past_SW1=1;                     // 과거 스위치 값 갱신
        state=SEC_STATE;                // 다음 상태 값 갱신
      }
      else if(present_SW1==0)           // 스위치1이 눌리지 않음
        past_SW1=0;                     // 과거 스위치 값 갱신

      if(present_SW2==1 && past_SW2==0){ // 스위치2가 눌려짐
        past_SW2=1;                     // 과거 스위치 값 갱신
        minute++;                       // 분 값 증가
        if(minute==MIN)                 // 분 값이 60이 되면
          minute=0;                     // 분 값 초기화
      }
      else if(present_SW2==0)           // 스위치2가 눌리지 않음
        past_SW2=0;                     // 과거 스위치 값 갱신
    break;
```

```
case SEC_STATE:                      // 분 값 상태 진입
  if(present_SW1==1 && past_SW1==0){ // 스위치1이 눌려짐
    past_SW1=1;                      // 과거 스위치 값 갱신
    state=CNT_STATE;                 // 다음 상태 값 갱신
  }
  else if(present_SW1==0)            // 스위치1이 눌리지 않음
    past_SW1=0;                      // 과거 스위치 값 갱신

  if(present_SW2==1 && past_SW2==0){ // 스위치2가 눌려짐
    past_SW2=1;                      // 과거 스위치 값 갱신
    sec++;                           // 초 값 증가
    if(sec==SEC)                     // 초 값이 60이 되면
      sec=0;                         // 초 값 초기화
  }
  else if(present_SW2==0)            // 스위치2가 눌리지 않음
    past_SW2=0;                      // 과거 스위치 값 갱신
break;
case CNT_STATE:                      // 카운트 상태 진입
  if(present_SW1==1 && past_SW1==0){ // 스위치1이 눌려짐
    past_SW1=1;                      // 과거 스위치 값 갱신
    state=MIN_STATE;                 // 다음 상태 값 갱신
  }
  else if(present_SW1==0)
    past_SW1=0;                      // 과거 스위치 값 갱신

  count++;                           // 약 0.1초 마다 1 증가
  if(count==10){                     // 1초가 되면
    count=0;                         // 실행시간 측정변수 초기화
    sec--;                           // 현재 초 down count
  }
  if(sec<0){                         // 현재 초가 0미만이 되면
    sec=59;                          // 초 값 59로 설정
    minute--;                        // 현재 분 down count
  }
```

```
    if(minute<0){                  // 현재 분이 0미만이 되면
      minute=0;                    // 분 값 초기화
      sec=0;                       // 초 값 초기화
      count=0;                     // 0.1초 측정 변수 초기화
    }
   break;
  }
                                   // FND 디스플레이
  min10 = minute/10;               // 분의 10자리는 분 값을 10으로 나눈 몫 값
  min1 = minute%10;                // 분의 1자리는 분 값을 10으로 나눈 나머지 값
  sec10 = sec/10;                  // 초의 10자리는 초 값을 10으로 나눈 몫 값
  sec1 = sec%10;                   // 초의 1자리는 초 값을 10으로 나눈 나머지 값
  display_fnd(min10, min1, sec10, sec1); //디스플레이 함수, 실행 시간 약 100ms
}

void display_fnd(int val1, int val2, int val3, int val4)
{
  int i, j, k, l;
  fnd[3] = digit[val1];            // 분 단위 10의 정수값
  fnd[2] = digit[val2] | 0x80;     // 분 단위 1의 정수값, DP(0x80) ON 위해
  fnd[1] = digit[val3];            // 초 단위 10의 정수값
  fnd[0] = digit[val4];            // 초 단위 1의 정수값
  for (l=1; l<=10; l++){           // 디스플레이가 선명하게 나오도록 10회 반복
    for (i=0; i<=3; i++){          // 각 FND에 대하여
      for (k=0; k<=3; k++){
        digitalWrite(k+FND_SEL0, (k == i) ? 1 : 0);
                              // FND를 지정, 대응되는 FND만 선택하여 활성화시킴
      }
      for (j=0; j<=7; j++){
        digitalWrite(j+FND_A, (fnd[i] & (1<<j) ? 1 : 0));
        // 지정된 FND의 각 LED에 대해 표시하려는 숫자에 대응되는 포트 ON
      }
      delay(2);
      // 대기 시간 = 2ms, 총 loop 실행 시간 = (2×4+2)x10 = 약 100ms
    }
  }
}
```

아두이노 동작시키기

- 아두이노가 연결된 상태에서 스케치 프로그램을 업로드한다.

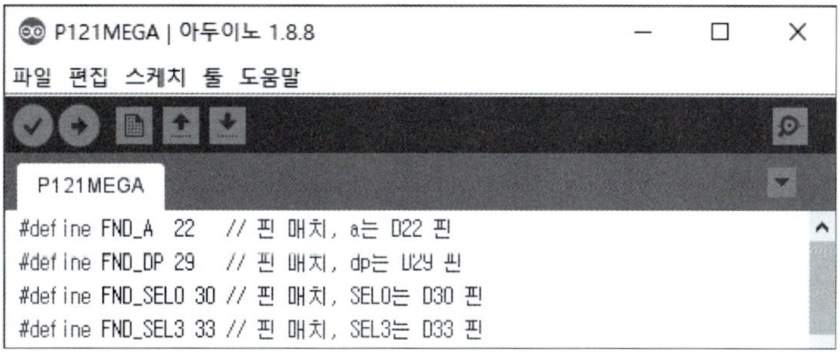

[그림 12.9] 스케치 프로그램(시한폭탄 카운트다운 계수기)

연습 문제

1 실습에서 널리 쓰이는 BJT는 납작한 면을 정면에서 보았을 때 좌측에서 우측으로 (   ) 순으로 되어 있는 것이 일반적이다.

2 BJT의 화살표가 B 단자를 찌르는 형태이면 (   ) BJT이고, B 단자에서 나가는 형태이면 (   ) BJT이다.

3 BJT는 언제나 위쪽이 (   ), 아래쪽이 (   )가 되도록 그리는 것이 좋다.

4 BJT의 화살표는 언제나 (   )와 (   ) 사이에 그려져 있고, (   )의 방향을 의미하므로 위에서 아래쪽으로 그려지도록 위치하는 것이 좋다.

5 pnp BJT와 npn BJT의 기호를 본문을 보지 말고 그려라.

6 일반적으로 BJT는 B와 E사이의 전위(V_{BE}(npn) 또는 V_{EB}(pnp))가 0.7보다 크거나 같으면 ON (   ), 작으면 OFF(   )가 된다. ON 즉, (   )가 된다는 의미는 C와 E가 중간에 어떠한 저항 값도 없이 직접 연결된다는 의미이다. 결국 C와 E가 같은 전위가 된다. 반대로 OFF 즉, (   ) 된다는 의미는 C와 E가 중간에 끊긴다는 의미이다.

7 pnp BJT와 npn BJT가 ON이 되고 OFF 되는 회로를 본문을 보지 말고 각각 그려라.

8 다음의 조건을 만족하는 디지털시계를 제작하라. [P122MEGA] [P122UNO]

- 4-Digit FND로 시간을 디스플레이한다. 좌측 두 개의 digit는 시간, 우측 두 개의 digit는 분을 나타낸다. 두 번째 digit는 점(DP)과 함께 디스플레이한다.
- 1분 단위로 디스플레이는 증가하고 23.59가 되면 다음은 00.00이 된다.
- 스위치1(SW1, 모드 선택용)을 누를 때마다 시 단위 값 세팅 모드 → 분 단위 값 세팅 모드 → 카운트 동작 모드 → 시 단위 값 세팅 모드의 순으로 반복된다.
- 스위치2(SW2, 세트 값 증가용)를 누를 때마디 시 단위값 세팅 모드에는 시 값이, 분 딘위값 세팅 모드에서는 분 값이 각각 1씩 증가하며, 카운트 동작 모드에서는 아무런 동작도 하지 않는다. 시 단위 값이 23이 되면 다음 값은 00이되고, 초 단위 값이 59까지 증가하면 다음 값은 다시 00으로 순환된다.
- 전원이 입력된 후 초깃값은 00.00이며 시 단위 값 세팅 모드이다.

13장 버저로 캐롤송 연주하기

학습 목표

- 소리와 주파수와의 관계를 이해할 수 있다.
- 버저의 원리에 대해 이해하고 버저가 포함된 회로를 설계할 수 있다.
- 임의의 주파수를 갖는 파형을 생성할 수 있다.
- pitches.h 파일을 사용하여 음계를 연주하는 코딩을 수행할 수 있다.

학습 내용

- pitches.h 파일 사용법
- delay( ) 함수를 이용하여 음의 연주 시간을 확보하는 방법

도구	• PC, JARDUINO-MEGA-IOT 또는 아두이노 메가 또는 아두이노 우노 • USB 케이블(A타입-μB타입), 스케치 소프트웨어, Fritzing, draw.io
부품	• GEC-13C 삐에조 버저(GEC-13C.pdf)
함수	• tone( ), noTone( )
프로그램	• [P131], [P132], [P133]

대표 회로도

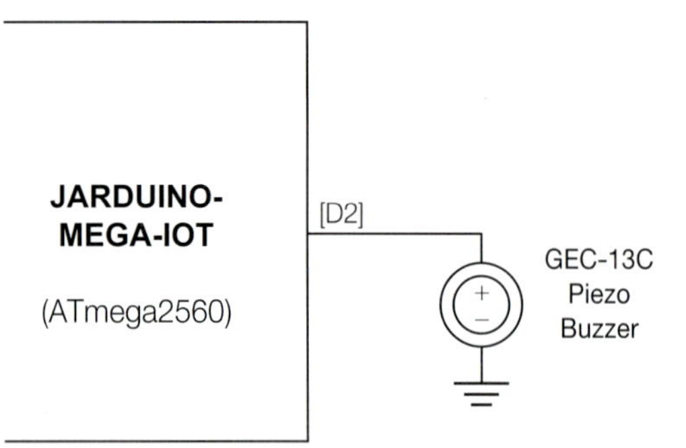

[그림 13.1] 대표 회로도(버저를 이용한 캐럴송 연주)

이론 이해하기 [소리의 특성]

[그림 13.2]의 첫 번째 그림은 소리를 시간의 파형으로 나타낸 것이다. 이 파형은 크기와 주파수가 다른 사인파(두 번째 그림) 여러 개가 합쳐진 것으로도 볼 수 있다. 어떤 사람의 음성 대역이 1KHz~5KHz 라고 하면 이 사람의 성대가 1초에 1000번 떨려서 발생되는 사인파부터 1초에 5000번 떨려서 발생되는 사인파까지가 합쳐져서 그 사람의 음성을 구성한다는 의미이다.

아두이노와 같은 디지털 전자회로가 사인파를 직접 생성하려면 내부에 DAC(Digital to Analog Converter)가 설치되어 있어야 한다. 하지만 아두이노는 아두이노 두에(DUE) 등을 제외하고는 내부에 DAC가 없다. 디지털 회로에서 가장 쉽게 사인파에 근접하는 파형을 생성할 수 있는 방법은 PWM 신호를 이용하여 [그림 13.2]의 세 번째 그림과 같은 사각파를 생성하는 것이다. 사각파는 사인파에 비해 고주파가 많이 포함되어 있어 소리가 날카롭다는 단점이 있지만 생성의 용이성 때문에 널리 사용된다.

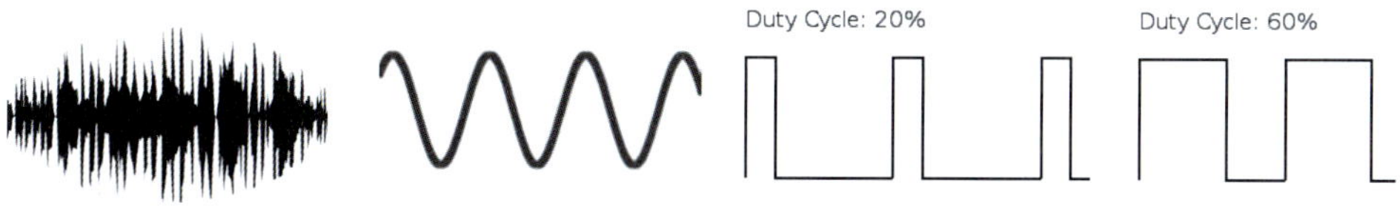

[그림 13.2] 소리의 형태와 사인파, 그리고 사각파

[그림 13.3]에는 소리의 특성에 따른 파형의 형태가 나타나 있다. 고음(높은 소리)은 파형의 주파수가 크다. 첫 번째 그림에서 좌측 파형이 우측 파형 보다는 더 고음이다. 주파수는 단위는 Hz(헤르쯔)이다. 1KHz보다는 5KHz가 더 고음이다. 즉, 빠르게 진동할수록 고음이 생성된다. 소리가 크다는 의미는 사인파들의 진폭이 크다는 의미이다. 따라서 두 번째 그림에서 좌측 파형이 우측 파형보다 더 큰 소리이다. 진폭의 단위는 dB(데시벨)이다. 세 번째 그림에서 주파수 대역이 같은 두 개의 소리라고 해도 합쳐진 주파수의 소리 중에서 어느 주파수의 진폭이 큰지에 따라 파형의 모양이 현격히 달라지게 된다. 대부분의 사람들이 갖는 음성 대역은 1KHz~5KHz로 비슷하지만 음성이 각자 개성있게 들리는 것은 이 때문이다. 이를 소리의 맵시라고 한다.

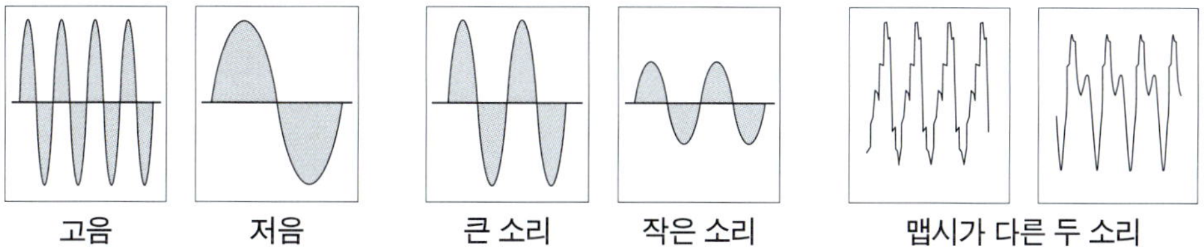

[그림 13.3] 소리의 특성에 따른 파형의 형태

부품 살펴보기 [삐에조 버저]

소리를 내는 액추에이터에는 버저와 스피커가 있다. 일반적인 버저의 원리가 **[그림 13.4]**에 제시되어 있다. 그림에서 철심을 감고 있는 도선에 전류가 흐르지 않으면, 자기장이 생기지 않으므로 철편을 잡아당기지 않는다. 반대로 전류가 흐르면 자기장이 생성되므로 철심이 전자석이 되어 철편을 잡아당기므로 철심과 철편이 붙게 된다. 전류를 흘렸다 끊었다 하면 철편이 붙었다 떨어졌다 하면서 소리가 발생한다. 소리의 높낮이(고음, 저음)는 전류를 흘렸다 끊는 주파수에 따라 변화하게 된다. 하지만 버저는 전자석과 철판의 접촉에 의해 소리를 발생시키므로 큰 소리를 발생시키지 못한다는 단점이 있다. 또한 주파수를 높이기에는 철편의 움직임이 빠르지 못하므로 발생시킬 수 있는 주파수에 한계가 발생한다. 사각파에 가까운 소리가 나게 되어 소리가 깨끗하지 못한 것도 단점이다.

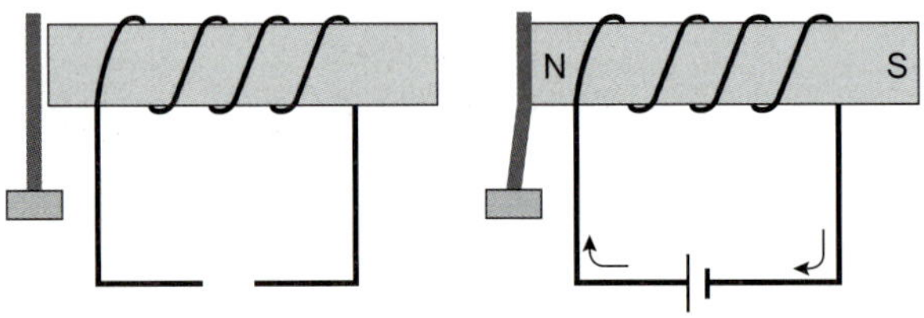

[그림 13.4] 버저의 원리

이 모든 단점을 보완한 것이 **[그림 13.5]**의 스피커이다. 스피커는 철편의 운동이 아닌 코일의 운동을 활용하여 동작을 유연하게 하고, 철편을 다른 소재로 대체하여 높은 주파수(고음)의 큰 소리를 사인파의 형태로 발생시킬 수 있도록 한 것이다. 스피커에서는 영구자석에 의한 자장이 존재하는 영역에 코일을 위치시키고, 자석을 감싸는 코일에 음성에 해당하는 전류를 흘려보내면, 플레밍의 왼손법칙에 의해 코일이 힘을 받아 좌우로 직선 운동을 하게 된다.

이 운동에 의해 코일과 연결된 얇은 박을 진동시키면 이 진동이 공기의 진동으로 변환되어 소리가 나게 되는 것이다. 이 얇은 박을 진동판(Diaphragm)이라고 하며 음의 재생 대역 및 음색이 다양하므로 사람의 소리 뿐 아니라 사람이 들을 수 있는 거의 모든 음을 재생시킬 수 있는 장점이 있다.

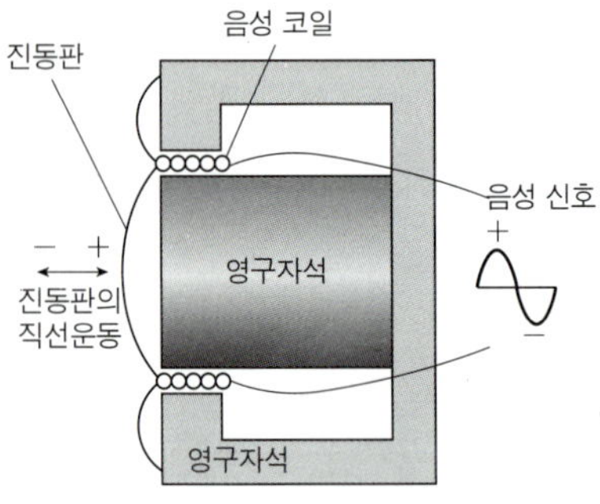

[그림 13.5] 스피커의 원리

회로 구상하기 [디지털 출력 - 삐에조 버저 - 접지]

삐에조 버저의 원리

삐에조 버저는 전자석과 코일 철편 대신 전류가 흐르면 진동이 발생하는 수정 진동자(Quartz Crystal)를 사용하는 버저이다. 수정 진동자는 전류가 흐르게 되면 **[그림 13.6]**과 같이 늘어짐과 수축이 발생하는데, 이 특성으로 주변 공기를 진동시켜 소리를 발생시킨다. 공진 현상을 통해 소리의 크기를 증대시킬 수 있도록 외부 구조물을 제작하기도 한다.

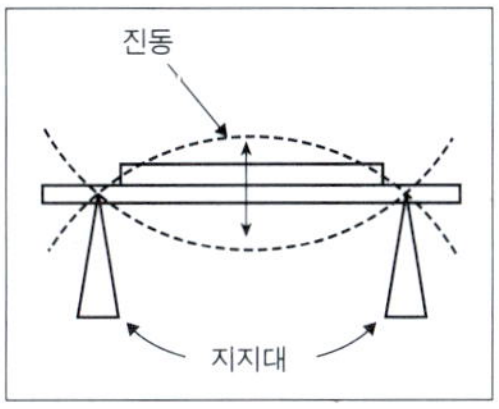

[그림 13.6] 삐에조 버저의 원리

삐에조 버저의 규격 및 회로 구성

삐에조 버저는 저렴하지만, 일반적인 버저와 같이 큰 소리를 발생시키지 못하고, 주파수의 한계가 발생하며, 사인파가 아닌 사각파에 가까운 소리가 나는 문제점이 있다. **〈표 13.1〉**의 규격에서 주파수의 범위가 4KHz±0.5KHz로서 매우 좁다. 구동 전압과 전류는 아두이노가 공급할 수 있는 전압, 전류 범위 내이므로 **[그림 13.7]**과 같이 저항 없이 아두이노 디지털 포트에 직접 연결하여도 아무런 문제가 없다. 삐에조 버저는 외부에 + 또는 - 표시가 되어 있으므로 +는 [2]에 -는 [GND]에 연결한다.

〈표 13.1〉 GEC-13 삐에조 버저의 규격

항목	규격
소리 크기	70dB 이상 @3V, 4kHz, 10cm 거리
동작 전압	1~30V
구동 전류	2mA 이하 @3V, 4KHz
주파수	10KHz 이하

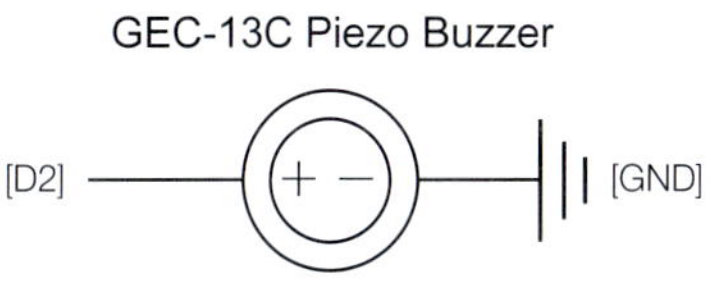

[그림 13.7] 삐에조 버저 회로

작품 목표 이해하기 [버저를 이용한 징글벨 연주]

- 삐에조 버저를 이용하여 징글벨 노래를 한 번만 연주한다.

작품 회로 설계하기 [디지털입출력 - 삐에조 버저 - 접지]

아두이노 메가를 이용한 회로(fritzing, [F131])

[그림 13.1], **[그림 13.8]**과 같이 [2]와 [GND] 포트 사이에 삐에조 버저를 연결한다. 삐에조 버저에는 +, - 표시가 되어 있으므로 연결하는 데에 어려움이 없을 것이다.

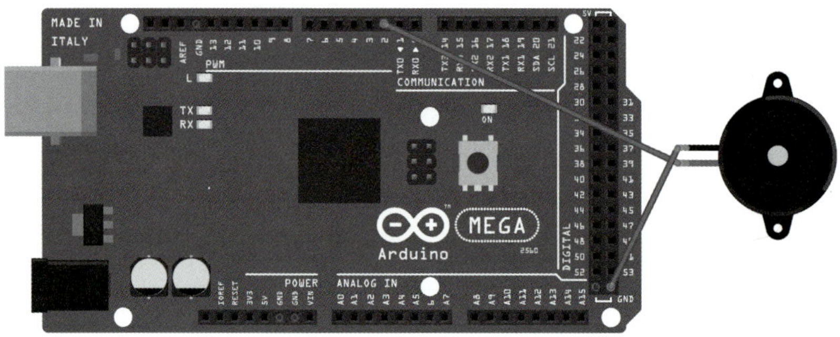

[그림 13.8] 아두이노 메가를 이용한 회로(버저를 이용한 캐럴송 연주)

JARDUINO-MEGA-IOT에 실장된 회로

[그림 13.9]에는 JARDUINO-MEGA-IOT에 실장된 부품의 위치와 PCB 회로도가 나타나 있다. 회로 연결이 자세히 표현되지는 않았지만 부품들은 PCB 보드를 통해 연결되어 있다.

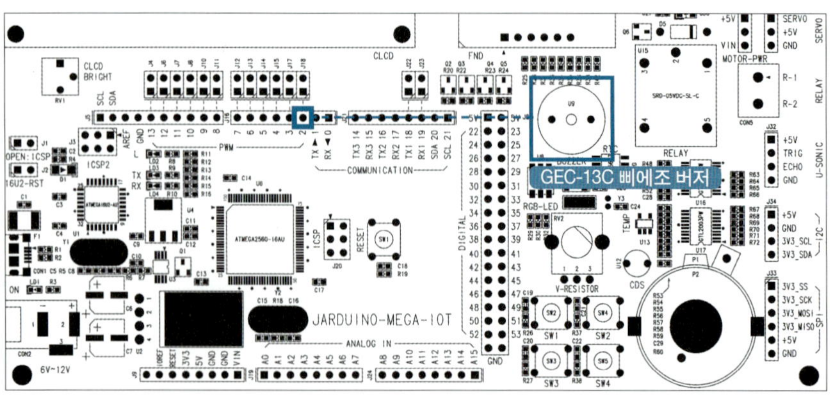

[그림 13.9] JARDUINO-MEGA-IOT의 PCB 회로도(버저를 이용한 캐럴송 연주)

작품에 필요한 함수 이해하기 [톤 발생/정지 함수 그리고 pitches.h]

void tone(uint8_t pin, unsigned int frequency, unsigned long duration=0)

임의의 주파수(frequency)를 갖는 사각파를 임의의 시간(duration, ms단위) 동안 지정된 포트(pin)로 출력하는 함수이다. 시간을 지정하지 않으면 noTone() 함수가 실행되기 전까지 출력이 계속 유지된다.

void noTone(uint8_t pin)

tone에 의해 발생된 포트(pin)의 신호를 정지시키는 함수이다.

〈표 13.2〉 소리 출력 생성 및 정지 함수

void tone(uint8_t pin, unsigned int frequency, unsigned long duration=0)		
Arduino.h	소리 출력 생성 함수	• pin: 소리를 출력할 포트 번호 • frequency: 출력할 소리의 주파수 • duration(optional): 출력할 소리의 지속 시간(ms) (default: noTone( ) 함수 호출 전까지 출력 지속)
void noTone(uint8_t pin)		
Arduino.h	소리 출력 정지 함수	• pin: 소리 출력을 정지할 포트 번호

pitches.h 헤더 파일 추가하기

모든 음계에 해당하는 주파수 값을 기억할 수는 없다. 음계에 해당되는 주파수 정보는 'pitches.h' 라는 파일에 저장되어 있으므로 소리를 생성하고자 할 때는 추가하여 사용하는 것이 편리하다. 물론 pitches.h를 추가하지 않고 주파수를 직접 써 넣어도 무방하지만, 조금 번거로울 것이다. pitches.h 파일을 추가하는 방법은 다음과 같다. 스케치 소프트웨어에서 [스케치]→[파일 추가]를 선택하고 'C:\Program Files(x86)\Arduino\examples\02.Digital \toneKeboard\pitches.h' 를 선택하여 추가하면 새로운 탭이 열리면서 현재 실행 디렉토리에 pitches.h 파일이 자동으로 생성된다. 이 상태에서 프로그램 맨 위에 #include "pitches.h" 를 삽입하고 컴파일과 업로드를 실행하면 된다. 참고로 음계가 높아질수록 주파수가 빨라진다는 사실은 알고 있자.

〈표 13.3〉 pitches.h 파일 내용(일부)

void tone(uint8_t pin, unsigned int frequency, unsigned long duration=0)	

NOTE_Cx (도) // NOTE_C5 523, x는 옥타브를 나타내는 숫자
NOTE_Dx (레) // NOTE_D5 587
NOTE_Ex (미) // NOTE_E5 659
NOTE_Fx (파) // NOTE_F5 698
NOTE_Gx (솔) // NOTE_G4 392, NOTE_G5 784
NOTE_Ax (라) // NOTE_A4 440
NOTE_Bx (시) // NOTE_B4 494
	NOTE_Csx (도#)
	NOTE_Dsx (레#)
	
	NOTE_Fsx (파#)
	NOTE_Gsx (솔#)
	NOTE_Asx (라#)

작품 알고리즘 고민하고 순서도 그리기 [FC131]

이번 작품은 오직 1회만 연주하므로 모든 코드를 setup() 함수 내에 코딩하도록 한다. 이 경우, [RESET] 버튼을 눌러야만 다시 연주하게 된다. **[그림 13.10]**에서 먼저 징글벨 노래의 음계와 음표를 어레이(배열)로 선언한다. 이후 버저와 연결된 PWM 포트를 출력으로 설정한다. for 문과 tone() 함수를 이용하여 음계에 해당되는 소리를 연주시간 동안 설정된 포트로 출력한다. for 문은 음계의 갯수보다 4번 더 실행되는데, 이는 각 마디 끝 부분에 있는 8분 쉼표를 구현하기 위함이다. (이 때의 주파수는 0으로 한다.) 참고로 징글벨 악보가 **[그림 13.11]**에 제시되어 있다.

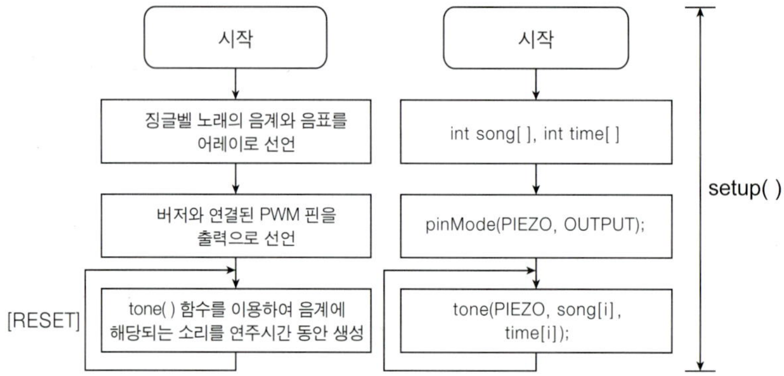

[그림 13.10] 알고리즘 순서도(버저를 이용한 캐럴송 연주)

[그림 13.11] 징글벨 악보

작품의 스케치 프로그래밍 하기 [P131]

```
#include "pitches.h"                                          // 헤더 포함
#define PIEZO 2                                               // 피에조 버저 2번 포트 연결
// 음계
int song[]={ NOTE_G4, NOTE_E5, NOTE_D5, NOTE_C5, NOTE_G4, 0, //솔미레도솔
 NOTE_G4, NOTE_E5, NOTE_D5, NOTE_C5, NOTE_A4, 0,             //솔미레도라
 NOTE_A4, NOTE_F5, NOTE_E5, NOTE_D5, NOTE_B4, 0,             //라파미레시
 NOTE_G5, NOTE_G5, NOTE_F5, NOTE_D5, NOTE_E5, NOTE_C5, 0};   //솔솔파레미도
// 연주시간
int time[] = { 250, 250, 250, 250, 750, 250, 250, 250, 250, 250, 750, 250,
             250, 250, 250, 250, 750, 250, 250, 250, 250, 250, 500, 250, 250};

// 노래는 한 번만 들으면 되므로 setup()에서 처리, 다시 들으려면 RESET 버튼 누름

void setup(){
  int i;
  pinMode(PIEZO, OUTPUT);                                     // PIEZO 버저 포트는 출력
  delay(3000);                                                // 3초 후에 연주 시작
  for (i=0; i<25; i++){                                       // 총 25개의 음을 연주
    tone(PIEZO, song[i], time[i]);                            // 배열순으로 노래 재생
    delay(time[i]);                                           // 음의 연주시간 만큼 지연
  }
}

void loop(){ }                                                // 한 번만 연주하므로 비워놓음
```

먼저 음계 정보가 있는 헤더 파일을 포함하기 위해 프로그램 맨 위에 #include "pitches.h" 를 삽입한다. 본 작품에서 사용할 포트는 디지털 2번 포트로 여기에 삐에조 버저가 연결되어 있다. pinMode(PIEZO, OUTPUT)를 통해 2번 핀을 출력으로 설정한다. 징글벨 노래의 음계의 개수는 21개이지만 마디가 끝날 때 마다 8분 쉼표(250ms)를 쉬기 위해 25개의 정수형 배열을 song[ ]으로 선언하고 음계를 입력한다. [ ]안에 굳이 25라고 쓸 필요는 없다. 마찬가지로 정수형 배열 time[ ]을 선언하고 음계의 연주 시간을 음계에 대응되게 입력한다. setup() 함수에 프로그램이 코딩되어 있고 loop() 함수에는 어떠한 코드도 없음에 유의하라. for 문을 음계의 개수만큼 25번 반복하면서 tone(PIEZO, song[i], time[i])를 이용해 순차적으로 음계의 주파수를 지속 시간만큼 출력하고 음이 출력되는 동안에는 프로그램이 진행되지 않도록 delay(time[i])를 이용해 지속 시간만큼 지연시킨다.

- 아두이노가 연결된 상태에서 스케치 프로그램을 업로드한다.

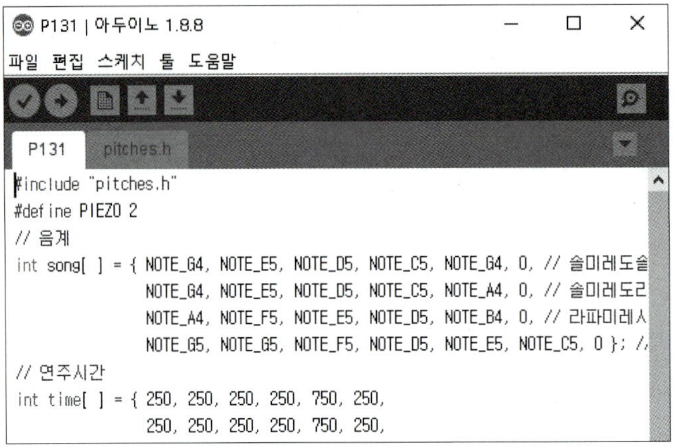

[그림 13.12] 스케치 프로그램(버저를 이용한 캐럴송 연주)

연습 문제

1 디지털 전자회로가 사인파를 직접 생성하려면 내부에 (   )가 설치되어 있어야 하므로 사인파 대신에 비교적 손쉽게 생성 가능한 (   )를 활용한다.

2 고음(   )의 의미는 (   )가 크다는 의미이다. 소리가 크다는 의미는 사인파들의 진폭이 크다는 의미이다

3 스피커에서 자석을 감싸는 코일에 양의 방향으로 또는 음의 방향으로 음성에 해당하는 전류를 흘려보내면, (   )에 의해 코일이 좌우로 직선 운동을 하게 된다.

4 스피커에서는 버저의 철편을 대체하기 위해 (   )을 사용하고 삐에조 버저에서는 (   )를 사용한다.

5 GEC-13C 삐에조 버저는 주파수의 범위가 보통 (   )KHz 이하이다. 구동 전압과 전류는 아두이노가 공급할 수 있는 전압, 전류 범위 내이므로 저항 없이 아두이노 디지털 포트에 직접 연결하면 된다.

6 (a) tone(4, 500, 1000), (b) tone(4, 1000, 500) 둘 중에 어느 것이 더 높은 소리를 내는가? 어느 것이 더 오래 동안 소리를 내는가?

7 [P131]에서 "pitches.h"를 포함하지 않을 경우 어떻게 되는가? 그렇게 되는 이유는 무엇인가?

8 [P131]에서 마지막에 "delay(time[i]);" 지연을 주지 않을 경우 어떻게 되는가? 그렇게 되는 이유는 무엇인가?

9 삐에조 버저를 이용하여 4KHz의 소리를 3초 동안 출력하는 프로그램을 작성하여라. [P132]

10 1KHz부터 25KHz까지의 소리를 1KHz 간격으로 1초 동안 출력하는 프로그램을 작성하고 이것을 들을 수 있는지 확인하여 나의 가청 주파수 범위를 확인해 보자. [P133]

14장 광센서로 어두워지면 저절로 켜지는 정원등 만들기

학습 목표

- 광(CdS: 황화카드뮴) 센서의 동작 원리를 이해할 수 있다.
- 아두이노에 광센서를 연결하여 회로를 구성할 수 있다.
- 광센서의 입력 값에 따라 LED를 제어하는 알고리즘을 구현할 수 있다.

학습 내용

- 광센서 등 센서 값을 측정하는 방법

도구	• PC, JARDUINO-MEGA-IOT 또는 아두이노 메가 또는 아두이노 우노 • USB 케이블(A타입-μB타입), 스케치 소프트웨어, Fritzing, draw.io
부품	• GL5537 광센서(GL5537.pdf), 5050-RGB 컬러 LED • 1KΩ 3개, 10KΩ 1개
프로그램	• [P141MEGA], [P141UNO], [P142MEGA], [P142UNO]

대표 회로도

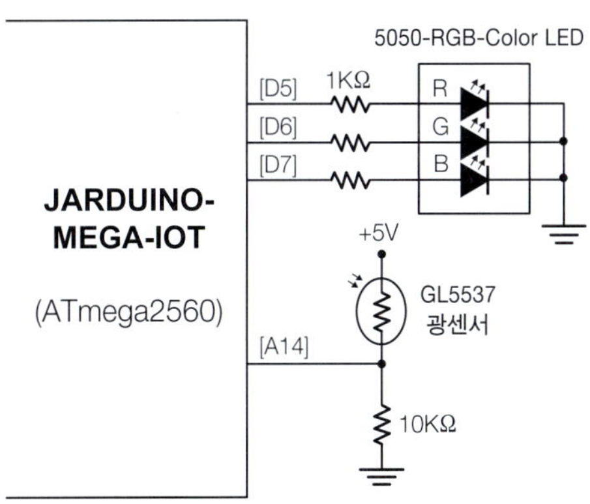

[그림 14.1] 대표 회로도(광센서 정원등)

이론 이해하기/부품 살펴보기 [광센싱 원리 및 광센서 GL5537]

조도란 빛의 밝기를 의미하며, Lux로 측정된다. 밝은 보름달의 밝기가 1Lux이고, 학생 공부방의 밝기는 300Lux 정도이며, 밝은 낮 거리의 밝기는 10,000Lux 이상이다. 빛의 밝기를 측정하는 광센서는 황화카드뮴(CdS) 성분으로 이루어져 있으며, CdS는 빛이 밝아지면 전기 저항 값이 작아지고, 빛이 어두워지면 전기 저항 값이 커지는 성질을 가지고 있는 물질이다. 이것을 회로에 연결하면 빛의 양에 따라 변하는 가변저항의 역할을 하므로 이를 이용하면 전압으로의 변환을 통하여 특정 지점의 빛의 밝기를 측정할 수 있다.

광센서의 동작 원리는 **[그림 14.2]**처럼 광도전 효과(Photoconductive Effect)에 기인한다. 만일 빛을 CdS에 비추게 되면 에너지가 CdS에 흡수되어 CdS의 분자 구조에 속박되어 있던 구속 전하가 구속에서 벗어나 자유 전하가 된다. 이 자유 전하가 증가하면 CdS의 전도성이 증가하게 되므로 저항값은 작아지는 것이다. CdS 센서의 응용 분야는 매우 다양하다.

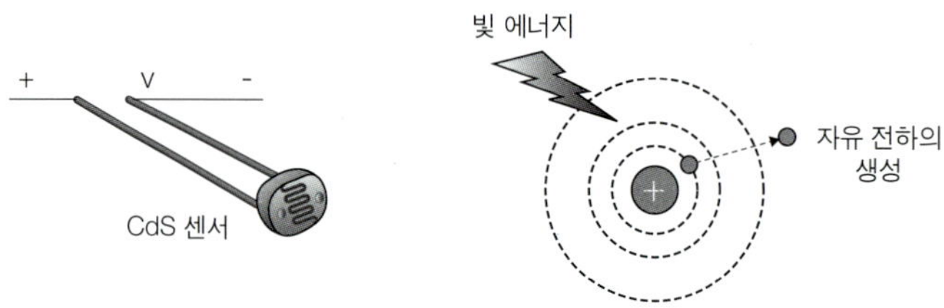

[그림 14.2] CdS 센서 및 전도도 변화의 원리

[그림 14.3]에는 광센서 GL5537 데이터 시트의 일부가 나타나 있다. 데이터 시트에서 10Lux일 때 CdS 센서의 저항값은 20~50KΩ이고, 100Lux일 때는 4~10KΩ이며, 암실에서는 2MΩ이다. 정확한 저항값은 회로를 구성하고 조도계나 테스터 등을 이용하여 얻어내는 것이 확실하다.

model	Vmax (VDC)	Pmax (mW)	Ambient Temp (℃)	Spectral Peak (nm)	Photo Resistance (KΩ)		Dark Resistance (MΩ)
					R 10	R 100	
GL5516	150	100	-30 ~ +70	540	5~10	⩽2	0.2
GL5528	150	100	-30 ~ +70	540	10~20	2~4	1.0
GL5537	150	100	-30 ~ +70	540	20~50	4~10	2.0
					10lux	100lux	암실

[그림 14.3] 광센서 GL5537의 데이터 시트

회로 구상하기 [아두이노 → (CdS 센서, 저항) → (전원, 접지)]

CdS 센서를 이용하여 주변 밝기를 측정하는 회로를 구성해보자. CdS 센서는 일종의 가변저항이므로 아날로그 값을 입력받는 전압계와 유사하게 회로를 구성하면 된다. **[그림 14.4]**에 구성된 회로를 나타내었다. [5V] 전원과 [GND] 사이에 CdS 센서와 10KΩ을 직렬로 연결한다. 이후 CdS 센서와 저항이 만나는 부분을 아두이노의 아날로그 입력 포트로 연결하면 된다. 100Lux일 때 CdS 센서의 저항값을 5KΩ이라고 가정하고, 주변 밝기가 100Lux일 때 아날로그 포트로 입력되는 값을 계산해 보자. 전압 분배 법칙에 의해 아날로그 입력 전압은 3.33V(아날로그 값으로는 682)로 계산되므로, 만약 변환된 아날로그 값이 682보다 작다면 주변 빛의 밝기는 100Lux 이하로 판정할 수 있다.

[전압 센서]

$$V[V]=5[V]\times\frac{10}{R+10}$$
$$=5[V]\times\frac{10}{5+10}=3.33\text{(100Lux에서 R=5KΩ)}$$

[아날로그 값 기준]

$$\text{ADC 값}=1024\times\frac{10}{5+10}=682\text{(100Lux에서 R=5KΩ)}$$

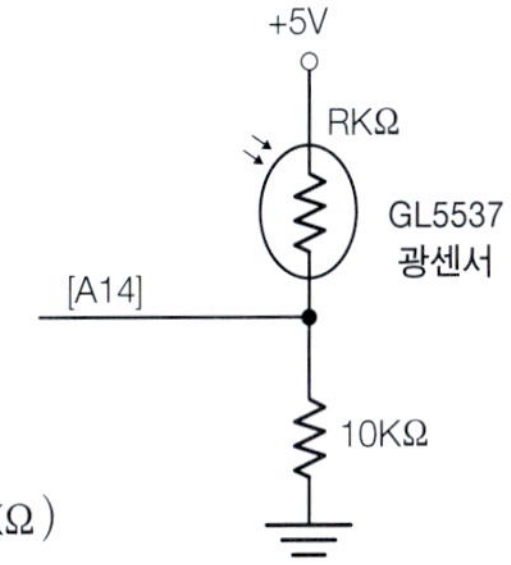

[그림 14.4] 밝기를 측정하는 회로 및 밝기 측정값 환산 방법

작품 목표 이해하기 [광센서로 어두워지면 저절로 켜지는 정원등]

- 주변이 100Lux 정도 밝기 이하로 떨어지면 켜지는 정원등을 제작한다. 원래는 정원등에 전원을 넣은 상태로 릴레이를 연결하고 이 릴레이가 ON/OFF 되도록 제어하여야 하나, 여기서는 빨강색 LED를 정원등이라고 생각하고 LED를 직접 ON/OFF 처리하도록 한다.

작품 회로 설계하기 [전원 - CdS센서 - 아날로그 입력 - 저항 - 접지]

아두이노 메가를 이용한 회로(fritzing, [F141])

[그림 14.1], **[그림 14.5]**와 같이 [A14] 포트에 CdS 센서를 연결한다. 출력으로는 3개의 디지털 포트 [5], [6], [7]을 컬러 LED의 각 핀에 저항을 통하여 연결한다.

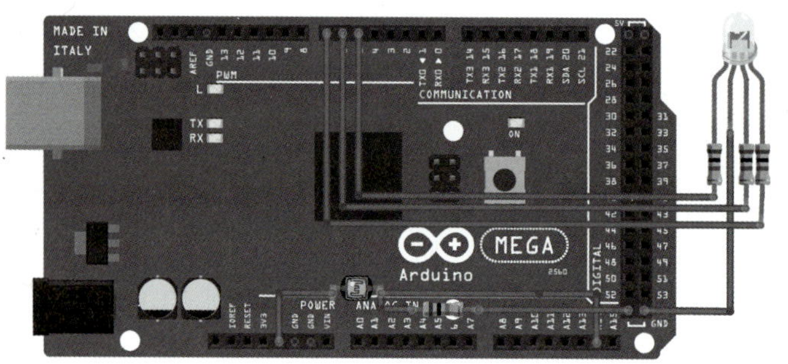

[그림 14.5] 아두이노 메가를 이용한 회로(광센서 정원등)

JARDUINO-MEGA-IOT에 실장된 회로

[그림 14.6]에는 JARDUINO-MEGA-IOT에 실장된 부품의 위치와 PCB 회로도가 나타나 있다. 회로 연결이 자세히 표현되지는 않았지만 부품들은 PCB 보드를 통해 연결되어 있다.

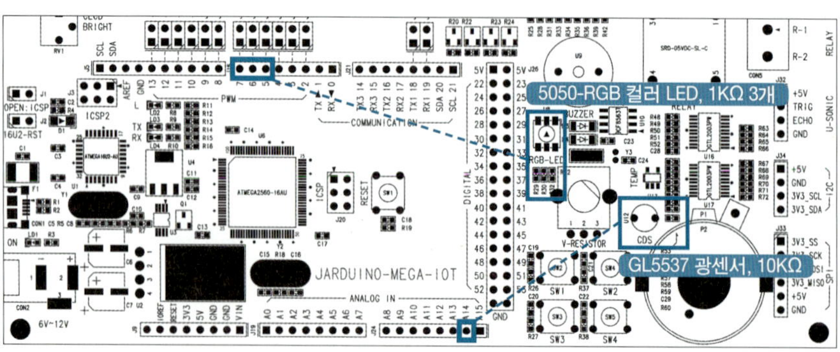

[그림 14.6] JARDUINO-MEGA-IOT의 PCB 회로도(광센서 정원등)

작품 알고리즘 고민하고 순서도 그리기 [FC141]

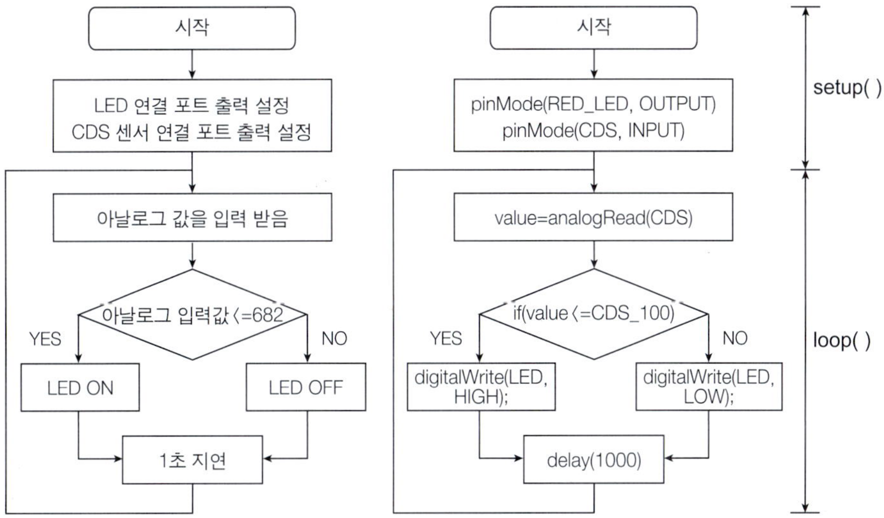

[그림 14.7] 알고리즘 순서도(광센서 정원등)

작품의 스케치 프로그래밍 하기 [P141MEGA]

```
const int RED_LED=5;                // 3색 LED의 빨강색을 포트 5번으로 설정
const int CDS=A14;                  // 광센서는 A14번 포트로 설정
#define CDS_100  682                // 100Lux 기준 값
//10/(5+10)×1024=682, 실내 조명 저항값= 5KΩ가정 (소수점 이하 버림 처리)

void setup(){
  pinMode(RED_LED, OUTPUT);         // 빨강색 포트 출력 설정
  pinMode(CDS, INPUT);              // 광센서 핀은 입력 설정
}

void loop(){
  int value;                        // CDS 입력 값 임시 저장 변수
  value = analogRead(CDS);          // CDS 입력 값 저장
  if (value <= CDS_100)             // CDS 입력 값과 100Lux 기준 비교
    digitalWrite(RED_LED, HIGH);    // 100Lux 기준 값을 넘지 못하면 LED 켜기
  else
    digitalWrite(RED_LED, LOW);     // 100Lux 기준 값을 넘으면 LED 끄기
  delay(1000);                      // 1초 지연
}
```

아두이노 동작시키기

- 아두이노가 연결된 상태에서 스케치 프로그램을 업로드한다.

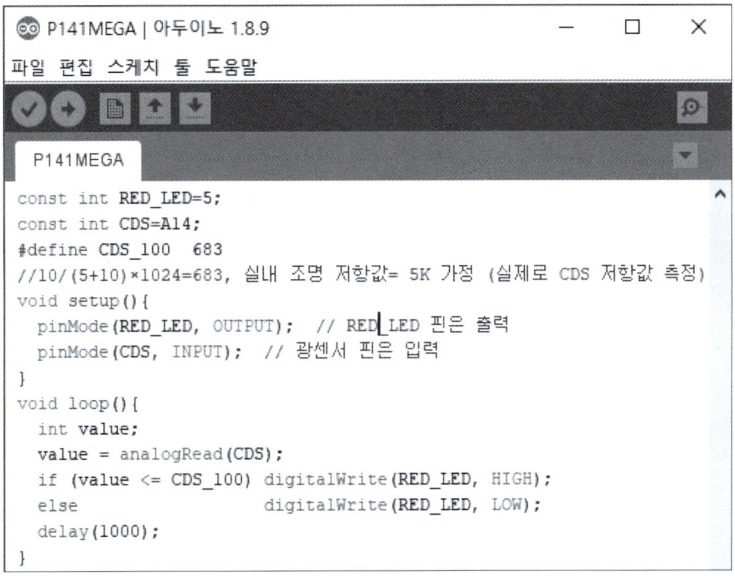

[그림 14.8] 스케치 프로그램(광센서 정원등)

연습 문제

1 조도란 빛의 밝기를 의미하며, ( )로 측정되고, 빛의 밝기를 측정하는 광센서는 ( ) 성분으로 이루어져 있는데, 빛이 밝아지면 전기 저항값이 (작아, 커)지고, 빛이 어두워지면 전기 저항값이 (작아, 커)지는 성질을 가지고 있는 물질이다.

2 광센서의 동작 원리는 ( )에 기인한다.

3 광센서 GL5537의 데이터 시트에서 1Lux일 때 CdS 센서의 저항 값은 100KΩ이고, CdS 센서와 연결된 저항 값은 100KΩ이라고 가정하자. 주위 밝기가 1Lux일 때 아날로그 입력 전압 및 ADC 값은 얼마인가?

4 LED의 밝기가 주변의 어두움에 비례하여 강해지도록 하는 정원등을 설계해보자. 조금 어두우면 파랑, 조금 더 많이 어두우면 노랑, 아주 많이 어두우면 흰색 LED를 점등하자. [P142MEGA][P142UNO]

15장 DC모터로 공중회전그네 만들기

학습 목표

- 모터의 종류 및 DC모터의 동작 원리를 이해할 수 있다.
- BJT를 이용하여 H브릿지 회로를 구성할 수 있다.
- 모터 드라이버를 활용할 수 있다.

학습 내용

- DC모터의 동작 모드
- 트랜지스터를 이용한 모터 제어 회로
- 모터드라이브 활용법

도구	• PC, JARDUINO–MEGA–IOT 또는 아두이노 메가 또는 아두이노 우노 • USB 케이블(A타입–µB타입), 스케치 소프트웨어, Fritzing, draw.io
부품	• TB6612FNG 모터드라이버(TB6612FNG.pdf), DC모터 2개, 1KΩ 2개 • BL–B2134 녹색 LED 2개, BL–B3134 황색 LED 2개
함수	• randomSeed( ), random( )
프로그램	• [P151MEGA], [P151UNO], [P152MEGA], [P152UNO], [P153MEGA], [P153UNO]

대표 회로도

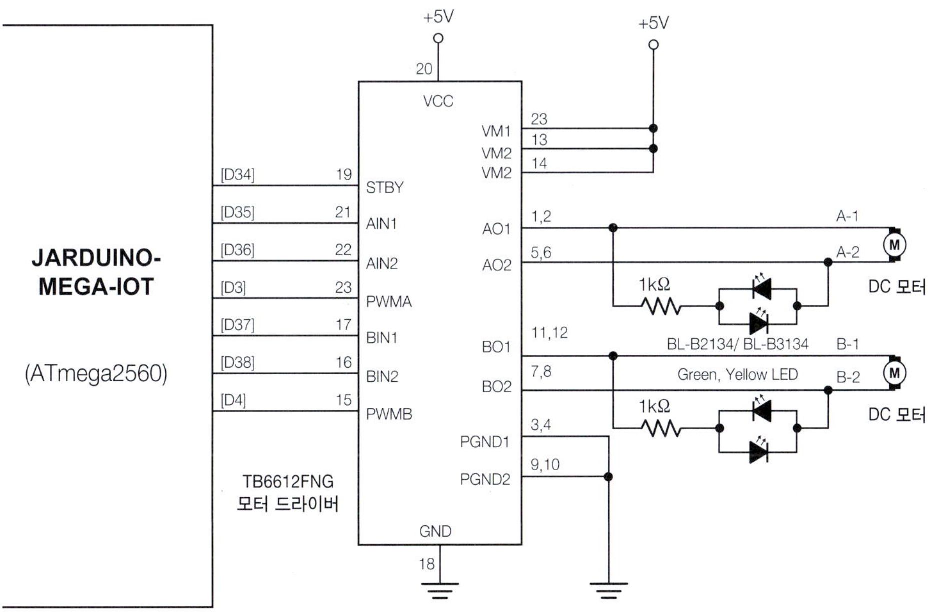

[그림 15.1] 대표 회로도(DC모터를 이용한 공중회전그네)

이론 이해하기 [DC모터]

모터란 전류가 흐르는 도체가 자기장 속에서 받는 힘을 이용하여 전기에너지를 역학적 에너지로 바꾸는 장치이며, 대표적인 종류는 **[그림 15.2]**와 같다. 가장 널리 알려진 모터는 빠른 회전 운동을 얻기 위해 사용하는 DC모터이다. 서보모터나 스테핑모터는 로봇 팔처럼 원하는 각도로 축을 회전시키기 위해 사용한다. 스테핑모터는 오픈 루프 제어를 사용해서 한 번에 각도 조정을 하고 가격이 저렴하지만, 빠른 속도로 각도를 조정할 경우, 각도 조정 정밀도 및 토크가 떨어지게 된다. 반면에 서보모터는 폐루프 제어를 사용하므로 정밀하고 빠른 각도 조정이 가능하고 토크도 크지만 가격이 비싸다.

[그림 15.2] DC모터, 서보모터, 스테핑모터

DC모터가 구동되는 원리가 **[그림 15.3]**에 나타나 있다. 전류와 자계의 방향이 결정되면 플레밍의 왼손 법칙에 의해 전기자에 작용하는 힘의 방향이 결정된다. 그림에서 XY 도선은 뒤쪽 방향으로, ZW 도선은 앞쪽 방향으로 힘을 받으므로, 모터는 아래 축을 중심으로 시계 방향으로 회전하게 된다. 정류자의 회전축이 180도 돌아가면 전류의 방향이 바뀌므로, 계속 같은 방향으로 회전하게 되는 것도 확인하기 바란다.

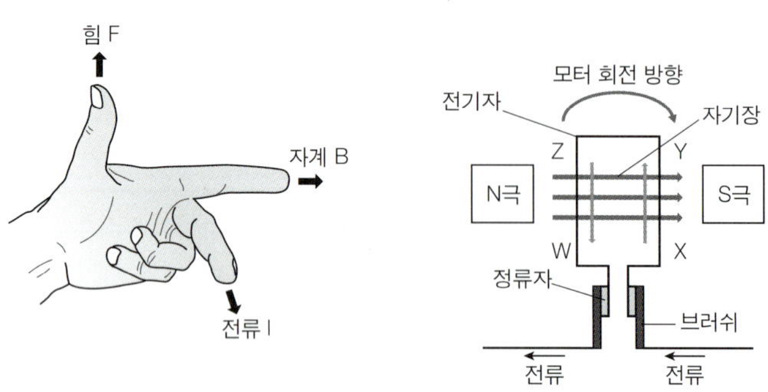

[그림 15.3] DC모터의 원리

부품 살펴보기 [모터 드라이버 IC TB6612FNG]

[그림 15.4]의 TB6612FNG는 DC모터를 구동하는 2채널(A채널, B채널) 드라이버 IC(Integrated Circuit)로 2개의 입력(IN1, IN2)을 입력 받아서 시계방향(ClockWise: CW), 반시계방향(Counter ClockWise: CCW), 정지(Stop), 순간정지(Short Break, 회전 방향을 전환할 경우 잠시 거치는 모드)의 4가지 중 하나에 해당되는 구동 전압을 2개의 출력(O1, O2)으로 내주게 된다. 모터를 일시적으로 멈추는 준비(Stand By: STBY) 모드도 있으며 이것은 STBY 핀에 의해 결정된다. VCC와 GND는 칩 자체에 전원(5V)을 공급하는 핀이고, VM1(또는 VM2, VM3)과 PGND1(또는 PGND2)은 모터 구동전압(5~12V)을 입력하는 핀이다. 아두이노와 연결하여 회로를 구성하려면 아두이노의 디지털 출력을 TB6612FNG의 입력(IN1, IN2)에 연결하고, TB6612FNG의 출력(O1, O2)을 모터에 연결하면 된다.

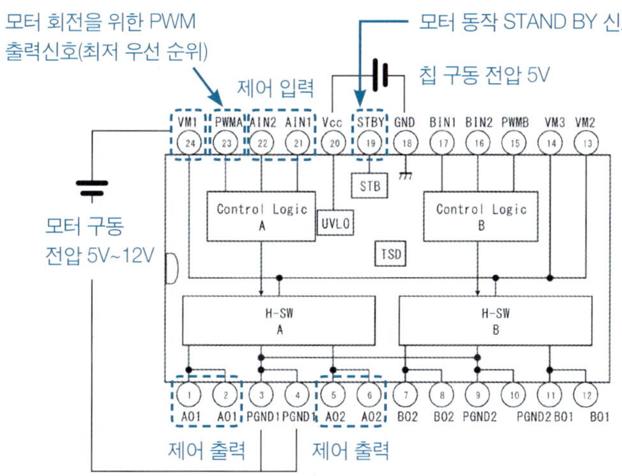

Input				Output		
IN1	IN2	PWM	STBY	OUT1	OUT2	Mode
H	H	H/L	H	L	L	Short brake
L	H	H	H	L	H	CCW
		L	H	L	L	Short brake
H	L	H	H	H	L	CW
		L	H	L	L	Short brake
L	L	H	H	OFF (High impedance)		Stop
H/L	H/L	H/L	L	OFF (High impedance)		Standby

[그림 15.4] 모터 드라이버 TB6612FNG

입력 (IN1, IN2)에 따른 출력 (O1, O2)을 이해하기 위해 각 핀의 우선 순위(STBY 〉 IN ≥ PWM)를 알아두면 편하다. 우선 순위가 가장 높은 STBY가 'L' (Active Low)이면 Stand_By 모드가 되어 다른 핀의 입력에 관계없이 출력이 High Impedance가 된다. High Impedance는 오픈(핀 연결이 끊겨 있고 아무것도 출력하지 않는다는 의미)되었음을 의미한다. STBY가 'H' 인 상태에서 입력 (IN1, IN2)가 ('H', 'H')이면 Short Brake 모드가 되어 출력 (O1, O2)로는 ('L', 'L')가 출력되고, ('L', 'L')이면 Stop 모드가 되어 High Impedance가 출력된다. 입력 (IN1, IN2)가 ('L', 'H')이면 CCW 모드로서 ('L', 'H') 출력을 내지만 PWM이 'L' 이면 Short Brake 모드로서 ('L', 'L') 출력을 낸다. 반대로 (IN1, IN2)가 ('H', 'L')이면 CW 모드로서 ('H', 'L') 출력을 내지만 PWM이 'L' 이면 역시 Short Brake 모드가 되어 ('L', 'L') 출력을 낸다. 여기서 중요한 것은 TB6612FNG의 PWM 핀에 아두이노의 PWM 포트를 연결하면, PWM 신호의 펄스 폭을 조절할 수 있어 모터에 작용하는 힘의 토크, 즉 모터의 속도를 조절할 수 있다는 것이다.

회로 구상하기 [트랜지스터를 이용한 모터 제어 회로]

[그림 15.5]에는 모터를 제어하는 회로가 제시되어 있다. 좌상단의 2개 그림에서는 디지털 입출력 전원의 크기가 충분하다는 가정 하에, 디지털 출력 [35]와 [36]으로 모터를 한 방향으로, 또는 양방향으로 회전시킬 수 있다. 하지만 모터는 대용량 전류가 필요하므로 DC모터라 하더라도 디지털 입출력 신호로 직접 제어할 수는 없는 문제점이 있다. 이 때문에 (파워)트랜지스터, 릴레이 등을 이용하여 구동시키는 것이 일반적이다. **[그림 15.5]**의 좌하단의 그림은 별도의 전원을 두고 트랜지스터를 이용하여 대용량 전류를 구동함으로서 모터를 구동하는 회로의 예를 보인 것이다. 이 때는 플레밍의 오른손 법칙에 따른 역기전력에 대한 보호가 필요하므로 관성 다이오드를 역방향으로 장착하여, 역방향의 기전력만 단락시키고, 순방향 전압에 대해서는 높은 저항이 되어 전류가 흐르지 않도록 하는 역할을 수행하므로써 트랜지스터 손상을 방지한다.

H-브릿지 모터 제어 회로가 **[그림 15.5]**의 우측에 있다. (IN1, IN2)=('H', 'L')로 입력되었다면, BJT의 ON/OFF 규칙에 따라 Q1, Q4는 ON이 되고, Q2, Q3는 OFF가 된다. 따라서 Q1과 Q4로 전류 경로가 형성되므로 모터가 회전한다. 반대로 (IN1, IN2)=('L', 'H')로 입력되었다면, Q2, Q3는 ON이 되고, Q1, Q4는 OFF가 된다. 따라서 Q3과 Q2로 전류 경로가 역방향으로 형성되므로 모터도 역방향으로 회전한다. 모터 드라이버 TB6612FNG에는 H-브릿지 회로가 내장되어 있고 아두이노와 모터를 연결시키는 부분이 외부 핀으로 나와 있다. VM1과 PGND사이에는 5~12V 사이의 전원을 인가한다. [35]↔IN1, [36]↔IN2로 연결하여 아두이노의 디지털 출력을 TB6612FNG에 입력시키고, O1과 O2를 모터 양단에 연결하므로써 TB6612FNG의 출력을 DC모터와 연결한다. TB6612FNG의 PWM와 STBY는 아두이노의 [3]와 [34]에 연결한다.

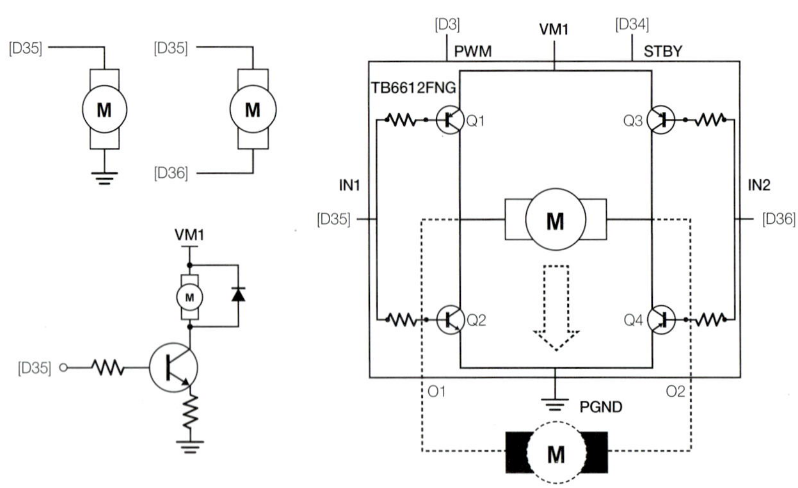

[그림 15.5] DC모터의 구동 회로 및 H-브릿지 구조

작품 목표 이해하기 [DC모터로 공중회전그네 만들기]

다음의 조건을 만족하면서 사람을 태울 수 있는 공중회전그네를 만들어 보자.

- 한 번은 시계 방향, 한 번은 반시계 방향으로 회전하며, 회전 후에는 2초간 정지
- 한 번 회전시, 회전 시간은 1초 ~ 9초의 랜덤 시간
- 저속, 중속, 고속의 랜덤 속도로 회전

작품 회로 설계하기 [아두이노 - 모터 드라이버 - 모터]

JARDUINO-MEGA-IOT에 실장된 회로

Fritzing 회로도는 적절한 모터 드라이버 IC가 패키지 내에 포함되지 않아 제외하였다. **[그림 15.1]**에는 회로도가, **[그림 15.6]**에는 JARDUINO-MEGA-IOT에 실장된 부품의 위치와 PCB 회로도가 나타나 있다. 회로 연결이 자세히 표현되지는 않았지만 부품들은 PCB 보드를 통해 연결되어 있다. 모터 드라이버는 TB6612FNG이다.

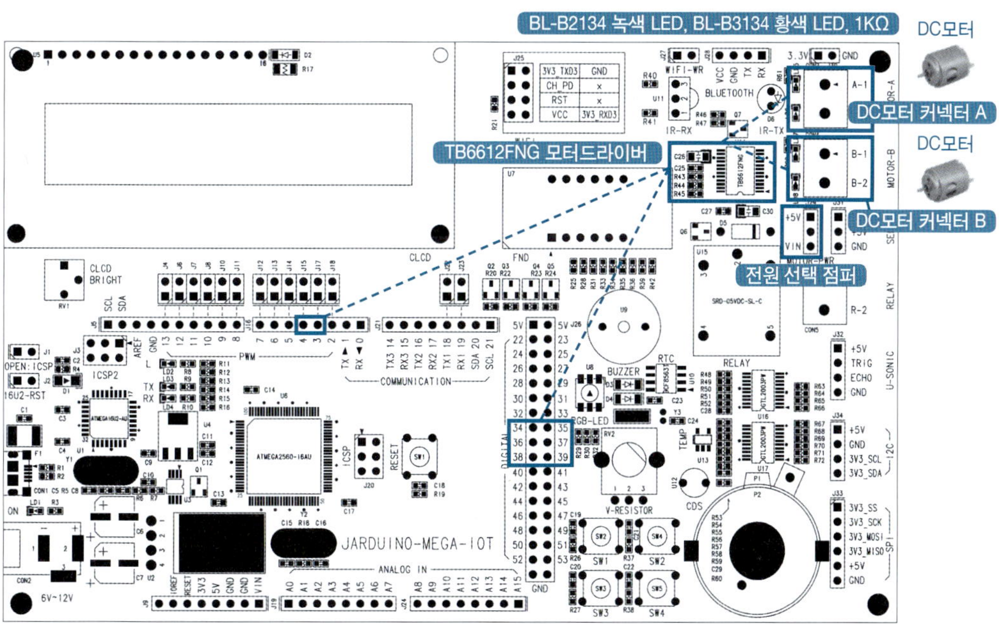

[그림 15.6] JARDUINO-MEGA-IOT의 PCB 회로도(DC모터를 이용한 공중회전그네)

작품에 필요한 함수 이해하기 [난수 초기화 및 난수 발생 함수]

void randomSeed(unsigned long seed)

random 함수는 초깃값(seed)이 설정되면 그 이후에 난수가 발생되는 패턴이 같아진다. randomSeed() 함수는 random() 함수의 초깃값(seed)을 다르게 설정하여 랜덤값 발생 패턴을 다르게 해주는 역할을 한다.

long random(long min, long max)

지정된 범위(min ≤ 난수 < max)내에서 난수를 발생시키는 함수이다

〈표 15.1〉 난수 초깃값 설정 및 발생 함수

void randomSeed(unsigned long)		
Arduino.h	난수 초깃값 설정 함수	• seed: 난수 초기화를 위한 초깃값
long random(long) or long random(long, long)		
Arduino.h	난수 발생 함수	• min: 난수값의 최솟값(범위 포함) • max: 난수값의 최댓값+1(범위 불포함) • return 값: 생성된 난수 값

작품 알고리즘 고민하고 순서도 그리기 [FC151]

[그림 15.7]에 그려진 순서에 따라 먼저 포트를 설정하고, 초깃값(시드)을 설정한다. 초깃값에 따라 아두이노 PWM 신호의 폭이 변하므로, TB6612FNG의 모터에 작용하는 힘의 토크, 즉 모터의 속도를 조절할 수 있다. 또한 delay() 함수의 인수도 랜덤하게 설정하면 모터의 회전 시간도 조절 가능하므로, 랜덤 시간 동안 정회전 및 정지, 그리고 역회전 및 정지 동작을 구현할 수 있다.

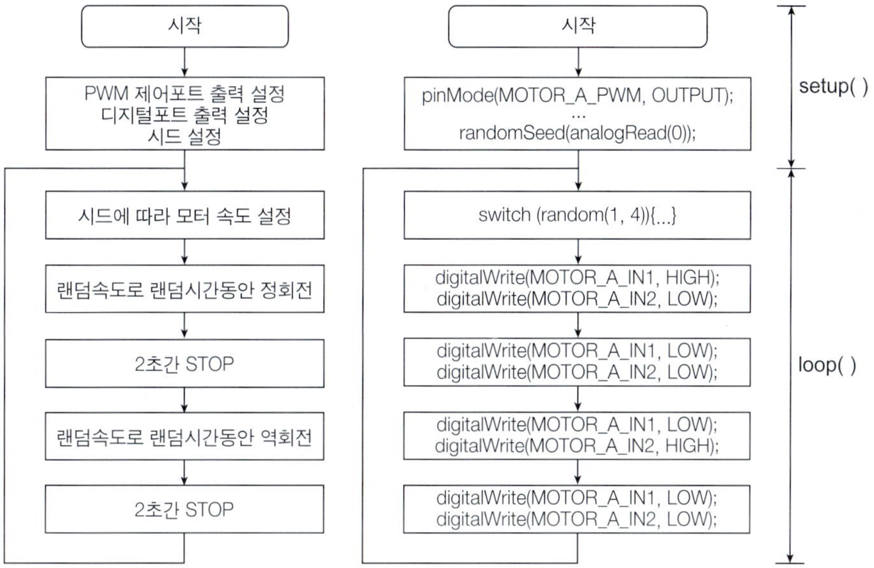

[그림 15.7] 알고리즘 순서도(DC모터를 이용한 공중회전그네)

작품의 스케치 프로그래밍 하기 [P151MEGA]

```
const int MOTOR_STBY  = 34;
const int MOTOR_A_PWM = 3;        // 모터 A PWM 제어 핀
const int MOTOR_A_IN1 = 35;       // 모터 A 입력 핀 1
const int MOTOR_A_IN2 = 36;       // 모터 A 입력 핀 2

#define PWM_HIGH  255             // 빠른 속도, 그네 무게에 따라 조정 필요
#define PWM_MED 64                // 중간 속도, 그네 무게에 따라 조정 필요
#define PWM_LOW 16                // 느린 속도, 그네 무게에 따라 조정 필요
#define PWM_ZERO  0               // 정지

void setup()
{
  int value;
  pinMode(MOTOR_STBY, OUTPUT);    // 모터 STBY 핀 출력 설정
  pinMode(MOTOR_A_PWM, OUTPUT);   // 모터 A PWM 제어 핀 출력 설정
  pinMode(MOTOR_A_IN1, OUTPUT);   // 모터 A 입력 핀 1 출력 설정
  pinMode(MOTOR_A_IN2, OUTPUT);   // 모터 A 입력 핀 2 출력 설정
  digitalWrite(MOTOR_STBY, HIGH); // 모터 활성화
  value = analogRead(0);   //A0 포트에 입력 신호가 없으면 random한 값이 읽혀짐
  randomSeed(value);              // 위 값을 난수 발생의 초깃값(seed)으로 사용
}

void loop()
{
  int random_value, level;        // 랜덤 값 및 그네 속도 임시 저장
  random_value = random(1, 4);    // 1, 2, 3 중 임의 값을 취함
  switch (random_value)           // 값에 따라 선택
  {
    case 1: level = PWM_HIGH; break;      // 랜덤 값이 1이면 빠른 속도
    case 2: level = PWM_MED;  break;      // 랜덤 값이 2이면 중간 속도
    case 3: level = PWM_LOW; break;       // 랜덤 값이 3이면 느린 속도
    default:  break;
  }                               // 랜덤 발생 값에 따라 모터 속도 설정
```

```
    analogWrite(MOTOR_A_PWM, level);        // 랜덤값으로 속도설정, analogWrite
    digitalWrite(MOTOR_A_IN1, HIGH);        // 시계 방향 세팅
    digitalWrite(MOTOR_A_IN2, LOW);         // 시계 방향 세팅
    delay(random(1,10)*1000);   // 임의의 시간(1~9초) 동안 임의의 속도로 정회전

    analogWrite(MOTOR_A_PWM, PWM_ZERO);     // 속도 0
    digitalWrite(MOTOR_A_IN1, LOW);         // 정지 세팅
    digitalWrite(MOTOR_A_IN2, LOW);         // 정지 세팅
    delay(2000);                            // 2초간 정지

    analogWrite(MOTOR_A_PWM, level);        // 랜덤값으로 속도설정, analogWrite
    digitalWrite(MOTOR_A_IN1, LOW);         // 반시계 방향 세팅
    digitalWrite(MOTOR_A_IN2, HIGH);        // 반시계 방향 세팅
    delay(random(1,10)*1000);   // 임의의 시간(1~9초) 동안 임의의 속도로 역회전

    analogWrite(MOTOR_A_PWM, PWM_ZERO);     // 속도 0
    digitalWrite(MOTOR_A_IN1, LOW);         // 정지 세팅
    digitalWrite(MOTOR_A_IN2, LOW);         // 정지 세팅
    delay(2000);                            // 2초간 정지
  }
```

setup() 함수에서는 정의된 모든 핀을 출력으로 설정한다. 아무런 연결이 없는 상태에서 A0 포트를 읽으면 랜덤한 값이 읽힌다. loop() 함수에서는 랜덤 값을 발생시키고 switch~case~문을 이용하여 모터의 속도를 설정한다. 이후 모터를 설정된 속도로 랜덤한 시간동안 정회전시키고 2초간 정지한 후, 계속하여 설정된 속도로 랜덤한 시간동안 역회전시키고 2초간 정지한다.

한편, 모터 전원을 아두이노가 사용하는 전원과 동일한 소스로부터 공급받는 경우는 주의가 필요하다. 모터의 규격에 따라 다르겠지만 일반적으로 모터는 기동시 상당히 많은 전류를 필요로 하므로, 이것이 순간적으로 공급 전원의 부족을 일으켜 전압이 다운될 수 있는데, 이 때 아두이노가 리셋되는 치명적인 상황이 발생할 수도 있다. 그러므로 보통 모터의 전원은 아두이노 전원과는 다른(분리된) 전원을 사용하는 것이 좋다.

아두이노 동작시키기

- 아두이노가 연결된 상태에서 스케치 프로그램을 업로드한다.

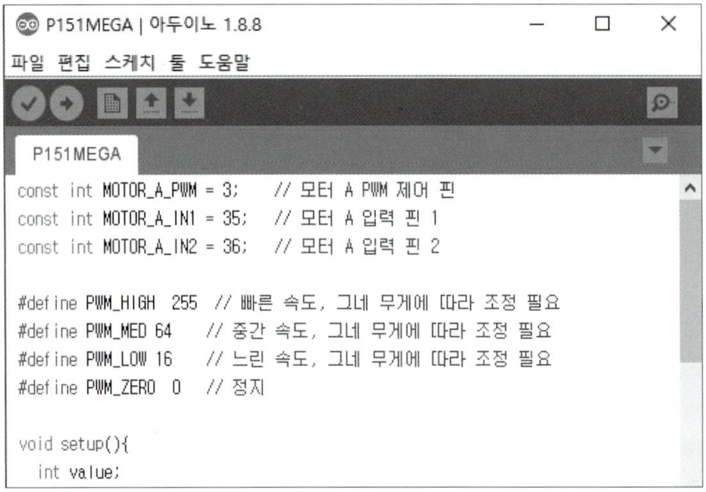

[그림 15.8] 스케치 프로그램(DC모터를 이용한 공중회전그네)

연습 문제

1 전류와 자계의 방향이 결정되면 ( )에 의해 힘이 작용하는 방향이 결정되고, 모터의 역기전력에 의한 전류의 방향은 ( )에 의해 결정된다.

2 TB6612FNG 모터 드라이버에서 VCC와 GND는 칩 자체에 전원(( )V)을 공급하는 핀이고, VM1(또는 VM2, VM3)과 PGND1(또는 PGND2)은 모터 구동전압(( )~( )V)을 입력하는 핀이다.

3 TB6612FNG를 아두이노와 연결하여 회로를 구성하려면 아두이노의 디지털 출력을 TB6612FNG의 입력인 ( )에 연결하고, TB6612FNG의 출력인 ( )을 모터에 연결하여야 한다.

4 STBY가 'L'(Active Low)이면 Stand_By 모드가 되어 다른 핀의 입력에 관계없이 출력이 ( )가 된다.

5 입력(IN1, IN2)가 ('H', 'H')이면 ( ) 모드가 되어 출력 (O1, O2)로 ('L', 'L')가 출력되고, ('L', 'L')이면 ( ) 모드가 되어 High Impedance가 출력된다. 입력 (IN1, IN2)가 ('L', 'H')이면 ( ) 모드로 ('L', 'H')이 출력되고 PWM이 'L'이면 ( )모드로 ('L', 'L')이 출력된다.

6 TB6612FNG의 PWM 핀에 아두이노의 PWM 포트를 연결하면, PWM 신호의 폭을 조절함으로써 모터에 작용하는 힘의 ( ), 즉 모터의 ( )를 조절할 수 있다.

7 디지털 출력으로 모터를 직접 회전시킬 수 없는 이유는 무엇인가?

8 DC모터를 5초간 정방향 → 5초간 정지 → 5초간 역방향 → 5초간 정지의 동작을 반복하도록 프로그램을 작성하고 실행하라. [P152MEGA][P152UNO]

9 DC모터를 5초 단위로 정방향(약) → 정방향(중) → 정방향(강) → 정방향(중) → 정방향(약) → 정지 → 역방향(약) → 역방향(중) → 역방향(강) → 역방향(중) → 역방향(약) → 정지 → 정방향(약) … 의 형태로 동작하도록 프로그램을 작성하고 실행하라. [P153MEGA][P153UNO]

16장 온도센서와 DC모터로 똑똑한 선풍기 만들기

학습 목표

- 온도센서의 원리를 이해하고, 온도센서를 이용한 회로를 구성할 수 있다.
- 온도센서와 모터 드라이버가 연계된 시스템을 구성할 수 있다.

학습 내용

- 온도 센서의 온도–전압 특성 곡선을 설계에 반영하는 방법
- 센서와 엑추에이터를 함께 설계하는 방법

도구	• PC, JARDUINO–MEGA–IOT 또는 아두이노 메가 또는 아두이노 우노 • USB 케이블(A타입–μB타입), 스케치 소프트웨어, Fritzing, draw.io
부품	• TB6612FNG 모터드라이버, DC모터 2개, BL–B2134 녹색 LED 2개, BL–B3134 황색 LED 2개, TMP36GRT 온도센서(TMP36GRT.pdf), 5050–RGB 컬러 LED, 1KΩ 5개
프로그램	• [P161MEGA], [P161UNO], [P162MEGA], [P162UNO], [P163MEGA], [P163UNO]

대표 회로도

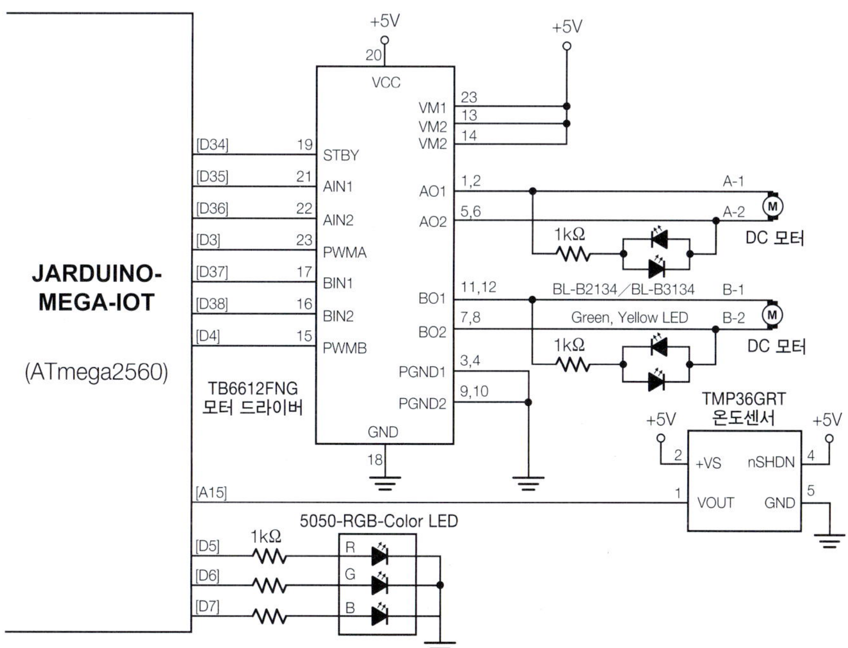

[그림 16.1] 대표 회로도(스마트 선풍기)

이론 이해하기, 부품 살펴보기, 회로 구상하기 [TMP36GRT]

니켈, 코발트, 구리, 철 등의 화합물로 이루어진 반도체인 서미스터(Thermistor)라는 물질은 온도가 높아지면 자유전하가 증가해 저항 값이 작아지고, 온도가 낮아지면 자유전하가 감소해 저항 값이 증가하는 특성을 가지고 있다. 온도센서는 서미스터에 약간의 로직을 첨가하여 제작된다. 보통 온도 센서는 모듈이나 IC의 형태를 가지고 있으며, μ컨트롤러와 연결하여 응용 시스템을 제작하는 데 사용될 수 있다. 대표적인 온도센서로서 TMP36GRT는 아래의 특징을 갖는 아날로그 온도센서이다.

- −2.7V ~ 5.5V 동작
- −40℃에서 125℃까지 온도 측정
- ±2℃ 정도의 오차
- +Vs : [5V] 연결
- GND : [GND] 연결
- $\overline{SHUTDOWN}$: [5V] 연결
- Vout : 아두이노 [ADC] 포트 연결

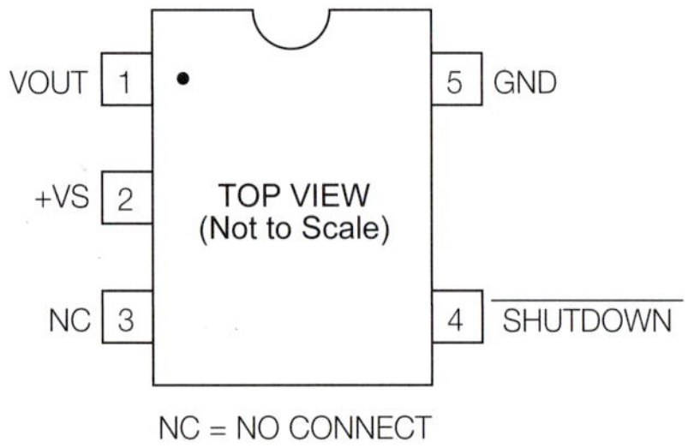

온도센서 측정 회로는 데이터시트에 제시된 것처럼 **[그림 16.2]**와 같이 구성하면 된다. **[그림 16.2]**에는 TMP36GRT의 온도(T)−출력전압(V)의 특성이 나타나 있다. 온도에 따른 출력 전압의 기울기는 10mV/℃이며 선형적이다. 또한 전압 축 절편은 0.5V이다. 이를 1차 함수로 표현하면 $V=T/100+0.5$과 같이 유도된다. 온도로 정리하면 $T=100(V-0.5)$이다. 예를 들어 온도가 25℃일 경우 출력되는 전압은 0.75[V]이고, 출력전압이 1V 라면 온도는 50℃이다.

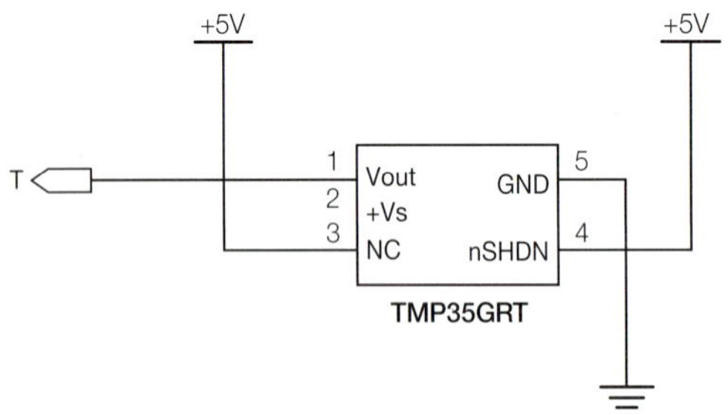

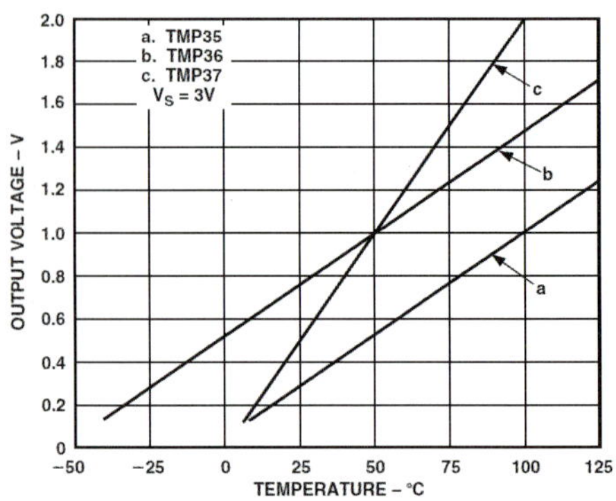

[그림 16.2] 온도센서 회로 및 TMP36GRT의 온도-출력전압 특성

작품 목표 이해하기 [온도센서로 똑똑한 선풍기 만들기]

- 온도가 26도 이상이 되면 저절로 켜지면서 약풍이 불고, 28도 이상이 되면 중풍, 30도 이상이 되면 강풍이 부는 똑똑한 선풍기를 제작해보자.

작품 회로 설계하기 [아두이노 - 모터 드라이버 - 모터, 아두이노 - 온도센서]

JARDUINO-MEGA-IOT에 실장된 회로

Fritzing 회로도는 적절한 모터 드라이버 IC가 패키지 내에 포함되지 않아 제외하였다. **[그림 13.1]**에는 회로도가, **[그림 13.6]**에는 JARDUINO-MEGA-IOT에 실장된 부품의 위치와 PCB 회로도가 나타나 있다. 회로 연결이 자세히 표현되지는 않았지만 부품들은 PCB 보드를 통해 연결되어 있다.

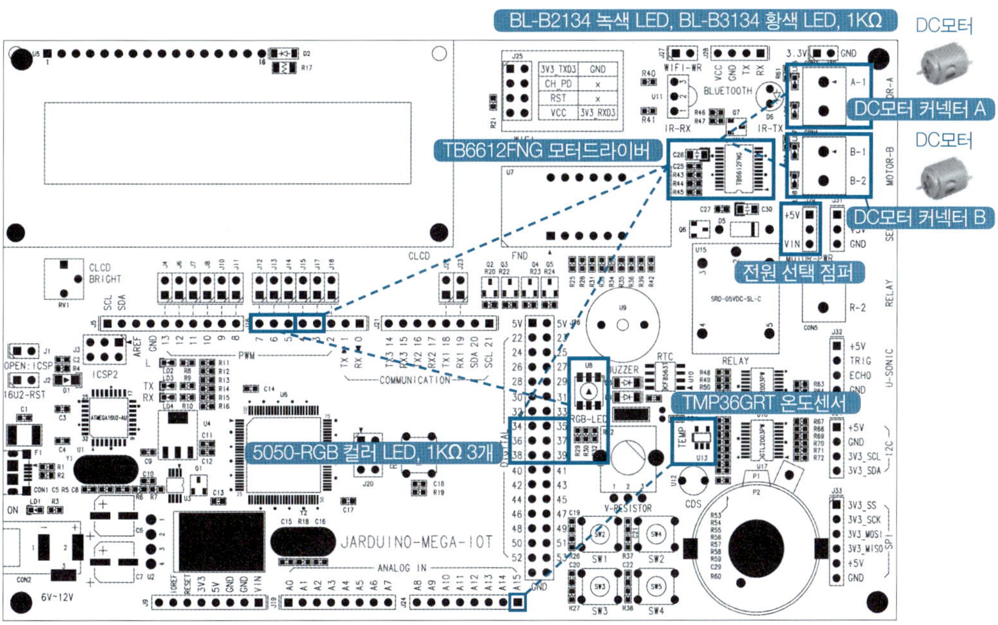

[그림 16.3] JARDUINO-MEGA-IOT의 PCB 회로도(스마트 선풍기)

작품 알고리즘 고민하고 순서도 그리기 [FC161]

[그림 16.4]에는 온도센서를 이용한 자동 속도 조절 선풍기의 알고리즘이 나타나 있다. 먼저 setup() 함수에서는 PWM 제어 신호와 모터 입력 신호를 출력으로 설정한다. loop() 함수에서는 온도센서로부터 얻은 아날로그 입력 전압을 데이터시트에 나타난 그래프의 일차식을 이용하여 온도로 환산한다. 이후 온도 값에 따라 3가지의 풍속을 결정하는데, 이에 대한 모터 제어 알고리즘은 앞선 프로그램과 유사하므로 이전 장을 참조하기 바란다.

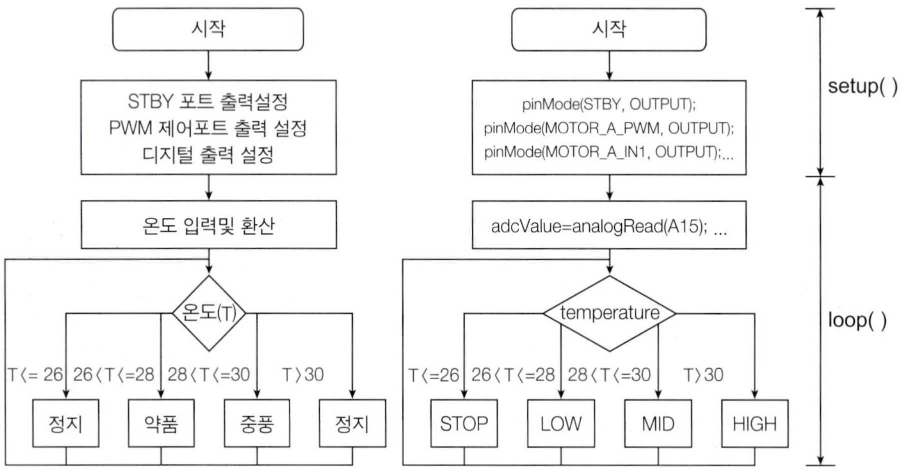

[그림 16.4] 알고리즘 순서도(스마트 선풍기)

작품의 스케치 프로그래밍 하기 [P161MEGA]

```
const int MOTOR_STBY = 34;
const int MOTOR_A_PWM = 3;              // 모터 A PWM 제어 핀
const int MOTOR_A_IN1 = 35;             // 모터 A 입력 핀 1
const int MOTOR_A_IN2 = 36;             // 모터 A 입력 핀 2
#define PWM_HIGH  255                   // 빠른 속도
#define PWM_MID 64                      // 중간 속도
#define PWM_LOW 16
                                        // 느린 속도
void setup(){
  pinMode(MOTOR_STBY, OUTPUT);          // 모터 STBY 신호는 출력
  pinMode(MOTOR_A_PWM, OUTPUT);         // 모터 A PWM 신호는 출력
  pinMode(MOTOR_A_IN1, OUTPUT);         // 모터 A 제어 신호 IN1은 출력
  pinMode(MOTOR_A_IN2, OUTPUT);         // 모터 A 제어 신호 IN2는 출력
  digitalWrite(MOTOR_STBY, HIGH);       // 모터 활성화
}

void loop(){
  int adcValue;                         // 아날로그 입력값 임시 저장 변수
  float voltage, temperature;           // 전압값, 온도 임시 저장 변수
  adcValue = analogRead(A0);            // 아날로그 값 읽어오기
  voltage = adcValue * 5.0 / 1023.0;    // 아날로그 값에 대응되는 전압값 계산
  temperature = (voltage - 0.5) * 100.0; // 전압값에 대응되는 온도값 계산
  digitalWrite(MOTOR_A_IN1, HIGH);      // 모터 회전 방향 = 시계 방향 세팅
  digitalWrite(MOTOR_A_IN2, LOW);       // 모터 회전 방향 = 시계 방향 세팅
  if(temperature>30.0)       analogWrite(MOTOR_A_PWM, PWM_HIGH);  // 빠른 속도
  else if(temperature>28.0)  analogWrite(MOTOR_A_PWM, PWM_MID);   // 중간 속도
  else if(temperature>26.0)  analogWrite(MOTOR_A_PWM, PWM_LOW);   // 느린 속도
  else                       analogWrite(MOTOR_A_PWM, 0);         // 정지
  delay(3000);                                                    // 3초 지연
}
```

이 프로그램에서 가장 중요한 것은 현재 온도를 구하는 식을 구현하는 것이다. 본 프로그램에서 voltage=adcValue*5.0/1023.0;는 아날로그 입력값의 범위가 0~1023이고, 이에 대응되는 전압의 범위가 0~5V이기 때문에, adcValue에 5를 곱하고 1023로 나누어 아날로그 입력값을 전압으로 환산한 것이고, temperature=(voltage−0.5)*100.0;은 $T=100(V-0.5)$을 그대로 코딩한 것이다.

아두이노 동작시키기

- 아두이노가 연결된 상태에서 스케치 프로그램을 업로드한다.

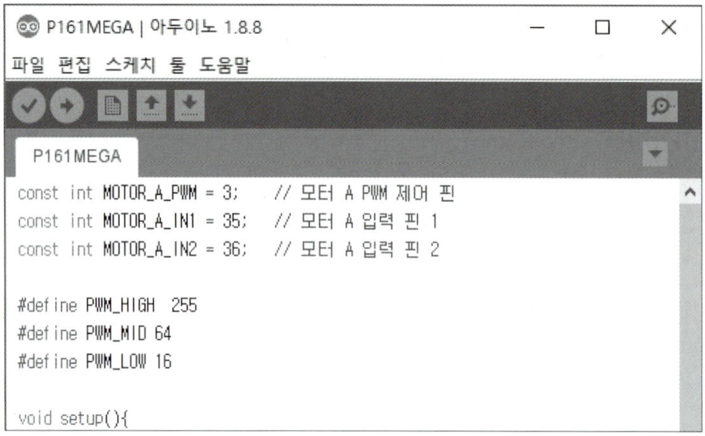

[그림 16.5] 스케치 프로그램(스마트 선풍기)

연습 문제

1 니켈, 코발트, 구리, 철 등의 화합물로 이루어진 반도체인 (   )라는 물질은 온도가 높아지면 자유전하가 증가해 저항값이 (   ), 온도가 낮아지면 자유전하가 감소해 저항값이 (   ) 특성을 가지고 있다.

2 온도센서로서 TMP37을 사용했다고 가정하자. 데이터시트에 나타난 TMP37의 온도(T)-출력 전압(V)의 특성을 1차 함수로 표현하라.

3 만일 아날로그 입력값(adcValue)의 범위가 0~511이고, 이에 대응되는 전압(voltage)의 범위가 0~10V일 경우, 아날로그 값-전압 환산식을 작성하라.

4 실내의 온도를 측정하여 1초 간격으로 시리얼 모니터에 디스플레이하는 프로그램을 설계하라. [P162MEGA][P162UNO]

5 측정된 온도에 따라 20도 미만일 때는 파랑색, 20도~25도 사이일 경우 노랑색, 25도 이상일 경우 빨강색을 켜는 컬러 LED를 설계하라. [P163MEGA][P163UNO]

17장 서보모터와 스위치로 주차장 차단기 만들기

학습 목표

- 서보모터의 구동 원리를 이해할 수 있다.
- Servo.h를 이용하여 객체를 생성하고 서보모터를 구동할 수 있다.
- 객체 없이 서보모터 구동 프로그램을 작성할 수 있다.

학습 내용

- 서보모터를 구동시키는 멤버 함수 활용 방법

도구	• PC, JARDUINO-MEGA-IOT 또는 아두이노 메가 또는 아두이노 우노 • USB 케이블(A타입-μB타입), 스케치 소프트웨어, Fritzing, draw.io
부품	• TS-1005-5MM 택타일 스위치, 10KΩ, 0.1uF, SG-90 서보모터(sg90.pdf)
함수	• Servo.attatch( )/write( ), delayMicroseconds( )
프로그램	• [P171], [P172], [P173]

대표 회로도

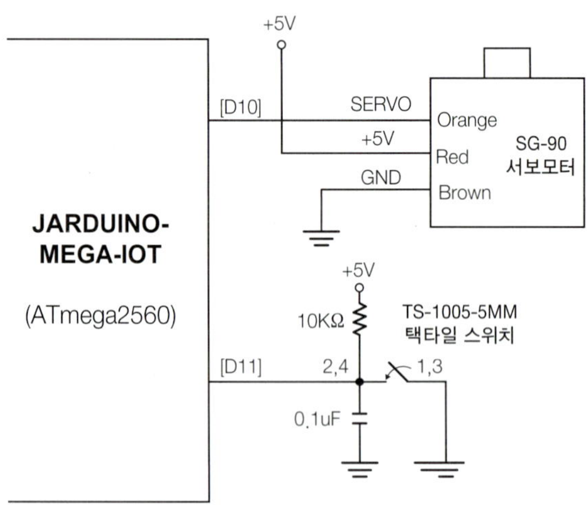

[그림 17.1] 대표 회로도(주차장 차단기)

이론 이해하기 [서보모터]

서보모터는 전압 입력을 회전각으로 바꾸기 위해 사용되는 DC모터의 일종이다. 개루프 제어를 이용하는 스테핑모터도 같은 역할을 수행하지만 폐루프 제어를 이용하는 서보모터가 더 안정적으로 동작한다.

서보모터의 구조가 **[그림 17.2]**에 나타나 있다. 먼저 PWM 펄스를 입력받은 펄스폭-전압 변환기는 PWM 펄스의 듀티비에 비례하는 전압을 출력한다. 이 전압이 차동 증폭기(입력의 차이를 증폭하는 증폭기)로 입력되는 데 일단 차동 증폭기는 무시하고 설명을 진행한다. 펄스폭-전압 변환기의 출력 전압의 크기는 회전해야 할 각도를 의미하므로 DC모터에 입력되는 즉시 DC모터는 회전할 것이다. 기어박스 또한 없다고 가정하고 설명을 진행하자. 회전 감지기인 퍼텐쇼미터는 DC모터의 회전 각도에 비례하는 전압을 출력한다. 이 값이 차동 증폭기로 입력되는데 만일 회전감지기의 출력 전압이 이전부터 계속 입력되고 있던 펄스폭-전압 변환기의 출력 전압보다 크면 차동 증폭기의 출력에 의해 DC모터는 반대 방향으로 회전하려 할 것이고(입력한 각도 보다 더 회전하였다는 의미), 반대로 작으면 DC모터는 원래 회전 방향으로 더 회전하려 할 것이다(입력한 각도보보다 덜 회전하였다는 의미). 이 폐루프 제어를 통해 원하는 각도보다 더 혹은 덜 회전하면서 오차를 줄여나가다가, 시간이 지나 회전감지기의 출력 전압과 펄스폭-전압 변환기의 출력 전압의 차가 거의 0에 근접하면 DC모터는 회전하지 않고 멈추게 된다. 결국, 원하는 각도에서 정지하는 것이다.

여기서 차동 증폭기는 두 입력 전압의 미세한 차이를 큰 전압으로 증폭하여 DC모터를 구동시키는 역할을 한다. 이 구조의 문제점은 DC모터가 너무 빨리 회전하면 폐루프 제어를 통해 각도가 안정화되는 시간이 오래 걸린다는 것이다. 기어박스는 일종의 감속장치로 DC모터의 회전속도를 감속시켜 안정화되는 시간을 짧게 하려는 데에 목적이 있다.

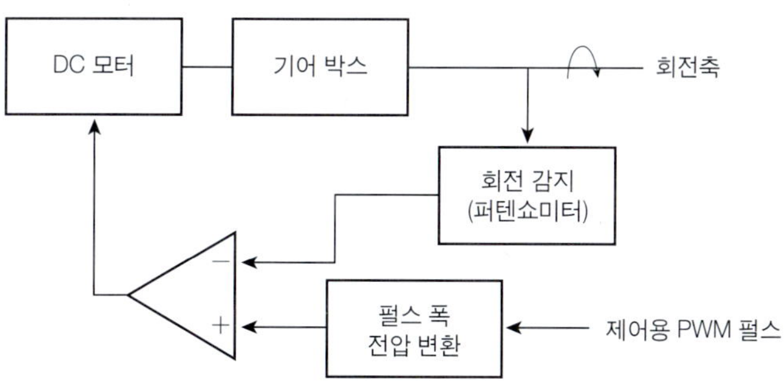

[그림 17.2] 서보모터의 내부 구조

부품 살펴보기 및 회로 구상하기 [서보모터 SG-90 또는 SM-S2309S]

[그림 17.3]에는 널리 사용되는 미니 서보모터인 SG-90 서보모터(또는 SM-S2309S)와 이를 구동하기 위한 PWM 타이밍도가 나타나 있다. SG-90은 VCC(빨강색), GND(갈색), 그리고 SERVO(오렌지색)의 3개의 핀이 있다. VCC에는 4.8V에서 6V까지의 전압을 공급해주면 된다. 아두이노와 연결하려면 VCC는 [5V], GND는 [GND], SERVO는 [PWM]과 연결하여야 한다. 이 모터는 0°~180°까지 회전이 가능하다.

모터의 회전 각도는 **[그림 17.3]**처럼 SERVO로 입력되는 펄스의 HIGH 펄스폭(듀티사이클)에 의해 결정된다. 50Hz(주기 20ms)의 5V PWM 신호를 입력받는다고 가정하고 HIGH의 펄스폭을 1ms부터 2ms가 되도록 조절하면 서보모터의 회전 각도가 조절된다. 펄스폭과 회전 각도 사이의 관계가 **〈표 17.1〉**에 나타나 있다. 즉 1ms 이하이면 0°로 회전하고, 1.5ms이면 90°로 회전하며, 2ms 이상이면 180°로 회전한다. 이 관계는 서보모터마다 다르므로 데이터시트를 반드시 참고하여야 하며, 개별 부품마다 약간의 오차가 있으니 반드시 실험을 통해 보정하여야 할 것이다.

남은 문제는 PWM의 주기 및 HIGH의 폭을 조절하는 방법이다. 이를 위해서는 스케치 프로그램을 이용하여야 한다. 만일 회전 각도를 180°로 회전시키려면 digitalWrite() 함수를 이용해 서보모터의 SERVO 핀에 연결된 디지털 포트의 출력 값을 HIGH로 한 상태에서 2ms동안 지연시키고, 다시 LOW로 한 상태에서 18ms동안 지연시키는 루틴을 loop() 함수에 포함시키면 된다. 다른 방법으로 클래스 Servo의 객체를 생성하여 Servo.attatch()와 Servo.write() 함수를 이용하는 방법도 있다. 이 방법은 코딩이 간단하고 확실한 각도 조정이 보장되는 장점이 있다.

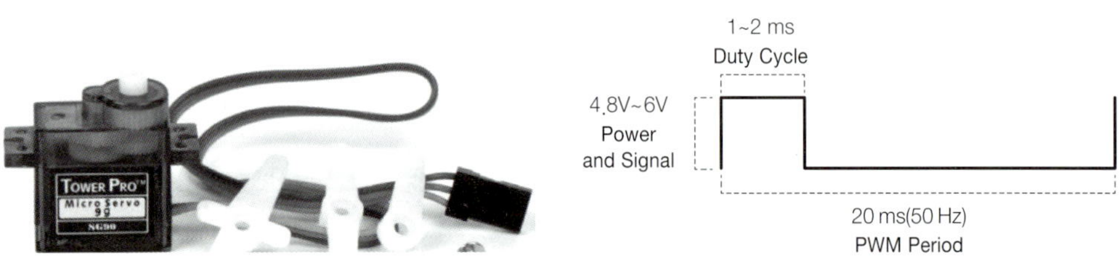

[그림 17.3] SG-90과 PWM 타이밍 도

〈표 17.1〉 PWM 신호 폭과 회전 각도 사이의 관계

PWM 신호폭	1ms 이하	1~1.5ms	1.5ms	1.5ms	2.0ms 이상
회전 각도(θ)	$\theta=0°$	$0°<\theta<90°$	$\theta=90°$	$90°<\theta<180°$	180°

작품 목표 이해하기 [서보모터와 스위치로 주차장 차단기 만들기]

- 스위치가 눌려지면 차단기의 현재 상태를 체크하여, 현재 상태가 90°('OPEN') 상태이면 0°('CLOSED') 상태로 이동하고, 0°('CLOSED') 상태이면 90°('OPEN') 상태로 이동하는 주차장 차단기를 설계하여라.

작품 회로 설계하기 [아두이노 - 서보모터, 아두이노 - 스위치]

아두이노 메가를 이용한 회로(fritzing, [F171])

[그림 17.1], [그림 17.4]는 SG-90 서보모터를 기준으로 꾸민 작품의 회로이다. 스위치와 서보모터가 별도로 연결되므로 회로 구성은 단순하다.

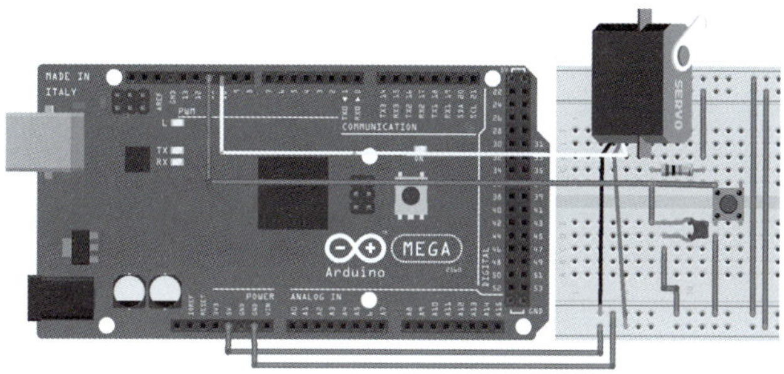

[그림 17.4] 아두이노 메가를 이용한 회로(주차장 차단기)

JARDUINO-MEGA-IOT에 실장된 회로

[그림 17.5]에는 JARDUINO-MEGA-IOT에 실장된 부품의 위치와 PCB 회로도가 나타나 있다. 회로 연결이 자세히 표현되지는 않았지만 부품들은 PCB 보드를 통해 연결되어 있다.

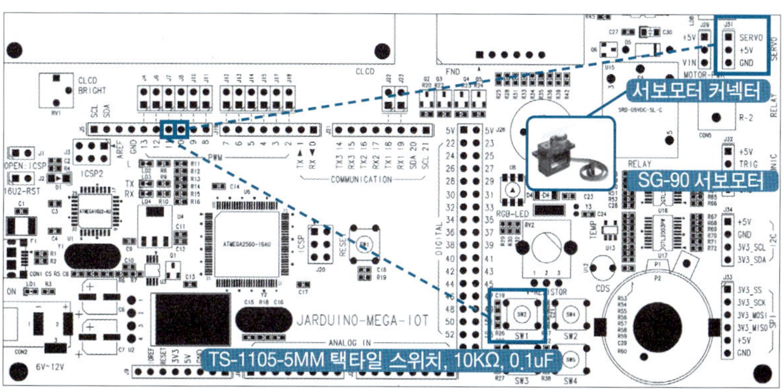

[그림 17.5] JARDUINO-MEGA-IOT의 PCB 회로도(주차장 차단기)

작품에 필요한 함수 이해하기 [μs 지연 함수, Servo 멤버 함수]

void delayMicroseconds(unsigned int us)

delay() 함수와 비슷하게 시간을 지연해주는 함수이다. delay() 함수는 ms 단위로 지연하는데 반해서 delayMicroseconds() 함수는 us 단위로 지연한다는 것만 다르다.

〈표 17.2〉 μs 지연 함수

void delayMicroseconds(unsigned int us)		
Arduino.h	시간 지연 함수	• us: μ초 단위 지연 시간

Servo 멤버 함수들

Servo 멤버 함수들을 사용하기 위해서는 헤더를 포함시키고 Servo 클래스의 객체 servo1(객체명은 변수명을 정하는 규칙을 따름)을 Servo servo1;의 형태로 선언해 주어야 한다. 이는 정수형 변수 i를 선언할 때 "int i;" 라고 쓰는 것과 동일하다. 객체 servo1을 선언하면 이 Servo 객체에 소속된 멤버함수들을 사용할 수 있게 된다. 〈표 17.3〉에는 본 장에서 활용하는 Servo 멤버 함수가 정리되어 있다. 먼저 servo1.attach() 함수는 PWM 출력(pin)을 서보모터에 연결하고 동작할 수 있는 각도의 범위를 설정하는 함수이다. 이 함수를 이용해 SG-90 서보모터를 0°(min=1000)부터 180°(max=2000)까지 동작시킬 수 있다. servo1.write() 함수는 실제 서보모터가 동작하는 각도를 입력하는 함수이다. value에 각도 값을 직접 입력해주면 된다.

〈표 17.3〉 Servo 멤버 함수

이 함수들을 사용하기 위해서는 아래와 같은 코드를 프로그램에 삽입해야 함 #include 〈Servo.h〉 // 서보 헤더 포함 Servo servo1; // 클래스 Servo의 객체 servo1(변수명 규칙에 따름) 선언		
uint8_t servo1.attach(int pin, int min, int max)		
Servo.h	서보연결 함수	• pin: 서보모터의 데이터 선이 연결된 핀 번호 • min(optional): 0°에 해당되는 펄스 폭(us) (default: 1000) • max(optional): 180°에 해당되는 펄스 폭(us) (default: 2000) • return 값: 서보모터가 연결된 채널, 실패시 255
void servo1.write(int value)		
Servo.h	서보동작 함수	• value: 각도값(0~180), 0:0°, 90:90°, 180:180° • return 값: 없음

작품 알고리즘 고민하고 순서도 그리기 [FC171]

[그림 17.6]에는 먼저 포트를 설정하고, 서보모터를 연결한 후, 초기 각도를 설정한다. 스위치가 눌러지는 것을 감지하여 현재 서보모터 상태가 CLOSED(0°) 상태이면, OPEN(90°) 상태로 변경하고, OPEN(90°) 상태이면, CLOSED(0°) 상태로 변경한다.

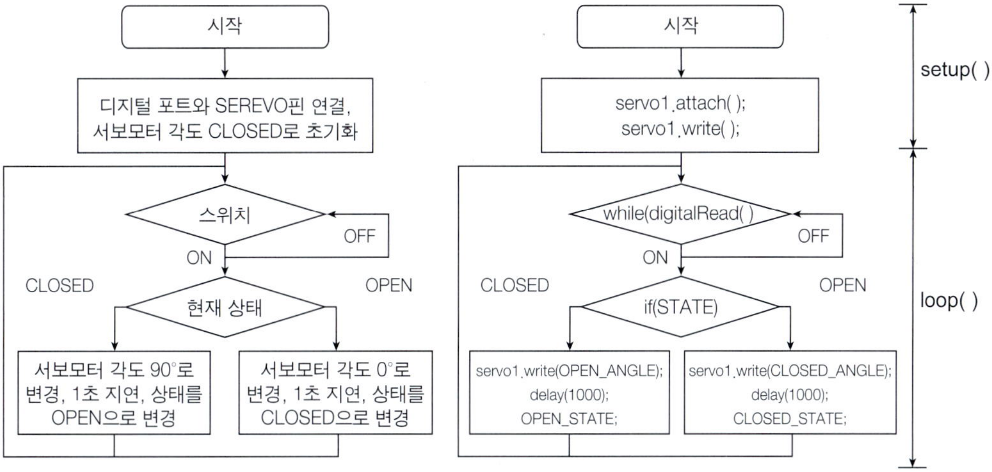

[그림 17.6] 알고리즘 순서도(주차장 차단기)

작품의 스케치 프로그래밍 하기 [P171]

```
#include <Servo.h>                    // 서보 헤더 포함
Servo servo1;                         // Servo 클래스의 servo1 객체 생성
#define SERVO 10                      // 서보 핀은 10번 포트
#define SWITCH 11                     // 스위치는 11번 포트
#define CLOSED_ANGLE 0                // 닫는 각도를 0도로 설정
#define OPEN_ANGLE 90                 // 여는 각도를 90도로 설정
#define SET_0_PULSE_WIDTH 1000        // 0도 일 때 HIGH 펄스 폭(us)
#define SET_180_PULSE_WIDTH 2000      // 180도 일 때 HIGH 펄스 폭(us)
#define OPEN_STATE 1                  // 열린 상태를 1로 설정
#define CLOSED_STATE 2                // 닫힌 상태를 2로 설정
int state = CLOSED_STATE;             // 초기 상태는 닫힌 상태

void setup(){
  pinMode(SERVO, OUTPUT);             // 서보 핀 연결 포트는 출력 설정
  pinMode(SWITCH, INPUT);             // 스위치 연결 포트는 입력 설정
  servo1.attach(SERVO, SET_0_PULSE_WIDTH, SET_180_PULSE_WIDTH);
                                      // 0도 180도 일때 펄스폭을 통해 서보 연결
  servo1.write(CLOSED_ANGLE);         // 닫힌 상태로 서보 모터 설정
  state = CLOSED_STATE;               // 닫힌 상태로 상태 변수 설정
  delay(1000);                        // 1초 지연
}

void loop(){
  int position;
  while (digitalRead(SWITCH) != LOW); // 스위치가 눌려질 때까지 대기
  if (state == CLOSED_STATE){         // 현재 상태가 닫힌 상태이면
    servo1.write(OPEN_ANGLE);         // 서보모터를 열린 상태 위치로 이동
    delay(1000);                      // 1초 지연
    state = OPEN_STATE;               // 열린 상태로 상태 변수 설정
  }
  else{                               // 현재 상태가 열린 상태이면
    servo1.write(CLOSED_ANGLE);       // 닫힌 상태로 서보 모터 설정
    delay(1000);                      // 1초 지연
    state = CLOSED_STATE;             // 서보모터를 닫힌 상태 위치로 이동
  }
}
```

코드를 이해하기 전에 서보모터의 각도가 0° 일 때가 CLOSED_STATE이고, 90° 일 때가 OPEN_STATE임에 주의하자. 본 프로그램에서 90° 이상은 사용하지 않는다.

setup() 함수에서 servo1 객체의 멤버 함수인 attach()를 사용하는 코드 "servo1.attach(SERVO, SET_0_PULSE_WIDTH, SET_180_PULSE_WIDTH);" 는 서보모터의 SERVO 핀이 아두이노의 10번째 포트(#define SERVO 10)에 연결되어 있고, 서보모터가 0° 위치를 유지하기 위해 펄스폭 1000μs, 180° 위치를 유지하기 위해 펄스폭 2000μs를 세팅함을 나타낸다. (이것은 SG-90의 규격이다.). 이후 "servo1.write(CLOSED_ANGLE);" 을 통해 서보모터의 최초 각도를 0° 로 맞추어 놓는다. 또한 state도 CLOSED_STATE로 세팅해 놓는다.

loop() 함수에서는 스위치가 눌려질 경우 현재 state를 체크하여 CLOSED_STATE이면 이를 열기 위해 "servo1.write(OPEN ANGLE);" 를 실행하고 열리는 시간을 확보하기 위해 1초 지연시키고 state를 OPEN_STATE로 바꾼다. 현재 state를 체크하여 OPEN_STATE이면 이를 닫기 위해 "servo1.write(CLOSED_ANGLE);" 를 실행하고 열리는 시간을 확보하기 위해 1초 지연시키고 state를 CLOSED_STATE로 바꾼다.

아두이노 동작시키기

- 아두이노가 연결된 상태에서 스케치 프로그램을 업로드한다.

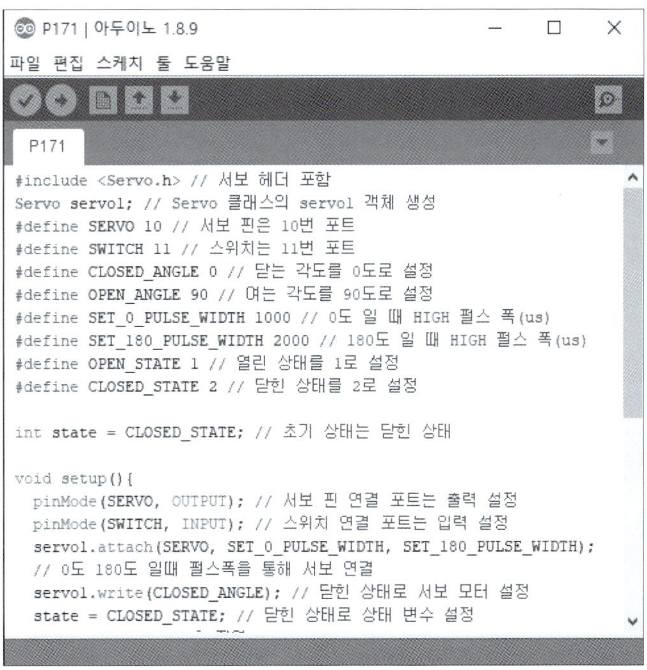

[그림 17.7] 스케치 프로그램(주차장 차단기)

연습 문제

1 서보모터는 전압 입력을 회전각으로 바꾸기 위해 사용되는 DC모터의 일종이다. (　　　　　)를 이용하는 스테핑모터도 같은 역할을 수행하지만 (　　　　　)를 이용하는 서보모터가 더 안정적으로 동작한다.

2 서보모터에서 PWM 펄스를 입력받은 펄스폭-전압 변환기는 PWM 펄스의 (　　　　　)에 비례하는 전압을 출력한다. 회전 감지기인 퍼텐쇼미터는 DC모터의 (　　　　　)에 비례하는 전압을 출력한다.

3 (　　　　　)는 두 입력 전압의 미세한 차이를 큰 전압으로 증폭하여 DC모터를 구동시키는 역할을 한다. (　　　　　)는 일종의 감속 장치로 DC모터의 회전 속도를 감속시켜 안정화되는 시간을 짧게하려는 데에 목적이 있다.

4 미니 서보모터인 SG-90을 아두이노와 연결하려면 VCC는 (　　　), GND는 (　　　), SERVO는 (　　　)과 연결하여야 한다.

5 모터의 회전 각도는 SERVO로 입력되는 펄스의 (　　　　　　　　　　)에 의해 결정된다.

6 회전 각도를 90°로 회전시키려면 digitalWrite( ) 함수를 이용해 서보모터의 SERVO 핀에 연결된 디지털 출력 포트의 출력 값을 (　　　　　)로 한 상태에서 2ms 동안 지연시키고, 다시 (　　　　　)로 한 상태에서 18ms 동안 지연시키는 루틴을 loop( ) 함수에 포함시키면 된다.

7 "Servo servo1;"는 Servo (　　　　　)의 servo1 (　　　　　)를 생성한다는 의미이다.

8 [P171]의 setup( ) 함수에서 servo1 객체의 멤버 함수인 attach( )를 사용하는 코드인 "servo1.attach(SERVO, SET_0_PULSE_WIDTH, SET_180_PULSE_WIDTH);"은 서보모터의 SERVO 핀과 연결된 아두이노의 포트를 통해 서보모터를 구동하는 범위인 0°일 때 펄스폭 (　　　　　)us, +0°일 때 펄스폭 (　　　　　)us를 출력할 수 있도록 세팅하여 준다.

9 Servo.h를 사용하지 않고 서보모터를 왼쪽 끝 → 중앙 → 오른쪽 끝 → 중앙 → ... 으로의 이동 동작을 반복하는 프로그램을 작성하고 실행하라. [P172]

10 서보모터를 9번 문제와 같이 동작하되, 조금씩 천천히 부드럽게 움직이도록 하는 프로그램을 작성하고 실행하라. [P173]

18장 RTC와 FND로 디지털시계 만들기

학습 목표	• RTC의 개념과 PCF8563T를 이해하고 활용할 수 있다. • Rtc_Pcf8563.h를 포함하여 Rtc_Pcf8563 클래스의 객체를 선언할 수 있다. • Rtc_Pcf8563.h 및 Rtc_Pcf8563.cpp 내의 함수를 확인하고 사용할 수 있다.
학습 내용	• 잔상 효과를 이용한 프로그래밍 방법 • millis( ) 함수를 이용한 경과시간 활용 방법

도구	• PC, JARDUINO-MEGA-IOT 또는 아두이노 메가 또는 아두이노 우노 • USB 케이블(A타입-μB타입), 스케치 소프트웨어, Fritzing, draw.io
부품	• PCF8563T RTC(PCF8563T.pdf), CH-206 크리스탈(CH206.pdf), IN4148 다이오드(1N4148.pdf) 2개, WCN4-0036SR-C11 FND, PMBT2222A 트랜지스터 4개, 0.1μF, 20pF, 250Ω 8개, 1KΩ 4개
함수	• millis( ), Rtc_Pcf8563.InitClock( )/setDate( )/setTime( )/formatTime( )/formatDate( )/getHour( )/getMinute( )/getMonth( )/getDay( )
프로그램	• [P181MEGA], [P181UNO], [P182]

대표 회로도

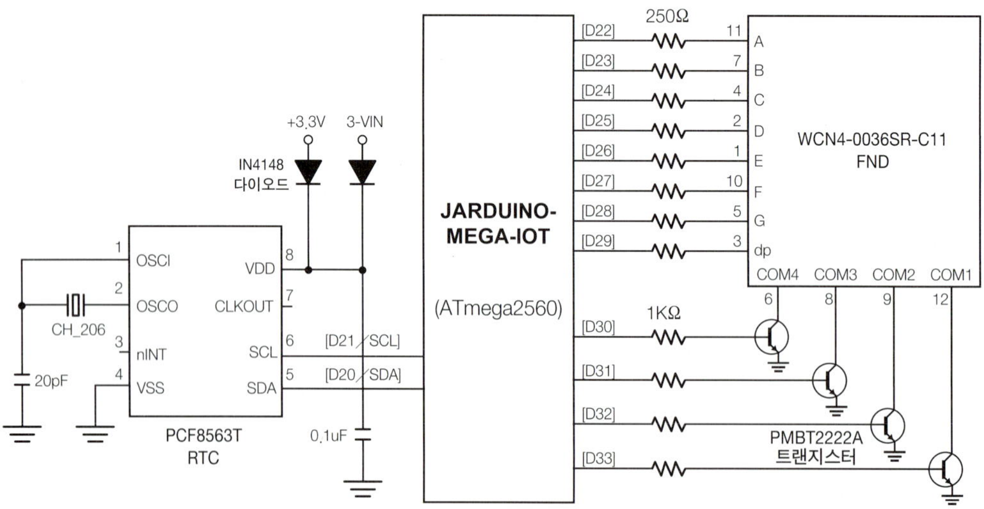

[그림 18.1] 대표 회로도(RTC 디지털시계)

이론 이해하기 및 부품 살펴보기 [RTC 및 PCF8563T]

RTC(Real Time Clock)는 시계 및 달력 기능만을 제공하는 전문 IC 칩이다. 모든 전자시계는 RTC를 이용해 만들어진다. 앞서 FND를 이용해 시계를 제작해보기도 하였지만, 이 시계는 μ컨트롤러가 항상 시간을 계산하고 있어야 하고, 전원이 공급되어야만 했다. RTC는 μ컨트롤러의 개입 없이, 독립된 전원을 활용하여 시계의 기능을 제공한다. RTC는 클럭을 제공하기 위한 별도의 크리스털(Crystal=Xtal, 보통 32.768kHz 주파수) 및 발진회로, 클럭을 세기 위한 디지털 카운터 회로(보통 8비트), 전원 없이도 동작하기 위한 배터리가 필요하다. 여기서 크리스털(인덕터(L) 성분)은 커패시터(커패시터(C) 성분, 잡음 제거의 역할도 함)와 결합되어 공진 현상에 의해 사인파를 출력하는 소자이고, RTC 내부에 있는 발진 회로는 입력된 공진 신호를 피드백 회로를 통해 발진시키는 회로이다. 시간 값을 입출력하는 인터페이스로서 I^2C(=TWI)버스를 사용한다. 대표적인 RTC에는 DS1307과 PCF8563T가 있다.

[그림 18.2]에는 PCF8563T의 모습과 핀 배치가 나타나 있다. PCF8563T는 NXP Semiconductor사의 8비트 RTC IC로서 32.768kHz 크리스털을 기반으로 년(윤년 포함), 월, 일, 주, 시, 분, 그리고 초를 제공하며, 날짜 및 시간을 저장하여 알람을 세팅할 수 있다. 분주된 클럭을 출력시킬 수 있고, 인터럽트 출력을 제공하며, 저전압을 검출할 수 있는 기능도 가지고 있다. 모든 주소와 데이터는 양방향 I^2C 버스를 이용하여 전송할 수 있고, 버스의 최대 속도는 400kbps이다. CMOS(Complementary Metal-Oxide-Semiconductor)반도체로 제작되어 전력(0.25μA 정도)을 적게 소모한다.

PCF8563T의 핀 배치를 확인해보자. OSCI(OSCillator Input)는 클럭 입력이고, OSCO(OSCillator Output)는 클럭 출력이다. VDD는 전원 입력, VSS는 접지, SCL과 SDA는 I^2C 버스 입출력이다. INT는 인터럽트 출력(ACTIVE LOW)이다.

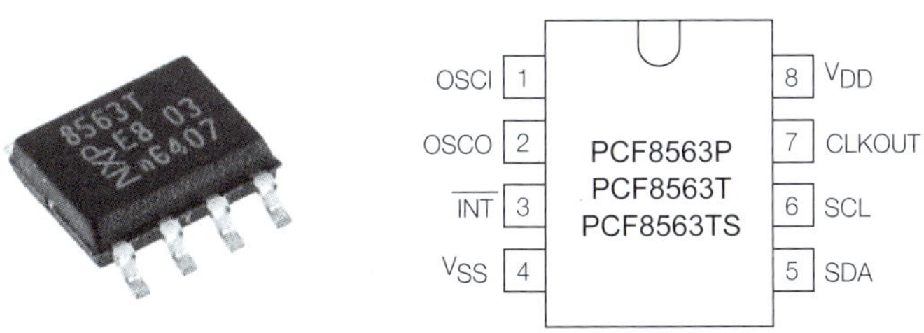

[그림 18.2] PCF8563T RTC의 모습 및 핀 배치

회로 구상하기 [PCF8563T RTC]

[그림 18.3]에는 PCF8563T를 이용하여 회로를 구성하는 일반적인 예가 나타나 있다. 먼저 CH_206은 32.768kHz의 주파수를 제공하는 크리스털이다. 크리스탈을 OSCI 핀과 OSCO 핀 사이에 연결하고 20pF의 커패시터를 통해 접지와 연결하면 공진이 발생하여 사인파가 OSCI 핀으로 입력된다.

CLKOUT은 PCF8563T내부에서 분주된 클럭의 출력이다. 우리는 PCF8563T에서 분주된 클럭을 사용하지 않으므로 오픈시켜 놓는다. INT는 ACTIVE LOW인 인터럽트 출력 핀이다. 특정 시간이 되면 마스터(아두이노)에 인터럽트를 걸어줄 수 있는 신호를 생성하여 출력해주지만, 우리는 사용하지 않으므로 이것도 오픈시켜 놓는다. VDD에는 아두이노의 [3V3](+3.3V)을 연결하고 VSS는 아두이노의 [GND]를 연결한다. BJT를 사용하는 IC는 전원 핀을 VCC와 GND(VEE)로 표현하고, CMOS를 사용하는 IC는 VDD와 VSS로 표현한다는 점도 알아두면 쓸모가 있다. 이는 CMOS의 드레인(Drain)과 소스(Source)를 의미한다. 2개의 전원 소스가 동시에 만나는 경우를 방지하기 위해 다이오드를 순방향으로 연결한다. 외부의 배터리 전원은 [3-VIN]으로 공급되며, 아두이노의 전원이 끊어져 [3V3](+3.3V)의 전원이 공급되지 않으면 배터리 전원인 [3-VIN]이 자동으로 연결되므로 내부의 시간 데이터가 보존된다. SCL과 SDA는 I^2C통신을 위해 아두이노의 [21/SCL] 및 [20/SDA]와 직접 연결한다.

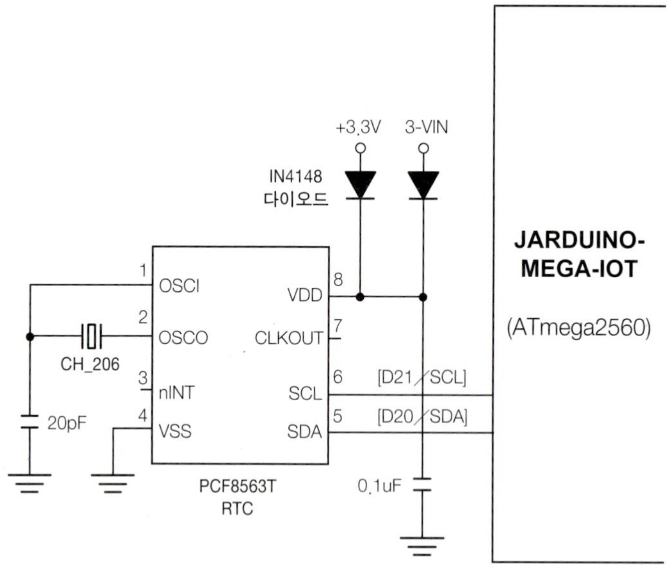

[그림 18.3] PCF8563T를 이용한 회로 구상

작품 목표 이해하기 [RTC와 FND로 디지털시계 만들기]

- RTC를 이용해 원하는 시간을 세팅한 후 FND에 날짜와 시간을 아래의 형식으로 디스플레이한다.
  - 날짜 형식 : "MM.DD"
  - 시간 형식 : "HH.MM"
  - 날짜를 1초 동안 디스플레이하고 1초 동안 꺼지게 한다. 이어서, 시간을 1초 동안 디스플레이하고 1초 동안 꺼지게 한다. 이 과정을 계속 반복한다.

작품 회로 설계하기 [RTC - 아두이노 - FND]

JARDUINO-MEGA-IOT에 실장된 회로

fritzing에는 PCF 8563T RTC가 없기 때문에 fritzing을 이용한 회로도는 제시하지 않았다. **[그림 18.1]**에는 회로도가, **[그림 18.4]**에는 JARDUINO-MEGA-IOT에 실장된 부품의 위치와 PCB 회로도가 나타나 있다. 회로 연결이 자세히 표현되지는 않았지만 부품들은 PCB 보드를 통해 연결되어 있다.

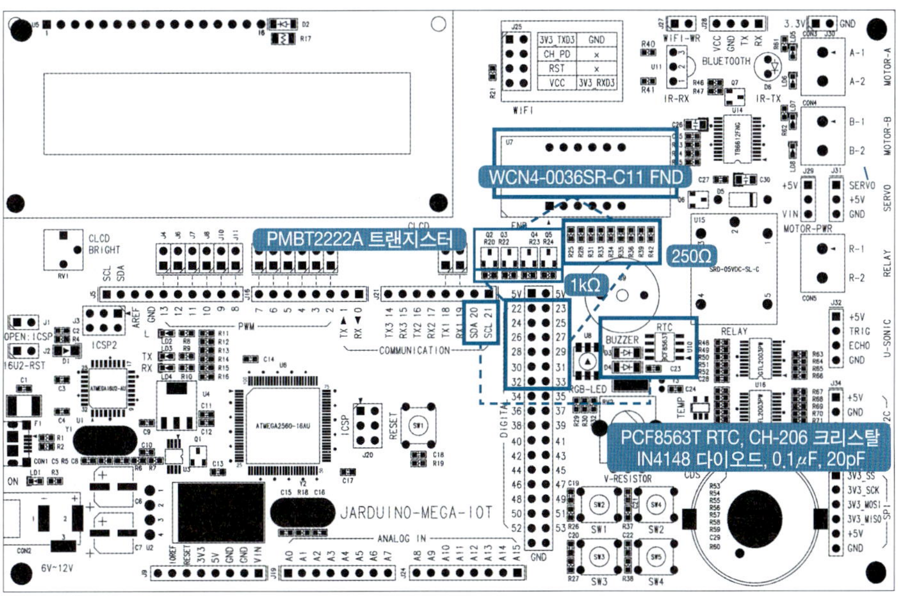

[그림 18.4] JARDUINO-MEGA-IOT의 PCB 회로도(RTC 디지털시계)

작품에 필요한 함수 이해하기 [타이머 함수, Rtc_Pcf8563 멤버 함수]

unsigned long millis(void)

millis() 함수는 아두이노에 전원이 인가된 순간부터 계산하여 현재까지의 경과 시간을 ms 단위로 알려주는 함수로, 최대 약 50일 정도까지 유효한 데이터를 제공한다. 시간을 지연시키는 함수로 delay() 함수가 있는 것은 잘 알고 있을 것이다. 하지만 delay() 함수의 문제는 지연을 하고 있는 동안에는 아두이노가 다른 일을 전혀 할 수 없다는 것이다. millis() 함수는 이러한 문제를 해결할 수 있는 대안이 될 수 있다.

〈표 18.1〉 타이머 함수

unsigned long millis(void)		
Arduino.h	타이머 함수	• 전원 인가 후 경과 시간(ms): 1ms 정도 시간 오차는 발생

Rtc_Pcf8563 멤버 함수들

Rtc_Pcf8563 멤버 함수들을 사용하기 위해서는 헤더를 포함시키고 Rtc_Pcf8563 클래스의 객체 rtc(객체)를 선언해 주어야 한다. 이는 정수형 변수 i를 선언할 때 "int i;" 라고 쓰는 것과 동일하다. 객체 rtc(객체명은 변수명을 정하는 규칙을 따름)를 선언하면 이 rtc 객체에 소속된 멤버 함수들을 사용할 수 있게 된다. 〈표 18.2〉에는 본 장에서 활용하는 Rtc_Pcf8563 멤버 함수가 정리되어 있다. 멤버 함수로서 rtc.initClock()은 RTC를 초기화하는 함수이다. rtc.formatDate() 함수는 날짜의 포맷을 설정하는 함수이다. 원하는 포맷에 따라 입력 문자열을 설정해 주어야 한다. rtc.formatTime() 함수는 시간 포맷을 설정하는 함수이다. 역시 원하는 포맷에 따라 입력 문자열을 설정해 주어야 한다. 초기 날짜와 시간은 rtc.setDate() 함수와 rtc.setTime() 함수를 이용하여 설정한다. rtc.getXXXX() 함수들은 시, 분 ,초, 년, 월, 일을 가져오는 함수이다.

〈표 18.2〉 Rtc_Pcf8563 멤버 함수

<table>
<tr><td colspan="4">이 함수들을 사용하기 위해서는 아래와 같은 코드를 프로그램에 삽입해야 함
#include 〈Rtc_Pcf8563.h〉 // RTC 헤더 포함
Rtc_Pcf8563 rtc; // 클래스 Rtc_Pcf8563의 객체 rtc(변수명 규칙에 따름) 선언</td></tr>
<tr><td colspan="4">void rtc.initClock( )</td></tr>
<tr><td>Rtc_Pcf8563.h</td><td>초기화 함수</td><td colspan="2">• 모든 값을 0으로, 모든 알람 비활성화</td></tr>
<tr><td colspan="4">char* rtc.formatDate(byte format)</td></tr>
<tr><td>Rtc_Pcf8563.h</td><td>날짜 포맷
출력 함수</td><td colspan="2">• format: return 값
RTCC_DATE_ASIA: yyyy-mm-dd
RTCC_DATE_US: mm/dd/yyyy
RTCC_DATE_WORLD: dd-mm-yyyy</td></tr>
<tr><td colspan="4">char* rtc.formatDate(byte format)</td></tr>
<tr><td>Rtc_Pcf8563.h</td><td>시간 포맷
출력 함수</td><td colspan="2">• format: return 값
RTCC_TIME_HM: Hour, Minute
RTCC_TIME_HMS: Hour, Minute, Second</td></tr>
<tr><td colspan="4">void rtc.setDate(byte day, byte weekday, byte month, byte century, byte year)</td></tr>
<tr><td>Rtc_Pcf8563.h</td><td>날짜 설정 함수</td><td colspan="2">• day, weekend, month, century, year: 설정할 일, 주, 월, 세기, 년 값</td></tr>
<tr><td colspan="4">void rtc.setTime(byte sec, byte minute, byte hour)</td></tr>
<tr><td>Rtc_Pcf8563.h</td><td>시간 설정 함수</td><td colspan="2">• sec, minute, hour: 설정할 초, 분, 시 값</td></tr>
<tr><td colspan="4">byte rtc.getXXXX( )</td></tr>
<tr><td rowspan="3">Rtc_Pcf8563.h</td><td rowspan="3">시간 가져
오기 함수</td><td>• byte rtc.getHour( )</td><td>• return 값: 시</td></tr>
<tr><td>• byte rtc.getMinute( )</td><td>• return 값: 분</td></tr>
<tr><td>• byte rtc.getSecond( )</td><td>• return 값: 초</td></tr>
<tr><td colspan="4">byte rtc.getXXXX( )</td></tr>
<tr><td rowspan="3">Rtc_Pcf8563.h</td><td rowspan="3">날짜 가져
오기 함수</td><td>• byte rtc.getYear( )</td><td>• return 값: 년</td></tr>
<tr><td>• byte rtc.getMonth( )</td><td>• return 값: 월</td></tr>
<tr><td>• byte rtc.getDay( )</td><td>• return 값: 일</td></tr>
</table>

작품 알고리즘 고민하고 순서도 그리기 [FC181]

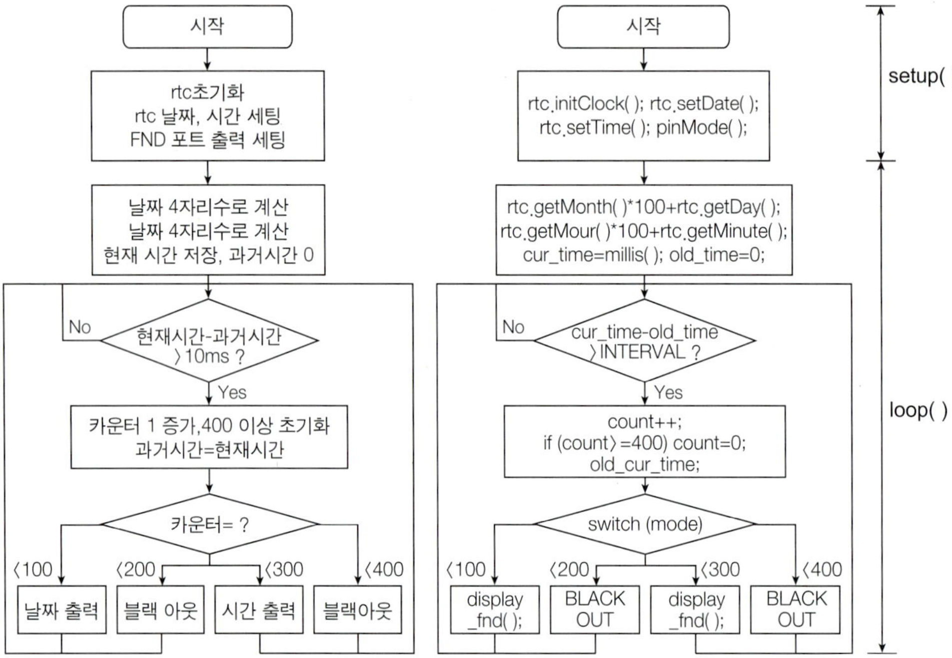

[그림 18.5] 알고리즘 순서도(RTC 디지털시계)

작품의 스케치 프로그래밍 하기 [P181MEGA]

```
#include <Rtc_Pcf8563.h>          // RTC 헤더 포함
#define INTERVAL  10              // 잔상 효과 유발 주기 설정
#define BLACKOUT  -1              // 시계를 끄기 위한 설정 값
#define FND_A     22              // 핀 매치, a는 D22 핀
#define FND_DP    29              // 핀 매치, dp는 D29 핀
#define FND_SEL0  30              // 핀 매치, SEL0는 D30 핀
#define FND_SEL3  33              // 핀 매치, SEL3는 D33 핀

Rtc_Pcf8563 rtc;                  // Rtc_Pcf8563 클래스의 rtc 객체 생성

void display_fnd(int value){      // 4자리 FND 디스플레이 함수, 실행 시간=10ms
  int i, j, k;
  unsigned char fnd[4];           // 현재 FND 표시값 일괄 저장 변수
  unsigned char digit[10]={0x3F, 0x06, 0x5B, 0x4F, 0x66, 0x6D, 0x7D, 0x27,
  0x7F, 0x6F};                    // FND 어레이(0, 1, 2, 3, 4, 5, 6, 7, 8, 9)
```

```
  if(value==BLACKOUT)                       // 입력이 -1이면
    fnd[3]=fnd[2]=fnd[1]=fnd[0]=0x00;       // FND를 모두 끔
  else{
    fnd[3] = digit[value/1000%10];          // 첫 번째 자리 숫자 추출
    fnd[2] = digit[value/100%10] | 0x80;    // 두 번째 자리 숫자 추출, 0x80=도트
    fnd[1] = digit[value/10%10];            // 세 번째 자리 숫자 추출
    fnd[0] = digit[value%10];               // 네 번째 자리 숫자 추출
  }                                         // 날짜, 및 시간을 4자리 숫자로 분해

  for (i=0; i<=3; i++){                     // 4회 반복(4자리수)
    for (k=0; k<=3; k++)                    // 해당 FND 활성화를 위한 루틴
      digitalWrite(k+FND_SEL0, (k==i) ? 1:0);
    for (j=0; j<=7; j++)                    // 해당 FND의 LED 세그먼트 켜기
      digitalWrite(j+FND_A, (fnd[i] & (1<<j) ? 1:0)); // 2진수 비트 값 추출 과정
    delay(2);
  }
  // 1개 FND digit 디스플레이 시간 = 2ms
  // 4개 FND digit 디스플레이 시간 = 약 8ms
}

void setup(){
  int i;
  rtc.initClock();                          // rtc 초기화
  rtc.setDate(2, 4, 1, 0, 20);              // 날짜 설정 함수
  // 일, 요일(0~6, 0=일요일), 월, 년대(1=1900, 0=2000), 년(2020년 1월 2일 목요일)
  rtc.setTime(3, 4, 5);                     // 시간 설정 함수, (3시 4분 5초)
  for (i=FND_A; i<=FND_DP; i++)
    pinMode(i, OUTPUT);                     // FND 선택 포트 출력 설정
  for (i=FND_SEL0; i<=FND_SEL3; i++)
    pinMode(i, OUTPUT);                     // 각 FND 구동 포트 출력 설정
}
```

```
void loop(){
  int month_day, hour_minute;            // 날짜, 시간 임시 저장 함수
  static int count=0, mode;              // 잔상 효과를 위한 시간 저장 함수
  static double cur_time=0, old_time=0;  // 현재 시간, 바로 전 디스플레이 시간
  month_day = rtc.getMonth()*100+rtc.getDay();     // 월, 일을 단일 변수에 저장
  hour_minute = rtc.getHour()*100+rtc.getMinute(); // 시, 분을 단일 변수에 저장
  cur_time = millis();                   // 전원 인가 후 경과 시간 획득

  if (cur_time - old_time > INTERVAL){
    // 마지막 FND 디스플레이 시간으로부터 경과된 시간이 INTERVAL
    // (잔상 효과 유발 주기, 10ms) 보다 크면 다시 디스플레이
    count++;// 10ms 마다 카운트
    if (count>=400) count=0;             // 4초가 넘으면 count 초기화
    old_time = cur_time;         // 다음 번 FND 디스플레이를 위해 현재
                                 // 시간을 마지막 FND 디스플레이 시간으로 설정
    mode = (count * INTERVAL) / 1000;    // 초 단위로 시간 환산
    switch (mode){
      case 0: display_fnd(month_day); break;      // 0ms~999ms 까지
      case 1: display_fnd(BLACKOUT); break;       // 1000ms~1999ms 까지
      case 2: display_fnd(hour_minute); break;    // 2000ms~2999ms 까지
      case 3: display_fnd(BLACKOUT); break;       // 3000ms~3999ms 까지
      defaults:                      break;
    }
  }
  else if (cur_time - old_time < 0)
    old_time = 0;              // milis() 함수의 시간 오차에 대비하기 위한 루틴
  else ;
}
```

아두이노 동작시키기

- 아두이노가 연결된 상태에서 스케치 프로그램을 업로드한다.

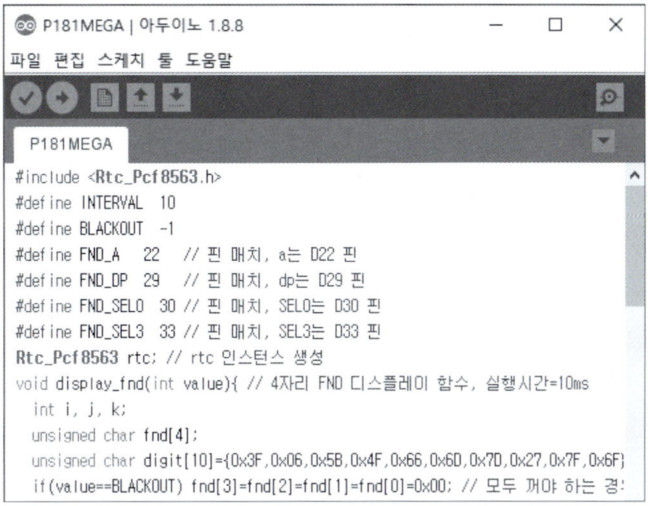

[그림 18.6] 스케치 프로그램(RTC 디지털시계)

연습 문제

1 RTC는 클럭을 제공하기 위한 별도의 (　　　　) 및 (　　　　), 클럭을 세기 위한 (　　　　), 전원 없이도 동작하기 위한 (　　　　　　　　), 그리고 시간 값을 입출력하는 인터페이스로서 (　　　　)가 필요하다.

2 PCF8563T는 날짜 및 (　　　　　)을 제공하고, 날짜 및 시간을 저장하여 (　　　　　)을 세팅할 수 있다. 분주된 (　　　　　)을 출력시킬 수 있고, (　　　　　) 출력을 제공하며, 저전압을 검출할 수 있는 기능도 가지고 있다.

3 크리스털을 PCF853T의 (　　　　　　) 핀과 (　　　　　　) 핀 사이에 연결하고 20pF의 커패시터를 통해 접지와 연결하면 공진이 발생하여 사인파가 OSCI 핀으로 입력된다.

4 (　　　　　　)은 PCF8563T 내부에서 분주된 클럭의 출력이다.

5 (　　　　)를 사용하는 IC는 전원 핀을 VCC와 GND(VEE)로 표현하고, (　　　　　)를 사용하는 IC는 VDD와 VSS로 표현한다.

6 RTC를 이용하여 현재 날짜와 시간을 세팅하고, 시리얼 모니터에 날짜와 시간이 1초에 한 번씩 디스플레이되는 프로그램을 작성하라. [P182]

19장

CLCD로 'Hello, Bbororo!' 디스플레이하기

학습 목표

- 1602 CLCD의 핀 배치와 구동 방법을 이해하고 활용할 수 있다.
- LiquidCrystal.h를 프로그램 내에 포함시킬 수 있다.
- LiquidCrystal.h 및 LiquidCrystal.cpp 내의 함수를 확인하고 사용할 수 있다.

학습 내용

- LCD 구동 함수 사용법
- LCD 객체 초기화 방법

도구	• PC, JARDUINO-MEGA-IOT 또는 아두이노 메가 또는 아두이노 우노 • USB 케이블(A타입-μB타입), 스케치 소프트웨어, Fritzing, draw.io
부품	• LCD1602A CLCD(LCD1602A.pdf), GF063P1-502 가변저항(5KΩ, GF063P1-502.pdf), 1N4148 다이오드
함수	• LiquidCrystal.begin( )/write( )/print( )/clear( )/setCursor( )
프로그램	• [P191MEGA] [P191UNO][P192MEGA] [P192UNO]

대표 회로도

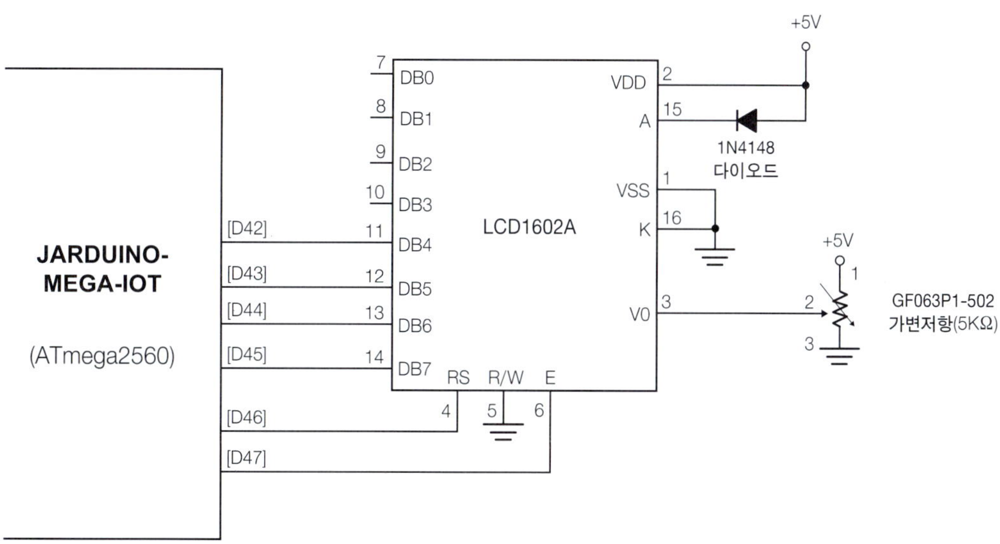

[그림 19.1] 대표 회로도(CLCD 디스플레이)

이론 이해하기 및 부품 살펴보기 [LCD1602A CLCD]

CLCD(=캐릭터 LCD=문자 LCD=텍스트 LCD)는 ASCII 코드를 이용해 문자를 디스플레이할 수 있도록 제작된 소형 LCD이다. 액정(Liquid Crystal) 판넬에는 액정 도트가 바둑판 격자 모양으로 배치되어 있으며, 액정 판넬 뒤쪽에는 형광등과 같은 백라이트 판넬이 있다. 액정의 분자 배열은 길쭉한 쌀알이 정렬된 모양으로 되어 있어, 외부에서 전기를 가하면 제자리에서 회전하면서 백라이트 빛이 통과되는 양을 조절하여, 문자를 표시할 수 있다. CLCD는 16×2(16폰트×2줄)의 형태가 가장 많이 사용되고, 외부로는 16핀 인터페이스를 제공한다. CLCD는 계산기나 간단한 디스플레이용으로 널리 사용된다. **[그림 19.2]**에 나타나 있는 LCD1602A는 16폰트×2줄의 CLCD로서 1개 폰트의 크기는 5×8 액정 도트를 많이 사용하며 5V 전압으로 구동된다. 핀 번호는 상단 좌측부터 1번이고 상단 우측 끝에서 16번으로 끝나며, 명칭 및 기능은 **〈표 19.1〉**과 같다.

[그림 19.2] LCD1602A CLCD

〈표 19.1〉 LCD1602A CLCD의 핀 요약

핀번호	이름	기능
1	VSS(GND)	접지 (GND)
2	VDD(5V)	전원 (+5V)
3	VO	텍스트 글자 밝기 용 전원 (0~5V)
4	RS	레지스터 선택 (0=명령어, 1=데이터)
5	R/W	Read/Write 선택 (0=쓰기, 1=읽기)
6	E	인에이블 (하강 에지에서 LCD 드라이버 활성화)
7	DB0	데이터 8비트 모드인 경우는 DB0~DB7 사용 4비트 모드인 경우는 DB4~DB7 사용
8	DB1	
9	DB2	
10	DB3	
11	DB4	
12	DB5	
13	DB6	
14	DB7	
15	A(Anode)	백라이트 전원 (+)
16	K(Cathode)	백라이트 전원 (-)

[그림 19.3]에는 CLCD의 내부 구조도가 나타나 있다. 〈표 19.1〉과 연계하여 이해해 보기로 한다. 액정-백라이트 판넬부와 제어 프로세서부의 전원이 분리되어 공급되고 있다. VDD와 GND는 제어 프로세서부로 입력되는 전원과 접지이고, A(Anode)와 K(Cathode)는 액정-백라이트 판넬부로 입력되는 전원이다. VO는 백라이트의 밝기를 조절하는 전원 입력임을 주의하자. VO은 CLCD BRIGHT(밝기 조정용) 가변저항과 연결되어 있어 VO로 입력되는 전압을 조절할 수 있게 되어 있다.

μ컨트롤러 인터페이스는 E, RS, R/W, 그리고 D[7:0] 핀을 입력 받아 CLCD를 제어한다. E(Enable)핀은 하강 에지에서 LCD 드라이버를 활성화시키는 핀이다. R/W핀은 CLCD에 데이터나 명령어를 쓸 것인지 읽어낼 것인지를 결정하는 핀이다. 보통 W(Write) 모드로만 사용하므로, 여기서는 GND에 연결한다. RS핀은 데이터 레지스터와 명령어 레지스터 중 하나를 선택하는 핀인데, 데이터 레지스터를 선택하면 디스플레이하려는 데이터를 전송할 수 있고, 명령어 레지스터를 선택하면 CLCD를 제어할 수 있게 된다. 실제 데이터는 D[7:0]을 통해 전송된다.

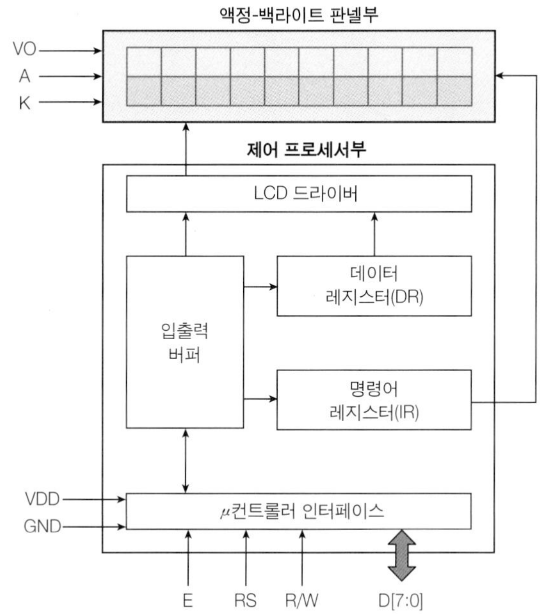

[그림 19.3] LCD1602A CLCD의 내부 구조

회로 구상하기 [LCD1602A CLCD 회로]

앞서 제시된 〈표 19.1〉의 핀 배치에 따라 [그림 19.4]처럼 아두이노와 CLCD를 연결해보자. 먼저 1번 핀 VSS는 아두이노의 [GND]에, 2번 핀 VDD는 아두이노의 [5V]에 연결한다. 3번 핀은 입력되는 전압의 크기에 따라 LCD 백라이트의 밝기를 조절하는 핀인데 가변저항을 연결하여 제어할 수 있도록 한다. 4번 핀에 LOW 또는 HIGH를 입력하면 7~14번 핀에 입력되는 것이 명령어인지 데이터인지를 선택할 수 있는데, 아두이노의 디지털 출력 [46]을 연결한다. 5번 핀은 READ/WRITE를 선택하는 핀으로, [GND]에 연결한다고 설명한 바 있다. 6번 핀은 인에이블 핀으로, 아두이노의 디지털 출력 [47]을 연결한다. 본 작품 설계에서는 4비트 모드를 사용하므로 데이터 핀들 중 상위 4비트, 즉 11번~14번 핀에 아두이노의 디지털 출력 [42]~[45]를 연결한다. 사용하지 않는 하위 4비트는 오픈시켜 둔다. 15번 핀은 LCD 백라이트의 애노드 핀으로서 전원 [5V]에 연결하는데, LED처럼 전압 분담 저항의 역할을 하는 다이오드(또는 작은 값의 저항)를 중간에 연결한다. 16번 핀은 캐소드 핀으로 아두이노의 [GND]에 연결한다.

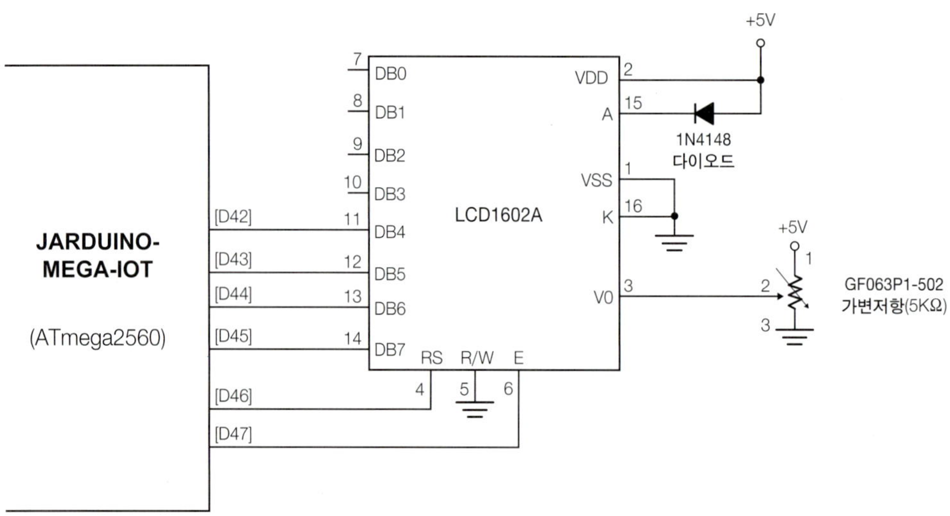

[그림 19.4] LCD1602A CLCD 회로 구상

작품 목표 이해하기 [CLCD로 'Hello, Bbororo!' 디스플레이하기]

CLCD을 초기화하고, "Hello," 를 디스플레이한 후, 커서를 2번째 줄 첫 번째 위치로 옮기고 "Bbororo!" 를 디스플레이한다.

작품 회로 설계하기 [아두이노 - CLCD]

아두이노 메가를 이용한 회로(fritzing, [F191])

[그림 19.1], [그림 19.5]는 CLCD로 꾸민 작품의 회로이다. 상단의 부품은 가변저항이다. 부품의 개수가 많지 않으므로 회로 구성에 어려움은 없을 것이다.

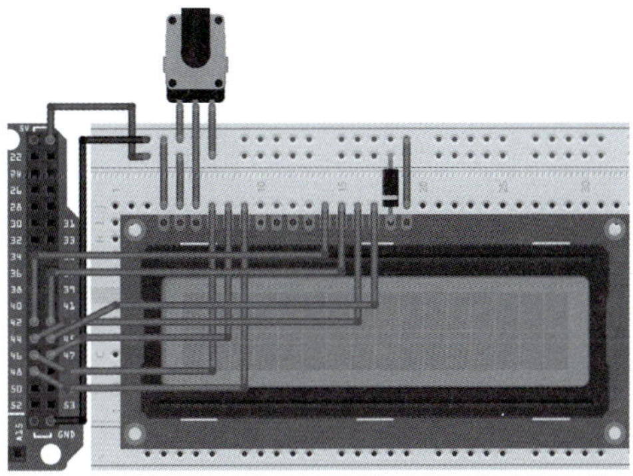

[그림 19.5] 아두이노 메가를 이용한 회로도(CLCD 디스플레이)

JARDUINO-MEGA-IOT에 실장된 회로

[그림 19.6]에는 JARDUINO-MEGA-IOT에 실장되어 있는 부품의 위치와 PCB 회로도가 나타나 있다. 회로 연결이 자세히 표현되지는 않았지만 부품들은 PCB 보드를 통해 연결되어 있다.

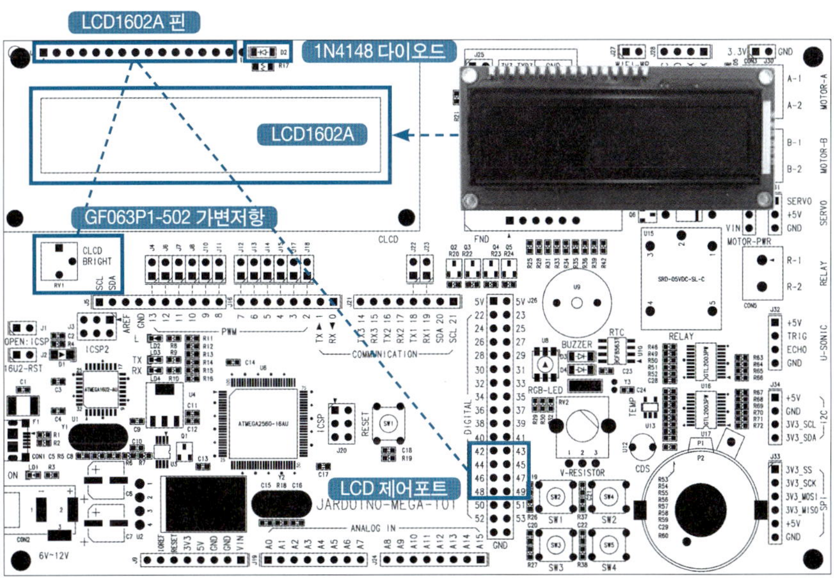

[그림 19.6] JARDUINO-MEGA-IOT의 PCB 회로도(CLCD 디스플레이)

작품에 필요한 함수 이해하기 [CLCD 멤버 함수]

LiquidCrystal 멤버 함수들

LiquidCrystal 멤버 함수들을 사용하기 위해서는 헤더를 포함시키고 LiquidCrystal 클래스의 객체 clcd를 선언해 주어야 한다. 이는 정수형 변수 i를 선언할 때 "int i;" 라고 쓰는 것과 동일하다. 객체 clcd(객체명은 변수명을 정하는 규칙을 따름)를 선언하면 이 LiquidCrystal 객체에 소속된 멤버 함수들을 사용할 수 있게 된다. 특별히 여기서는 초깃값을 전달하면서 객체를 선언하였다. 〈표 19.2〉에는 본 장에서 활용하는 LiquidCrystal 멤버 함수가 정리되어 있다. clcd.begin()은 CLCD를 초기화하는 함수이다. clcd.write() 함수는 한 문자를 출력하는 함수이다. clcd.print() 함수는 문자열을 출력하는 함수이다. clcd.clear() 함수는 CLCD 화면을 지우는 함수이다. clcd.setCursor() 함수는 커서의 위치를 원하는 곳으로 이동시켜 주는 함수이다.

〈표 19.2〉 LiquidCrystal 멤버 함수

<table>
<tr><td colspan="3">이 함수들을 사용하기 위해서는 아래와 같은 코드를 프로그램에 삽입해야 함
#include 〈LiquidCrystal.h〉 // CLCD 헤더 포함
LiquidCrystal clcd(RS, E, DB4, DB5, DB6, DB7);
// 클래스 LiquidCrystal의 객체 clcd 선언, 아두이노 포트와 CLCD 핀 연결</td></tr>
<tr><td colspan="3">void clcd.begin(uint8_t cols, uint8_t rows, uint8_t charsize=LCD_5x8DOTS)</td></tr>
<tr><td>LiquidCrystal.h</td><td>초기화 함수</td><td>• cols: 열 개수
• rows: 행 개수
• charsize(optional): 폰트 크기(default: 5x8DOTS)</td></tr>
<tr><td colspan="3">size_t clcd.write(uint8_t ch)</td></tr>
<tr><td>LiquidCrystal.h</td><td>한 문자 쓰기 함수</td><td>• ch: 문자
• return 값: 출력한 문자열의 길이</td></tr>
<tr><td colspan="3">size_t clcd.print(any_type value, int format)</td></tr>
<tr><td>LiquidCrystal.h</td><td>문자열 쓰기 함수</td><td>• Serial.print 와 동일한 사용 형식</td></tr>
<tr><td colspan="3">void clcd.clear(void)</td></tr>
<tr><td>LiquidCrystal.h</td><td>화면 지우기 함수</td><td></td></tr>
<tr><td colspan="3">void clcd.setCursor(uint8_t col, uint8_t row)</td></tr>
<tr><td>LiquidCrystal.h</td><td>커서 위치 이동 함수</td><td>• col: 열 위치(0~15)
• row: 행 위치(0~1)</td></tr>
</table>

작품 알고리즘 고민하고 순서도 그리기 [FC191]

[그림 19.7]에 순서도가 제시되어 있다. 먼저 CLCD 객체를 선언한다. 선언을 하면서 아두이노 포트와 CLCD 핀을 서로 연결시킨다. CLCD 초기화를 통해 16폰트 2줄의 디스플레이를 설정한다. 이후, begin()함수로 CLCD를 초기화하고, print() 함수와 setCursor() 함수를 이용하여 문자열을 출력하면 된다.

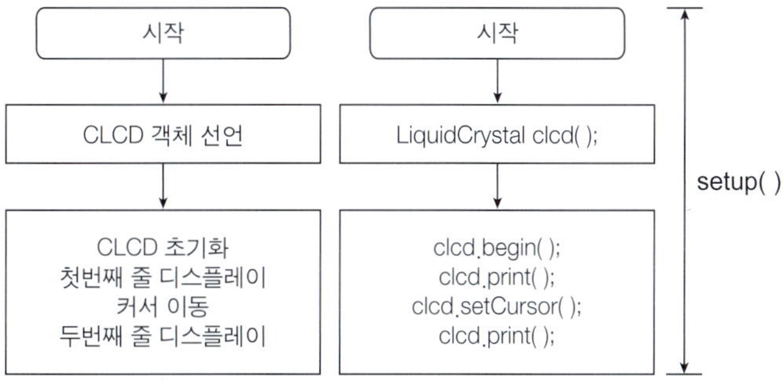

[그림 19.7] 알고리즘 순서도(CLCD 디스플레이)

작품의 스케치 프로그래밍 하기 [P191MEGA]

```
#include <LiquidCrystal.h>
LiquidCrystal clcd(46, 47, 42, 43, 44, 45);
                                  // (RS, E, DB4, DB5, DB6, DB7) 핀 할당

void setup(){
  clcd.begin(16, 2);    // 16글자 2줄 디스플레이 설정, 폰트 크기는 5×8로 고정
  clcd.print("Hello,");           // 첫번째 줄 디스플레이
  clcd.setCursor(0,1);            // 두번째 줄(1) 열(0)로 커서 이동
  clcd.print("Bbororo!");         // 두번째 줄 디스플레이
}

void loop(){   }                  // 한 번만 디스플레이하므로 비워 놓음
```

아두이노 동작시키기

- 아두이노가 연결된 상태에서 스케치 프로그램을 업로드한다.

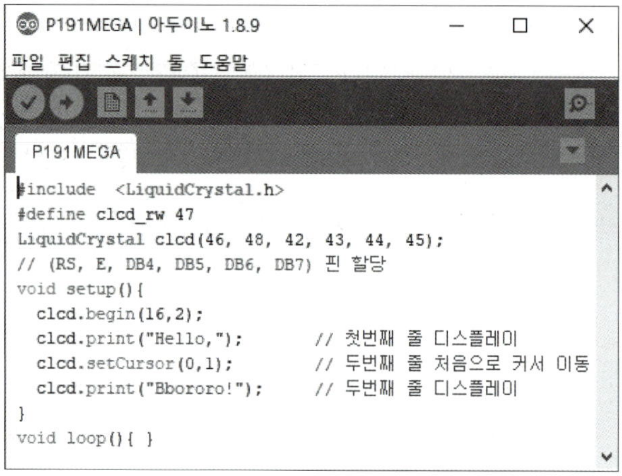

[그림 19.8] 스케치 프로그램(CLCD 디스플레이)

연습 문제

1 LCD1602A CLCD가 디스플레이할 수 있는 최대 글자 수는?

2 LCD1602A CLCD는 (   )핀 인터페이스를 제공하고, (   )V 전압으로 구동되며, 핀 번호는 상단 좌측부터 (   )번이고 우측 끝에서 (   )번으로 끝난다.

3 액정은 분자 배열이 길쭉한 쌀알이 정렬된 모양으로 되어 있어서 외부에서 전기를 가하면 (   )하면서 백라이트 빛이 통과되는 양을 조절할 수 있다.

4 15번 핀은 CLCD 백라이트의 애노드 핀으로서 (   )을 연결하되 다이오드를 연결하여 전압 분담 저항의 역할을 한다. 16번 핀은 캐소드 핀으로서 아두이노의 (   )에 연결한다.

5 본문의 함수 정의에 제시된 uint8_t의 의미는 무엇인가?

6 "LiquidCrystal clcd(1, 2, 3, 4, 5, 6);" 를 설명하라.

7 나의 좌우명(예를 들어 "Slow And Steady Wins The Game!"을 CLCD에 2줄로, 1초 간격으로 깜빡이며 디스플레이하는 프로그램을 작성하라. [P192MEGA][P192UNO]

20 장

거리센서와 CLCD로 내 키 측정하기

학습 목표

- 초음파 거리센서의 구동 원리를 이해하고, 펄스 길이 측정 함수를 사용할 수 있다.
- 인터럽트의 개념을 이해하고, 인터럽트 서비스 루틴을 코딩할 수 있다.

학습 내용

- 초음파 센서를 이용한 거리 계산법
- 센서와 액추에이터를 복합적으로 처리하는 방법

도구	• PC, JARDUINO-MEGA-IOT 또는 아두이노 메가 또는 아두이노 우노 • USB 케이블(A타입-μB타입), 스케치 소프트웨어, Fritzing, draw.io
부품	• LCD1602A CLCD, HC-SR04 거리센서(HC-SR04.pdf) • GF063P1-502 가변저항(5KΩ), 1N4148 다이오드 • 10KΩ, 0.1μF, TS-1005-5MM 택타일 스위치
함수	• pulseIn( )/attachInterrupt( )/dettachInterrupt( )
프로그램	• [P201MEGA] [P201UNO]

대표 회로도

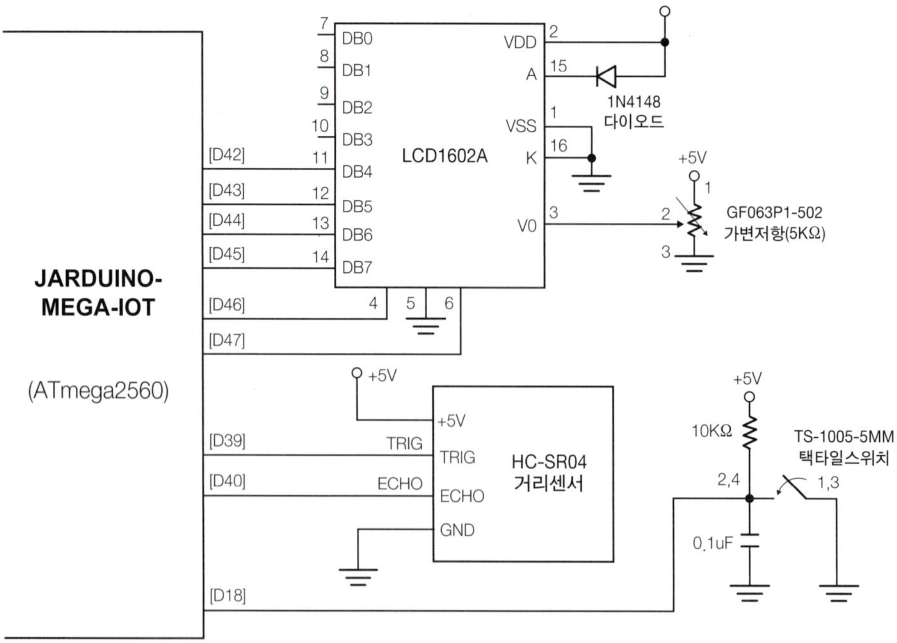

[그림 20.1] 대표 회로도(거리센서를 이용한 키 측정기)

이론 이해하기 [초음파 거리센서, 인터럽트]

초음파 거리센서

보통의 음파는 10KHz 이하의 주파수를 가지며, 사람이 들을 수 있는 주파수(가청주파수)의 범위는 약 20KHz 이하이다. 초음파는 가청주파수를 초과하는 주파수를 갖는 음파를 말하는데 거리를 측정하는 수단으로 많이 사용된다. 구체적으로는 초음파를 송신한 후 목표물에 반사되어 수신되기까지의 시간을 측정하고, $거리 = \frac{음속(340m/s) \times 시간}{2}$ 의 식을 이용하여 거리를 산출한다. 2로 나눈 것은 왕복 시간을 고려한 것이다. 초음파는 주파수가 높아질수록 직진성이 증가하여 측정에 유리하지만, 방사각이 좁아지므로 반사 파형을 잘 수신할 수 없는 문제가 발생한다. 초음파 거리센서는 직진성과 방사각 특성을 종합적으로 고려하여 보통 40KHz 내외의 파형을 이용한다.

초음파 발생 모듈(트랜스미터, 송신기)은 압전 효과를 갖는 소자의 양단에 40KHz의 펄스를 가하여 소자를 진동시키고, 이 진동이 주변의 공기를 진동시켜 초음파를 발생시킨다. 초음파 감지 모듈(리시버, 수신기)은 압전 효과를 갖는 소자에 초음파가 전달되었을 때 소자의 양단에 전압이 발생하는 현상을 이용하여 초음파가 수신되었음을 확인한다.

인터럽트

어떤 사람이 열심히 일을 하던 중에 전화가 걸려오면, 하던 일을 잠시 멈추고, 전화를 받아 대화를 수행한 후에, 전화를 끊고, 중단된 일을 다시 시작한다. 이와 비슷한 일이 μ컨트롤러에서도 발생한다면 어떻게 될까? 즉, 프로그램을 실행하고 있는 중에, 외부에서 이보다 더 급하게 처리하여야 할 요구가 불규칙적으로 발생할 수 있다면 말이다. 특별한 처리 방법이 없다면, CPU는 이러한 경우에 대비하여 주기적으로 외부에서의 급한 처리 요구가 발생했는지를 검사하여야만 하는데, 이러한 방법을 폴링(Polling)이라고 한다.

이 개념은 [P071]에서 프로그래밍 한 바가 있다. 예를 들어, 아래의 프로그램에서 CPU는 스위치(SW)가 눌려질 때까지 while 문에 계속 묶여 있다.

```
void loop(){
  while(digitalRead(SW));                  // 스위치가 눌려질 때까지 대기
  digitalWrite(RED_LED, HIGH);             // 빨강 LED ON
   ...
}
```

폴링은 CPU의 자원과 시간을 낭비하여 비효율적이므로, 전화 응대의 예에서 처럼 좀 더 효율적으로 이를 해결할 수 있는 특별한 방법이 필요로 된다. 즉, 외부(입출력)에서의 긴급한 요구가 발생하였을 때, 현재 실행중인 프로그램을 잠시 중단하고 이 요구를 처리할 수 있는 처리 처리 프로그램을 실

행한 후, 다시 원래의 중단되었던 프로그램을 자동으로 시작하게하는 메카니즘이 그것이다. 이 때, 외부(입출력)에서의 긴급한 요구를 인터럽트라고 하고, 요구를 처리하는 프로그램을 인터럽트 서비스 루틴이라고 하는데, 아두이노를 포함하여 일반적인 μ컨트롤러는 모두 이러한 기능을 가지고 있다.

아두이노에서 인터럽트를 수신받을 수 있는 포트는 〈표 20.1〉과 같이 지정되어 있다.

〈표 20.1〉 인터럽트 포트 번호 할당

인터럽트(INT) 번호	0	1	2	3	4	5
아두이노 메가	D2	D3	D21	D20	D19	D18
아두이노 우노	D2	D3	×	×	×	×

아두이노 우노의 경우, 입터럽트를 요청하는 주체가 스위치라면 이 스위치는 반드시 디지털 입출력 포트 2번이나 3번에 연결하여야 한다. 인터럽트 기능이 활성화된 상태에서 디지털 입출력 포트 2번이나 3번에 연결된 스위치가 눌려지면 아두이노는 수행하던 프로그램을 멈추고, 개발자가 코딩한 인터럽트 서비스 루틴을 수행하고, 수행이 끝나면 다시 본래 프로그램으로 돌아간다.

인터럽트 기능은 "attchInterrupt( )" 함수를 사용하여 활성화시킬 수 있다. 예를 들어, "attachInterrupt(2, isr_sw, FALLING);" 가 프로그램의 setup() 함수에 삽입되어 있고, [2]번 포트에는 스위치가 연결되어 있다고 가정하자. 만일 아두이노가 loop() 함수의 4번째 라인을 수행하던 중 스위치가 눌려지면, 즉 2번 핀으로 인터럽트가 요청되면, 아두이노는 이 인터럽트 요청을 하강 에지(Falling Edge)에서 검출하고, 코드에서 명기된 인터럽트 서비스 루틴인 isr_sw() 함수를 프로그램에서 찾아 실행하고 난 후에 다시 loop() 함수의 5번째 라인을 수행하게 된다. (인터럽트가 요청되어도 4번째 라인의 수행은 완료하고 인터럽트 서비스 루틴을 수행한다.)

참고로, 인터럽트 서비스 루틴에서는 millis()와 같은 시간 측정 함수를 사용하지 않는다. 이 함수는 내부에서 인터럽트를 사용하며, 아두이노는 다중 인터럽트를 허용하지 않기 때문이다. 또한, 인터럽트 서비스 루틴에서 전역 변수를 사용할 필요성이 있다면 반드시 volatile로 선언하여 컴파일러가 자동 최적화를 수행함으로서 발생할 수 있는 부작용을 미연에 방지하는 것이 좋다. 여기서 전역 변수는 함수 외부에 선언되어 프로그램 전체에서 사용할 수 있는 변수를 의미한다.

부품 살펴보기 [HC-SR04 초음파 거리센서]

[그림 20.2]의 위쪽 HC-SR04는 5V DC전원, 40KHz의 주파수를 사용하는 초음파 거리센서이다. 모듈에 초음파 송신기(T)와 수신기(R) 그리고 제어 로직이 모두 포함되어 있다. 정확한 측정을 위해 40KHz의 초음파 펄스를 총 8회 송신한 후에 수신하게 된다. HC-SR04에는 총 4개의 핀이 있는데, VCC는 아두이노의 [5V] 전원, GND는 아두이노의 [GND] 접지, Trig는 트리거 입력 핀으로서 아두이노의 디지털 입출력 포트 중 하나에, Echo는 반사파의 검출을 알려주는 출력 핀으로서 아두이노의 디지털 입출력 포트 중 다른 하나에 연결한다. 초음파 펄스를 생성하려면 10μs 폭의 TTL(Transistor Transistor Logic, LOW와 HIGH로만 만들어지는 신호) 펄스 신호를 Trig 핀으로 입력시켜 주면 된다. 이 경우, 내부에서 총 8회의 초음파 펄스가 자동으로 연속 생성됨과 동시에 Echo 신호의 레벨이 HIGH로 올라가게 되며, 목표물에 반사된 파형이 수신되면 Echo 핀의 값이 LOW로 떨어지게 된다. 그러므로 Echo 신호가 HIGH인 동안의 시간을 측정하면 목표물까지의 거리를 계산해 낼 수 있다. HC-SR04 거리센서는 그림에 나타난 바와 같이 측정 각도 ±15° 범위 내에서 4m 이하의 거리까지 측정이 가능하다.

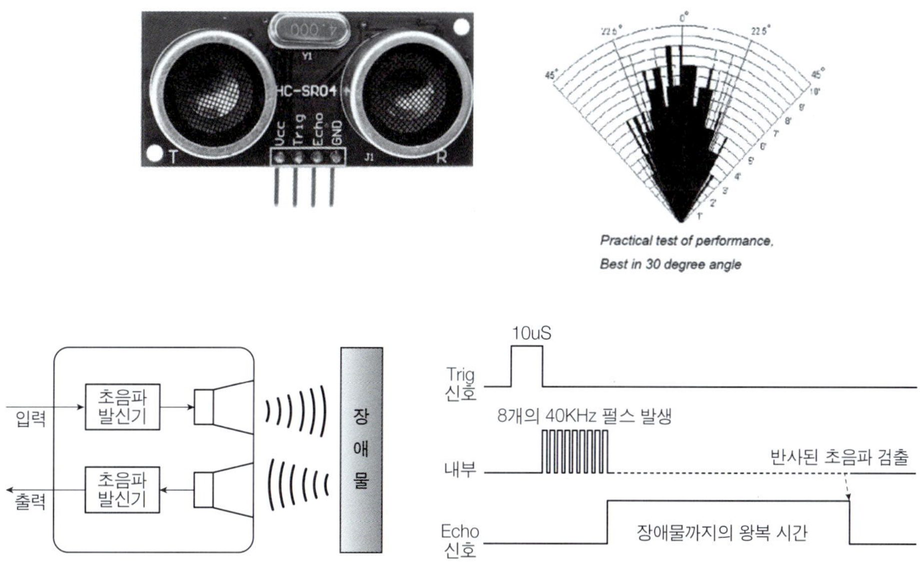

[그림 20.2] HC-SR04 초음파 거리센서

작품 목표 이해하기 [거리센서와 CLCD로 내 키 측정하기]

- 거리센서를 이용하여 내 키를 측정하고 이것을 CLCD에 디스플레이한다.

작품 회로 설계하기 [스위치, 거리센서 - 아두이노 - CLCD]

아두이노 메가를 이용한 회로(fritzing, [F201])

[그림 20.1], [그림 20.3]은 스위치와 거리센서, 그리고 CLCD로 꾸민 작품의 회로이다. 다소 복잡하지만 인내심을 갖고 이해하기 바란다.

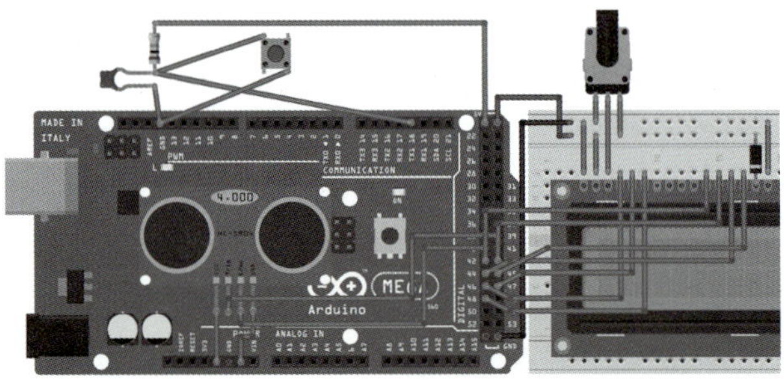

[그림 20.3] 아두이노 메가를 이용한 회로(거리센서를 이용한 키 측정기)

JARDUINO-MEGA-IOT에 실장된 회로

[그림 20.4]에는 JARDUINO-MEGA-IOT에 실장되어 있는 부품의 위치와 PCB 회로도가 나타나 있다. 회로 연결이 자세히 표현되지는 않았지만 부품들은 PCB 보드를 통해 연결되어 있다.

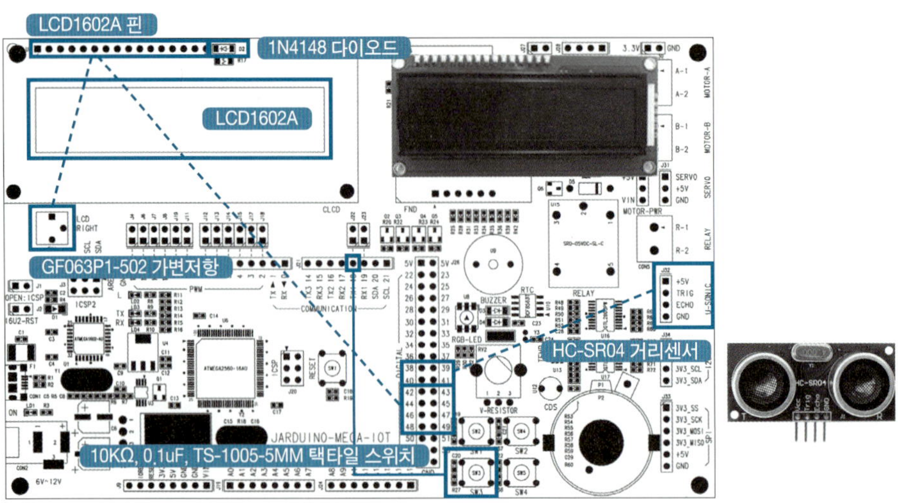

[그림 20.4] JARDUINO-MEGA-IOT의 PCB 회로도(거리센서를 이용한 키 측정기)

작품에 필요한 함수 이해하기 [펄스 길이 측정 함수, 인터럽트 함수]

pulseIn() 함수는 측정하고자 하는 pin으로 입력된 펄스의 value 레벨이 지속되는 시간을 μs 단위로 측정하는 함수이다. timeout은 옵션으로서 펄스가 시작되기 위해 기다리는 ms 단위의 시간을 의미한다. 사용하지 않으면 default로 1초로 설정된다.

attachInterrupt() 함수는 mode에 지정된 순간에 인터럽트 pin 번호로 인터럽트가 걸리면 ISR로 지정된 인터럽트 서비스 루틴이 동작하도록 연결하는 함수이다. detach 함수는 이 연결을 끊는 함수이다.

주의하여야 하는 것은 pin으로 지정되는 번호는 실제 핀 번호가 아니라 인터럽트 핀 번호라는 것임을 잊지 말자.

〈표 20.2〉 펄스 길이 측정 함수, 인터럽트 함수

unsigned long pulseIn(uint8_t pin, uint8_t value, unsigned long timeout)		
Arduino.h	펄스 길이 측정 함수	• pin: 측정하고자 하는 입력 핀 번호 • value: 측정하고자 하는 레벨, HIGH 또는 LOW • timeout(optional): 펄스가 시작되기 위해 기다리는 ms 단위의 시간(default: 1초) • return값: μs 단위의 pulse 길이 값
void attachInterrupt(uint8_t pin, void (*)(void) ISR, int mode)		
Arduino.h	인터럽트 지정 함수	• pin: 핀 번호(실제 핀 번호가 아닌 인터럽트 번호, [표 20.1] 참조) • ISR: 인터럽트 서비스 루틴 (함수) 이름 • mode: INT 모드(LOW, CHANGE, RISING, FALLING)
void detachInterrupt(uint8_t pin)		
Arduino.h	인터럽트 해제 함수	• pin: 핀 번호(실제 핀 번호가 아닌 인터럽트 번호, [표 20.1] 참조)

작품 알고리즘 고민하고 순서도 그리기[FC201]

먼저 setup() 함수에서는 초기 환경을 세팅한다. loop() 함수는 이번 작품에서는 비워두며, 실제 실행은 상태도 기반의 인터럽트 서비스 루틴인 isr_sw() 함수에서 처리한다. 최초에 스위치가 눌려지면(=인터럽트가 발생하면) 바닥에서 천정 높이를 측정하고(STATE_0), 다시 스위치가 눌려지면 머리에서 천정 높이를 측정한다(STATE_1). 세 번째로 스위치가 눌려지면 앞선 상태들에서 측정한 두 측정값의 차를 계산하여 키를 계산한다(STATE_2). 스위치가 한번 더 눌려지면 초기값으로 세팅을 바꾸어 STATE_0로 진입한다(STATE_3).

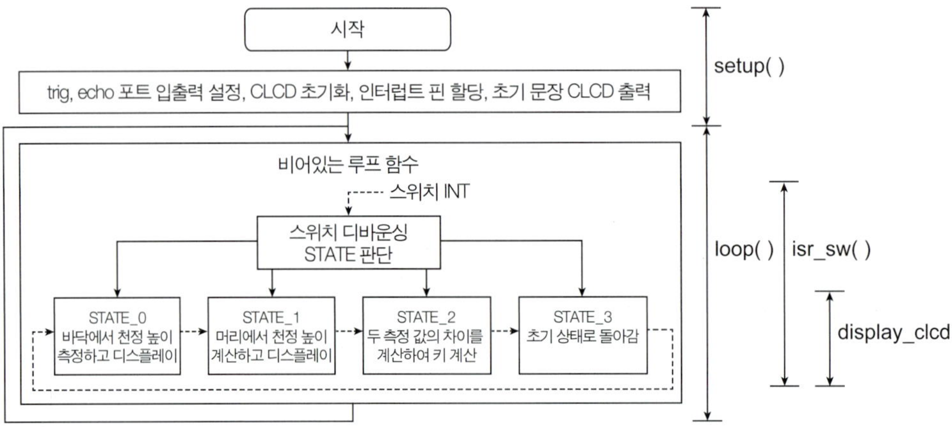

[그림 20.5] 알고리즘 순서도(거리센서를 이용한 키 측정기)

작품의 스케치 프로그래밍 하기 [P201MEGA]

```
#include<LiquidCrystal.h>
#define STATE_0   0              // 상태0 할당
#define STATE_1   1              // 상태1 할당
#define STATE_2   2              // 상태2 할당
#define STATE_3   3              // 상태3 할당
volatile int state = STATE_0;    // 초기 상태는 STATE_0
int distance1, distance2, distance3; // 바닥-천정, 머리-천정, 거리 차 저장 변수
const int SW3 = 18;              // SW3는 입력
const int trig = 39;             // 거리센서 Trig 입력(아두이노 출력핀)
const int echo = 40;             // 거리센서 Echo 출력(아두이노 입력핀)
LiquidCrystal clcd(46, 47, 42, 43, 44, 45);
                                 //(RS, E, DB4, DB5, DB6, DB7) 핀 할당
void setup(){
   pinMode(trig, OUTPUT);        // Trig 신호, 아두이노 출력, 거리센서 입력
   pinMode(echo, INPUT);         // Echo 신호, 아두이노 입력, 거리센서 출력
   clcd.begin(16, 2);            // 16글자 2줄 디스플레이 설정
   attachInterrupt(5, isr_sw, FALLING);   // 인터럽트 5(핀번호 D18)를 스위치
                                 // 핀으로 할당, FALLING 에지에서 인터럽트 발생
   Serial.begin(9600);           // 시리얼 속도 설정
   clcd.clear();                 // CLCD 화면 지움
   clcd.setCursor(0,0);          // 첫 번째 줄 첫 열에 커서 이동
   clcd.print("PRESS button");   // 첫 번째 줄 디스플레이
   clcd.setCursor(0, 1);         // 두 번째 줄 첫 열로 커서 이동
   clcd.print("when you READY!"); // 두 번째 줄 디스플레이
}

void loop(){ }                   //비어 있음

int cal_distance(){              // 장애물까지의 거리 계산
  long echoTimeUs;               // 초음파가 돌아오는데 걸린 시간 저장
  double distanceMm;             // 장애물까지의 계산된 거리 저장
  digitalWrite(trig, HIGH);      // 측정용 초음파를 만들기 위해 HIGH 신호 생성
  delayMicroseconds(10);         // 10µs 사각파를 만들기 위해 HIGH 상태로 지연
```

```
  digitalWrite(trig, LOW);             // 지연 후 LOW 상태로 변경
  echoTimeUs = pulseIn(echo, HIGH);    // 초음파가 돌아올 때까지의 시간 계산
  distanceMm = echoTimeUs * (331.5 + 0.6 * 25.0) / 2.0 / 1000.0;
        // 장애물까지의 거리 = 속도 x 시간
        // 정확한 속도는 "331.5 + 0.6 x 온도"(m/s)임 (온도 25도로 계산)
        // 왕복 거리이므로 2로 나누어야 함. mm단위 환산을 위해 1000.0으로 나눔
  return((int)(distanceMm));
}

void display_clcd(int distanceMm){
  int quotient, reminder;
  quotient = distanceMm / 1000;        // 100자리 수 추출
  reminder = distanceMm % 1000;        // 100자리 수 삭제
  clcd.write((char)quotient + '0');    // 100자리 수 디스플레이
  quotient = reminder / 100;           // 10자리 수 추출
  reminder = reminder % 100;           // 10자리 수 추출
  clcd.write((char)quotient + '0');    // 10자리 수 디스플레이
  quotient = reminder / 10;            // 1자리 수 추출
  reminder = reminder % 10;            // 1자리 수 추출
  clcd.write((char)quotient + '0');    // 1자리 수 디스플레이
  clcd.write('.');                     // 도트(점) 디스플레이
  clcd.write((char)reminder + '0');    // 소수 첫 자리 수 디스플레이
}

void isr_sw(){                         // 스위치 인터럽트 처리 서비스 루틴
 delay(100);
 if (digitalRead(SW3) == HIGH) return; // 스위치 디바운싱 검사 및 처리
 switch (state){
                                    // 스위치를 1번째 누르면 바닥-천정 거리 계산
   case STATE_0:                       // 첫 번째 상태에서는
    clcd.clear();                      // CLCD 지우기
    clcd.setCursor(0, 0);              // 첫 번째 줄 첫 열에 커서 이동
    clcd.print("Ceiling Height");      // 첫 번째 줄 디스플레이
    clcd.setCursor(0, 1);              // 두 번째 줄 첫 번째 열에 커서 이동
    distance1=cal_distance();          // 계산된 바닥-천정 거리 값 받아옴
    display_clcd(distance1);           // 거리 값 디스플레이
```

```
    clcd.print("cm");                // 거리 단위 디스플레이
    state=STATE_1;                   // 다음 상태 설정
   break;
                             // 스위치를 2번째 누르면 머리-천정 거리 계산
   case STATE_1:                     // 두 번째 상태에서는
    clcd.clear();                    // CLCD 지우기
    clcd.setCursor(0, 0);            // 첫 번째 줄 첫 열에 커서 이동
    clcd.print("GAP Height");        // 첫 번째 줄 디스플레이
    clcd.setCursor(0, 1);            // 두 번째 줄 첫 번째 열에 커서 이동
    distance2=cal_distance();        // 계산된 머리-천정 거리 값 받아옴
    display_clcd(distance2);         // 거리 값 디스플레이
    clcd.print("cm");                // 거리 단위 디스플레이
    state=STATE_2;                   // 다음 상태 설정
   break;
                         // 스위치를 3번째 누르면 2번의 거리 차로 키 계산
   case STATE_2:
    clcd.clear();                    // CLCD 지우기
    clcd.setCursor(0, 0);            // 첫 번째 줄 첫 열에 커서 이동
    clcd.print("My Height");         // 첫 번째 줄 디스플레이
    clcd.setCursor(0, 1);            // 두 번째 줄 첫 번째 열에 커서 이동
    distance3=distance1-distance2;   // 앞선 두 거리 값의 차 계산
    display_clcd(distance3);         // 거리 값 디스플레이
    clcd.print("cm");                // 거리 단위 디스플레이
    state=STATE_3;                   // 다음 상태 설정
   break;
                              // 스위치를 4번째 누르면 초기 상태로 돌아감
   case STATE_3:
    clcd.clear();                    // CLCD 지우기
    clcd.setCursor(0, 0);            // 첫 번째 줄 첫 열에 커서 이동
    clcd.print("PRESS button");      // 첫 번째 줄 디스플레이
    clcd.setCursor(0, 1);            // 두 번째 줄 첫 번째 열에 커서 이동
    clcd.print("when you READY!");   // 두 번째 줄 디스플레이
    state=STATE_0;                   // 다음 상태 설정
   break;
  }
 }
```

이 프로그램은 상태도를 기반으로 설계된 것이다. 정의된 상태는 4가지가 있는데, 바닥에서 천정 높이(변수 distance1)를 측정하는 상태(STATE_0), 머리에서 천정 높이(변수 distance2)를 측정하는 상태(STATE_1), 앞선 상태들에서 측정한 두 측정값의 차를 계산하여 키(변수 distance3)를 계산하는 상태(STATE_2), 그리고 모든 상태를 초깃값으로 세팅하는 상태(STATE_3)이다. 각 상태는 스위치를 누를 때 숫자가 하나씩 증가하는 방향으로 천이하며, STATE_3에서 스위치가 눌려지면 STATE_0으로 천이한다.

거리 측정을 위해서는 거리센서의 Trig 핀과 Echo 핀을 활용하며, 스위치 입력을 감지하기 위해 인터럽트를 활용하였다. 본 프로그램은 인터럽트 기반으로 설계되었으므로 isr_sw()함수는 [attachInterrupt(5, isr_sw, FALLING);]에 의해 5번(논리 번호) 인터럽트 핀, 즉 18번(실제 핀 번호) 핀에 연결된 스위치가 눌려질 때마다 실행된다.

cal_distance() 함수는 초음파 센서가 초음파를 생성할 수 있도록 10μs의 사각파를 만들어 Trig 핀으로 전송한 후 초음파가 반사되어 수신되는 Echo 핀을 관찰하여 거리를 계산한다. 정확한 거리 계산을 위해 온도에 의한 보정 값도 포함시켰다.

display_clcd() 함수는 계산된 거리 값에 나눗셈과 나머지 연산을 활용하여 CLCD에 한 자리씩 디스플레이한다.

전체적으로 프로그램의 길이는 길지만 내용은 반복적인 것이 많으므로 인터럽트의 개념과 상태 천이의 개념만 잘 이해하면 프로그램을 이해하는 데에 큰 어려움은 없을 것이다.

아두이노 동작시키기

- 아두이노가 연결된 상태에서 스케치 프로그램을 업로드한다.

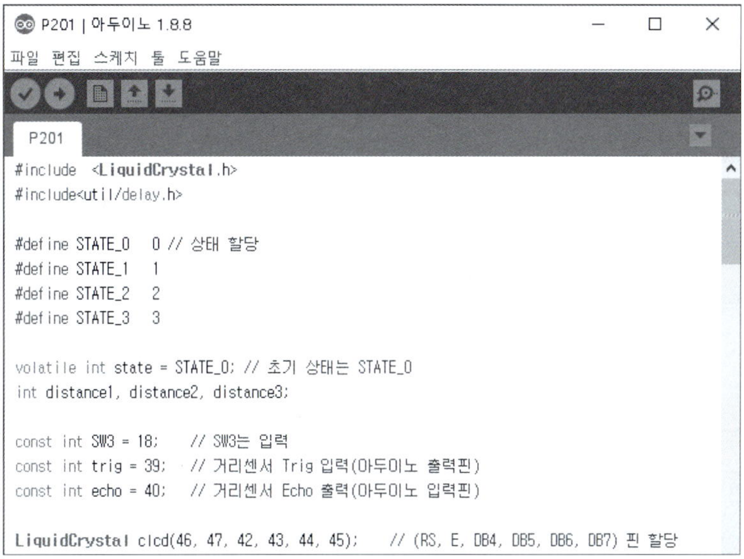


```
#include  <LiquidCrystal.h>
#include<util/delay.h>

#define STATE_0   0 // 상태 할당
#define STATE_1   1
#define STATE_2   2
#define STATE_3   3

volatile int state = STATE_0; // 초기 상태는 STATE_0
int distance1, distance2, distance3;

const int SW3 = 18;    // SW3는 입력
const int trig = 39;   // 거리센서 Trig 입력(아두이노 출력핀)
const int echo = 40;   // 거리센서 Echo 출력(아두이노 입력핀)

LiquidCrystal clcd(46, 47, 42, 43, 44, 45);    // (RS, E, DB4, DB5, DB6, DB7) 핀 할당
```

[그림 20.6] 스케치 프로그램(거리센서를 이용한 키 측정기)

연습 문제

1 보통의 음파는 ( )KHz 이하의 주파수를 갖는다. 초음파는 가청 주파수를 초과하는 ( )KHz 이상의 주파수를 의미한다. 초음파 거리센서는 보통 ( )KHz의 주파수를 사용한다.

2 거리센서는 초음파를 송신한 후 목표물에 반사되어 수신되기까지의 시간을 측정하는데, ( )의 식을 이용하여 거리를 측정한다.

3 초음파는 주파수가 높아질수록 ( )이 증가하여 측정하기가 유리하지만, ( )이 좁아지므로 반사 파형을 잘 수신할 수 없는 문제가 발생한다.

4 프로그램 실행 중에 외부 입출력 장치에서 어떤 처리 요구가 들어오면 수행하던 프로그램을 잠시 멈추고, 처리 요구를 완료한 후 다시 본래의 프로그램을 수행하면 된다.
여기서 입출력 장치의 처리 요구를 ( )라고 하고 이것에 의해 처리되는 프로그램을 ( )이라고 한다. 이와 반대되는 개념으로 CPU가 입출력 장치의 처리 요구가 발생했는지 계속적으로 확인하는 방법이 있는데 이를 ( )이라고 하며, 이로 인해 CPU의 기능이 마비되기도 한다.

5 아두이노 입장에서 인터럽트를 요청하는 주체는 ( )이고, 인터럽트를 수신하는 주체는 ( )가 된다. 이를 위해 아두이노는 입터럽트를 수신받을 수 있는 포트가 설정되어 있어야 한다.

6 아두이노 우노의 경우 입터럽트를 요청하는 주체가 스위치라면 이 스위치는 반드시 디지털 입출력 포트 ( )번이나 ( )번에 연결하여야 한다.

7 인터럽트가 발생하면 아두이노는 수행하던 프로그램을 멈추고, 개발자가 코딩한 ( )을 수행하고, 수행이 끝나면 다시 ( )으로 돌아오게 된다.

8 코드 "attachInterrupt(1, apple, RISING);"의 의미를 설명하라.

9 인터럽트 서비스 루틴에서 주의해야 할 점은 무엇인지 간단히 답하라.

10 HC-SR04의 Trig는 트리거 입력 핀으로서 초음파 펄스를 전송하려할 때 (　　　)폭의 TTL(LOW와 HIGH로만 만들어지는 신호) 펄스 신호를 입력시켜주면 총 (　　)회의 초음파 펄스가 연속적으로 전송되고, 나중에 수신되게 된다.

11 HC-SR04 거리센서는 대략 측정 각도 ±(　　　) 범위 내에서, (　　　) 이하의 거리에서 사용 가능하다.

12 pulseIn(pin, value) 함수의 pin에는 측정하고자 하는 입력 핀 번호를, value에는 측정하고자 하는 레벨(HIGH 또는 LOW)를 입력한다. return값은 (　　　　) 단위의 pulse 지속 시간 값이며 (　　　　　　) 데이터 타입으로 출력된다.

21장 리모컨 신호 훔쳐서 전등 켜기

학습 목표

- IR 송신기 및 수신기, 그리고 IR 통신 규격인 NEC 포맷에 대해 이해할 수 있다.
- IRremote.h의 함수를 확인하고 사용할 수 있다.

학습 내용

- NEC 메시지 전달 방식
- 리모컨이 송신하는 데이터를 가로채는 방법

도구	• PC, JARDUINO–MEGA–IOT 또는 아두이노 메가 또는 아두이노 우노 • USB 케이블(A타입–μB타입), 스케치 소프트웨어, Fritzing, draw.io
부품	• KSM–603LM IR 수광 소자(KSM–603LM–IR.pdf), 리모컨, 47Ω, 10KΩ
함수	• IRremote.enableIRIn( )/decode( )/resume( )
프로그램	• [P211], [P212]

대표 회로도

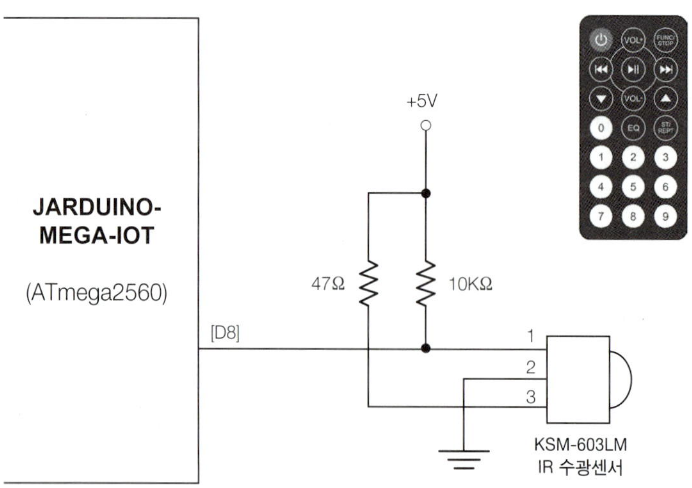

[그림 21.1] 대표 회로도(리모컨으로 제어하는 전등)

이론 이해하기 [적외선(IR), 적외선 발광 다이오드, 포토다이오드]

적외선(IR)

빛의 스펙트럼이 [그림 21.2]에 나타나 있다. 일반적으로 파장 380nm부터 780nm까지의 빛을 가시광선이라고 하고, 380nm 이하의 빛을 자외선(UV: UltraViolet), 그리고 780nm 이상의 빛을 적외선(IR: InfraRed)이라고 한다. 이 중 가시광선만이 눈에 보인다.

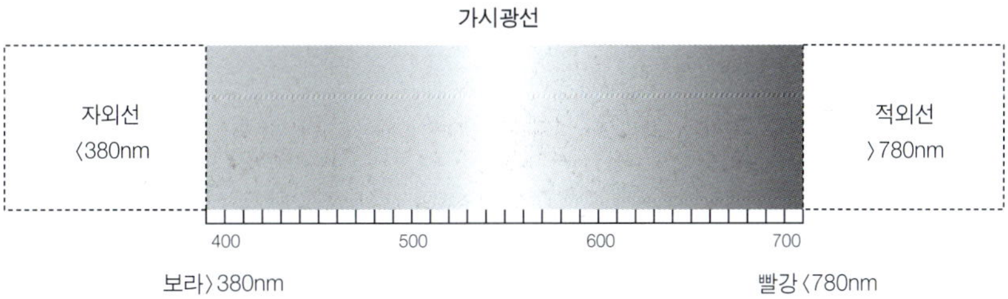

[그림 21.2] 빛의 스펙트럼

적외선 발광 다이오드 (IRED: InfraRed Emitting Diode)

IRED는 전기 에너지를 빛 에너지(적외선)로 변환하여 방출하는 다이오드이다. LED와 매우 유사하지만 방출되는 빛의 파장이 950nm 부근의 적외선을 방출하므로 눈에는 보이지 않는다. 보통 TV 리모컨, 광통신 송신기 등에 활용된다. 회로 심볼은 [그림 21.3]과 같이 보통의 LED와 동일하다.

포토다이오드(=광다이오드)

포토다이오드는 빛 에너지를 전기 에너지로 변환하는 광센서로서 LED와 반대되는 역할을 수행한다. 포토다이오드에 역 바이어스(애노드-음극, 캐소드-양극)를 걸면 전류가 흐르지 않지만, 역 바이어스 상태에서 빛을 쪼이면 이 빛이 흡수되면서 광기전력이 생겨, 빛의 세기에 비례하는 역방향 선형 전류가 흐르게 되는 원리(=광기전력 효과)를 활용한다. 포토다이오드는 광통신의 수신기, CD 플레이어, TV 리모컨 수신부, 화재 경보기 등에 사용된다. 회로 심볼은 [그림 21.3]과 같이 빛이 다이오드로 수신되는 형태로 그린다. 개선된 포토다이오드로서 PIN 포토다이오드는 P타입(애노드)-N타입(캐소드) 접합 사이에 진성(I, Intrinsic) 반도체를 끼워 넣은 형태로 제작된다. 빛이 입사되면 중간층인 I층에서 전자와 정공이 형성되고, 외부 바이어스에 의해 전자는 N층(캐소드)으로 쓸려가고, 정공은 P층(애노드)으로 쓸려가게 설계된다. PIN 포토다이오드는 응답 속도가 빠르고, 변환 효율이 높다.

[그림 21.3] IRED 및 포토다이오드

부품 살펴보기 및 회로 구상하기 [CL-1L5R IRED, KSM-603LM IR 수광 소자]

CL-1L5R IRED

CL-1L5R은 **[그림 21.4]**의 첫 번째 그림과 같이 플라스틱으로 만들어진 5mm 직경의 투명 렌즈를 사용하는 IRED이다. 리모컨의 송신기로 활용될 수 있으며, 리모컨의 상단에 설치되어 있다. 최대 1A 정도의 전류가 필요하므로 아두이노의 디지털 출력이 직접 IRED를 구동할 수는 없고, 트랜지스터 증폭 회로를 통하여 구동하여야 한다. 따라서 IR 송신기 회로는 **[그림 21.4]**의 두 번째 그림과 같이 아두이노의 디지털 출력을 B(Base)에 연결하고, IRED를 C(Collector)에 연결하여야 한다. 여기서 일반 LED와 같이 정 방향으로 바이어스 되어 있음을 주의하자. 리모컨의 경우에는 IR 송신용 IRED와 상대편 수신기인 포토다이오드는 모두 파장이 950nm로 매치되는 것을 사용한다. 적외선이 가능한 도달 거리는 회로의 종류에 따라 다르나 보통 10m 이하 정도까지는 가능하다. 일반적으로 리모컨은 IR 통신 규격인 NEC 포맷을 이용하여 정보를 전달한다.

KSM-603LM 수광 소자

[그림 21.4]의 세 번째 그림에 있는 KSM-603LM 수광 소자는 패키지 내에 고속의 PIN 다이오드와 사전증폭기 IC가 포함된 소자로 리모컨의 수신기로 쓰인다. 5V 전압에서 동작하고, 주위의 빛에 강하며, 전력을 적게 소모하는 특성을 가지고 있다. **[그림 21.4]**의 세 번째와 네 번째 그림처럼 아두이노의 [5V] 전압이 입력되는 Vcc(③), 아두이노의 [GND]와 연결되는 GND(②), 그리고 빛에너지에 따른 기전력을 아두이노의 [8]로 출력하는 Vout(①, 풀업 저항이 연결되어 있음)의 3개 핀으로 구성된다.

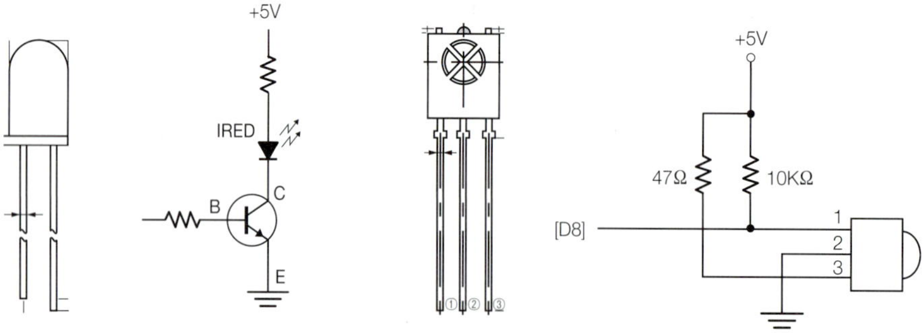

[그림 21.4] IRED, IRED 회로, 포토다이오드, 포토다이오드 회로

표준 이해하기 [IrDA를 기반으로 하는 NEC 표준]

모든 통신은 표준에 따라 동작한다. 만일 표준을 준수하지 않는다면 A사에서 출시한 송신기가 B사에서 생산한 수신기와 통신하지 못할 것이다. IR 통신은 송신기와 수신기가 IR(적외선)을 이용하여 무선으로 광통신을 수행하는 방법이다. KBS FM 라디오 방송국은 89.1MHz에서 음성 신호를 전송한다. 여기서 89.1MHz의 주파수를 반송파(캐리어)라고 한다. 유사하게 IR 통신 표준인 IrDA(Infrared Data Association)는 38KHz부터 43KHz까지의 적외선을 캐리어로 사용한다. IrDA는 1993년 IBM, HP, 마이크로소프트가 주축이 되어 규정한 표준이다. 주로 TV와 리모컨, 그리고 근거리 무선 조종 장치 등에 사용된다. IrDA에서 사용하는 데이터 전송 프로토콜로는 표준의 하나인 NEC 포맷이 가장 보편적으로 사용된다. NEC 포맷에서는 1비트의 정보를 전달하기 위한 방식을 **[그림 21.5]**과 같이 정의하고 있다. 논리 1을 전송할 때는 2.25 ms 구간 중 560μs 동안만 38KHz의 캐리어 주파수 파형을 전송하고, 논리 0을 전송할 때는 1.12 ms 구간 중 560μs 동안만 38KHz의 캐리어 주파수 파형을 전송한다. **[그림 21.6]**에는 NEC 메시지 정보 전달 방식이 나타나 있다. 처음 AGC(Automatic Gain Control, 자동 이득 제어)와 바로 뒤의 대기 부분은 수신기 제어를 위한 부분이며, 메시지 전송 시작의 의미를 갖는다. 이후에 주소 정보 2회(주소+주소의 반전, 총 16비트)와 커맨드 2회(커맨드+커맨드의 반전, 총 16비트)가 연속적으로 전송된다. 총 32비트가 전송되며, 그림에서 전송된 데이터를 16진수로 표현하면 0x59A616E97가 된다.(LSB -> MSB 순서로 비트 전송이 이루어지는 것에 주의하고, 1바이트 단위로 보수가 전송됨을 확인하자!) 보통 주소는 리모컨의 이름표(제조사, 사용 기기에 따른 고유 번호)이고, 커맨드는 리모컨의 눌려진 키 번호(전원 키, 채널 키 등의 키 마다 할당된 고유 번호)이다.

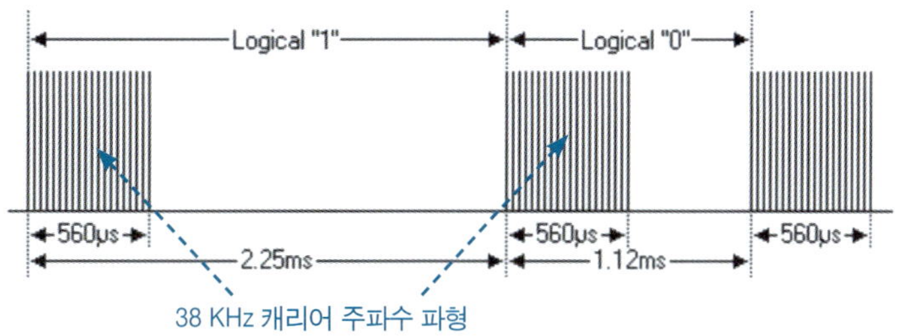

[그림 21.5] 논리적인 0과 1을 전송하는 NEC 포맷

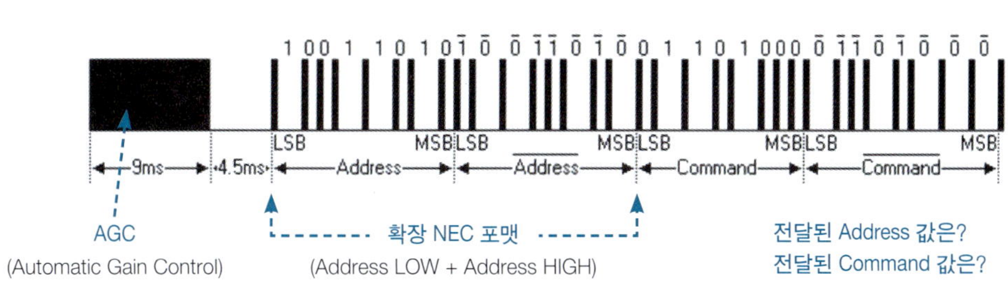

[그림 21.6] NEC 메시지 정보 전달 방식

작품 목표 이해하기 [리모컨 신호를 수신해서 전등 켜기]

- 리모컨의 '0' 키가 눌려지면 전등이 꺼지고, '1' 키가 눌려지면 전등이 켜지는 작품을 설계한다.

작품 회로 설계하기 [포토다이오드 - 아두이노 - LED]

아두이노 메가를 이용한 회로(fritzing, [F211])

[그림 21.1], **[그림 21.7]**은 IR 수광 소자로 구성된 회로이다. 부품의 개수가 적어 회로는 쉽게 구성할 수 있을 것이다. 전등을 모델링하는 LED는 디지털 출력 [13]번에 연결된 L LED를 이용한다.

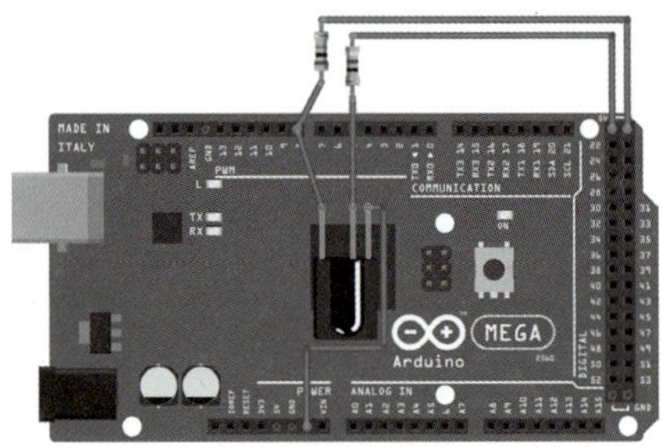

[그림 21.7] 아두이노 메가를 이용한 회로(리모컨으로 제어하는 전등)

JARDUINO-MEGA-IOT에 실장된 회로

[그림 21.8]에는 JARDUINO-MEGA-IOT에 실장된 부품의 위치와 PCB 회로도가 나타나 있다. 회로 연결이 자세히 표현되지는 않았지만 부품들은 PCB 보드를 통해 연결되어 있다.

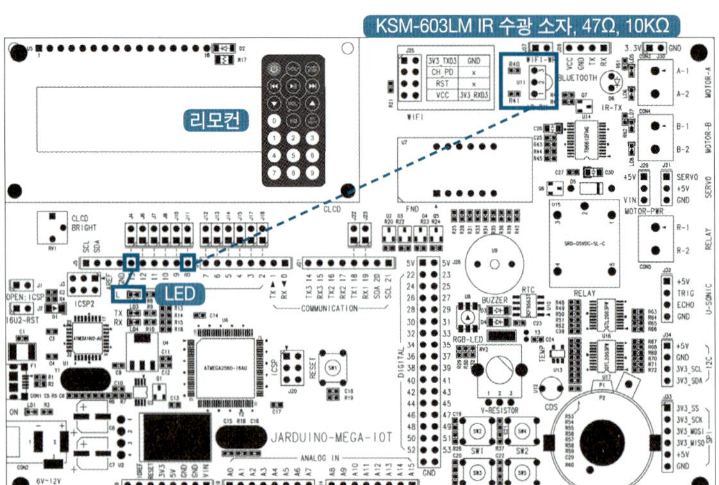

[그림 21.8] JARDUINO-MEGA-IOT의 PCB 회로도(리모컨으로 제어하는 전등)

작품에 필요한 함수 이해하기 [IRremote 멤버 함수]

IRrecv 멤버 함수들을 사용하기 위해서는 IRremote 헤더를 포함시키고 IRrecv 클래스의 객체 irrecv를 선언해 주어야 한다. 이는 정수형 변수 i를 선언할 때 “int i;” 라고 쓰는 것과 동일하다. 특별히 여기서는 초깃값인 핀 번호를 전달하면서 객체를 선언하였다. 객체 irrecv(객체명은 변수명을 정하는 규칙을 따름)를 선언하면 IRremote 객체에 소속된 멤버 함수들을 사용할 수 있게 된다. 또한 decode_results 구조체인 reveived_data도 선언하여야 한다. 포인터로 선언하였으므로 수신 정보는 reveived_data에 저장될 것이다.

[표 21.1]에는 본 장에서 활용하는 IRremote 멤버 함수가 정리되어 있다. 멤버 함수로서 irrecv.enableIRIn()은 IR 수광 소자를 초기화하는 함수이다. irrecv.decode() 함수는 디코드 값을 수신하는 함수이다. 입력인수로 전달되는 reveived_data에 디코드 값이 저장된다. irrecv.resume() 함수는 수광 소자를 리셋하고 다음 수신을 준비하는 함수이다.

〈표 21.1〉 IRremote 멤버 함수

<table>
<tr><td colspan="3">이 함수들을 사용하기 위해서는 아래와 같은 코드를 프로그램에 삽입해야 함
#include〈IRremote.h〉 // IR 헤더 포함
IRrecv irrecv(pin); // IRrecv 클래스 객체 생성, pin : 수신 핀 번호
decode_results received_data //decode_results 구조체 생성</td></tr>
<tr><td colspan="3">void irrecv.enableIRIn( )</td></tr>
<tr><td>IRremote.h</td><td>초기화 함수</td><td></td></tr>
<tr><td colspan="3">int irrecv.decode(decode_results *received_data)</td></tr>
<tr><td>IRremote.h</td><td>디코드 값
수신 함수</td><td>• 수신 성공시 코드는 received_data에 저장됨
- received_data.decode_type: NEC, SONY, RC5, RC6, or Unknown
- received_data.value: 입력된 값(type이 Unknown인 경우는 0)
• return값은 1(수신 성공), 0(수신 실패)</td></tr>
<tr><td colspan="3">void irrecv.resume( )</td></tr>
<tr><td>IRremote.h</td><td>재시작 함수</td><td>• 수신 리셋 후 다음 수신 준비 함수</td></tr>
</table>

작품 알고리즘 고민하고 순서도 그리기[FC211]

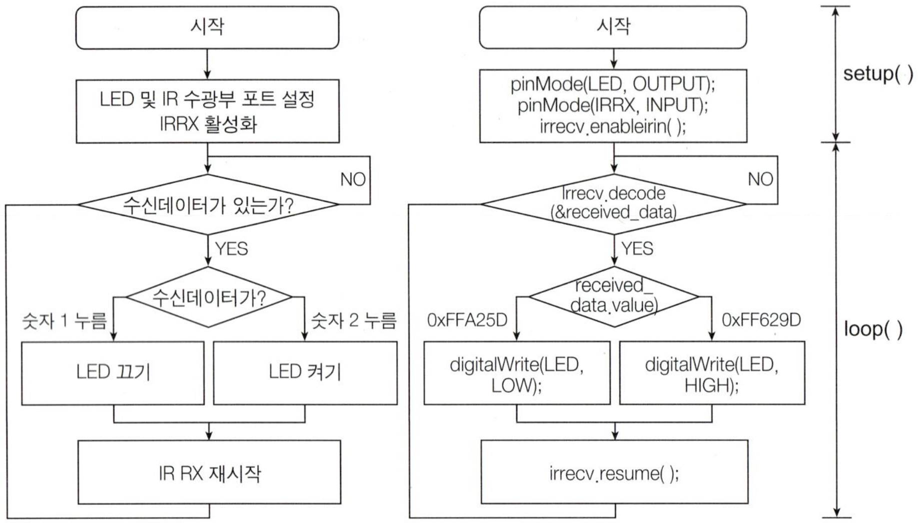

[그림 21.9] 알고리즘 순서도(리모컨으로 제어하는 전등)

작품의 스케치 프로그래밍 하기 [P211]

```
#include <IRremote.h>
#define LED  13                                // LED 포트 번호
#define IRRX  8                                // IRRX 핀 번호
IRrecv irrecv(IRRX);                           // IR 수신 객체 생성
decode_results received_data;                  // IR 수신시 데이타용 구조체 생성

void setup(){
  pinMode(LED, OUTPUT);                        // LED 포트 출력 설정
  pinMode(IRRX, INPUT);                        // IRRX 포트 입력 설정
  irrecv.enableIRIn();                         // IRRX 동작 시작
}
void loop(){
  if (irrecv.decode(&received_data)){          // 수신 데이터가 있는지 확인
    switch(received_data.value){
      case 0x00FFA25D: digitalWrite(LED, LOW); break;    // 숫자 1을 누른 경우
      case 0x00FF629D: digitalWrite(LED, HIGH); break;   // 숫자 2를 누른 경우
    }
    irrecv.resume();                           // 다음 데이터 수신 준비
  }
}
```

LED 출력 포트로 [13]번 포트를 사용하고 IR 수신 포트로 [8]번 포트를 사용한다. IRrecv 클래스 객체 irrecv를 생성하여 [8]번 포트에 연결하고 IR 데이터 수신용 구조체인 received_data 구조체를 생성한다.

setup() 함수에서는 두 포트를 각각 출력과 입력으로 설정하고 IR의 수신 동작을 활성화한다. loop() 함수에서는 먼저 irrecv.decode(&received_data)의 return값을 확인하여 수신 데이터가 있는지 확인하고 received_data 구조체의 멤버인 value에 저장된 수신 데이터를 확인하여 LED를 켜고 끈 후, 다음 수신을 준비한다. **여기서 리모컨의 1번 키에 할당된 Command 데이터인 0x00FFA25D와, 2번 키에 할당된 Command 데이터인 0x00FF629D는 리모컨마다 값이 다를 수 있기 때문에 반드시 별도의 프로그램을 통해 확인해야 한다. 이것은 연습 문제에서 직접 코딩해 보기로 한다.**

사실 JARDUINO-MEGA-IOT 회로에는 리모컨을 대신할 수 있는 IR 트랜스미터가 실장되어 있다. 하지만 하나의 JARDUINO-MEGA-IOT에 IR 트랜스미터와 IR 리시버가 동시에 작동할 수 없는 문제가 있다. 만일 2대의 JARDUINO-MEGA-IOT를 가지고 있다면 리모컨이 없어도 한쪽은 IR 트랜스미터로, 다른 한쪽은 IR 리시이버로 프로그램하여 둘 간의 통신을 직접 구현할 수도 있을 것이다. 참고로 JARDUINIO-MEGA-IOT에서 IR 트랜스미터는 포트 [9]에 연결되어 있으므로 한 번 시도해보기 바란다.

아두이노 동작시키기

- 아두이노가 연결된 상태에서 스케치 프로그램을 업로드한다.

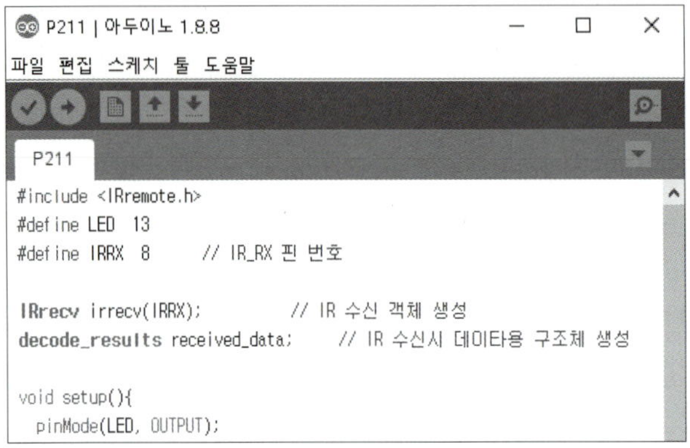

[그림 21.10] 스케치 프로그램(리모컨으로 제어하는 전등)

연습 문제

1 일반적으로 자외선과 가시광선을 나누는 경계에 해당하는 파장은 ( )nm이고, 적외선과 가시광선을 나누는 경계에 해당하는 파장은 ( )nm이다. IR 통신을 위한 적외선의 파장은 ( )nm이다.

2 ( )는 적외선을 방출하는 다이오드이다.

3 ( )는 빛 에너지를 전기 에너지로 변환하는 광센서로서 LED이 반대되는 역할을 수행한다. 외부 바이어스는 애노드에 ( ), 캐소드에 ( )을 연결하여야 하므로 역 바이어스 전압에서 동작한다.

4 ( )는 개선된 포토다이오드로서 응답 속도가 빠르고, 변환 효율이 높다.

5 리모컨은 IR 통신 규격으로 가장 많이 사용하는 ( ) 포맷을 이용하여 정보를 전달하는 경우가 대부분이다.

6 KSM-603LM 수광 소자는 패키지 내에 고속의 ( )와 ( )가 포함된 소자로서 리모컨의 수신기로 쓰인다.

7 38KHz부터 43KHz까지의 적외선을 캐리어로 사용하는 IR 통신 표준을 ( )라고 한다.

8 IrDA를 리모컨에 사용하기 위해서는 데이터를 전송하는 포맷에 대한 표준인 ( )를 추가적으로 따라야 한다.

9 NEC에서는 주소 정보가 ( )회(주소+주소의 반전, 총 16비트)와 커맨드가 ( )회(커맨드+커맨드의 반전, 총 16비트)가 연속적으로 전송된다.

10 NEC 포맷으로 수신받은 커맨드 데이터가 0x00FFA5( )이었고, 이것은 정상적인 데이터이다.

11 NEC 포맷에서는 총 (　　　　　)비트가 전송되며 보통 (　　　　　)진수로 표현한다.

12 NEC 포맷에서 (　　　　)는 리모컨의 이름표이고, (　　　　)는 리모컨의 눌려진 키 번호이다.

13 본문의 [P211]에서 리모컨의 1번 키에 할당된 Command 데이터와 2번 키에 할당된 Command 데이터를 PC 화면에 디스플레이하는 프로그램을 작성하라. [P212]

22장

리모컨과 릴레이로 선풍기 켜고 끄기

학습 목표

- 릴레이의 구동 원리를 이해할 수 있다.
- 릴레이를 이용하여 DC모터를 제어하는 회로를 구성할 수 있다.

학습 내용

- 릴레이를 이용하여 대 전류를 활용하는 방법

도구	• PC, JARDUINO-MEGA-IOT 또는 아두이노 메가 또는 아두이노 우노 • USB 케이블(A타입-μB타입), 스케치 소프트웨어, Fritzing, draw.io
부품	• SRD-05VDC-SL-C릴레이(SRD-05VDC-SL-C.pdf), KSM-603LM 수광 소자, DC모터, 리모컨, PMBT2222A 트랜지스터, IN4004 다이오드(1N4004.pdf), 1KΩ, 47Ω,10KΩ
프로그램	• [P221MEGA], [P221UNO], [P222MEGA], [P222UNO]

대표 회로도

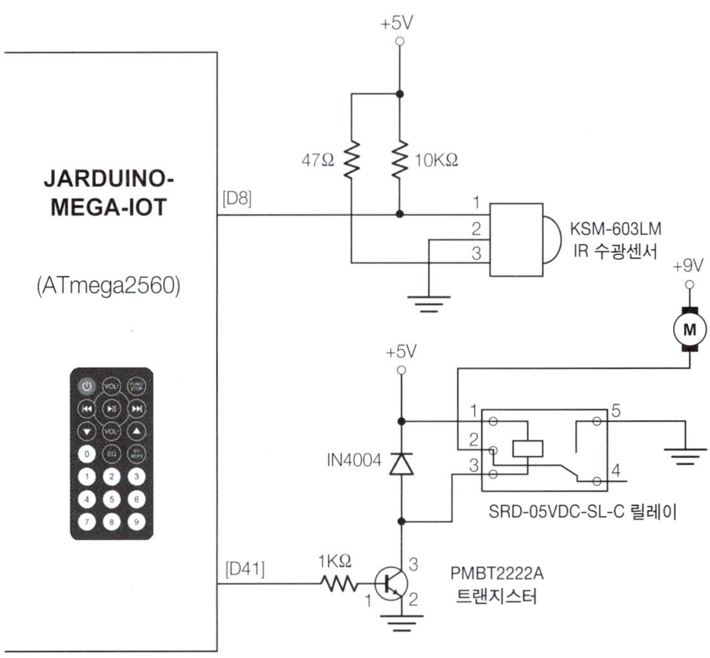

[그림 22.1] 대표 회로도(릴레이를 이용한 선풍기)

이론 이해하기 [릴레이]

릴레이는 전자 스위치이다. **[그림 22.2]**와 같이 코일에 전류가 흐르면 코일은 전자석이 되고, 철편으로 만들어진 스위치의 접점을 끌어 당겨 전기적으로 격리된 회로를 연결하거나(ON) 끊는(OFF) 역할을 한다. 코일의 용량이 크다면 디지털 출력으로 직접 코일을 제어하지 못하므로, 트랜지스터를 이용하여 큰 전류를 구동할 수 있도록 구성한다. 릴레이는 제어하는 회로와 제어 대상이 되는 회로가 독립적이므로 서로 절연이 되어 있다는 장점이 있다. 하지만 기계적인 동작이 필요하므로 속도가 느리고(최소 ms 단위 이상), 스위치 접점이 붙거나 떨어질 때 스파크가 발생하여 전기적인 노이즈 및 기계적인 노이즈(잡음)가 발생하는 단점이 있다. 제어 대상 회로의 종류에 따라 5~12V DC, 110~220V AC 등의 다양한 릴레이가 있다.

기계식 릴레이의 개폐 속도를 빠르게 하기 위해 전자석과 철편을 트라이악이라는 반도체로 교체한 릴레이를 SSR(Solid State Relay)라고 하는데 속도가 빠르고 스파크와 소음이 발생하지 않아 반 영구적으로 사용이 가능하지만 가격이 비싸다. 릴레이는 자동차 지시등, 전동시트, 썬루프, 사이드미러 작동 등 매우 넓은 영역에 응용된다.

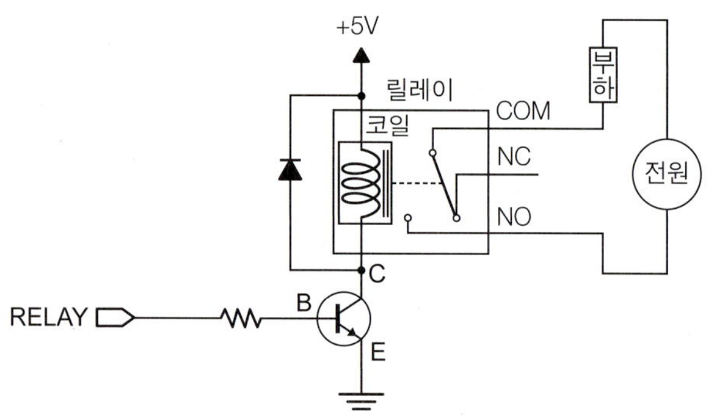

[그림 22.2] 기계식 릴레이의 동작 원리

부품 살펴보기 및 회로 구상하기 [SRD-05VDC-SL-C 릴레이]

[그림 22.3]에 있는 SRD-05VDC-SL-C는 널리 사용되는 기계식 릴레이로서 제어 로직을 위해서는 5V의 DC 전원이 필요하다. 제어 대상 회로는 최대 240V/7A의 AC 부하와 28V/7A의 DC 부하가 가능하다. 아래쪽에서 바라본 SRD-05VDC-SL-C의 핀 배치가 그림에 나타나 있다. 또한 간단한 회로도가 나타나 있는데 VCC에는 제어 로직을 위한 아두이노의 [5V] 전원을 연결하고, [GND]에는 릴레이를 ON/OFF시키기 위한 아두이노의 디지털 출력(트랜지스터의 콜렉터 출력)을 연결한다. COM, NO(Normally Open), NC(Normally Closed) 핀은 제어 대상 회로가 연결되는 핀으로서, COM 핀은 릴레이 내부에서 스위치의 위치에 따라 NO 또는 NC와 연결될 수 있다. VCC와 GND 사이에는 역전압에 의한 릴레이의 오작동을 방지하기 위해 역방향으로 바이어스된 플라이휠(fly-wheel, 관성) 다이오드를 연결한다. 디지털 출력 [41]에 HIGH를 출력하여 트랜지스터가 ON이 되면 릴레이 내부의 코일에 전압이 인가되어 릴레이는 ON(COM 핀이 NO 핀에 연결)이 된다. NO(Normally Open)라는 것은 평상시(코일에 전류가 흐르지 않을 때)에는 COM 핀에 연결되지 못하고 Open된 상태로 있다는 의미이다. 디지털 출력 [41]에 LOW를 출력하여 트랜지스터가 OFF 되면 코일에 전류가 흐르지 않아 릴레이가 OFF(COM 핀이 NC에 연결)된다. NC(Normally Closed)라는 것은 평상시(코일에 전류가 흐르지 않을 때)에는 COM 핀에 연결되어 Closed된 상태로 있다는 의미이다.

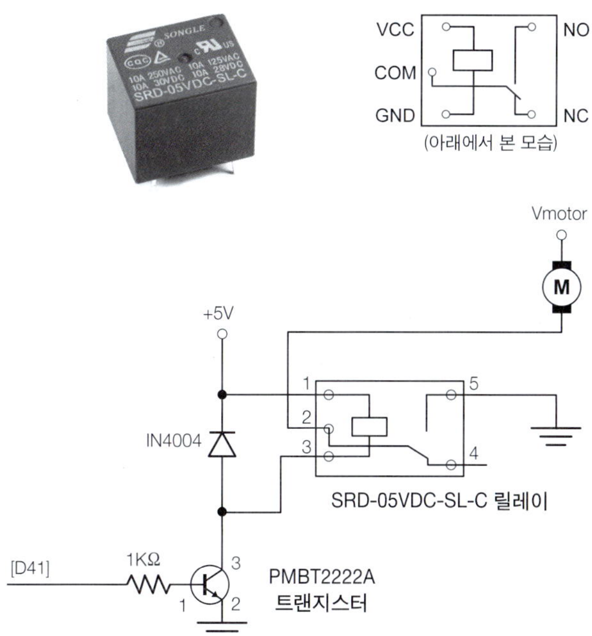

[그림 22.3] 릴레이의 모습, 핀 배치 및 회로 구상

작품 목표 이해하기 [리모컨과 릴레이로 선풍기 켜고 끄기]

- 리모컨의 '1' 키가 눌려지면 선풍기가 꺼지고(선풍기의 전원이 끊어지고), '2' 키가 눌려지면 선풍기가 켜지는(선풍기의 전원이 연결되는) 작품을 제작한다.

작품 회로 설계하기 [리모컨 - 아두이노 - 릴레이 - DC모터]

아두이노 메가를 이용한 회로(fritzing, [F221])

[그림 22.1], [그림 22.4]는 리모컨과 릴레이로 제어하는 선풍기의 회로도이다. 최초 제시된 회로도에 더하여 모터 전원(Vmotor)을 제공하기 위한 배터리를 추가로 배치하였다.

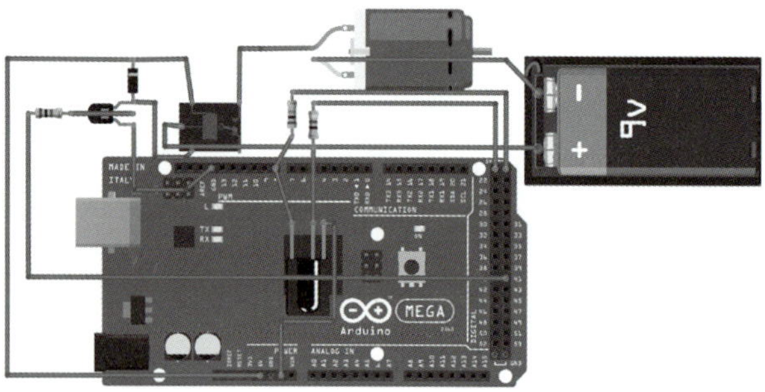

[그림 22.4] 아두이노 메가를 이용한 회로(릴레이를 이용한 리모컨 선풍기)

JARDUINO-MEGA-IOT에 실장된 회로

[그림 22.5]에는 JARDUINO-MEGA-IOT에 실장된 부품의 위치와 PCB 회로도가 나타나 있다. 회로 연결이 자세히 표현되지는 않았지만 부품들은 PCB 보드를 통해 연결되어 있다.

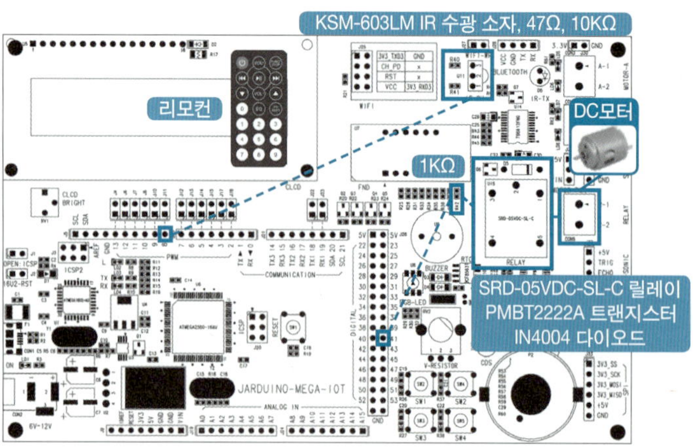

[그림 22.5] JARDUINO-MEGA-IOT의 PCB 회로도(릴레이를 이용한 리모컨 선풍기)

작품 알고리즘 고민하고 순서도 그리기 [FC221]

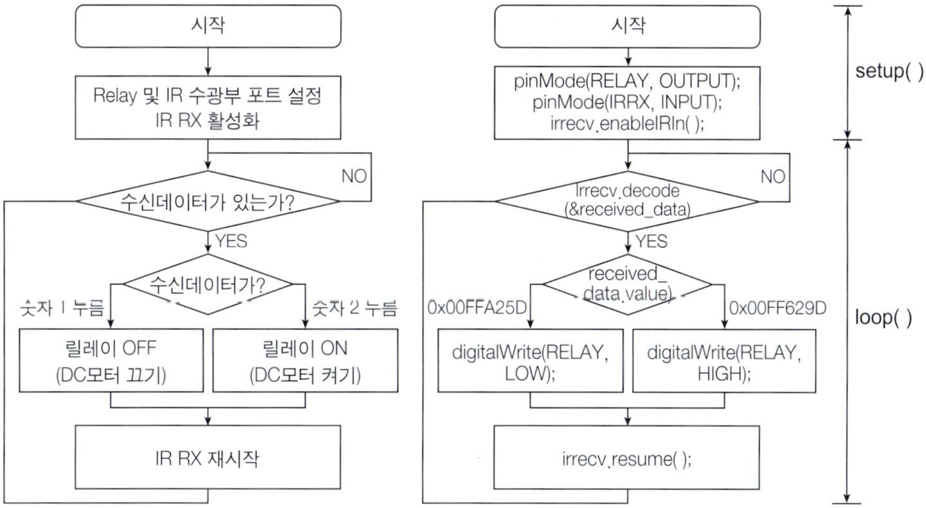

[그림 22.6] 알고리즘 순서도(릴레이를 이용한 리모컨 선풍기)

작품 알고리즘 고민하고 순서도 그리기 [P221MEGA]

```
#include <IRremote.h>                          // [P220] 코드와 유사
#define RELAY 41                               // 릴레이 포트
#define IRRX  8                                // IR_RX 핀 번호
IRrecv irrecv(IRRX);                           // IR 수신 객체 생성
decode_results received_data;                  // IR 수신시 데이타용 구조체 생성

void setup(){
  pinMode(RELAY, OUTPUT);                      // 릴레이 포트 출력 설정
  pinMode(IRRX, INPUT);                        // IR_RX 입력 설정
  irrecv.enableIRIn();                         // IR_RX 동작 시작
}

void loop(){
  if (irrecv.decode(&received_data)){          // 수신 데이터가 있는지 확인
    switch(received_data.value){
      case 0×00FFA25D: digitalWrite(RELAY, LOW); break;       // 1을 누른 경우
      case 0×00FF629D: digitalWrite(RELAY, HIGH); break;      // 2를 누른 경우
    }
```

```
    irrecv.resume();                        // 다음 데이터 수신 준비
  }
}
```

아두이노 동작시키기

- 아두이노가 연결된 상태에서 스케치 프로그램을 업로드한다.

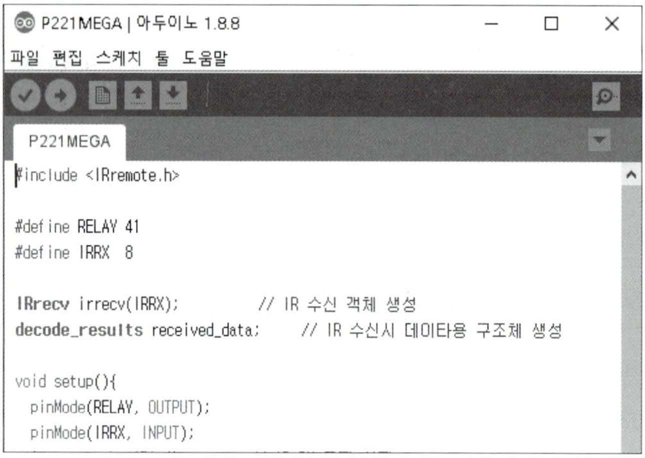

[그림 22.7] 스케치 프로그램(릴레이를 이용한 리모컨 선풍기)

연습 문제

1 (　　　　) 제어용 코일에 흐르는 전류는 크기가 크므로 디지털 출력으로 직접 코일을 구동하지 못하고 트랜지스터를 이용하여 구동하도록 설계한다.

2 기계식 릴레이의 개폐 속도를 빠르게 하기 위해 전자석과 철편을 (　　　　)이라는 반도체로 교체한 릴레이를 (　　　　)라고 하는데 속도가 빠르고 스파크가 발생하지 않아 반 영구적으로 사용이 가능하다.

3 릴레이에서 스위치에 의해 ON/OFF되는 격리 회로의 한 쪽은 릴레이의 (　　　　) 핀에 연결하고 다른 한쪽은 릴레이의 (　　　　)에 연결하여야 한다.

4 COM 핀은 릴레이에서 스위치의 위치에 따라 (　　　　) 또는 (　　　　)와 연결될 수 있다.

5 (　　　　　　　　)라는 것은 평상시(코일에 전류가 흐르지 않을 때)에는 COM 핀에 연결되지 못하고 Open된 상태로 있다는 의미이다.

6 (　　　　　　　　)라는 것은 평상시(코일에 전류가 흐르지 않을 때)에는 COM 핀에 연결되어 Closed된 상태로 있다는 의미이다.

7 릴레이를 직접 제어하여 5초간 선풍기를 켜고 다시 5초간 선풍기를 끄는 동작을 반복하는 프로그램을 작성하라. [P222MEGA][P222UNO]

23장 가속도/자이로/지자기 센서 값 획득하기

학습 목표

- 가속도, 기울기, 그리고 각속도 측정의 원리를 이해할 수 있다.
- I^2C 통신 규격에 대해 이해할 수 있다.
- MPU9250과 I^2C 통신을 이용하여 가속도, 각속도, 지자기 측정값을 얻을 수 있다.
- MPU9250 클래스의 객체를 생성하고 클래스 함수를 활용할 수 있다.

학습 내용

- 가속도, 각속도, 지자기 값과 roll, pitch, yaw 값을 얻는 방법
- 양방향 레벨변환기를 이용한 회로 구성 원리

도구	• PC, JARDUINO-MEGA-IOT 또는 아두이노 메가 또는 아두이노 우노 • USB 케이블(A타입-μB타입), 스케치 소프트웨어, Fritzing, draw.io
부품	• MPU9250 가속도/자이로/지자기 센서(MPU9250.pdf), GTL2003PW 레벨 변환기(GTL2003PW.pdf), 10KΩ 4개, 200KΩ, 1μF
함수	• Wire.begin( ), MPU9250.initialize( )/getMotion9( )
프로그램	• [P231]

대표 회로도

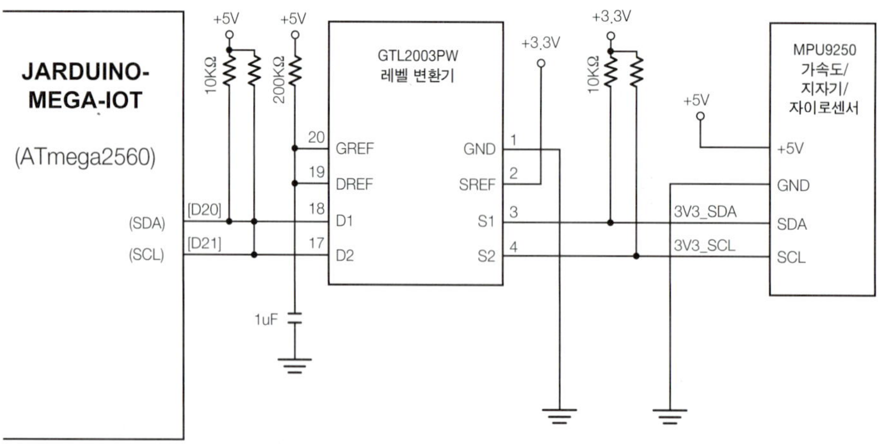

[그림 23.1] 대표 회로도(가속도/자이로/지자기 센서 값 획득하기)

이론 이해하기 [가속도 센서, 자이로 센서, 지자기 센서]

가속도 센서는 단위 시간당 속도의 변화를 검출하기 위한 소자이다. 가속도를 측정함으로서 여러 가지 다른 물리량도 측정해 낼 수 있다. 〈표 23.1〉에 제시된 것처럼 가속도 센서는 ㉮ 3차원 x, y, z축 벡터 방향의 가속도, ㉯ 정지 상태에서 3차원 x, y, z축 벡터와 중력가속도 벡터 사이의 각도(즉, 기울기), ㉰ 정지 상태에서 3차원 x, y, z축 (단, 중력가속도 벡터와 평행한 축 제외)을 중심으로 회전하는 각속도를 측정할 수 있다. 가속도 센서는 스마트폰에서 기울기에 따라 화면 표시를 보정하거나, 가속도 변화를 통해 자동차 에어백을 위한 충격 감지 센서로 활용되는 등 응용 범위가 매우 넓다. 정지 상태에서 가속도 센서는 자이로 센서에서 발생하는 오차 누적이 발생하지 않으므로 매우 정확한 각속도 값을 얻을 수 있다. 하지만 진동에 취약하여 노이즈가 많이 발생하므로 필터를 사용하여 노이즈를 제거해야 하는 문제점이 있다.

자이로 센서는 각속도를 측정하는 기능을 갖는 자이로스코프를 MEMS(Micro Electro Mechanical Systems) 기술을 이용해 반도체 칩으로 구현한 것이다. 중력가속도 벡터와 평행한 축을 포함하여 3차원 x, y, z축을 중심으로 회전하는 모든 각속도를 운동 중에서도 측정할 수 있다. 그러나 한 순간의 노이즈에 대한 오차의 내성은 강하지만, 적분이 포함되므로 측정 오차가 누적되는 문제(=드리프트 현상)가 발생한다. 따라서 정확한 각속도를 얻기 위해 자이로 센서와 가속도 센서의 측정값을 서로 보완적으로 사용하는 것이 일반적이다. 지자기 센서는 지자기의 방향과 크기를 x축, y축, z축의 세 방향으로 측정하는 센서이다. 물체가 움직이면 세 방향의 자력 값이 변하게 된다.

〈표 23.1〉 세 가지 센서로 측정할 수 있는 물리량

센서	좌표축방향 가속도			중력가속도 벡터와 좌표축 벡터사이 기울기			좌표축을 중심으로 하는 각속도			좌표축방향 지자기 세기		
	x	y	z	x	y	z	x	y	z	x	y	z
가속도센서	운동 상태에서도 측정 가능			정지 상태에서만 측정 가능			정지 상태에서 중력가속도 벡터와 평행한 축을 제외하고 측정 가능					
자이로센서							운동 상태에서도 모든 축에 대해 측정 가능					
지자기센서										모두 측정 가능		

이론 이해하기 [I^2C 통신 규격]

I^2C는 필립스 사에서 개발한 직렬 동기식 양방향 통신 버스로 근거리에 있는 저속의 주변장치를 μ 컨트롤러 보드에 연결하는 용도로 많이 사용한다. 비슷한 용도의 직렬 통신 버스로는 SPI가 있는데, 이것은 I^2C보다는 좀 더 빠른 통신이 필요한 SD 카드 리더기 등의 인터페이스 버스로 사용된다. I^2C 통신은 **[그림 23.2]**처럼 마스터(통신의 시작 주체)–슬레이브 체계를 갖는데, 마스터는 오직 하나만 존재하며 주소에 의해 구분되는 여러 개(최대 127개)의 슬레이브 중에 하나를 선택하여 데이터를 전송하거나 전송받을 수 있다. 이는 1:N 통신으로 여러 개의 주변장치를 연결할 수 있다는 의미이며, 아두이노는 마스터 I^2C 로직을 내장하고 있다.

아두이노는 Wire.h 라이브러리를 사용하여 I^2C 통신을 할 수 있다. I^2C 는 TWI라고 부르기도 하는데 그 이유는 **[그림 23.2]**처럼 마스터와 슬레이브 간에 데이터를 전송하기 위한 데이터 포트인 SDA(Serial DAta)와 마스터가 클럭을 제공하기 위한 클럭 포트인 SCL(Serial CLock)의 2 라인만 연결하면 I^2C 통신이 가능하기 때문이다. 물론, GND는 공통이라는 가정하에서이다. SDA와 SCL은 모두 Open Collector(또는 Open Drain) 출력이므로 풀업 저항(보통 10KΩ)을 연결하여 통신 동작을 하지 않을 때는 항상 HIGH 상태가 유지되도록 한다. 아두이노 우노에서 [SDA]와 [SCL]은 각각 [A4], [A5] 포트를 중복하여 사용하며, 메가의 경우는 [20], [21] 포트이다. I^2C 규격은 100kbps, 400kbps, 3.4Mbps의 3가지 전송 속도를 지원하지만, 아두이노는 최대 400kbps까지만 지원한다.

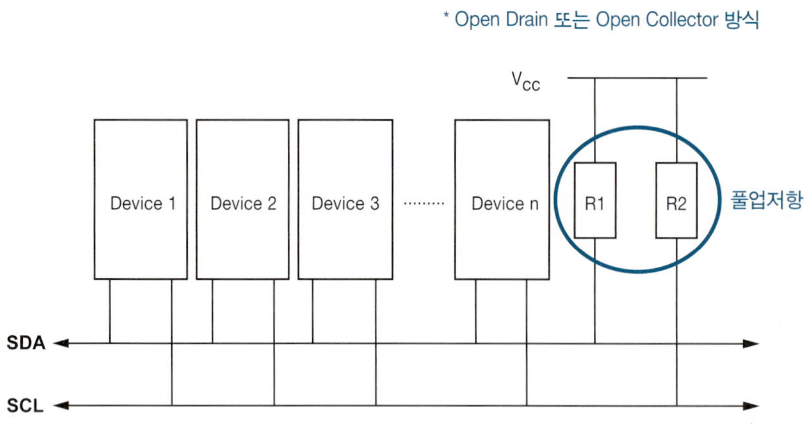

[그림 23.2] I^2C 시스템의 구성

부품 살펴보기 [MPU9250 가속도, 자이로, 지자기 센서 멀티 칩 모듈]

MPU9250은 MPU6050(가속도 센서, 자이로 센서)과 AK8963(지자기 센서)를 하나의 패키지로 통합한 9축(x, y, z 각 축의 가속도, 각속도, 지자기)의 DOF(Degree of Freedom)을 갖는 멀티 칩 모듈이다. 칩 모듈은 2개의 다이(Die)로 구분되어 있는데 하나의 다이에는 3축 가속도 센서(accelerometer)와 3축 자이로 센서(gyroscope)가, 나머지 하나의 다이에는 AK8963 3축 지자기 센서(magnetometer)가 패키징되어 있다.

가속도 센서는 ±2g, ±4g, ±8g, 그리고 ±16g(g=9.8m/s)의 측정 범위 중 하나를 선택할 수 있으며, 16비트 ADC를 내장하여 측정된 가속도 값을 디지털 값으로 출력할 수 있다. 자이로 센서는 ±250, ±500, ±1000, ±2000°/sec의 측정 범위 중 하나를 선택할 수 있으며, 역시 16비트 ADC를 통해 출력 값을 내준다. 지자기 센서(Magnetometer)는 최대 ±4800uT까지 지자기 값을 측정할 수 있고, 14비트 데이터 처리가 가능한 형태로 되어 있다. 400KHz의 I^2C 또는 1MHz의 SPI 통신 인터페이스를 통해 측정된 값들을 아두이노로 전송할 수 있다.

가속도 센서를 ±2g 모드로 사용할 경우 16비트로 표현 가능한 부호 있는 정수의 최소값은 −32768이고 이 값은 −2g에 대응된다. 따라서 정지 상태에서 중력가속도 g를 1로 정규화하려면 센서로부터 측정된 가속도 값 Ax, Ay, Az를 32768로 나누고 2를 곱해야 한다. 이 경우 정지 상태에서 정규화된 Ax, Ay, Az의 벡터 합은 항상 1이 된다. 마찬가지 이유로 자이로 센서가 ±250°/sec 모드로 사용될 경우에는 측정값을 32768로 나누고 250을 곱해야 하며, 지자기 센서는 측정값을 4096으로 나누고 1200을 곱해야 한다.

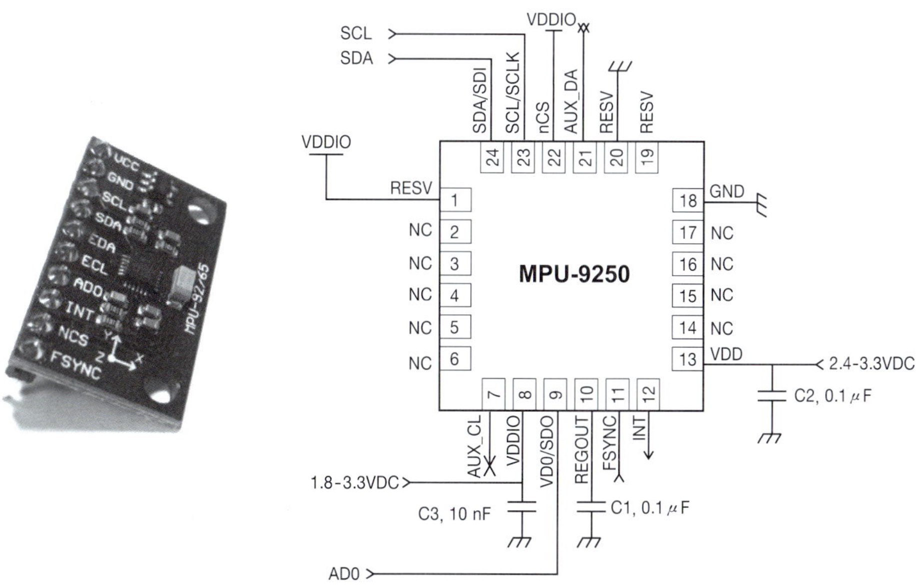

[그림 23.3] MPU9250 모듈 및 MPU9250 패키지의 핀 배치

부품 살펴보기 [8비트 양방향 전압 레벨 변환기(GTL2003PW)]

MPU9250 모듈을 사용하기 위해서는 5V에 의해 구동되는 아두이노와 3.3V에 의해 구동되는 MPU9250의 SDA와 SCL을 서로 연결하여야 하므로 양방향 전압 레벨 변환기가 필요하다. GTL2003PW는 1~5V 사이의 전압 레벨을 1~5V 사이의 전압 레벨로 변환할 수 있는 기능을 가진 8비트 양방향 전압 레벨 변환기로, 서로 다른 전압 레벨을 사용하는 신호를 양방향으로 연결하는데 사용된다. **[그림 23.4]**의 GTL2003PW는 소스 데이터 핀(S1~S8)과 드레인 데이터 핀(D1~D8)을 가지는데, Dn과 Sn은 서로 논리적으로 연결되어 있고, 양쪽 모두 최대 8비트의 버스가 연결될 수 있으며, 별도로 GND와 소스 기준 전압(SREF, Source Reference Voltage), 드레인 기준 전압(DREF, Drain Reference Voltage) 게이트 기준 전압(GREF, Gate Reference Voltage) 입력도 필요하므로 총 20핀이 존재한다. 사용하지 않는 핀은 오픈 상태로 두어도 괜찮다.

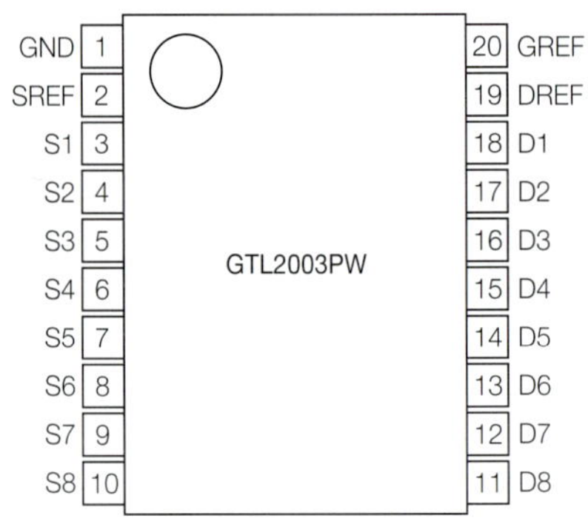

[그림 23.4] GTL2003PW 외관

회로 구상하기 [MPU9250 가속도, 자이로, 지자기 센서 멀티 칩 모듈]

MPU9250은 3.3V에서 동작하므로 아두이노와 MPU9250 사이에 전압 레벨 변환기를 두어 [SDA]와 [SCL]의 전압 레벨을 5V에서 3.3V 레벨로 변환해 준다. 3.3V 전원은 아두이노가 제공하는 [3V3] 핀의 전원을 그대로 활용할 수 있다. 한편 [SDA]와 [SCL]은 모두 10KΩ의 저항을 이용해 풀업시켜 주어야 함을 잊지 말자.

전체적인 연결 방법이 **[그림 23.5]**와 **〈표 23.2〉**에 나타나 있다. 데이터시트에 나타난 것과 같이 GTL2003PW의 SREF에는 반드시 낮은 전압 레벨(MPU9250의 전압 레벨 3.3V)을 연결하고, DREF와 GREF에 반드시 높은 전압 레벨(아두이노의 전압 레벨 5V)을 연결하여야 한다. 잡음 발생을 막기 위해 DREF와 GREF는 풀업 저항 200KΩ과 바이패스 커패시터 1μF의 연결을 권장한다. GTL2003PW가 SMD 타입이므로 브레드보드를 사용하여 연결 시에는 제이씨넷 사의 JMOD-LS8-1과 같은 전압변환모듈을 사용하는 것도 방법이다.

〈표 23.2〉 아두이노 - GTL2003PW - MPU9250 연결

[아두이노메가]	GTL2003PW					MPU9250
	핀번호	명칭	연결	명칭	핀번호	
[GND]	1	GND	전원			아두이노 전원 연결 (VCC)-[5V] (GND)-[GND]
[3V3]	2	SREF				
[5V]+풀업, 바이패스	20	GREF				
[5V]+풀업, 바이패스	19	DREF				
[20, SDA]+풀업	18	D1	←연결→	S1	3	(SDA)+[3V3]풀업
[21, SCL]+풀업	17	D2	←연결→	S2	4	(SCL)+[3V3]풀업

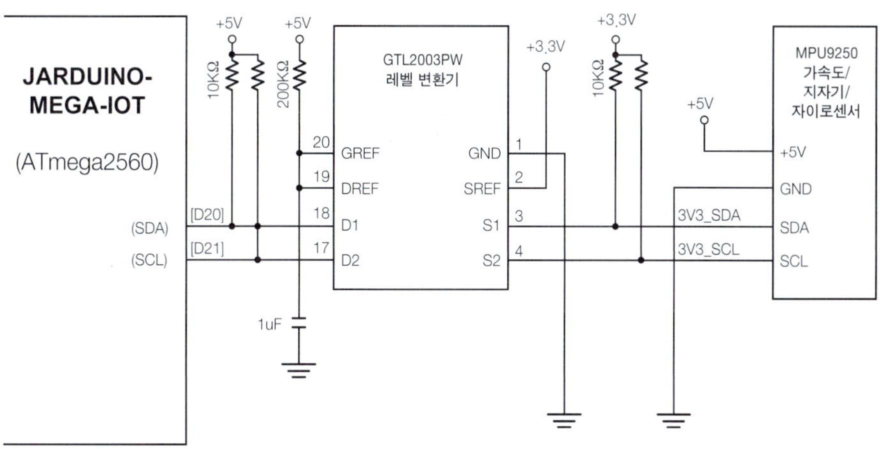

[그림 23.5] 가속도/자이로/지자기 센서 회로 구상

작품 목표 이해하기 [가속도/자이로/지자기 센서값 획득하기]

- MPU9250 9축 센서는 공간상에서 x, y, x축 방향으로의 가속도, 각속도, 지자기 값을 측정할 수 있고, 측정값을 이용하여 비행체의 운동과 관련된 각도인 roll, pitch, yaw(=heading)를 계산해 낼 수 있다.
  - roll : 비행 기체의 이동 방향 축 회전, 갸웃갸웃
  - pitch : 비행 기체의 좌우 날개 축 회전, 끄덕끄덕
  - yaw : 비행 기체의 중력가속도 벡터 축 회전, 도리도리

MPU9250 이용하여 가속도/각속도/지자기 데이터 값을 읽어와 이를 시리얼 모니터로 출력하고, roll, pitch, yaw각과 수평면으로 보정된 yaw각을 반복적으로 시리얼 모니터로 출력한다.

작품 회로 설계하기 [아두이노 - MPU9250]

JARDUINO-MEGA-IOT에 실장된 회로

[그림 23.1]에는 회로도가, **[그림 23.6]**에는 JARDUINO-MEGA-IOT에 실장된 부품의 위치와 PCB 회로도가 나타나 있다. 회로 연결이 자세히 표현되지는 않았지만 부품들은 PCB 보드를 통해 연결되어 있다. 부품의 부재로 Fritzing 회로도는 생략하고 JARDUINO-MEGA-IOT 회로만 제시한다.

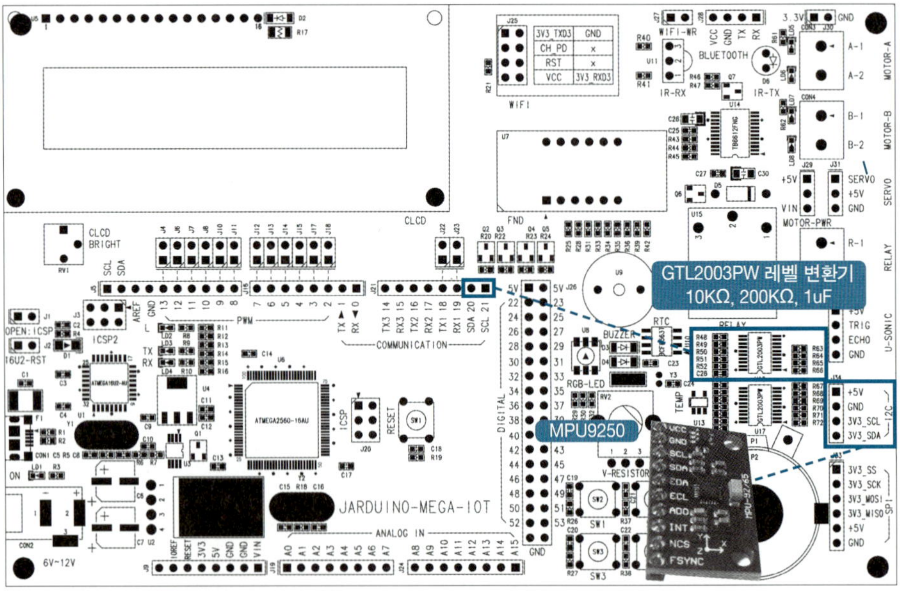

[그림 23.6] JARDUINO-MEGA-IOT의 PCB 회로도(가속도/자이로/지자기 센서 값 획득하기)

작품에 필요한 함수 이해하기 [Wire 함수, MPU9250 멤버 함수]

Wire.begin() 함수는 Wire 라이브러리를 초기화하고 I^2C버스에 마스터나 슬레이브(인수를 통해 address를 지정할 수 있게 되어 있음)로 참여하게 하는 함수이다.

〈표 23.3〉 Wire 함수

○ void Wire.begin(); void Wire.begin(uint8_t address or int address);		
Wire.h	초기화 함수	• address(optional): 슬레이브로 동작시 주소(default는 마스터)

MPU9250 멤버 함수들을 사용하기 위해서는 MPU9250 헤더를 포함시키고(MPU9250 헤더는 I2Cdev 헤더를 사용하므로 이 헤더도 포함시켜야 한다.) MPU9250 클래스의 객체 accelgyro를 선언해 주어야 한다. 이는 정수형 변수 i를 선언할 때 "int i;" 라고 쓰는 것과 동일하다. 객체 accelgyro(객체명은 변수명을 정하는 규칙을 따름)를 선언하면 이 MPU9250 객체에 소속된 멤버 함수들을 사용할 수 있게 된다. 〈표 23.4〉에는 본 장에서 활용하는 MPU9250 멤버 함수가 정리되어 있다. accelgyro.initialize()은 MPU9250을 초기화하는 함수이다. 이 초기화 함수를 통해 MPU9250은 ±2g, ±250 degrees/sec의 한계까지 측정할 수 있도록 초기화된다. accelgyro.getMotion9() 함수는 9축의 센서값을 측정하는 함수이다. 이 센서 값은 반드시 정규화를 수행하여 올바른 값을 얻는 과정을 거쳐야 한다.

〈표 23.4〉 MPU9250 멤버 함수

이 함수들을 사용하기 위해서는 아래와 같은 코드를 프로그램에 삽입해야 함 #include 〈I2Cdev.h〉 // 헤더 포함, MPU9250.h이 사용하므로 포함해야 함 #include 〈MPU9250.h〉 // 헤더 포함 MPU9250 accelgyro; // MPU9250 클래스의 accelgyro 객체 선언		
○ void accelgyro.initialize( )		
MPU9250.h	초기화 함수	
○ void accelgyro.getMotion9(int16_t* ax, int16_t* ay, int16_t* az, int16_t* gx, int16_t* gy, int16_t* gz, int16_t* mx, int16_t* my, int16_t* mz)		
MPU9250.h	센서값 측정 함수	• ax, ... , mz: 9축 센서값

작품 알고리즘 고민하고 순서도 그리기 [FC231]

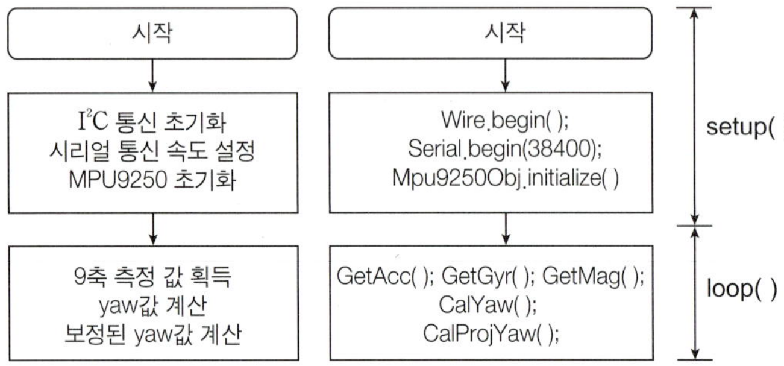

[그림 23.7] 알고리즘 순서도(가속도/자이로/지자기 센서 값 획득하기)

작품의 스케치 프로그래밍 하기 [P231]

```
// 참고 : 아래 프로그램은 gitHub(https://github.com/Seeed-Studio/IMU_10DOF)에
서 제공한 프로그램을 일부 수정하여 작성한 프로그램이다.

#include <Wire.h>
#include <I2Cdev.h>
#include <MPU9250.h>              // I2C의 디폴트 주소는 0x68

MPU9250 Mpu9250Obj;               // MPU9250 클래스의 Mpu9250Obj 객체 선언
I2Cdev  I2cObj;                   // I2Cdev 클래스의 I2cObj 객체 선언

uint8_t MagBuf[6];                // 지자기 측정값을 임시로 저장하는 변수
int16_t AccX, AccY, AccZ;         // 3축의 가속도 값을 임시 저장하는 변수
int16_t GyrX, GyrY, GyrZ;         // 3축의 각속도 값을 임시 저장하는 변수
int16_t MagX, MagY, MagZ;         // 3축의 지자기 값을 임시 저장하는 변수

float Roll;                       // Roll 각을 저장하는 변수
float Pitch;                      // Pitch 각을 저장하는 변수
float Yaw;                         // Yaw각을 저장하는 변수
float ProjYaw;                    // 수평면으로 보정된 Yaw각을 저장하는 변수

float AccXYZ[3];                  // 정규화된 가속도 값을 저장하는 변수
float GyrXYZ[3];                  // 정규화된 각속도 값을 저장하는 변수
float MagXYZ[3];                  // 정규화된 지자기 값을 저장하는 변수
```

```
void setup()
{
    Wire.begin();                                     //I2C 통신 초기화
    Serial.begin(38400);                              // 시리얼 통신 속도 설정
    Mpu9250Obj.initialize();                          // MPU9250 초기화
    Serial.println(Mpu9250Obj.testConnection()?"successful":"failed");
                                                      // MPU9250 연결 테스트
    delay(1000);                                      // 초기화/테스트 시간 확보
    // 필요할 경우 지자기 값 보정루틴은 이 부분에 삽입
    // gitHub(https://github.com/Seeed-Studio/IMU_10DOF) 참조
}

void loop(){
    GetAcc();                                         // 가속도 값 획득
    GetGyr();                                         // 각속도 값 획득
    GetMag();                                         // 지자기 값 획득
    CalRolPitchYaw();                                 // Roll, Pitch, Yaw각 획득
    CalProjYaw();                                     // 보정된 Yaw각 획득

    Serial.println("Acceleration(g) of X,Y,Z:"); // 가속도 값 출력
    Serial.print(AccXYZ[0]);Serial.print(",");
    Serial.print(AccXYZ[1]);Serial.print(",");
    Serial.println(AccXYZ[2]);

    Serial.println("Gyro of X,Y,Z:");                 // 각속도 값 출력
    Serial.print(GyrXYZ[0]);Serial.print(",");
    Serial.print(GyrXYZ[1]);Serial.print(",");
    Serial.println(GyrXYZ[2]);

    Serial.println("Compass of X,Y,Z:");              // 지자기 값 출력
    Serial.print(MagXYZ[0]);Serial.print(",");
    Serial.print(MagXYZ[1]);Serial.print(",");
    Serial.println(MagXYZ[2]);

    Serial.print("Roll: ");                           // Roll 값 출력
    Serial.print(Roll);Serial.print(", ");
    Serial.print("Pitch: ");                          // Pitch 값 출력
    Serial.print(Pitch);Serial.print(", ");
    Serial.print("Yaw: ");                            // Yaw 값 출력
    Serial.print(Yaw);Serial.print(", ");
    Serial.println("Projected Yaw: ");                // Proj-Yaw 값 출력
```

```
    Serial.println(ProjYaw);
    delay(1000);
}

void GetAcc(void)
{
     Mpu9250Obj.getMotion9(&AccX, &AccY, &AccZ, &GyrX, &GyrY, &GyrZ, &MagX,
&MagY, &MagZ);
    AccXYZ[0] = (double) AccX * 2 / 32768;        // 가속도 값 정규화
    AccXYZ[1] = (double) AccY * 2 / 32768;
    AccXYZ[2] = (double) AccZ * 2 / 32768;
}

void GetGyr(void)
{
     Mpu9250Obj.getMotion9(&AccX, &AccY, &AccZ, &GyrX, &GyrY, &GyrZ, &MagX,
&MagY, &MagZ);
    GyrXYZ[0] = (double) GyrX * 250 / 32768;      // 각속도 값 정규화
    GyrXYZ[1] = (double) GyrY * 250 / 32768;
    GyrXYZ[2] = (double) GyrZ * 250 / 32768;
}

void GetMag(void)
{
     Mpu9250Obj.getMotion9(&AccX, &AccY, &AccZ, &GyrX, &GyrY, &GyrZ, &MagX,
&MagY, &MagZ);
    MagXYZ[0] = (double) MagX * 1200 / 4096;      // 지자기 값 정규화
    MagXYZ[1] = (double) MagY * 1200 / 4096;
    MagXYZ[2] = (double) MagZ * 1200 / 4096;
}

void CalRollPitchYaw(void)
// 계산식은 AN3192 Application note 참조
{
    float pitch = asin(-AccXYZ[0]);               // pitch각 계산
    Pitch = 180*pitch/PI;
    float roll = asin(AccXYZ[1] / cos(pitch));    // roll각 계산
    Roll = 180*roll/PI;
    Yaw = 180*atan2(MagXYZ[1],MagXYZ[0])/PI;
    // x축과 진북 사이 각도 (시계 방향) 계산, PI = π (=3.1415 ... )
    if (Yaw < 0) Yaw += 360;                      // 폴딩된 각도 조정
```

```
    float xh = MagXYZ[0]*cos(pitch) + MagXYZ[2]*sin(pitch);
    // pitch를 고려한(수평면 기준의) x축 지자기 값 계산
     float yh = MagXYZ[0]*sin(roll)*sin(pitch) + MagXYZ[1]*cos(roll) -
MagXYZ[2]*sin(roll)*cos(pitch);
    // pitch와 roll을 고려한(수평면 기준의) y축 지자기 값 계산
     float zh = -MagXYZ[0]*cos(roll)*sin(pitch) + MagXYZ[1]*sin(roll) +
MagXYZ[2]*cos(roll)*cos(pitch);
    // pitch와 roll을 고려한(수평면 기준의) z축 지자기 값 계산
    ProjYaw = 180*atan2(yh, xh)/PI;
    // 수평면에 투영된 x축의 정사영 축과 진북 사이의 각도 (시계 방향) 계산
    if (yh < 0)    ProjYaw += 360; // 폴딩된 각도 조정
}
```

9축 센서와 관련한 내용은 이해하기가 쉽지 않고, 전체 내용을 상세히 설명하는 것은 이 책의 범위를 넘어서므로, 여기서는 요점만 간단히 설명하기로 한다.

먼저, roll, pitch, yaw의 정의는 다음과 같다.

- roll : 비행 기체의 이동 방향 축을 중심으로 하는 회전각으로, 기체를 정면에서 볼 때 "갸웃 갸웃" 으로 표현할 수 있다. 왼쪽 날개를 위로 드는 것이 양의 방향으로 움직인 것이다.
- pitch : 비행 기체의 좌우 날개 축을 중심으로 하는 회전각으로, 기체를 정면에서 볼 때 "끄덕 끄덕" 으로 표현할 수 있다. 기체의 머리를 위로 드는 것이 양의 방향으로 움직인 것이다.
- yaw : 비행 기체의 중력가속도 벡터 축을 중심으로 하는 회전각으로, 기체를 정면에서 볼 때 "도리 도리" 로 표현할 수 있다. 기체를 오른쪽으로 회전시키는 것이 양의 방향으로 움직인 것이다.

9축 센서로부터 가속도, 각속도, 지자기 값을 얻을 수 있다면, 이것으로 어떤 물체의 roll, pitch, yaw 값을 산출할 수 있다. 즉, 물체의 자세를 알 수 있는데, 이 값의 변화를 추적하면 시간에 따라 변하는 물체의 움직임을 잡아낼 수 있다는 것이 이 프로그램의 핵심이다. 프로세싱(Processing) 등과 같은 그래픽 도구를 함께 활용한다면, 9축센서가 장착된 장난감 비행기가 움직이는 모양을 동적으로 시뮬레이션 해 볼 수도 있을 것이다.

이제 프로그램의 내용을 간단히 살펴보자. 먼저 I2Cdev.h과 MPU9250.h를 포함시키고 각각의 객체를 선언한다.

setup() 함수에서는 아두이노와 MPU9250이 통신을 수행해야 하므로 시리얼 통신을 설정한다. 이후에 MPU9520을 초기화하고 연결 테스트를 수행한다. 필요시 지자기 센서값을 보정하는 루틴을 삽입할 수도 있으나, 여기서는 포함시키지 않았다. 보정 루틴은 gitHub(https://github.com/Seeed-Studio/IMU_10DOF)를 참조하면 된다.

loop() 함수에서는 먼저 GetAcc() 함수가 실행된다. GetAcc() 함수에서는 getMotion9() 함수를 이용하여 가속도 값을 획득한 후 적절한 값을 곱하여 정규화를 수행한다. 데이터의 손실을 막기 위해 강제로 데이터 타입을 변환하였음을 유의하자. 마찬가지로 GetGyr() 함수에서는 각속도 값을 획득한 후 정규화를 수행한다. 마지막으로 GetGyr() 함수에서는 지자기 값을 획득한 후 정규화를 수행한다.

getMotion9() 함수는 아두이노가 제공하는 통신 라이브러리를 이용하여, 가속도, 각속도, 지자기 값을 보정되지 않은 상태로 읽어오는 함수이다.

이제, CalRollPitchYaw() 함수를 이용하여 roll각과 pitch각을 계산하고, 측정된 지자기 값을 이용해 x축과 진북 사이의 시계방향의 각도인 yaw각을 계산하고, 최종적으로 x축을 수평면에 투영한 축과 진북 사이의 시계 방향 각도인 proj-yaw를 계산한다. 모든 계산이 끝나면, 가속도 값, 각속도 값, 지자기 값, roll 값, pitch 값, yaw 값, proj-yaw 값을 디스플레이한다.

측정값을 이용해 pitch, roll, yaw를 계산하는 식을 조금만 더 고찰해보자.

보통 가속도 센서의 측정값을 이용하면 roll과 pitch를 계산할 수 있다. yaw는 계산이 불가능한데, 가속도 센서는 중력가속도 벡터와 평행한 축으로는 가속도를 측정할 수 없기 때문이다. 또한 앞서 설명한 바와 같이 가속도 센서는 잡음에 의한 오차가 발생하기 때문에 측정값의 정확도가 떨어지는 문제점도 발생한다. 반면에 자이로 센서의 측정값을 이용하면 roll과 pitch, 그리고 yaw까지 계산해 낼 수 있다. 하지만 자이로 센서는 앞서 설명한 바와 같이 오차 누적 현상이 발생하는 문제점이 있다. 따라서 정확한 roll, pitch, yaw각을 얻기 위해서 자이로 센서와 가속도 센서의 측정값을 서로 보완적으로 사용하고, 상보 필터나 칼만 필터를 사용하여 잡음을 제거하는 것이 더 좋은 방법이다.

이 프로그램에서는 x축과 y축의 지자기 값 M_X와 M_Y를 이용하여 다음과 같이 yaw각을 계산한다.

$$yaw = atan(M_X/M_Y)$$

하지만 이 식은 비행 기체가 항상 수평면을 기준으로 안정적으로 이동할 때만 정확하며, 지자기의 roll각이나 pitch각이 변하면 엉뚱한 값이 된다. 따라서 roll각이나 pitch각이 변할 때는 다음과 같은 식에 의해 지자기 측정값을 보정을 해주어야 한다.

$$\begin{bmatrix} M_{X,new} \\ M_{Y,new} \\ M_{Z,new} \end{bmatrix} = \begin{bmatrix} 1 & 0 & 0 \\ 0 & \cos\theta & -\sin\theta \\ 0 & \sin\theta & \cos\theta \end{bmatrix} \cdot \begin{bmatrix} \cos\phi & 0 & \sin\phi \\ 0 & 1 & 0 \\ -\sin\phi & 0 & \cos\phi \end{bmatrix} \cdot \begin{bmatrix} M_X \\ M_Y \\ M_Z \end{bmatrix}$$

위 식은 원래의 지자기 벡터를 roll각(θ)과 pitch각(ϕ)만큼 회전시킨 벡터임을 유의하자. 위 식을 풀면 보정된 지자기 값에 대한 다음의 식을 얻을 수 있다.

$$M_{X,new} = M_X\cos\phi + M_Z\sin\phi$$
$$M_{Y,new} = M_X\sin\theta\sin\phi + M_Y\cos\theta - M_Z\sin\theta\cos\phi$$

위의 두 식을 바탕으로 진북을 기준으로 하는 yaw각(proj-yaw)은 다음과 같이 계산될 수 있는 것이다.

$$yaw_{proj} = atan(M_{Y,new}/M_{X,new})$$

전체적으로 조금 어려운 내용일 수 있고, 설명도 부족한 점이 있으므로, 부족한 부분은 이 항목을 전문적으로 설명하는 다른 책이나 인터넷 등에서 보완할 것을 권장한다.

아두이노 동작시키기

- 아두이노가 연결된 상태에서 스케치 프로그램을 업로드한다.

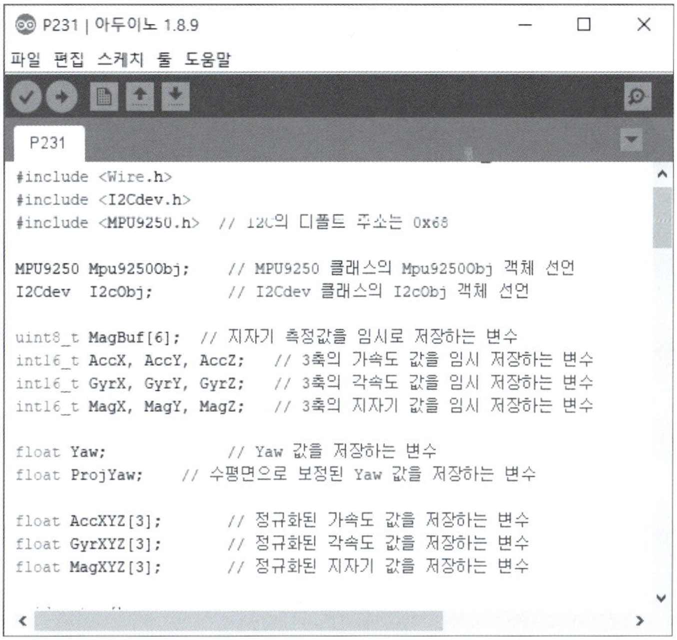


```
#include <Wire.h>
#include <I2Cdev.h>
#include <MPU9250.h>  // I2C의 디폴트 주소는 0x68

MPU9250 Mpu9250Obj;    // MPU9250 클래스의 Mpu9250Obj 객체 선언
I2Cdev  I2cObj;        // I2Cdev 클래스의 I2cObj 객체 선언

uint8_t MagBuf[6];  // 지자기 측정값을 임시로 저장하는 변수
int16_t AccX, AccY, AccZ;   // 3축의 가속도 값을 임시 저장하는 변수
int16_t GyrX, GyrY, GyrZ;   // 3축의 각속도 값을 임시 저장하는 변수
int16_t MagX, MagY, MagZ;   // 3축의 지자기 값을 임시 저장하는 변수

float Yaw;             // Yaw 값을 저장하는 변수
float ProjYaw;    // 수평면으로 보정된 Yaw 값을 저장하는 변수

float AccXYZ[3];       // 정규화된 가속도 값을 저장하는 변수
float GyrXYZ[3];       // 정규화된 각속도 값을 저장하는 변수
float MagXYZ[3];       // 정규화된 지자기 값을 저장하는 변수
```

[그림 23.8] 스케치 프로그램(가속도/자이로/지자기 센서 값 획득하기)

연습 문제

1 가속도 센서는 단위 시간 당 (　　　　)의 변화를 검출하기 위한 소자이다.

2 정지 상태에서 가속도 센서는 자이로 센서에서 발생하는 (　　　　)이 발생하지 않으므로 매우 정확한 각속도 값을 얻을 수 있다. 하지만 진동에 취약하여 (　　　)가 많이 발생하므로 필터를 사용하여 제거해야 하는 문제점이 있다.

3 자이로 센서는 중력가속도 벡터와 평행한 축을 포함하여 3차원 x, y, z축을 중심으로 회전하는 모든 (　　　　)를 (　　　　)에서도 측정할 수 있다.

4 자이로 센서는 한 순간의 (　　　　　)에 대한 오차의 내성은 강하지만, 적분이 포함되므로 측정 오차가 누적되는 문제(=　　　　　　　)가 발생한다.

5 (　　　　)는 근거리용이며 저속의 직렬 동기식 양방향 통신 버스이다. I^2C는 저속의 주변장치를 μ컨트롤러 보드에 연결하는 용도로 많이 사용된다. SD 카드 모듈과 같이 고속의 통신이 필요한 주변장치의 경우에는 (　　　　)를 주로 사용한다.

6 I^2C의 통신은 (　　　　) - (　　　　) 체계의 통신을 하는데, (　　　)는 오직 하나만 존재하며 주소에 의해 구분되는 여러 개(최대 127개)의 (　　　)들과 데이터 전송을 할 수 있다.

7 I^2C는 (　　　　)라고 부르기도 하는데 그 이유는 마스터와 슬레이브 간에 데이터를 전송하기 위한 데이터 포트인 (　　　)와 마스터가 클럭을 제공하기 위한 클럭 포트인 (　　　)의 2개만 연결하면 I^2C 통신이 가능하기 때문이다.

8 SDA와 SCL 모두 (　　　　)을 연결하여야 하며, 그러므로 통신 동작을 하지 않을 때 SDA와 SCL은 항상 (　　　　) 상태로 유지된다.

9 ±4g 기준의 가속도 측정값(A), ±2000°/sec 기준의 자이로 센서 측정값(G), ±4800uT의 지자기 센서 측정값(M)을 정규화하는 식을 작성하라.

추가 이론 이해하기 [가속도 센서: 단일 축 가속도의 측정의 원리]

단일 축 가속도 측정의 원리

가속도의 측정 원리가 [그림 23.9]에 나타나 있다. 가속도가 $-x$축 방향으로 발생하면 질량 m의 물체는 x축 방향으로 스프링이 상수 k에 비례하여 줄어들게 된다. 잘 알려진 식인 뉴턴의 법칙과, 훅의 법칙을 등가로 놓으면 가속도를 쉽게 구할 수 있다.

$$F=ma=kx \qquad \therefore\ a=kx/m$$

실무에서는 이 원리를 반도체에 적용하여 힘이 가해지면 반도체 내의 캐리어의 이동도가 변화하거나, 정전용량이 변화하는 성질을 활용하여 구현한다.

중력가속도 측정의 원리

3차원 상에서 x, y, z의 3축에서 중력가속도가 어떻게 측정되는지 고찰해보자. 이해의 편의를 위해 앞으로는 항상 물체가 정지해 있다고 가정한다. [그림 23.9]에는 책상 위에 놓인 스마트폰을 위에서 보았을 때의 모습이 개념적으로 그려져 있다. x, y, z의 3축은 항상 스마트폰 중심으로 정하기로 한다. 즉, 두 번째 그림처럼 언제나 스마트폰의 위쪽이 x축, 아래쪽이 $-x$축, 오른쪽이 y축, 왼쪽이 $-y$축, 액정 반대 방향이 z축, 액정 방향이 $-z$축이라고 설정한다.(이렇게 설정하는 것은 오른손 좌표계의 형식을 따른 것이다.) 만일 세 번째 그림처럼 스마트폰이 책상 위에 세워져 있다면 폰 입장에서는 축이 변하지 않지만, 3차원 공간상의 좌표 방향은 변하게 된다. 스마트폰은 운동하지 않더라도 항상 지구 중심 방향으로 $9.8m/s$의 중력가속도를 받고 있다. 중요한 것은 중력가속도 벡터의 방향은 앞서 정의한 x, y, z축과 무관하게 공간에서 언제나 지구 중심 방향으로 고정되어 있다는 것이다. 그림 상에서는 종이를 뚫고 들어가는 방향이다. 두 번째 그림으로 설명해 보자. 스마트폰은 오직 중력가속도만을 받고 있으므로, 중력가속도의 방향은 z축 방향이 되어 가속도 벡터(ACC)는 $\boldsymbol{a}=[a_x,\ a_y,\ a_z]=[0,\ 0,\ 9.8]$이 되며 세 번째 그림처럼 세워져 있으면 가속도 벡터(ACC)는 $\boldsymbol{a}=[a_x,\ a_y,\ a_z]=[-9.8,\ 0,\ 0]$이 된다. 참고로 정지해 있을 경우 가속도 벡터의 벡터 합은 항상 9.8이다.

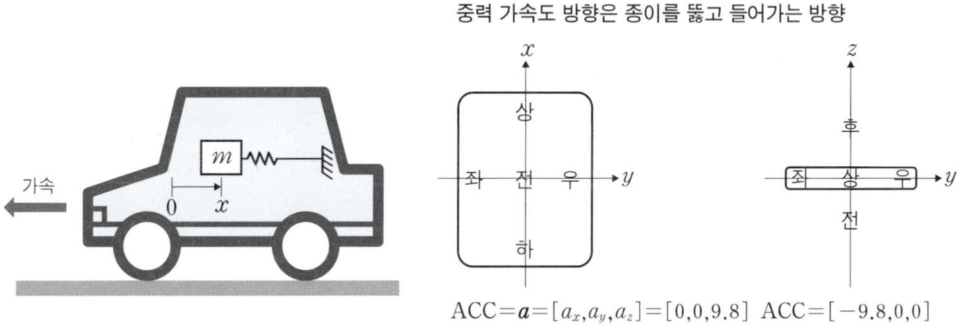

[그림 23.9] 가속도 측정의 원리 및 단일 축 가속도 측정의 예

추가 이론 이해하기 [가속도 센서: 기울기 측정 원리]

공간에서 가속도 분해의 원리

이제 스마트폰을 움직여 방향을 바꾸어 보자. **[그림 23.10]**의 첫 번째 그림에는 스마트폰 우측이 $\theta=30°$ 기울어져 있는 상태를 책상의 옆에서 본 것을 그린 것이다. 즉, 중력가속도 벡터의 방향은 아래 방향이고 스마트폰 상단 방향이 x축 방향이므로, x축 방향은 종이를 뚫고 들어가는 방향이다. 중력가속도 벡터를 x, y, z축에 투영하면 3개의 축 방향으로 분해된다. x축 방향과 중력가속도 벡터의 방향은 직각(90°)이므로 분해되는 가속도가 $a_x=|\boldsymbol{a}|\times cos(90°)=0$이고, y축 방향과의 각은 120°(=90°+30°(스마트폰과 지면 사이 각))이므로 $a_y=|\boldsymbol{a}|\times cos(120°)=-4.9$가 된다. 같은 방식으로 $a_z=|\boldsymbol{a}|\times cos(30°)=8.48$이 된다. 이를 일반식으로 표현하면 다음과 같다.

$ACC=(a_x, a_y, a_z)=(|\boldsymbol{a}|\times cos(\theta_x),\ |\boldsymbol{a}|\times cos(\theta_y),\ |\boldsymbol{a}|\times cos(\theta_z))$. 여기서 θ_x는 중력가속도 벡터와 x축이 이루는 각이다. 실제로 가속도 센서를 이용해 가속도를 측정하면 (a_x, a_y, a_z)과 같이 3축으로 분해된 값이 얻어진다.

기울기 측정의 원리

[그림 23.10]의 두 번째 그림의 원리를 통해 가속도 센서로 기울기를 측정할 수 있다. 측정된 가속도가 (0, −4.9, 8.48)일 때 중력가속도 벡터와 x축 사이의 각(=기울기$_x$)을 구하려면 중력가속도 벡터와 그 벡터로부터 분해된 x축 벡터 사이의 각을 구하면 되므로 cos(기울기$_x$)$=a_x/|\boldsymbol{a}|$, 즉 기울기$_x$ $=cos^{-1}(a_x/|\boldsymbol{a}|)$가 된다. 따라서 정지 상태에서 중력가속도 벡터와 x, y, z축이 이루는 각(=기울기)을 다음 식으로 구할 수 있다.

$$\text{기울기}=(\text{기울기}_x, \text{기울기}_y, \text{기울기}_z)=(cos^{-1}(a_x/|\boldsymbol{a}|),\ cos^{-1}(a_y/|\boldsymbol{a}|),\ cos^{-1}(a_z/|\boldsymbol{a}|))$$

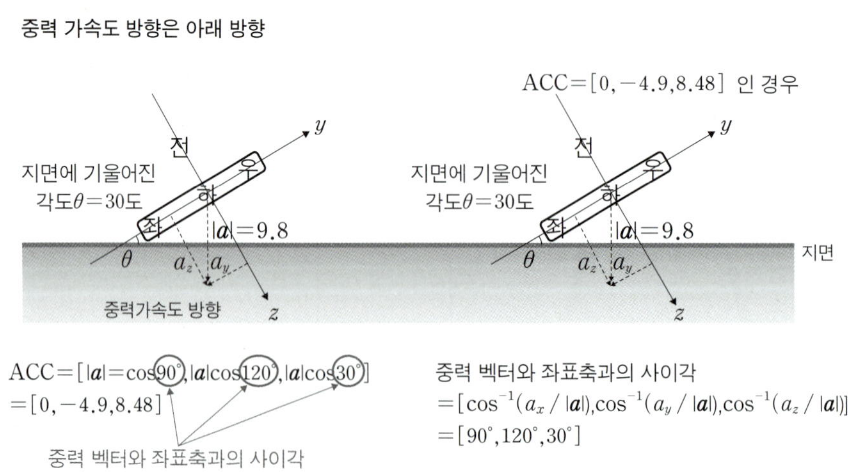

[그림 23.10] 공간 상에서 가속도 분해의 원리 및 기울기 측정 원리

추가 이론 이해하기 [가속도 센서: 각속도 측정의 원리]

각속도 측정의 원리

이제 가속도 측정값으로부터 각속도를 측정하는 방법을 알아보자. **[그림 23.11]**에 각속도 측정의 원리가 나타나 있다. 첫 번째 그림에는 책상 위의 스마트폰 우측이 $\theta=30°$ 기울어져 있는 상태를 책상의 옆에서 본 것이다. 즉, 중력가속도 벡터의 방향은 아래 방향이고 스마트폰 상단 방향이 x축 방향이므로, x축 방향은 종이를 뚫고 들어가는 방향이다.

만일 첫 번째 그림과 같은 상태에서 가속도 센서 측정값이 (0, −4.9, 8.48)이라면 x축을 중심으로 중력가속도 벡터와 xz평면·상의 합성 벡터 a_{xz}사이의 각도 θ는 $\tan^{-1}(a_y/a_{xz})=-30°$로 계산될 수 있다.

1초 후에 휘어진 화살표 방향으로 작용하는 힘에 의해 x축 중심으로 회전한 스마트폰의 모습이 두 번째 그림에 나타나 있다. 이 때 가속도 센서 측정값이 (0, 4.9, 8.48)이라면 x축을 중심으로 중력가속도 벡터와 xz평면 상의 합성 벡터 a_{xz}사이의 각도 θ는 마찬가지로 $\tan^{-1}(a_y/a_{xz})=30°$로 계산될 수 있다.

결론적으로, x축을 중심으로 1초 동안 −30°에서 30°까지 회전했으므로 각속도는 60°/sec로 구해질 수 있다. 이 모든 원리는 정지한 상태라는 가정에서 적용 가능하며, 정지한 물체에는 언제나 지구 중심 방향으로 9.8m/s의 중력가속도가 작용하므로, 이것을 기준으로 하여 측정한 것이다. 하지만, 이 방식에는 중력가속도 축과 평행한 방향 축을 중심으로 회전하는 각속도는 측정할 수 없다는 치명적인 단점이 있다.

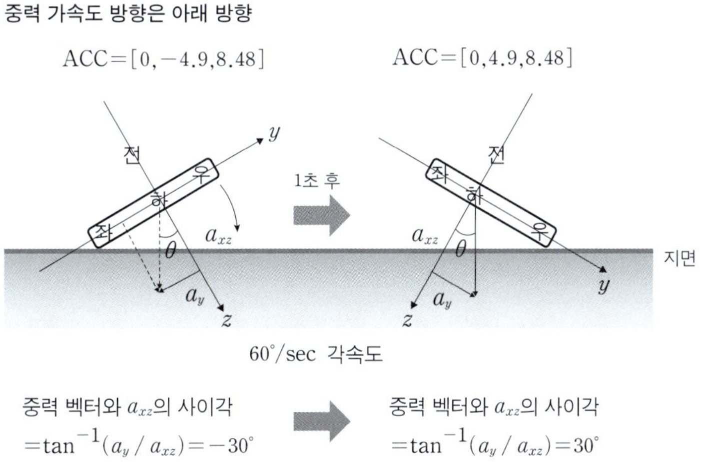

[그림 23.11] 각속도 측정의 원리

추가 이론 이해하기 [자이로스코프: 각속도 측정의 원리]

왜 가속도 센서는 중력가속도 벡터 방향과 평행한 방향을 축으로 회전하는 각속도를 측정할 수 없을까?

[그림 23.12]에는 가속도 센서가 왜 중력가속도 벡터 방향과 평행한 방향을 축으로 하는 회전의 각속도는 측정할 수 없는지에 대한 이유가 나타나 있다. 첫 번째 그림과 두 번째 그림은 스마트폰을 책상과 직각이 되도록 똑바로 세우고 이것을 책상 위쪽에서 바라본 상태를 나타낸 것이다. 이 경우 중력가속도 벡터의 방향과 스마트폰 하단 방향인 $-x$축 방향은 종이를 뚫고 들어가는 방향으로 평행(동일)한 방향이다. 두 그림은 분명히 중력가속도 벡터의 방향인 x축을 중심으로 회전한 것을 보여주고 있지만, 중력가속도의 방향이 변하지 않았으므로 가속도 측정값은 전혀 변하지 않는다. 이것은 회전하는 축 방향으로의 힘이 전혀 가해지지 않았으므로(축과 직각 방향으로의 힘만 가해짐) 이에 따른 축 방향으로의 가속도 값이 0이기 때문이고, 결과적으로 이 방향으로의 변화된 각속도는 측정이 불가능한 것이다.

자이로스코프의 원리

[그림 23.12]의 세 번째 그림에 있는 자이로스코프를 이용하면 앞의 문제를 해결할 수 있다. 자이로스코프는 구체의 중앙에 있는 회전자가 거의 마찰력 0으로 회전하는 동안에는 회전력에 의해 중력이 상쇄되어 중력가속도의 영향이 없어지게 된다. 이는 마치 회전하는 동안에는 눕지 않는 팽이의 원리와 동일하다. 회전축이 회전하는 상태에서, 외부에서 주어지는 힘에 의해 단위 시간 동안 짐벌이 회전한 각도를 측정하면 각속도를 계산해 낼 수 있다. 예를 들어, 어떤 물체가 정지한 상태에서는 회전하는 각도가 0이므로 각속도는 $0°/sec$로 측정된다. 만일 이 물체가 10초 동안 $50°$ 회전한다고 가정하면 10초 동안의 평균 각속도는 $5°/sec$로 측정될 것이다. 10초 이후에는 다시 회전을 멈추고 정지하면 측정되는 각속도는 다시 $0°/sec$가 된다. 따라서 측정된 각속도에 대해 전체 시간 동안의 측정값을 적분하면 회전한 각도를 알 수 있다.

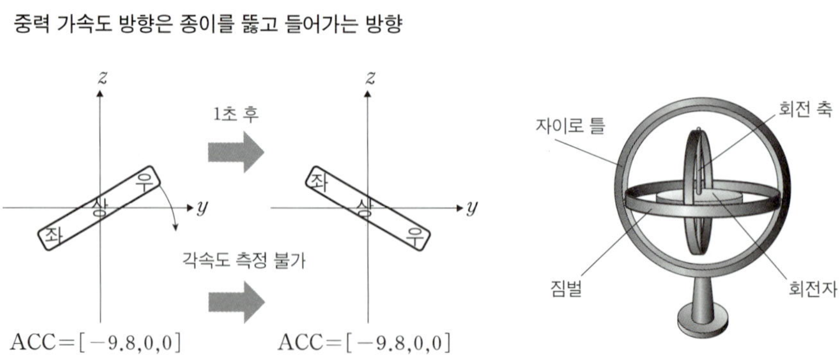

[그림 23.12] 가속도 센서의 문제 및 자이로스코프의 도입

24장 SD 카드에 메모 적기

학습 목표	• SD 카드와 SPI 통신 규격에 대해 이해할 수 있다. • SD 클래스의 파일 객체를 생성하고 클래스 함수를 활용할 수 있다.
학습 내용	• 파일을 열고 닫는 방법 이해

도구	• PC, JARDUINO-MEGA-IOT 또는 아두이노 메가 또는 아두이노 우노 • USB 케이블(A타입-μB타입), 스케치 소프트웨어, Fritzing, draw.io
부품	• SZH-EK035 SD 카드 모듈, SD 카드, GTL2003PW 레벨 변환기, 10KΩ 4개, 200KΩ, 1μF
함수	• SD.begin( )/open( )/available( )/read( )/println( )/close( )
프로그램	• [P241MEGA], [P241UNO]

대표 회로도

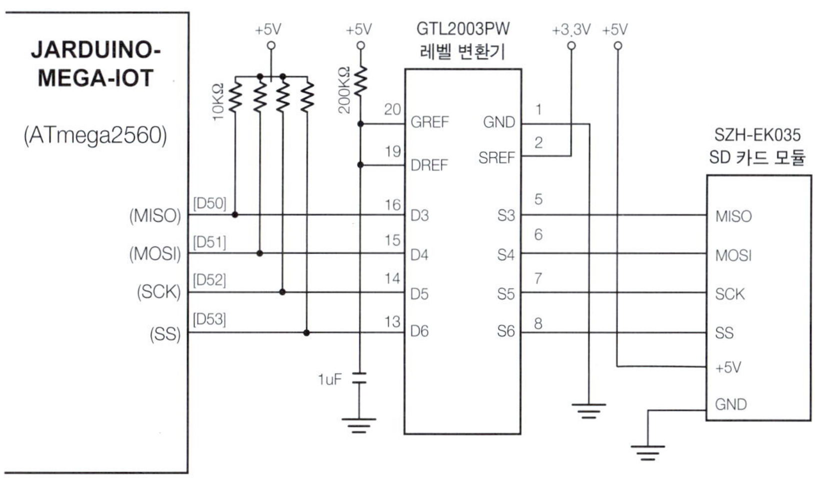

[그림 24.1] 대표 회로도(SD 카드 메모장)

이론 이해하기 [SPI 통신]

SPI는 모토로라 사에서 근거리용으로 개발한 고속의 직렬 동기식 양방향 통신 버스이다. SPI는 근거리에서 저장장치와 같은 고속의 주변장치를 μ컨트롤러 보드에 전이중으로 연결하는 용도로 많이 사용된다. SPI 통신은 **[그림 24.2]**처럼 마스터-슬레이브 체계의 통신을 하는데, 마스터는 오직 하나만 존재하며 SS 핀에 의해 구분되는 여러 개의 슬레이브들 중 하나를 선택할 수 있다. 이는 1:N 통신으로 여러 개의 주변장치를 연결할 수 있다는 의미이며, 아두이노는 마스터 SPI 로직을 내장하고 있다.

이제까지 공부한 μ컨트롤러와 주변장치간 통신 방식은 UART, I^2C 그리고 SPI의 총 3가지이다. 이 중에서 UART 통신은 비동기식이고 1:1 통신이며, I^2C와 SPI 통신은 동기식이고 1:N 통신이다. 비동기식 통신은 클럭이 없어, 송신측이 전송한 데이터를 수신측이 잘 수신하도록 모든 일을 수행해야 하므로 수신측 부담이 크다. 이 문제를 개선한 통신 방식이 I^2C와 SPI 통신이다. I^2C는 [SCL]이라는 클럭이 있어 이를 기준으로 [SDA] 신호를 통하여 데이터를 송수신한다. 다만 I^2C는 데이터 전송 경로가 [SDA] 한 개뿐이고 슬레이브 선택 핀이 없어 이를 처리하는 과정 등이 필요하므로 SPI 보다는 프로토콜이 복잡하고 저속이다. SPI도 [SCK]이라는 클럭이 있어 데이터를 전송하는 신호인 [MOSI]와 [MISO]는 [SCK]를 기준으로 데이터를 송수신한다. SPI는 데이터 전송 경로가 두 개([MOSI]와 [MISO])이므로 전이중(Full Duplex) 양방향 통신이 가능하여 고속의 통신에 적합하다. 또한, 슬레이브를 선택하는 [SS] 핀이 있어서 슬레이브를 간단하게 특정할 수 있는 장점이 있지만, 연결할 슬레이브의 수가 늘어나는 만큼 별도의 [SS] 신호선의 개수가 함께 늘어나는 것은 단점이 될 수도 있다.

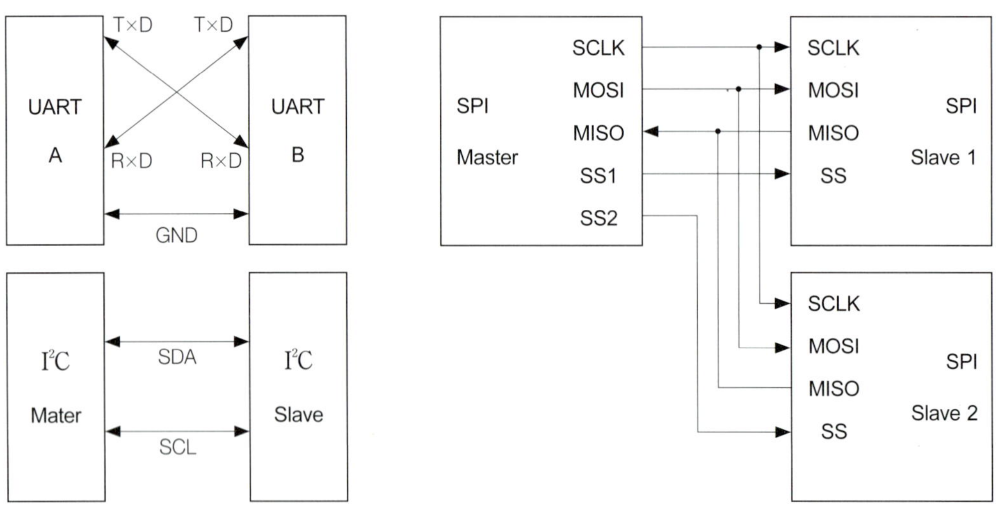

[그림 24.2] SPI 통신의 구성

부품 살펴보기 [SD 카드, SZH-EK035 SD 카드 소켓]

플래시메모리는 전원이 꺼져도 저장된 데이터가 지워지지 않는 Read/Write 메모리이다. 유한한 쓰기 횟수를 가지지만 실제적으로는 거의 반영구적이다. 컴퓨터 관련 기업들은 플래시메모리를 활용한 메모리 스틱, MMC(Multi-Media Card) 카드, CF(Compact Flash) 카드, SD(Secure Digital) 카드 등의 다양한 메모리 카드를 출시하였는데, 대부분 사장되고 SD 카드만 여전히 디지털 카메라, 스마트폰, 그리고 여러 가지 게임기와 같은 휴대용 전자기기에 사용되고 있다. 최초의 SD 카드는 미국의 샌디스크, 일본의 파나소닉, 그리고 도시바의 합작으로 1999년에 탄생하였다. SD 카드는 용량에 따라 다음의 3가지로 분류된다.

- SDSC(Standard Capacity) : ~ 2GB
- SDHC(High Capacity) : 2GB~32GB
- SDXC(eXtended Capacity) : 32GB~2TB

SD 카드는 크기가 작아지는 순서대로 SD, miniSD, 그리고 microSD로 나눠진다([그림 24.3]). 최근에는 스마트폰의 확장 메모리로 사용되는 microSD 카드가 시장을 평정하였다. 속도에 따라서 SD 카드를 분류하기도 하는데 작품을 위해서는 가장 느린 저렴한 카드를 추천한다.

[그림 24.4]와 〈표 24.1〉에는 SD 카드 소켓인 SZH-EK035의 사진과 핀 배치가 나타나 있는데, microSD 카드를 장착할 수 있다. SD 카드는 빠른 데이터 전송이 필요한 관계로 SPI 통신 인터페이스를 지원한다.

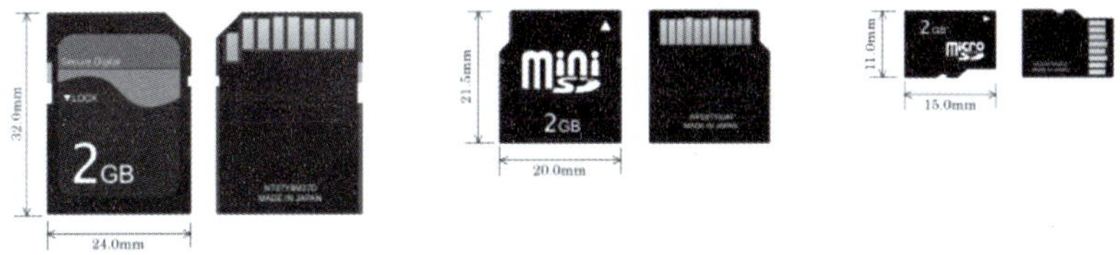

[그림 24.3] 크기에 따른 SD 카드의 분류

[그림 24.4] SZH-EK035 SD 카드 소켓

〈표 24.1〉 SZH-EK035 핀 배치

핀 이름	신호선
GND	Ground
+3.3	+3.3V 전원
+5	+5V 전원
CS	Chip Select (SS*)
MOSI	Master Out Slave In
SCK	System ClocK
MISO	Master In Slave Out
GND	Ground

회로 구상하기 [아두이노 – 레벨 변환기 – SD 카드 소켓 모듈]

SPI 통신을 하기 위해서는 전원 외에 [SCK], [MOSI], [MISO], [SS] 총 4개의 라인이 필요하다. 이름에서 알 수 있듯이 [SCK]는 클럭 신호이고, [MOSI]는 마스터에서 출력되고 슬레이브로 입력되는 데이터 신호이며, [MISO]는 슬레이브에서 출력되고 마스터로 입력되는 데이터 신호이다. 마지막으로 [SS]는 슬레이브 선택 신호이다. 슬레이브의 개수만큼 [SS] 신호선의 수도 증가한다는 것에 주의하자. SZH-EK035는 SD 카드 소켓 모듈로, 아두이노와 달리 3.3V에서 동작하므로 아두이노와 SZH-EK035 사이에 레벨 변환기를 두어 [SCK], [MOSI], [MISO], 그리고 [SS]의 전압 레벨을 5V에서 3.3V 레벨로 변환해 주어야 한다. 단, SZH-EK035의 입력 전원은 5V임을 유의하자. 한편 아두이노 측의 [SCK], [MOSI], [MISO], 그리고 [SS]는 모두 10KΩ의 저항을 이용해 풀업시켜 주어야 한다. 이를 위한 연결 방법이 **[그림 24.5]**와 **〈표 24.2〉**에 나타나 있다. 레벨 변환기 GTL2003PW의 SREF에는 낮은 전압 레벨(3.3V)을 연결하고, DREF와 GREF에 높은 전압 레벨(5V)을 연결한다. 잡음 발생을 막기 위해 DREF와 GREF는 풀업저항 200KΩ과 바이패스 커패시터 1μF을 연결하여야 한다.

〈표 24.2〉 아두이노 - GTL2003PW - SZH-EK035 연결

[아두이노메가]	GTL2003PW					SZH-EK035
	핀번호	명칭	연결	명칭	핀번호	
[GND]	1	GND	전원			아두이노 전원 연결 (GND)-[GND] (VCC)-[5V]
[3V3]	2	SREF				
[5V]+풀업, 바이패스	20	GREF				
[5V]+풀업, 바이패스	19	DREF				
[50, MISO]+풀업	16	D3	←연결→	S3	5	(MOSI)
[51, MOSI]+풀업	15	D4	←연결→	S4	6	(MISO)
[52, SCK]+풀업	14	D5	←연결→	S5	7	(SCK)
[53, SS]+풀업	13	D6	←연결→	S6	8	(SCK)

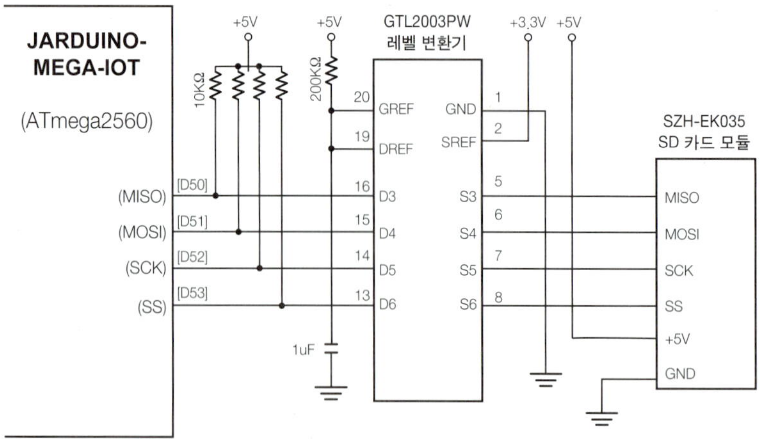

[그림 24.5] SD 카드 회로 구상

작품 목표 이해하기 [SD 카드에 메모 적기]

- SD 카드에 간단한 메모를 기록할 수 있는 전자 메모장을 설계한다. 또한, 이 메모장의 내용을 시리얼모니터 및 PC에서 확인하는 프로그램을 작성하고 실행하여 확인한다.

작품 회로 설계하기 [아두이노 - SZH - EK035 SD 카드 소켓]

JARDUINO-MEGA-IOT에 실장된 회로

[그림 24.1]에는 회로도가, **[그림 24.6]**에는 JARDUINO-MEGA-IOT에 실장된 부품의 위치와 PCB 회로도가 나타나 있다. 회로 연결이 자세히 표현되지는 않았지만 부품들은 PCB 보드를 통해 연결되어 있다. 부품의 부재로 fritzing을 이용한 회로도는 제시하지 않았다.

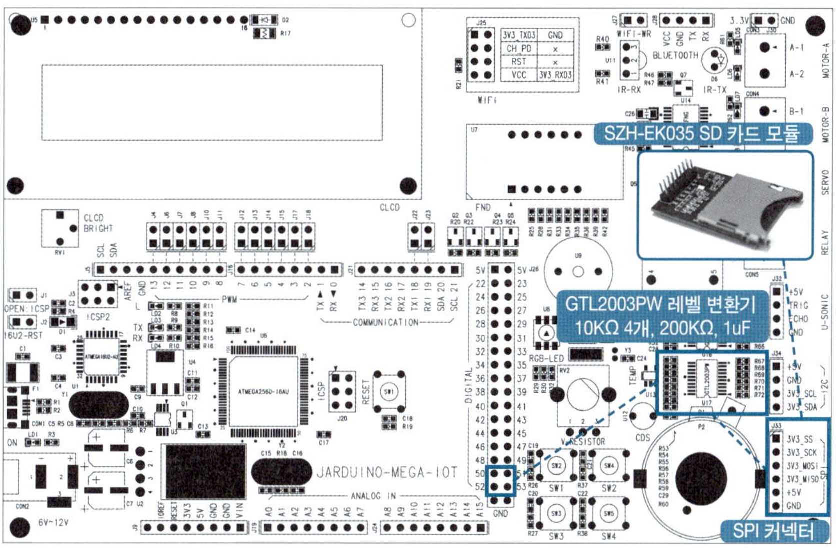

[그림 24.6] JARDUINO-MEGA-IOT의 PCB 회로도(SD 카드 메모장)

작품에 필요한 함수 이해하기 [SD 멤버 함수]

SD 멤버 함수들을 사용하기 위해서는 SD 헤더를 포함시키고 SD 클래스의 파일 객체 testFile을 선언해야 한다. 이는 정수형 변수 i를 선언할 때 "int i;" 라고 쓰는 것과 동일하다. 파일 객체 testFile(객체명은 변수명을 정하는 규칙을 따름)을 선언하면 이 SD 객체에 소속된 멤버 함수들을 사용할 수 있게 된다. 멤버 함수로서 SD.begin()은 SD를 위한 통신 포트(csPin)로 사용될 포트를 지정하면서 초기화 하는 함수이다. 통신 포트를 지정하지 않으면 default로 53번 핀으로 지정된다.

〈표 24.4〉에는 본 장에서 활용하는 SD 멤버 함수가 정리되어 있다. SD.open()함수는 SD에 저장할 파일을 여는 함수이다. 파일의 이름(filename)과 시용 모드(mode)를 지정할 수 있다. 위 두 가지 함수는 파일을 열기 전에 수행하는 함수이므로 SD.함수명()과 같이 클래스 명을 앞부분에 써야하며, 앞으로 설명될 함수는 파일을 열고나서 수행하는 함수이므로 testFile.함수명()과 같이 앞부분에 객체명을 써야 한다. testFile.available() 함수는 파일에서 읽을 수 있는 Byte 수를 스케치 프로그램으로 return 해주는 함수이다. testFile.read() 함수는 파일에서 여러개의 Byte를 읽는 함수이고, 반대로 testFile.print() 함수는 파일로 데이터를 출력하는 함수이다. 참고로 print() 계열의 함수는 모두 사용방법이 동일함에 유의하자. SD.open() 함수와는 반대로 testFile.close() 함수는 파일을 닫는 함수이다. 이미 열린 파일을 닫으므로 SD.close()라고 쓰지 않는다.

〈표 24.3〉 SD 멤버 함수

이 함수들을 사용하기 위해서는 아래와 같은 코드를 프로그램에 삽입해야 함 #include 〈SD.h〉 // SD 헤더 포함 File testFile=SD.open("test.txt",FILE_WRITE); //SD 클래스 testFile 파일 객체 선언		
boolean SD.begin(uint8_t csPin=SD_CHIP_SELECT_PIN)		
SD.h	초기화	• csPin(optional): SD로 사용될 포트 번호(default: 53번핀) • return 값: 성공이면 TRUE, 실패면 FALSE
File SD.open(const char *filename, uint8_t mode=FILE_READ)		
SD.h	파일 열기	• filename: 파일명 • mode(optional): 읽기=FILE_READ, 쓰기=FILE_WRITE (default는 FILE_READ) • return 값: 파일 객체
int testFile.available( )		
SD.h	읽기 확인	• return 값: 파일에서 read 가능한 Byte 수
int testFile.read(uint8_t *buf, size_t size)		
SD.h	파일에서 여러 Byte 읽기	• buf: 읽은 데이터를 저장할 버퍼 • size: buf의 크기(Byte) • return 값: 매개 변수를 사용하지 않은 경우는 읽은 데이터 값, 매개 변수를 사용한 경우는 읽은 데이터 Byte 수 (데이터가 없으면 '-1' 반환)
size_t testFile.println(value, format)		
SD.h	파일로 데이터 출력	• Serial.println과 동일한 사용 형식
oid testFile.close( )		
SD.h	파일 닫기	

작품 알고리즘 고민하고 순서도 그리기 [FC241]

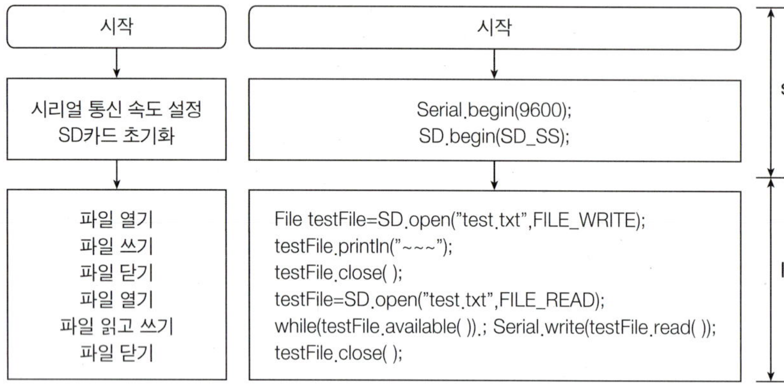

[그림 24.7] 알고리즘 순서도(SD 카드 메모장)

작품의 스케치 프로그래밍 하기 [P241MEGA]

```
#include <SD.h>                                     // SD 카드 라이브러리 포함
#define SD_SS 53                                    // SD 카드 선택 핀

void setup(){
  Serial.begin(9600);                               // 시리얼모니터 초기화
  SD.begin(SD_SS);                                  // SD 카드 초기화
}

void loop(){
  Serial.println("SD Card Memo Write Test : Start"); // 시리얼모니터에 출력
  File testFile = SD.open("test.txt", FILE_WRITE);   // 파일 생성
  testFile.println("This is my 1st secret memo on SD Card!");
                                                     // 파일에 쓰기(write)
  delay(1000);
  testFile.close();                                  // 파일 닫기
  testFile = SD.open("test.txt", FILE_READ);         // 파일 열기
  while(testFile.available())  Serial.write(testFile.read());
                         // 파일의 내용을 하나씩 읽어서 시리얼모니터에 출력
  testFile.close();                                  // 파일 닫기
  Serial.println("SD Card Memo Write Test : End");   // 시리얼모니터에 출력
  while(1);                                          // 무한 대기
}                        // 코드가 간단하여 별도의 설명은 하지 않는다.
```

아두이노 동작시키기

- 아두이노가 연결된 상태에서 스케치 프로그램을 업로드한다.

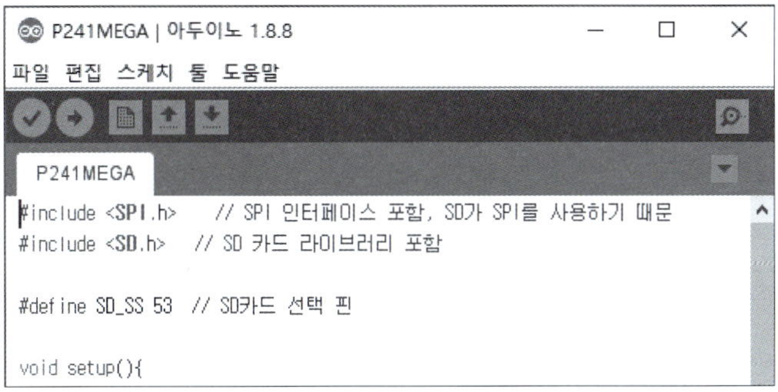

[그림 24.8] 스케치 프로그램(SD 카드 메모장)

연습 문제

1 컴퓨터 관련 기업들은 전원이 꺼져도 저장 데이터가 지워지지 않는 Read/Write 메모리인 (　　　　　)를 활용한 메모리 스틱, MMC 카드, CF 카드, SD 카드 등의 다양한 메모리 카드를 출시하였는데, 대부분 사장되고 (　　　　　)카드만 여전히 디지털 카메라, 스마트폰, 그리고 여러 가지 게임기와 같은 휴대용 전자기기에 응용되고 있다.

2 SD 카드는 용량에 따라 (　　　　), (　　　　), (　　　　)의 3가지로 분류된다.

3 SD 카드는 크기가 작아지는 순서대로 (　　　　), (　　　　), 그리고 (　　　　)로 나눠진다.

4 SD 카드는 빠른 데이터 전송이 필요해 (　　　　) 통신을 이용하여 데이터를 전송한다.

5 (　　　　　　)는 근거리에서 저장장치와 같은 고속의 주변장치를 각종 하드웨어 보드에 마스터 슬레이브 체계의 통신을 통해 (　　　　　)으로 연결하는 용도로 많이 사용된다.

6 다음 빈 칸을 채워라.

통신		직/병렬, 방향성	클럭 유무	다중 통신	대역폭	포트 번호
시리얼 통신	UART		비동기		저속 (Kbps 수준)	[0][1][4]
	USART	직렬, 전이중				
I^2C(=TWI)				1:N		[A4][A5]
SPI			동기			[~10][~11][12][13]

7 SPI 통신을 하기 위해서는 전원을 제외하면 클럭 (　　　　), 데이터 신호 (　　　　)와 (　　　　), 슬레이브 선택 신호 (　　　　), 총 4개의 신호가 필요하다.

8 SZH-EK035는 (　　)V에서 동작하므로 아두이노와 SZH-EK035 사이에 레벨 변환기를 두어 [SCK], [MOSI], [MISO], 그리고 [SS]의 전압 레벨을 5V에서 (　　)V 레벨로 변환해 주어야 한다. 단 SZH-EK035의 입력 전원은 (　　)V임을 유의하자.

25장

스마트폰의 블루투스로 무드등 제어하기

학습 목표

- 블루투스 및 블루투스 시리얼 모듈의 개념을 이해할 수 있다.
- 블루투스 시리얼 모듈과 시리얼 앱을 이용하여 무선 회로를 꾸밀 수 있다.
- 멤버 함수를 활용하여 스마트폰으로 무드등을 제어할 수 있다.

학습 내용

- 블루투스 시리얼 모듈 사용 방법
- 블루투스 시리얼 앱 활용 방법

도구	• PC, JARDUINO-MEGA-IOT 또는 아두이노 메가 또는 아두이노 우노 • USB 케이블(A타입-μB타입), 스케치 소프트웨어, Fritzing, draw.io
부품	• GTL2003PW 레벨 변환기, HC-06 블루투스 시리얼 모듈(HC-06.pdf), 5050-RGB 컬러 LED, 1KΩ 3개, 10KΩ 2개, 200KΩ
함수	• Serial2.begin( )/available( )/read( )/write( )
프로그램	• [P251]

대표 회로도

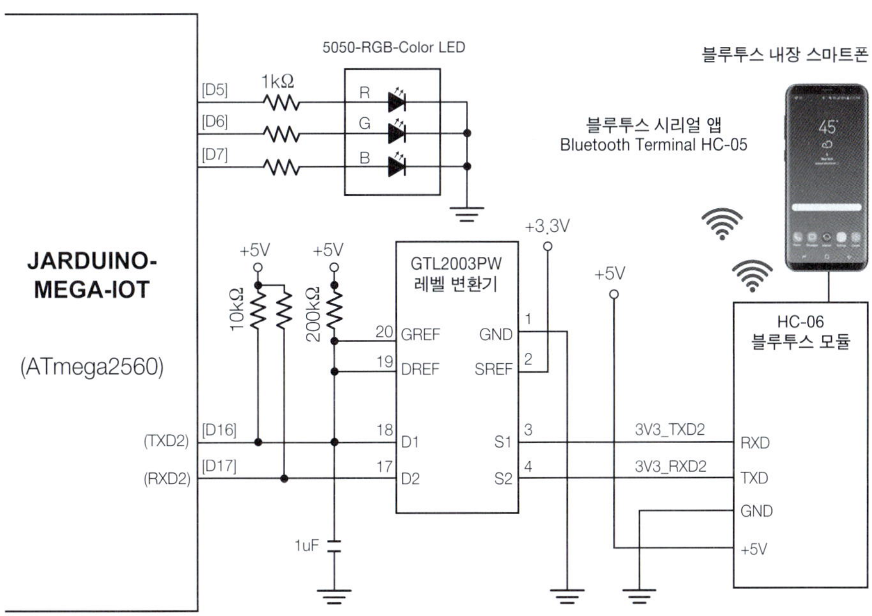

[그림 25.1] 대표 회로도(스마트폰으로 제어하는 무드등)

이론 이해하기 [블루투스의 기초]

블루투스는 1994년 스웨덴의 통신회사인 에릭슨 사가 제안한 무선 개인 근거리 통신(WPAN: Wireless Personal Area Network)을 위한 산업 표준이다. 최초에는 사무실에서 PC 본체와 키보드, 또는 마우스를 서로 연결하는 것을 목표로 제안되었으나, 최근에는 휴대폰, 노트북, 이어폰 등의 휴대 기기를 서로 연결해 정보를 교환하는 무선 모듈로 발전했다. 미래에는 4차 산업에서 IoT의 근간이 되는 기본 통신 규격으로 발전해 나갈 것으로 기대된다.

블루투스는 산업, 과학, 의료용으로 할당된 ISM(Industrial Scientific and Medical) 대역인 2.4~2.4835GHz의 주파수 대역을 통해 허가 없이 무료로 신호를 전송할 수 있다. ISM 대역은 블루투스와 같은 WPAN 외에도 WLAN(Wireless Local Area Network = WiFi = IEEE802.11x)의 대역으로 사용된다. 현재 가장 최근 버전의 블루투스는 5.1 버전이지만, 실습에서 널리 쓰이는 버전은 2.1+EDR이고, 데이터 전송율은 최대 3Mbps이며, 통신 거리는 10m~100m 정도이다. 블루투스는 여러 가지 프로파일(Profile)을 지원하며, 그 중 SPP(Serial Port Profile)는 시리얼통신을 지원한다. 따라서 블루투스는 시리얼 통신 포트를 통해 아두이노와 연결될 수 있다. SPP는 UART 시리얼통신의 무선 버전이라고 생각하면 이해하기 쉽다.

블루투스라는 이름은 10세기 덴마크와 노르웨이를 통일했던 왕이면서, 블루베리를 좋아해 치아가 항상 푸른빛이었던, Harald Bluetooth Gormsson의 별명인 Bluetooth에서 따온 것이며, 그가 스칸디나비아 국가들을 통일한 것처럼 서로 다른 통신 장치들을 하나의 무선통신 규격으로 통일한다는 뜻이 담겨 있다고 한다. 블루투스의 로고도 Harald Bluetooth Gormsson의 H와 B에 해당하는 스칸디나비아 문자를 합친 것에서 유래한다.([그림 25.2])

[그림 25.2] 블루투스 로고

부품 살펴보기 [블루투스 시리얼 모듈(HC-06)]

[그림 25.3]의 HC-06은 SPP가 내장된 블루투스 시리얼 모듈로 스마트폰 및 다른 블루투스와 무선 공간에서 데이터를 송수신할 수 있고, 유선 시리얼 포트를 통하여 아두이노와 통신을 수행할 수 있다. 즉, 무선 구간의 가교 역할을 한다. HC-06은 CSR사의 블루투스 칩셋을 사용하며, 이 칩은 Bluetooth 2.1+EDR을 지원한다. HC-06의 동작 전압은 3.3[V]이고, 동작 전류는 40[mA]이며, 지원하는 보레이트는 1200(보레이트 값: 1), 2400, 4800, 9600, 19200, 38400, 57600, 115200[bps](보레이트 값: 8)이다. 출시되는 제품의 기본 설정은 슬레이브 모드이고 9600[bps] 이다.

[그림 25.3]에 HC-06의 핀 맵이 있다. RXD는 통신 데이터 입력핀으로 아두이노의 [TXD](3.3[V])에 연결하고, TXD는 통신 데이터 출력핀으로 아두이노의 [RXD](3.3[V])에 연결한다. 동작 전압이 다르므로 GTL2003PW 레벨 변환기를 중간에 두어야 한다. VCC 핀은 3.6[V]~6[V]까지 입력이 가능하므로 아두이노의 [5V]를 연결하고, GND에는 아두이노의 [GND]를 연결한다.

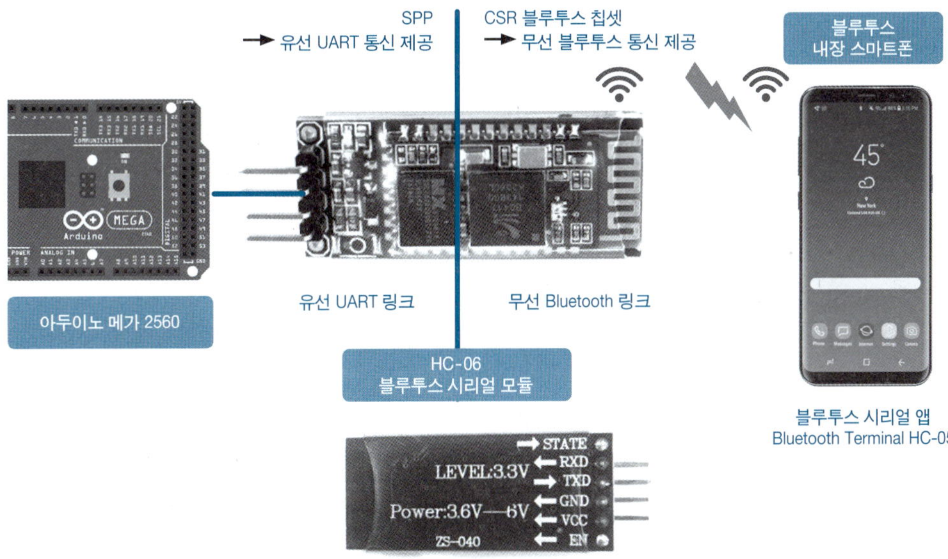

[그림 25.3] HC-06 형상 및 핀 맵

부품 살펴보기 [블루투스 시리얼 앱]

스마트폰에서 블루투스 앱이 HC-06를 찾아 페어링을 실행하여 연결된 후, 문자를 전송하여 이것이 원하는 형태로 되돌아오는지 확인하여야만 연결 상태와 프로그램 동작이 올바로 되었는지를 알 수 있다. 이 과정을 다음과 같이 수행해보자.

먼저 안드로이드 구글 플레이스토어에서 Bluetooth Terminal HC-05 앱을 찾아 설치하고 실행한다. 앱은 시간이 지남에 따라 내용이 변경될 수도 있고 삭제될 수도 있는데, 이런 경우 다른 프로그램으로 대치하여 실행하여도 된다. 실행 과정이 비슷하므로 별 문제는 없을 것이다. 앱을 실행하면 **[그림 25.4]**의 첫 화면이 나타나는데, 상단의 SCAN을 클릭하면 "Scannig new devices ... " 항목으로 "HC-06" 이 검색된다. 이 부분을 터치하면 처음 실행하는 경우 **[그림 25.4]**의 두 번째 화면처럼 "비밀번호(0000 또는 1234)를 입력하세요." 메시지가 나타난다. 이 때 "1234" 를 입력하고 [등록]을 클릭하면 스마트폰이 HC-06과 페어링 되면서 "Paired Devices" 의 리스트에 HC-06이 뜨게 된다. HC-06을 터치하면 **[그림 25.4]**의 세 번째와 같은 HC-06에 대한 새로운 창이 디스플레이되고 HC-06의 PAIR LED는 깜빡거리는 상태를 멈추고 계속 켜져 있게 된다. 이 때부터는 통신이 가능하다. 이제 지정된 문자를 보내 보자. 문자 입력 창을 터치하고 키패드에서 '1' 을 입력한 후 'Send ASCII' 로 표시된 키를 누르면 "1" 이 창에 나타나면서 아두이노는 정해진 동작을 수행하게 된다. 전송되는 키와 아두이노 동작 간 매핑은 스케치 프로그램에서 정의할 것이다.

[그림 25.4] 스마트폰 블루투스 시리얼 앱

회로 구상하기 [아두이노 - GTL2003PW - HC-06 - 스마트폰]

[그림 25.5]처럼 아두이노 메가와 블루투스 모듈(HC-06)을 유선 UART를 이용하여 연결한다. 아두이노 메가와 HC-06의 전압 레벨을 맞추기 위해 GTL2003PW가 사용되었다. 블루투스 내장 스마트폰에서는 [Bluetooth Terminal HC-05] 앱을 이용하여 아두이노를 제어한다.

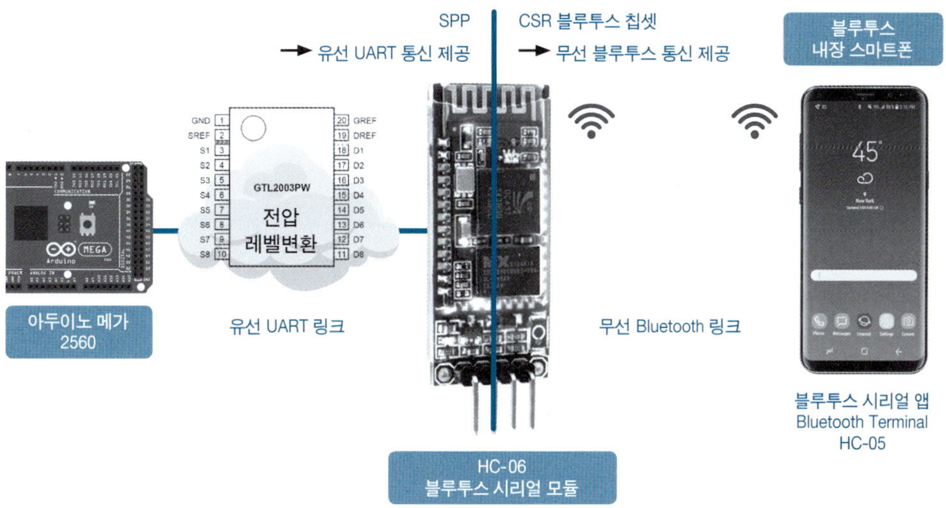

[그림 25.5] 블루투스 회로 구상

이를 위한 연결 방법이 〈표 25.1〉에 나타나 있다. 데이터 시트를 통해 GTL2003PW의 SREF에는 반드시 낮은 전압 레벨(블루투스 시리얼 모듈의 전압 3.3V)을 연결하고, DREF와 GREF에 반드시 높은 전압 레벨(아두이노의 전압 5V)을 연결하여야 한다. 잡음 발생을 막기 위해 DREF와 GREF는 반드시 풀업저항 200KΩ과 바이패스 커패시터 1μF을 연결하여야 한다. 또한 모든 신호선에는 반드시 10KΩ의 풀업저항을 연결한다.

〈표 25.1〉 아두이노 - GTL2003PW - HC-06 연결

[아두이노메가]	GTL2003PW					HC-06
	핀번호	명칭	연결	명칭	핀번호	
[GND]	1	GND	전원			아두이노 전원 연결 (GND)-[GND] (VCC)-[5V]
[3V3]	2	SREF				
[5V]+풀업, 바이패스	20	GREF				
[5V]+풀업, 바이패스	19	DREF				
[16,TXD]+풀업	18	D1	←연결→	S1	3	(RXD)
[17, RXD]+풀업	17	D2	←연결→	S2	4	(TXD)

작품 목표 이해하기 [스마트폰으로 무드등 제어하기]

- 블루투스 시리얼 모듈을 이용하여 스마트폰에서 메뉴값을 전달하여 색상과 밝기를 조절할 수 있으며, 아래의 조건을 만족하는 무드등을 구현한다.
  - RED+, RED-, BLUE+, BLUE-, GREEN+, GREEN- 키 제공
  - 각 색상 당 [꺼짐]과 [가장 밝음]을 포함한 5단계로 조절 가능
  - default 컬러 : WHITE 중간 밝기
  - UART: 9600baud

작품 회로 설계하기 [아두이노 ← (유선) → HC-06 ← (무선) → 스마트폰]

JARDUINO-MEGA-IOT에 실장된 회로

Fritzing 회로도는 전압 레벨 변환 모듈이 패키지 내에 포함되지 않아 제외하였다. **[그림 25.1]**은 회로도를, **[그림 25.6]**은 HC-06 블루투스 시리얼 모듈과 GTL2003PW 레벨 변환기를 사용한 JARDUINO-MEGA-IOT 보드의 PCB 회로도를 보여주고 있다. 블루투스 시리얼 모듈의 경우, 앞서 **[그림 25.3]**의 설명에 제시했던 대로 연결되어 있고, 레벨 변환기-아두이노, 그리고 레벨 변환기-블루투스 시리얼 모듈 간의 연결은 **〈표 25.1〉**의 연결 방식과 동일하다.

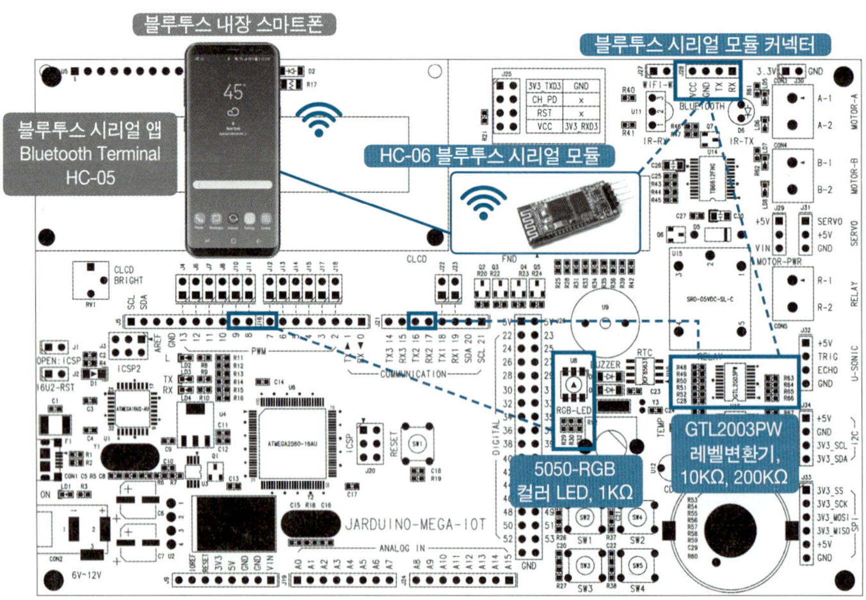

[그림 25.6] JARDUINO-MEGA-IOT를 이용한 PCB 회로도(스마트폰으로 제어하는 무드등)

작품 알고리즘 고민하고 순서도 그리기 [FC251]

이 작품에서는 스마트폰(블루투스 통신)으로부터의 입력(명령) 데이터를 확인하여 데이터 값에 따라 각각 R, G, B 컬러 LED의 값을 조절하는 기능을 수행해야 한다. 알고리즘이 **[그림 25.7]**에 나타나 있다. 먼저 Serial2.available() 함수를 이용하여 키가 눌려졌는지 확인하고, Serial2.read() 함수를 이용하여 눌려진 키의 데이터를 받아 온 후, 키 종류를 확인하여 3색 LED의 밝기를 조정하는 루틴을 실행한다.

R, G, B 각 색의 밝기를 증가시키거나 감소시키는 명령을 위해 총 6개의 키가 필요하며 각 키당 5개의 밝기 레벨로 조절할 수 있어야 한다. 여기서 밝기 레벨은 (0, 30, 80, 160, 255)의 5가지로 설정하며, [RED+] 명령이면(키 '1' 이 눌려지면) R의 아날로그 출력 값을 증가시키고, [RED−] 명령이면(키 '4' 가 눌려지면) R의 아날로그 출력 값을 감소시키기로 한다. 마찬가지로 [GREEN+] 명령이면(키 '2' 가 눌려지면) G의 아날로그 출력 값을 증가시키고 [GREEN−] 명령이면(키 '5' 가 눌려지면) G의 아날로그 출력 값을 감소시킨다. 마지막으로 [BLUE+] 명령이면(키 '3' 이 눌려지면) B의 아날로그 출력 값을 증가시키고 [BLUE−] 명령이면(키 '6' 이 눌려지면) B의 아날로그 출력 값을 감소시킨다. 밝기를 증가시키거나 감소시킬 때, 밝기의 MAX_LEVEL과 MIN_LEVEL에 도달하면 더 이상 값을 증가시키거나 감소시키지 않는다. 이 작업이 종료되면 다시 키가 눌려졌는지 확인하는 코드로 되돌아간다.

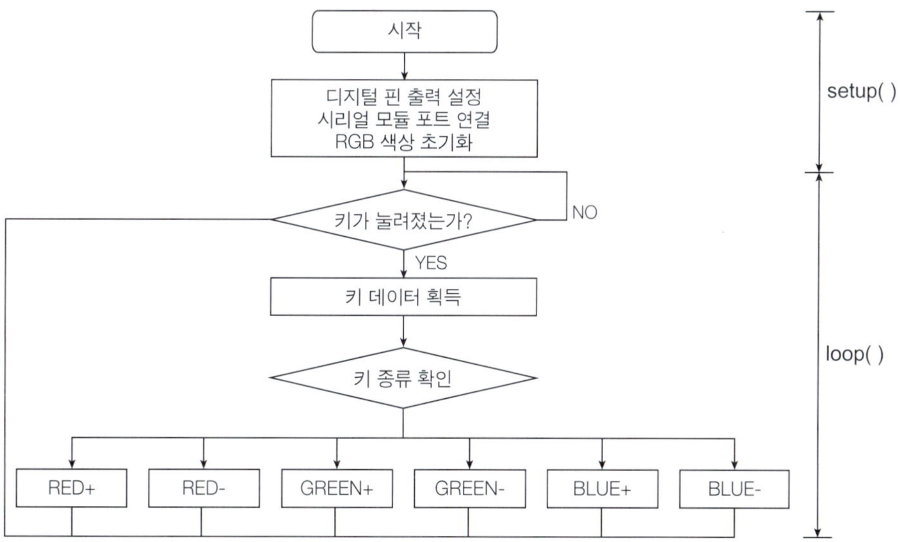

[그림 25.7] 알고리즘 순서도(스마트폰으로 제어하는 무드등)

작품의 스케치 프로그래밍 하기 [P251]

```
#define RED_LED 5                          // 빨강색은 5번 포트
#define GREEN_LED 6                        // 녹색은 6번 포트
#define BLUE_LED 7                         // 파랑색은 7번 포트
#define MAX_LEVEL 4                        // R, G, B 최대 밝기 레벨 (on 상태)
#define MIN_LEVEL 0                        // R, G, B 꺼짐 레벨 (off 상태)

const unsigned char level[5]={0, 30, 80, 150, 255};// 5단계 밝기 레벨
int rLevel=2, gLevel=2, bLevel=2;          // 현재 R,G,B 컬러의 밝기 레벨

void setup(){
  pinMode(RED_LED, OUTPUT);                // 5번 포트 출력 설정
  pinMode(GREEN_LED, OUTPUT);              // 6번 포트 출력 설정
  pinMode(BLUE_LED, OUTPUT);               // 7번 포트 출력 설정
  Serial2.begin(9600);                     // 블루투스시리얼 모듈은 UART2 포트 연결
  analogWrite(RED_LED, level[rLevel]);     // 중간 밝기 빨강
  analogWrite(GREEN_LED, level[gLevel]);   // 중간 밝기 녹색
  analogWrite(BLUE_LED, level[bLevel]);    // 중간 밝기 파랑
                              // R, G, B가 같은 밝기이므로 R+G+B는 중간 밝기 흰색
  delay(1000);                             // 1초 지연
}

void loop() {
  unsigned char command;                   // 앱으로부터 전송된 명령 임시 저장
  if(Serial2.available()){                 // 데이터가 수신되었으면
    command=Serial2.read();                // 데이터를 읽어서 변수에 저장
    Serial2.write(command);                // 데이터를 다시 송신
    switch(command) {                      // 데이터를 확인하여
      case '1':                            // 1이면 RED 밝기 증가 키
        if(rLevel != MAX_LEVEL) rLevel++;          // 한계 값 까지만 증가
        analogWrite(RED_LED, level[rLevel]); break; // 밝기 출력
```

```
            case '2':                                    // 2면 GREEN 밝기 증가 키
              if(gLevel != MAX_LEVEL)gLevel++;           // 한계 값 까지만 증가
              analogWrite(GREEN_LED, level[gLevel]); break;     // 밝기 출력
            case '3':                                    // 3이면 BLUE 밝기 증가 키
              if (bLevel != MAX_LEVEL) bLevel++;         // 한계 값 까지만 증가
              analogWrite(BLUE_LED, level[bLevel]); break; // 밝기 출력
            case '4':                                    // 4면 RED 밝기 감소 키
              if (rLevel != MIN_LEVEL) rLevel--;         // 한계 값 까지만 감소
              analogWrite(RED_LED, level[rLevel]); break;  // 밝기 출력
            case '5':                                    // 5면 GREEN 밝기 감소 키
              if(gLevel != MIN_LEVEL) gLevel--;          // 한계 값 까지만 감소
              analogWrite(GREEN_LED, level[gLevel]); break; // 밝기 출력
            case '6':                                    // 6이면 BLUE 밝기 감소 키
              if (bLevel != MIN_LEVEL) bLevel--;         // 한계 값 까지만 감소
              analogWrite(BLUE_LED, level[bLevel]); break; // 밝기 출력
            defaults: break;// 기타 명령은 무시
        }
      }
    }
```

먼저 R, G, B 세 개의 LED를 제어하기 위한 디지털 포트와 색의 밝기를 조절할 수 있는 5개의 레벨을 지정한다.

setup() 함수에서는 블루투스 시리얼 모듈을 UART2 포트에 연결한 후 R, G, B 세 가지 색의 초기 밝기를 중간 레벨로 설정한다. 밝기 조절 신호를 출력하기 위해 디지털 포트에 analogWrite() 함수를 사용하였음을 유의하자.

UNO를 사용할 경우 객체 Serial2가 없는데, 이 경우 객체 SoftwareSerial을 대신 사용하면 된다. 자세한 사용법은 26장에서 설명될 것이다.

loop() 함수에서는 UART2 포트에 데이터가 입력되었는지 확인하고, 그 값을 읽어 확인한다. 이후에 switch ~ case 문을 이용하여 입력된 값에 따라 case 문에 표기된 6가지의 동작 중 하나를 선택하여 수행한다. 다만 동작을 수행하기 전에 밝기의 최대 레벨과 최소 레벨을 체크하여 이보다 커지거나 작아질 수 없도록 구성한다.

아두이노 동작시키기

- 아두이노가 연결된 상태에서 스케치 프로그램을 업로드한다.

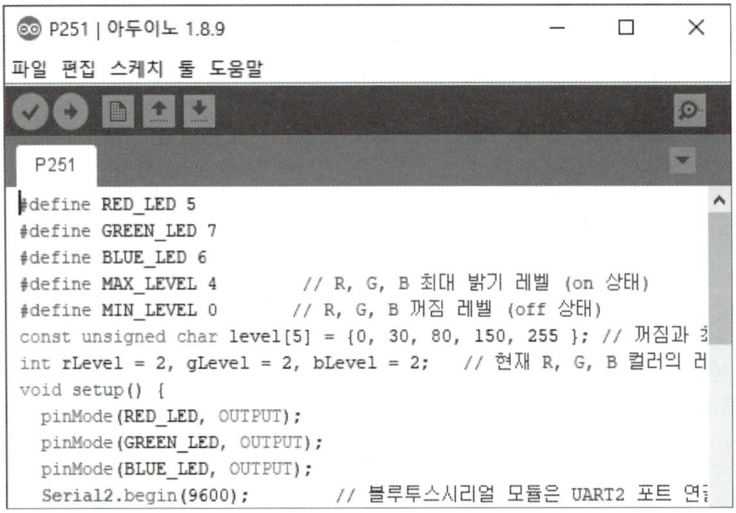

[그림 25.8] 스케치 프로그램(스마트폰으로 제어하는 무드등)

연습 문제

1 블루투스는 1994년 스웨덴의 통신회사인 에릭슨 사가 제안한 (   )을 위한 산업 표준이다. 미래에는 4차 산업에서 (   )의 근간이 되는 기본 통신 규격으로 발전해 나갈 것으로 기대된다.

2 블루투스는 산업, 과학, 의료용으로 할당된 (   ) 대역인 2.4~2.4835GHz 의 주파수 대역을 통해 신호를 전송하는데, 현재 가장 최근 버전의 블루투스는 (   ) 버전이지만, 보통 실습에서 널리 쓰이는 버전은 (   ) 이고, 데이터 전송율은 최대 (   )이며, 통신 거리는 (   ) 정도이다. 블루투스는 여러 가지 프로파일(Profile)을 지원하며, 그 중 (   )는 시리얼통신을 지원한다.

3 HC-06은 교육용으로 가장 많이 사용되는 블루투스 시리얼 모듈로 (   ) 포트 프로파일(SPP)이 내장되어 있다.

4 HC-06의 핀 맵에서 RXD는 통신 데이터 입력핀으로 아두이노의 (   )에 연결하고, TXD는 통신 데이터 출력핀으로 아두이노의 (   )에 연결한다.

5 레벨 변환기 GTL2003PW를 이용해 HC-06과 아두이노를 연결할 때 레벨변환기의 (   )에는 반드시 낮은 전압 레벨(블루투스 시리얼 모듈의 전압 3.3V)을 연결하고, (   )와 GREF에 반드시 높은 전압 레벨(아두이노의 전압 5V)을 연결하여야 한다. 잡음 발생을 막기 위해 DREF와 GREF는 반드시 (   )과 (   )을 연결하여야 한다.

6 LED 밝기 조절 신호를 디지털 포트로 출력하기 위해서 (   ) 함수를 사용한다.

26장

LA에 있는 전등, 서울에서 켜고 끄기

학습 목표

- 와이파이 및 와이파이 시리얼 모듈의 개념을 이해할 수 있다.
- 와이파이 시리얼 모듈을 이용하여 무선 통신 회로를 꾸밀 수 있다.
- 아두이노에 웹서버를 구축하여 원격으로 아두이노를 제어할 수 있다.

학습 내용

- ESP-01 와이파이 시리얼 모듈 사용법
- AT 명령어 사용법
- HTML의 간단한 사용법

도구	• PC, JARDUINO-MEGA-IOT 또는 아두이노 메가 또는 아두이노 우노 • USB 케이블(A타입-μB타입), 스케치 소프트웨어 • 와이파이 AP(IP 공유 기능 포함)
부품	• GTL2003PW 레벨 변환기, ESP-01 와이파이 시리얼 모듈(ESP01.pdf), 10KΩ 2개, 200KΩ 1개
프로그램	• [P261]

대표 회로도

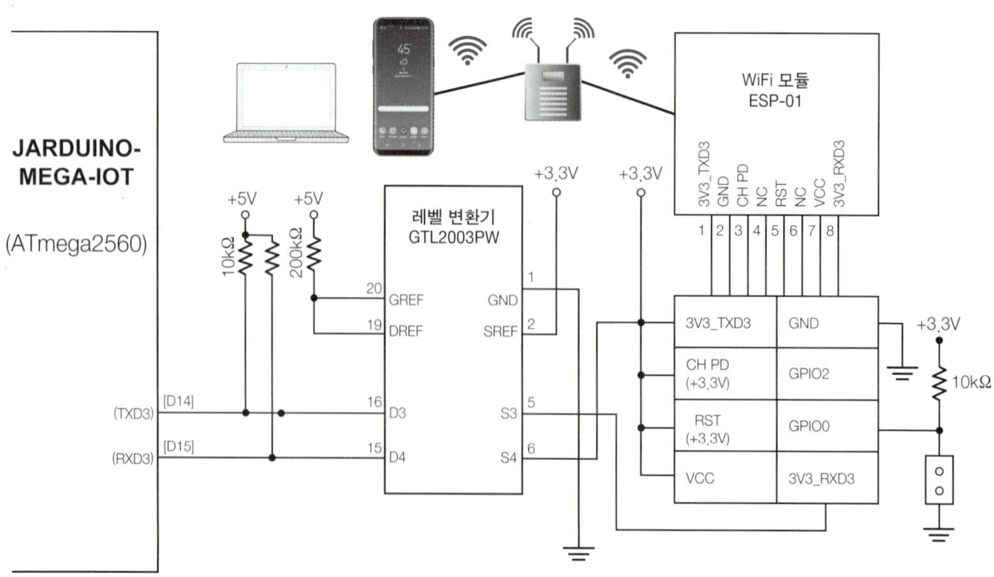

[그림 26.1] 대표 회로도(인터넷으로 제어하는 전등)

이론 이해하기 [IoT와 인터넷]

IoT는 사물에 여러 가지 센서를 부착해 수집한 정보를 인터넷을 통해 주고 받거나 액추에이터를 이용해 원격에서 원하는 동작을 수행하게 하는 기술이다. IoT를 이용해 원격에서 가정집의 전등을 켜거나 끄기 위하여 필요한 요소가 무엇인지 **[그림 26.2]**을 보면서 생각해보자.

- 전등을 제어하기 위한 아두이노와 같은 μ컨트롤러
- 외부에서 아두이노를 접속하기 위한 아두이노 상의 웹서버(HTTP 포함)
- 아두이노를 와이파이 AP에 접속시키기 위한 와이파이 모듈(IP 포함)
- 외부 인터넷과의 접속을 위한 와이파이 AP(Access Point)

[그림 26.2]의 아두이노에는 와이파이 모듈이 부착되어 있어 와이파이 AP와의 통신이 가능하다. 단, 이 때 와이파이 모듈에는 반드시 IP(Internet Protocol) 주소가 할당되어 있어야 한다. IP는 인터넷 망에서 공식적으로 사용되는 공인 IP(Public IP)와 AP에 접속된 망 내부에서만 사용되는 사설 IP(Private IP)로 나누어진다. 와이파이 AP는 보통 공유기 기능이 포함되어 있으므로, 사설 IP는 DHCP(Dynamic Host Configuration Protocol)라는 프로토콜을 이용해 AP가 자동으로 할당한다. 여기서 AP와 연결되는 와이파이 모듈이 부착된 사물, 즉 IP를 할당 받는 사물을 IoT 노드 또는 Station이라 부른다. 와이파이 AP는 외부 인터넷과 연결되어 가정집의 IoT 노드들에게 인터넷 접속점을 제공한다.

외부의 스마트기기는 IP를 통해 가정집의 전등이 연결된 아두이노에 접속할 것이다. 하지만 전등을 올바로 제어하려면 아두이노에 웹서버가 올라가 있어, 외부 스마트기가 웹서버의 UI(User Interface) 데이터를 다운 받아 가정집의 전등을 편하게 제어할 수 있는 환경을 만들어 주어야 한다. 이는 마치 포털사이트에 접속하려면 포털의 주소를 브라우저에 입력하고 포털의 서버로부터 각종 UI 데이터를 다운로드하여 사용하는 것과 비슷한 이치이다. 웹서버는 HTTP(HyperText Transfer Protocol)라는 프로토콜을 이용해 구현한다.

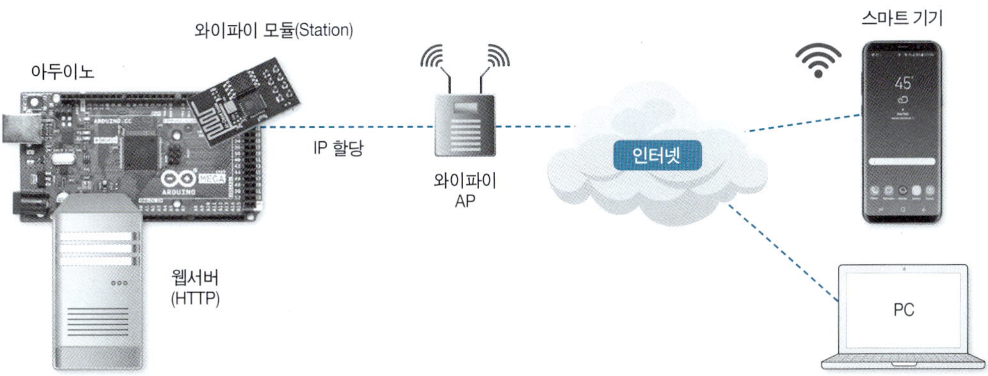

[그림 26.2] IoT와 인터넷

부품 살펴보기 [와이파이 시리얼 모듈(ESP-01)]

본 장의 IoT를 구축하는데 있어 핵심 요소는 아두이노에 부착되는 [그림 26.3]의 와이파이 시리얼 모듈 ESP-01이다. 뒤 부분의 번호는 개발된 순서에 따라 01부터 14까지 번호가 붙는데, 우리는 ESP-01을 사용한다. ESP-01는 ESP8266(Espressif System 사 제조) 칩을 사용한 와이파이 시리얼 모듈(+512KB 플래시메모리, AI Thinker 사 제품)로 가격이 저렴하여 널리 쓰인다.

ESP-01은 8핀(2x4배열)의 인터페이스를 가지고 있고 배열 문제로 브레드보드에 직접 장착하는 것은 어려우므로 점퍼선을 이용하여 연결하여야 한다. 단, JARDUINO-MEGA-IOT에는 ESP-01의 연결을 위한 커넥터가 이미 장착되어 있으므로 간단히 연결할 수 있다.

UART가 연결된 상태에서는 AT 명령어(나중에 설명)로 ESP-01의 환경을 세팅하거나 제어할 수 있다. ESP-01에 기본적으로 세팅되어 있는 보레이트는 115,200bps로 여기서는 이 상태를 그대로 사용할 것이다. 참고로 ESP-01 모듈의 기본 펌웨어는 AI-Thinker 사에서 제공하는데, 필요에 따라 다른 펌웨어(예를 들어 Espressif Systems 사가 제공하는 펌웨어)로 바꾸어 사용하여야 할 필요가 있을 수도 있다. 이런 경우는 펌웨어 다운로드용 툴을 설치하여야 하며, 펌웨어 업데이트 시에는 GPIO_0 핀을 LOW 상태로 연결한 후 전원을 껐다 켜야만 한다는 점에 주의할 필요가 있다. 자세한 내용은 ESP-01 데이터시트를 참조하도록 하자.

ESP-01도 3.3V의 전원을 사용하므로 GTL2003PW 레벨 변환기를 활용하여야 한다. 일반적으로 와이파이가 동작하려면 많은 전류가 필요하므로 아두이노가 제공하는 3.3V 전원을 사용하는 것보다는 독립된 전원을 사용하는 것을 권장한다. JARDUINO-MEGA-IOT는 USB와 전원어댑터를 동시에 사용하여 충분한 전원을 공급하도록 연결되어 있으므로 따로 더 고려할 사항은 없다.

[그림 26.3] ESP-01 외관

회로 구상하기 [아두이노 - GTL2003PW/ESP-01 - AP - 인터넷]

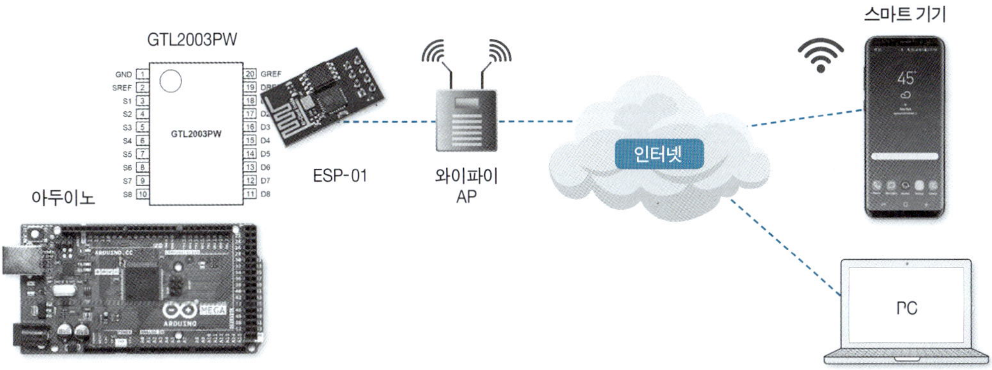

[그림 26.4] 와이파이 링크 구상

[그림 26.4]과 같은 와이파이 링크를 구상해 보자. 이 링크를 구축하려면 가장 먼저 아두이노 - GTL2003PW-ESP-01 간의 핀 연결을 이해하여야 한다. 〈표 26.1〉에 ESP-01의 핀 맵이 정리되어 있고, GTL2003PW를 통한 핀 연결은 〈표 26.2〉에 나타나 있다. 〈표 26.1〉의 핀 맵에서 (5)VCC와 (1)GND는 전원 핀으로 각각 아두이노의 [3V3] 전원 소스와 [GND]를 연결한다. (8)TXD는 UART용 출력 핀(3.3V 레벨)으로서 무선을 통해 와이파이 모듈이 수신한 데이터를 아두이노로 전송(TX)하는 핀이므로 아두이노의 [RXD] 포트에 연결한다. (4)RXD는 UART용 입력 핀(3.3V 레벨)으로서 무선으로 전송하려는 데이터를 아두이노로부터 수신(RX)받는 핀이므로 아두이노의 [TXD] 포트에 연결한다.

〈표 26.1〉 ESP-01 핀 맵

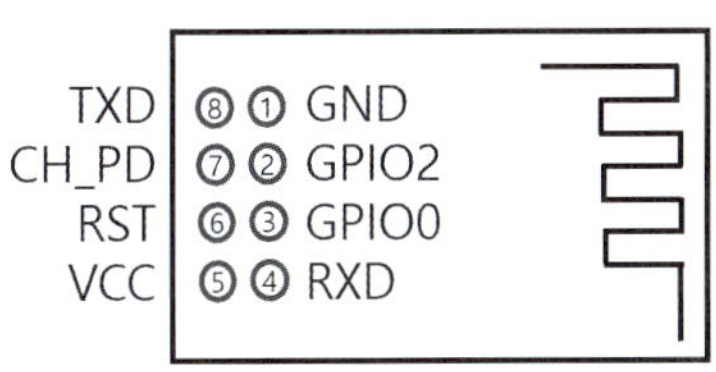

(번호)핀이름	기능	(번호)핀이름	기능
(8) TXD	송신 데이터	(1) GND	접지
(7) CH_PD	칩 인애이블	(2) GPIO2	프로그램 출력
(6) RST	리셋	(3) GPIO0	LOW: 세팅, HIGH: 통신
(5) VCC	전원(3.3V)	(4) RXD	수신 데이터

(7)CH_PD은 'Chip Enable' 핀으로 보통 풀업 저항을 경유하여 VCC에 연결하거나, 직접 VCC에 연결한다. (6)RST는 모듈 리셋 핀으로 LOW가 되면 모듈이 초기화된다. 보통 풀업 저항을 경유하여 VCC에 연결하거나, 직접 VCC에 연결한다. (3)GPIO0는 펌웨어 업데이트 시에는 LOW로, 평상시에는 HIGH로 유지하여야 한다. (2)GPIO2는 범용입출력 핀이지만 여기서는 사용하지 않는다.

〈표 26.2〉 아두이노 - GTL2003PW - ESP-01 연결

[아두이노메가]	GTL2003PW					ESP-01
	핀번호	명칭	연결	명칭	핀번호	
[GND]	1	GND	전원			아두이노 전원 연결 (1) GND-[GND] (7) CH_PD-[3V3] (6) RST-[3V3] (5) VCC-[3V3]
[3V3]	2	SREF				
[5V]+풀업, 바이패스	20	GREF				
[5V]+풀업, 바이패스	19	DREF				
[14, TXD3]+풀업	16	D3	←연결→	S3	5	(4) RXD
[15, RXD3]+풀업	15	D4	←연결→	S4	6	(8) TXD

[그림 26.5]에는 GTL2003PW를 활용하지 않을 경우 약식으로 연결한 아두이노 우노 회로가 나타나 있다. 기본적인 회로 구성은 GTL2003PW를 사용한 경우와 차이가 없으나, 저항을 이용해 전압 분배 회로를 구성하여 ESP-01의 RXD 입력에 3.3V(=5V×2KΩ/(1KΩ+2KΩ))의 신호가 입력될 수 있도록 구성한다. 하지만 TXD 출력(아두이노의 RXD 입력)은 어차피 2.4V를 넘으면 언제나 HIGH로 인식되므로 전압 분배 회로를 추가하지 않고 그냥 연결한다. CH_PD와 RST 신호는 3.3V에 연결한다.

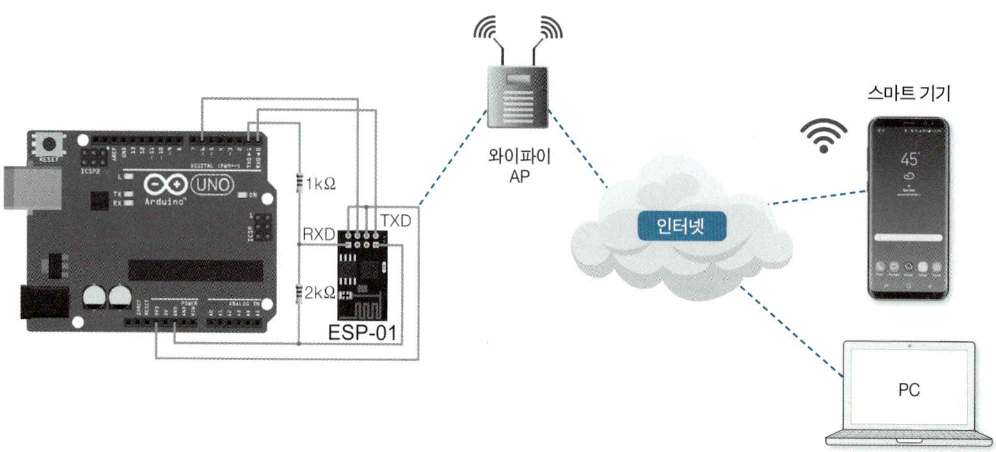

[그림 26.5] GTL2003PW 없이 구상한 WIFI 모듈 연결 회로

회로 구상하기 [AT 명령어]

AT(ATtention) 명령어는 현재 사실상의 표준으로 사용되는 모뎀 제어 명령어이다. ESP-01을 연결한 후 스케치 소프트웨어에서 시리얼 인터페이스를 통해 AT 명령어를 전달하면 ESP-01은 명령에 맞는 동작을 수행한 후에 다시 시리얼 인터페이스를 통해 시리얼 모니터로 결과를 전송해 준다. 아래 〈표 26.3〉에는 대표적인 ESP-01을 위한 AT 명령어에 대한 사용법이 정리되어 있다.

명령어 [AT+RST]는 ESP-01을 리셋하고 처음부터 다시 시작하게 한다. 항상 프로그램에서 가장 먼저 사용할 것이다. 명령어 [AT+CWMODE=n]에서 소프트 AP모드(n=2)는 ESP-01을 AP로 사용할 경우를 의미하고, 반대로 AP에 연결된 노드(station)로 활용하고자 한다면 스테이션 모드(n=1)로 설정해야 한다. 본 장에서는 ESP-01을 노드로 활용한다. [AT+CWLAP]은 주변의 AP를 탐색하는 명령어인데, 이 명령어의 응답을 통해 주위 AP들의 이름인 SSID(Service Set IDentifier, AP 이름)를 확인할 수 있다. 여러 가지 다른 정보가 함께 전송되지만 다른 정보들은 무시할 것이다. 탐색된 AP 중에서 연결을 원하는 AP의 SSID와 패스워드를 활용해 [AT+CWJAP= \"ssid\",\"pwd\"] 명령어를 구성하여 ESP-01에 전송하면 ESP-01가 AP에 접속을 시도하게 된다. ESP-01이 접속될 경우 AP는 DHCP를 이용해 ESP-01에게 사설 IP를 전달하게 되는데, 이 주소를 확인하는 명령어가 [AT+CIFSR]이다.

[AT+CIPMUX]는 ESP-01과 AP와의 연결을 단일 연결로 할 것인지, 다중 연결로 할 것인지를 결정하는 명령어이다. 보통 다중 연결로 세팅한다. [AT+CIPSERVER]는 ESP-01의 웹서버를 ON 시키는 역할을 한다. 이 명령어를 실행할 때 포트 번호를 80번으로 세팅하는 것이 일반적이지만, 여기서는 AP가 80번 포트로 들어온 내용을 ESP-01에게 8080번 포트로 전달하도록 세팅한다. [+IPD]는 명령어가 아니고, ESP-01이 외부에서 웹서버로 접속한 클라이언트가 전송한 정보를 시리얼 모니터로 전달할 때 이를 알려주는 응답 태그이다. "+IPD"는 인터넷으로부터 전달된 메시지인지를 확인하는 코드를 위해 활용될 수 있다.

[AT+CIPSEND=id, length]는 다중 접속에서 길이가 length인 데이터를 연결 고유번호(id)로 전송하는 명령어이다. [AT+CIPCLOSE=id]는 다중 접속에서 연결 고유번호(id)와의 연결을 종료하는 명령어이다.

모든 명령어는 스케치 소프트웨어가 ESP-01에게 전송하는 형태로 코딩되어야 하며, 이 명령어를 전송 받은 ESP-01은 통신의 상대방인 AP와의 통신을 통해 얻은 응답을 다시 시리얼 모니터로 전송하게 된다. 설명만으로는 이해하기 쉽지 않으나 개략적으로만 이해하고, 다음에 실제 예를 적용하면서 더 살펴보기로 하자.

〈표 26.3〉 AT 명령어 사용법

명령어	동작 설명	정상 응답
AT+RST	처음부터 재시작	"OK ..."
AT+CWMODE=n	동작 모드 세팅 n=1: 스테이션 모드, n=2: 소프트 AP 모드, n=3: 소프트 AP+스테이션모드	"OK"
AT+CWLAP	주변 AP 탐색(List)	"+CWAP:(〈ecn〉, 〈ssid〉, 〈rssi〉, 〈mac〉, 〈ch〉, 〈freq offset〉, 〈freq calibration〉)" RSSI(Received Signal Strength Indicator, 수신 신호 감도)
AT+CWJAP =\"ssid\",\"pwd\"	"ssid" 이름을 갖는 AP에 접속, "pwd는 AP의 패스워드	"WIFI CONNECTED WIFI GOT IP OK"
AT+CIFSR	할당된 스테이션 및 소프트AP의 IP 주소와 MAC 주소 출력	"+CIFSR:STAIP,"xxx.xxx.xxx.xxx" +CIFSR:STAMACMAC, "xx:xx:xx:xx:xx:xx"
AT+CIPMUX=n	연결 모드(n=0:단일, n=1:다중)	
AT+CIPSERVER=n,80	웹서버 ON(포트=80) n=1: Open 모드 n=2: Close 모드	"CONNECT OK"
+IPD	웹으로부터 데이터 수신	"+IPD,0,..."
AT+CIPSEND=id, length	다중 연결에서 길이 length인 데이터를 연결 고유번호(id)로 전송	"SEND OK"
AT+CIPCLOSE=id	다중 연결에서 연결 고유번호(id)와의 연결 종료	"OK"

서버 구축하기 [웹서버 접속 과정 및 포트 포워딩 규칙 설정]

[그림 26.6]은 웹서버 접속 과정과 웹서버를 위한 포트 포워딩 규칙 설정 과정을 보여주고 있다. 먼저 웹서버 접속 과정을 이해해보자. 만일 인터넷에 연결된 스마트 기기나 PC의 웹브라우저가 공유기의 (③)공인 IP(주소 A: 203.230.xxx.xxx)를 이용해 ESP-01이 연결된 아두이노의 (⑤)웹서버(사설 IP=주소 B: 192.168.0.13)에 접속하려면 AP의 공인 IP(주소 A)와 ESP-01의 사설 IP(주소 B)를 모두 알고 있는 상태에서 AP의 특정 포트로 들어온 데이터를 ESP-01로 연결해 주는 포트 포워딩 규칙을 설정해 주어야 한다(④). 이렇게 되면 외부에서 요구한 웹서버 접속 요청이 자동적으로 ESP-01까지 연결된다. 외부에서는 공인 IP를 가진 AP(공유기)에 웹서버가 설치된 것으로 보이지만, 사실은 사설 IP를 가진 ESP-01의 웹서버가 AP의 포트포워딩 기능을 이용하여 이를 대신하는 것이다.

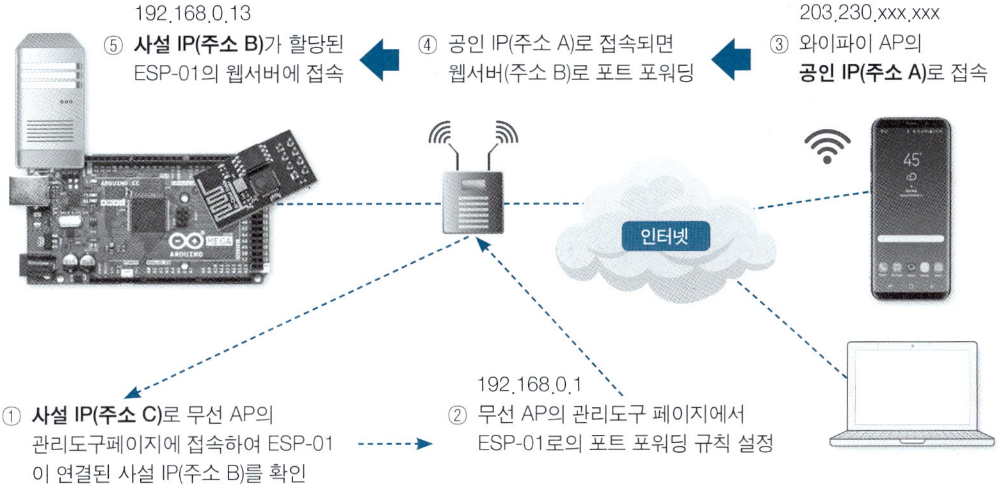

[그림 26.6] 웹서버 접속 과정과 포트 포워딩 규칙 설정

포트 포워딩 규칙을 설정하기 위한 과정을 좀 더 자세하게 살펴보자. 먼저 아두이노에 [P261] 프로그램을 업로드한다. 프로그램이 실행되면 아두이노는 (①)[AT+CWJAP= \"ssid\",\"password\"] 명령어를 이용해 ESP-01을 AP에 접속시킨 후에, [AT+CIFSR] 명령어를 통해 AP가 ESP-01에 할당한 사설 IP 주소 (주소 B)를 알아낸다. 시리얼 모니터로 다음과 같은 내용이 출력된다면 이 AP는 ESP-01에 사설 IP 주소로 192.168.0.13을 할당하였음을 알 수 있다.

```
AT+CIFSR
+CIFSR:STAIP,"192.168.0.13"
+CIFSR:STAMAC,"xx:xx:xx:xx:xx:xx"
```

(②)이제, 웹브라우저를 통해 무선 **AP 관리도구 페이지(보통 주소가 192.168.0.1(=주소 C)로 할당되어 있음)**에 접속하면 **[그림 26.8]**과 같은 페이지가 나타난다. 경우에 따라서 관리도구 페이지에서 아이디와 패스워드를 요구하면 이것을 먼저 처리한다. 여기서 외부 IP 주소는 AP에 할당된 공인 IP 주소(203.230.xxx.xxx)를 의미하고, 내부 IP 주소는 관리도구 페이지의 사설 IP 주소(192.168.0.1)를 의미한다. 또한 DHCP를 이용하여 사설 IP를 192.168.0.2부터 192.168.0.254까지 할당할 수 있음을 보여주고 있다. 이중에서 ESP-01에는 192.168.0.13을 할당하였음을 확인한 바가 있다. 주의할 것은 AP에 공인 IP 주소가 아니라 사설 IP 주소가 할당되어 있거나 AP가 DHCP 서버 기능을 가지고 있지 않다면 본 실습을 수행할 수 없다는 것이다.

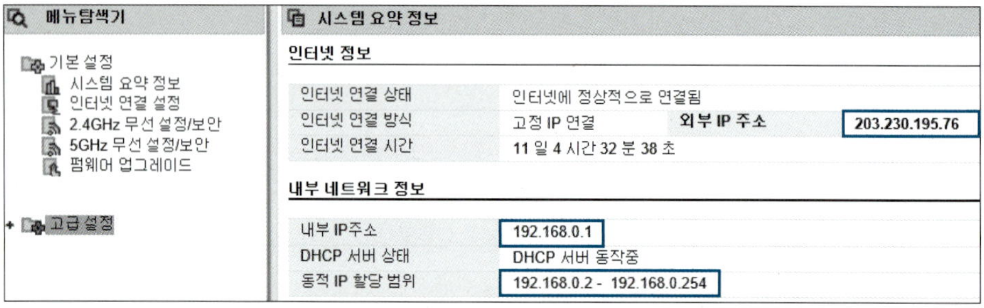

[그림 26.7] 무선 AP 관리도구 페이지

포트 포워드 설정을 위해 [고급설정] → [NAT/라우터 관리], 그리고 [포트포워드 설정]을 클릭한 후 나타나는 화면에서 [규칙이름]으로 "WEBSERVER" , [내부 IP 주소]로 "192.168.0.13" (AP가 ESP-01에 DHCP로 할당한 IP주소), TCP의 외부 포트로 "80" (웹서버의 기본 포트 번호), 내부 포트로 "8080" (80으로 해도 되지만 구별하기 위하여 이렇게 할당하였음)을 입력하고 [추가]를 클릭하면 된다. 이렇게 규칙을 설정해두면 외부에서 203.230.xxx.xxx의 공인 IP 주소로 80번 포트에 접속했을 때 웹서버가 있는 ESP-01의 사설 IP 주소 192.168.0.13의 포트 번호 8080번으로 자동으로 포트를 포워딩하게 된다.

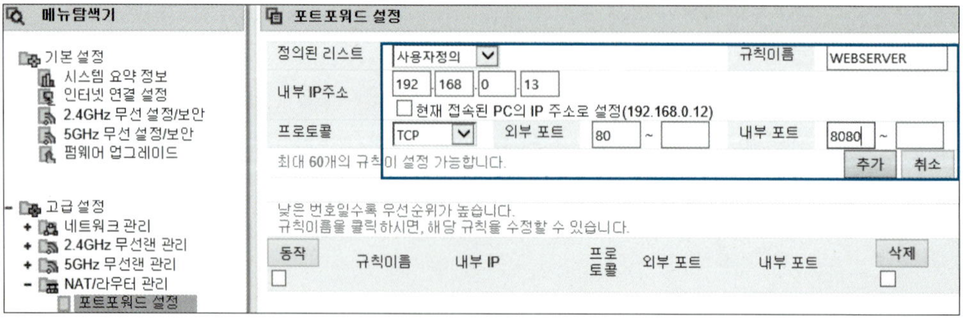

[그림 26.8] 포트 포워드 설정 화면

작품 목표 이해하기 [스마트폰으로 전등 제어하기]

- 스마트폰을 이용해 LA에 있는 전등을, 서울에서 켜고 끄는 회로를 설계(인터넷 연결이므로 LA와 서울을 현 위치라고 가정하고 설계)한다. 단, 아래의 조건을 참고한다.
  - 웹서버의 메인 프로그램 설계는 이 책의 범위를 넘어가므로 여기서는 LED(전등)를 켜고 끄기 위한 최소한의 처리만 가능하도록 기본 웹서버를 구현한다.
  - 즉, 외부 웹브라우저에서 정해진 URL로 웹서버에 접속하면 (1) LED의 현재 상태를 알려주고, (2) LED를 ON 또는 OFF 할 수 있는 가장 간단한 박스 아이콘을 디스플레이해 준다.
  - 이후, 웹브라우지에서 [LED ON] 아이콘을 누르면 LED를 켜고 LED의 상태를 'ON'으로 알려주며, [LED OFF] 아이콘을 누르면 LED를 끄고 LED의 상태를 'OFF'으로 알려준다.

작품 회로 설계하기 [아두이노 ← (유선) → ESP-01 ← (무선) → 인터넷]

JARDUINO-MEGA-IOT에 실장된 회로

Fritzing 회로도는 전압 레벨 변환 모듈이 패키지 내에 포함되지 않아 제외하였다. **[그림 26.1]**은 회로도이고, **[그림 26.9]**는 ESP-01 와이파이 시리얼 모듈과 GTL2003PW 레벨 변환기를 사용한 JARDUINO-MEGA-IOT 보드의 PCB 회로도이다. 아두이노-레벨 변환기, 레벨 변환기-와이파이 시리얼모듈 간의 연결을 확인해 보기 바란다.

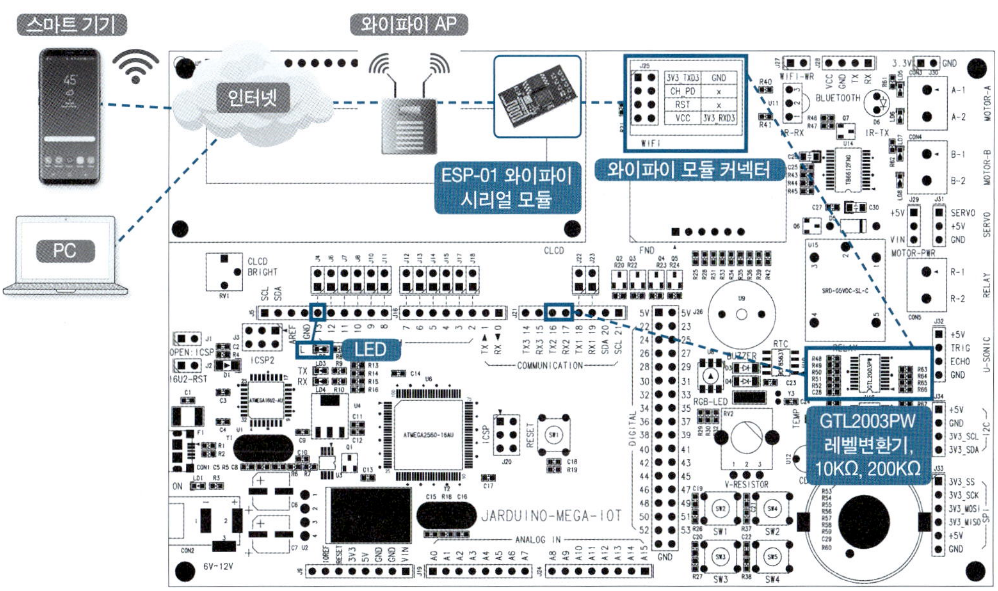

[그림 26.9] JARDUINO-MEGA-IOT를 이용한 PCB 회로도(인터넷으로 제어하는 전등)

작품에 필요한 함수 이해하기 [시리얼 통신 함수, 문자열 함수]

bool Serial.find(char* target)

Serial.find()는 문자열 target이 검출될 때까지 시리얼 버퍼로부터 데이터를 읽는 함수이다. target이 찾아지면 TRUE를 return하고, 찾지 못하면 FALSE를 return한다. 이 외에 프로그램에서 사용되는 함수 중 Serial.begin(), Serial.available(), Serial.read(), Serial.print()는 HardwareSerial.h에서와 용법이 같다.

size_t String.length( )

length()는 Sting 클래스의 멤버 함수로 String으로 정의된 객체의 문자열 길이를 return한다. 길이에는 NULL 문자를 포함하지 않는다.

〈표 26.4〉 시리얼 통신 함수, 문자열 함수

bool Serial.find(char* target)		
SoftwareSerial.h	문자열 검색 함수	• target: 검출하려는 문자열 • return 값: 찾으면 TRUE, 못 찾으면 FALSE
size_t String.length()		
sting.h	길이 함수	• return 값: 문자열의 길이(NULL 문자 제외)

작품의 스케치 프로그래밍 하기 [P261]

```
#define LED_PIN 13          // 13번 L LED를 전등으로 간주
/**********************************A**************************************/
#define esp8266 Serial3     // ESP-01은 JARDUINO-MEGA-IOT의 Serial3 포트
//(Hardware  Serial임)에 연결되어 있음. 아두이노 UNO의 경우는 이 라인을 삭제해야 함.
/**********************************A**************************************/
#define ON 1                // LED ON 상태를 1로 정의
#define OFF 0               // LED ON 상태를 0으로 정의
#define DEBUG true          // ESP-01에서 PC로 보내주는 내용을 디스플레이할지
                            // 를 결정하는 플래그
/**********************************B*************************************/
//#include <SoftwareSerial.h>
//SoftwareSerial esp8266(2,3);
// 아두이노 UNO의 경우는 Serial 포트가 하나 밖에 없으므로 ESP=01을 핀 2, 3에
// 연결하고 이를 Serial3 대신 SoftwareSerial로 구현하여야 함
/**********************************B**************************************/

int led_state = OFF;        // 최초의 LED 상태는 OFF

void setup()
{
  Serial.begin(9600);       // JARDUINO-MEGA-IOT의 PC 쪽 연결 시리얼의
                            // 보레이트 설정
  esp8266.begin(115200);    // ESP-01 쪽 연결 시리얼(Serial3)의 보레이트 설정
  pinMode(LED_PIN, OUTPUT); // LED 핀 출력 처리
  sendData("AT+RST\r\n", 2000, DEBUG);
  // ESP-01 새로 시작, 숫자는 명령어 실행 후 다음 명령을 보내기 전까지 대기
  // 시간(ms), 시리얼 모니터를 통해 "AT+RST OK ... WIFI DISCONNECT"로 응답됨
  sendData("AT+CWMODE=1\r\n", 1000, DEBUG);
  // ESP-01을 station 모드로 세팅(1=station, 2=soft AP, 3=station + soft AP)
  // "AT+CWMODE=1 OK" 로 응답

  sendData("AT+CWLAP\r\n",10000, DEBUG);
  // 접속 가능 AP 리스트 출력
  //"AT+CWLAP ... +CWLAP:(0,"AP_name",-69,"20:c ... OK"로 응답

  sendData("AT+CWJAP=\"SSID\",\"pwd\"\r\n", 8000, DEBUG);
  // ESP-01이 접속할 AP의 이름(SSID)과 패스워드(pwd) 세팅
  // 반드시 이름과 패스워드를 자신의 AP에 맞는 값으로 수정해야 함
```

```
  // "AT+CWJAP="SSID","pwd" WIFI CONNECTED WIFI GOT IP
  // OK"로 응답
  sendData("AT+CIFSR\r\n", 10000, DEBUG);
  // (사설) IP 주소 가져오기, MAC 주소도 같이 가져옴
  // "AT+CIFSR +CIFSR:STAIP,"192.168.0.13" +CIFSR:STAMAC,"xx:xx:xx:xx:xx:xx
  // OK"로 응답

  sendData("AT+CIPMUX=1\r\n", 1000, DEBUG);
  // 다중 연결 모드로 세트
  // "AT+CIPMUX=1 OK"로 응답

  sendData("AT+CIPSERVER=1,8080\r\n", 1000, DEBUG);
  // 웹서버 기동(포트번호 8080), 보통 웹서버는 외부로부터 포트번호 80번으로 접속
  // 되나 여기서는 공유기가 80번 포트로 들어온 내용을 ESP-01에게 8080번 포트
  // 로 전달하도록 세팅하여 진행
  // "AT+CIPSERVER=1,8080 OK"로 응답
}

void loop()
{
  int connect_id;  // TCP/IP 연결 시 할당되는 고유 번호
  char led_cmd;
  // LED ON/OFF를 구분하기 위한 값 (LED ON은 '1' 값을 갖고, LED OFF는 '0'
  // 값을 갖게 됨)

  String webpage = "<h1>Remote LED Control</h1>";
  // 클라이언트(PC, 휴대폰)에게 보낼 webpage 내용 첫 번째 줄 html 내용 저장
  // html은 이 책에서 별도로 설명하지 않음

  if (esp8266.available())// ESP-01로부터의 입력된 데이터가 있는지 확인
  {
    if (esp8266.find("+IPD,"))
    // "+IPD"는 ESP-01이 외부에서 웹서버로 접속한 클라이언트가 전송한 정보를
    // 시리얼 모니터로 전달할 때 이를 알려주는 응답 태그임. 즉 "+IPD"는
    // 인터넷으로부터 전달된 메시지인지를 확인하는 코드를 위해 활용될 수 있음.
    // Serial.find() 함수는 원하는 문자열이 발견될 때까지 데이터를 읽어냄
    {
      delay(1000);// 메시지가 충분히 다 도착할 때까지 대기
      Serial.println("Message Received!");// 메시지가 도착했음을 디스플레이'
      int connect_id = esp8266.read()-'0';
      // 연결 고유번호를 저장 ("+IPD, X, ... " 형태로 입력되는데 여기서 X가 연결
```

```
// 고유번호이며, ASCII 값을 가지므로 실제 숫자 값은 '0'을 빼주어야 함
if (esp8266.find("LED"))
// LED 제어 관련 메시지인지 확인, 클라이언트(PC 또는 휴대폰)에서 [LED
// ON] 또는 [LED OFF] 아이콘을 눌렀을 경우만 이 조건이 "참"이 됨
{
  led_cmd = esp8266.read();
  if (led_cmd == '1')
  // LED ON('1')인 경우로 "LED1" 형태로 데이터가 들어옴
  {
    digitalWrite(LED_PIN, HIGH);          // LED를 켜고
    led_state = ON;                       // LED 상태를 'ON"으로 변경
  }
  else if (led_cmd == '0')
  // LED OFF('0')인 경우로 "LED0" 형태로 데이터가 들어옴
  {
    digitalWrite(LED_PIN, LOW);           // LED를 끄고
    led_state = OFF;                      // 상태를 'OFF"으로 변경
  }
  else  ;                                 // 그렇지 않으면 무시
}

if (led_state == ON)
  webpage += "<h2>Current LED State : ON</h2>";
  // 클라이언트(PC 또는 휴대폰)에게 보낼 html 내용 두번째 줄(LED ON)
else
  webpage += "<h2>Current LED State : OFF</h2>";
  // 클라이언트(PC 또는 휴대폰)에게 보낼 html 내용 두 번째 줄(LED OFF)

webpage += "<a href=\"LED1\"><button><h2>LED ON</h2></button>
    </a><a href=\"LED0\"><button><h2>LED OFF</h2></button></a>";
// 클라이언트(PC 또는 휴대폰)에게 보낼 html 내용 세 번째 줄
// (LED ON 박스 및 LED OFF 박스)

String message = "AT+CIPSEND=";
// ESP-01에게 보낼 메시지(message) 생성, 가장 먼저 전송 시작을 알리는
// 명령어를 만들고
message += connect_id; // 이전 요청에서 할당된 연결 고유번호를 생성
message += ",";                           // "," 생성
message += webpage.length();              // 전체 보낼 메시지의 크기 생성
message += "\r\n";                        // "\r\n" 생성
```

```
      sendData(message,1000, DEBUG);
      // 지금까지 만들어진 메시지 전송 명령어를 ESP-01에게 전송
      sendData(webpage,1000, DEBUG);
      // 클라이언트(PC 또는 휴대폰)에서 처리할 HTTP 바디(HTML 데이터) 전송
      message = "AT+CIPCLOSE=";
      // ESP-01에게 보낼 메시지 생성, 현재 연결된 TCP/IP 연결을 종료하는 명령
      // 어를 만들고
      message += connect_id;
      // 이전 요청에서 할당된 연결 고유번호를 생성
      message += "\r\n";                          // "\r\n" 생성
      sendData(message, 3000, DEBUG);
      // 지금까지 만들어진 연결 종료 명령어를 ESP-01에게 전송
    }
  }
}

void sendData(String message, int timeout, boolean debug)
{
  String response = "";
  // ESP-01이 시리얼모니터로 보내주는 데이터를 저장하는 버퍼
  esp8266.print(message);    // ESP-01에게 메시지 전달

  long int start_time = millis();                // 메시지 전송 시작 시간 저장
  while( (start_time + timeout) > millis())
  // 타임아웃 시간 동안 ESP-01로부터 전송받은 내용을 저장해 놓기 위한 시간 체크
  {
    while(esp8266.available())              // ESP-01로부터의 전송 입력이 있으면
    {
      char c = esp8266.read();                   // 이것을 읽어서
      response += c;                             // 버퍼에 저장
    }
  }
  if(debug)    // 만약, DEBUG 플래그가 세트되어 있으면
    Serial.print(response);
  // 버퍼의 내용을 시리얼모니터에 디스플레이, 그렇지 않으면 무시
}
```

본 프로그램은 2개의 시리얼 포트를 사용하고 있다. 하나의 시리얼 포트(Serial 객체: 하드웨어 시리얼 포트)는 아두이노와 PC를 연결할 때 쓰고, 나머지 하나의 포트(Serial3==esp8266 객체: 메가에서는 하드웨어 시리얼 포트, 우노에서는 소프트웨어 시리얼 포트)는 아두이노와 ESP-01을 연결하는데 쓴다. 아두이노 메가는 하드웨어 시리얼포트가 4개이므로 이 프로그램을 실행하는데 문제가 없지만, 아두이노 우노는 하드웨어 시리얼포트가 1개이므로 소프트웨어 시리얼포트 1개를 추가로 이용하여 이 프로그램을 동작시켜야 한다. 따라서 이 프로그램을 어떤 보드에서 동작시키는 지에 따라 코딩 내용이 많이 달라지게 된다. 프로그램에서 A 부분은 esp8266을 Serial3로 정의하여 3번 하드웨어 시리얼 포트를 사용하고, B 부분은 SoftwareSerial.h를 포함하고 esp8266를 SoftwareSerial 클래스의 객체로 선언하여 사용한다. SoftwareSerial.h는 HardwareSerial.h와 멤버 함수들이 완전히 같다. 따라서 HardwareSerial.h의 멤버 함수와 동일하게 사용하면 된다. 이 소프트웨어 시리얼 포트는 우노에서 아두이노와 ESP-01을 연결하는 데에 활용한다.

만일 메가를 쓴다면 A 부분을 살리고 B를 지워야하고, 우노를 쓴다면 A 부분을 지우고 B 부분을 사용하여야 한다. 이렇게 프로그램 상단의 정의 부분을 정리하면 Serial3로 정의된 esp8266이라는 객체에 의해 우노에서와 메가에서의 동작이 모두 정의되므로 setup() 함수와 loop() 함수부분은 우노나 메가에 관계없이 프로그램을 작성할 수 있다.

setup() 함수에서는 연결을 설정하는 역할을 하고 있다. 두 포트의 보레이트를 설정하여 아두이노와 PC, 그리고 아두이노와 ESP-01을 서로 연결한다. 이후에 이번 장의 "서버 구축하기 [웹서버 접속 과정 및 포트 포워딩 규칙 설정]" 에서 설명한 AT명령어를 이용해 ESP-01과 AP를 연결하는 작업을 수행한다.

loop() 함수에서는 아두이노 웹서버가 외부 스마트기기에 html을 전송하거나 html을 통해 LED를 켜고 끄는 명령을 받아오는 역할을 수행한다. 이를 위해 먼저 esp8266.available() 함수를 이용하여 ESP-01이 시리얼 모니터로 전송한 데이터가 있는지 확인하고, esp8266.find("+IPD,") 함수를 이용하여 외부 인터넷으로부터 전송된 데이터인지 확인한다. 또한, esp8266.find("LED") 함수를 사용하여 전송된 데이터 중에 LED를 제어하는 명령어가 있는 지 확인한다. 이 모든 확인이 완료되면 입력된 데이터를 검사하여 LED를 켜거나 끄고, 이에 맞는 html을 클라이언트로 전송하면 된다. 이 과정에서 sendData() 함수를 사용하는데, 이 함수는 스케치 소프트웨어가 시리얼 통신 경로를 통해 ESP-01에게 데이터를 전송해 주는 함수이다. 세부적인 내용은 코드의 주석을 참조하기로 하자.

아두이노 동작시키기

- 아두이노가 연결된 상태에서 스케치 프로그램을 업로드한다.
- PC나 스마트폰의 웹브라우저를 이용하여 공인 IP로 접속하면 다음과 같은 웹페이지가 뜨고, LED ON이나 LED OFF를 클릭하면 13번 LED가 켜고 꺼지는 동작이 실행됨을 확인할 수 있다. 연결할 때마다 시리얼 모니터로 표시되는 데이터들이 프로그램에서 설명한 것과 일치하는지 확인해 보자.

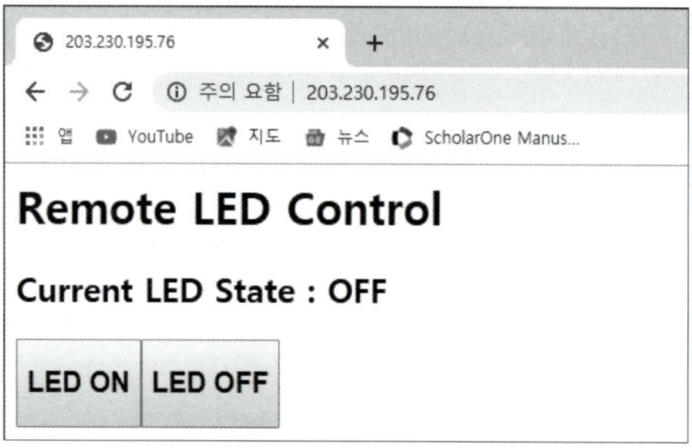

[그림 26.10] 인터넷으로 제어하는 전등의 웹 화면

연습 문제

1 아두이노에는 와이파이 모듈이 부착되어 있어 와이파이 (   )와의 통신을 제공할 수 있어야 한다. 이 때 와이파이 모듈에는 반드시 (   ) 주소가 할당되어 있어야 한다.

2 원격지에서 인터넷을 통해 전등을 올바로 제어하려면 아두이노에 (   )가 설치되어 있어, 외부 스마트기기가 웹서버의 UI(User Interface) 데이터를 다운 받아 가정집의 전등을 편하게 제어할 수 있는 환경을 만들어 주어야 한다. 이는 (   )라는 프로토콜을 이용하여 구현한다.

3 이 책에서 사용되는 와이파이 시리얼 모듈은 (   )이다. 이것은 (   ) 기반의 와이파이 시리얼 모듈로 AI Thinker 사에서 제작하였으며 8핀의 인터페이스를 가지고 있고, 가격이 저렴하여 널리 쓰인다.

4 UART가 연결된 상태에서는 (   )로 ESP-01의 환경을 세팅하거나 제어가 가능하다. ESP-01은 3.3V의 전원을 사용하므로 (   ) 레벨 변환기를 활용하여야 한다.

5 TXD는 UART용 출력 신호(3.3V 레벨)로서 무선을 통해 와이파이 모듈이 수신한 데이터를 아두이노로 전송하는 핀이므로 아두이노의 (   ) 포트에 연결되어야 한다. RXD는 UART용 입력 신호(3.3V 레벨)로서 무선으로 전송하려는 데이터를 아두이노로부터 수신 받는 핀이므로 아두이노의 (   ) 포트에 연결되어야 한다.

6 GTL2003PW를 활용하지 않을 경우 약식으로 회로를 연결하려면 저항을 이용해 (   )를 구성하여야 한다.

7 AP의 SSID가 PWIFI이고, password는 9999였다. 이 AP에 접속하기 위한 AT 명령어를 구성하여라.

8 AP에 ESP-01이 접속될 경우 DHCP를 이용해 ESP-01에게 사설 IP를 전달하게 된다. 이것을 확인할 수 있는 AP 명령어를 구성하여라.

부록

JARDUINO-MEGA-IOT 실습 키트 사용자 설명서

1 _ 외관

JARDUINO-MEGA-IOT 실습 키트는 메인 보드와 확장 모듈로 나누어지는데, 메인 보드는 아래와 같다. 그림에서 보듯이 JARDUINO-MEGA-IOT는 아두이노 MEGA2560과 폼펙터가 동일한 하드웨어를 내장하고 있으며(그림 왼쪽 아래 부분), 다양한 전자 부품을 보드 내에 내장하고 있다. 오른쪽 위와 오른쪽 가장자리 부분에는 여러 종류의 커넥터를 제공하여 모터나 센서 등의 확장 모듈을 장착할 수 있다. 또한, 아두이노 실드 사용 시를 고려하여 내부 전자 부품과 아두이노의 연결을 끊을 수 있는 내부 연결 차단 점퍼가 제공되므로 매우 편리하다.

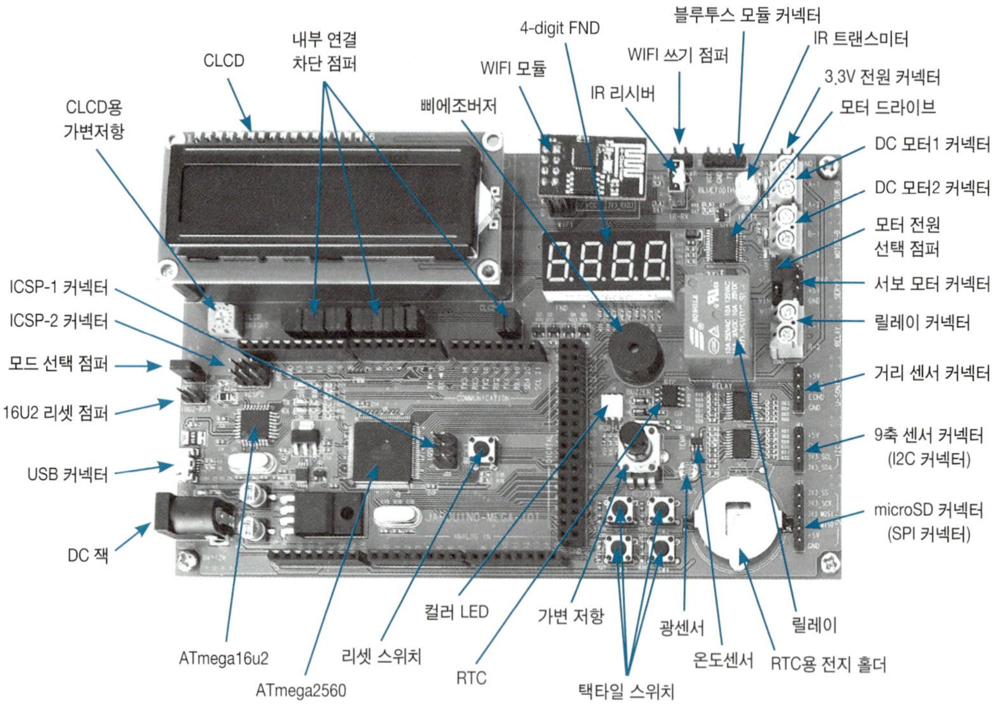

확장 모듈까지 모두 장착한 JARDUINO-MEGA-IOT 전체 형상은 다음과 같다. 확장 모듈은 메인 보드의 커넥터에 쉽게 장착할 수 있도록 지정된 케이블로 연결된다.

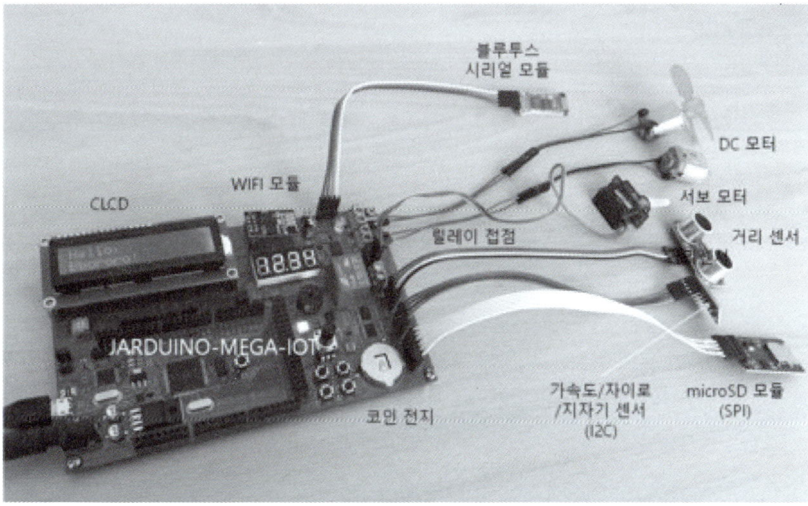

2 _ 장착 부품/모듈 (＊참고 : 부품/모듈은 예고 없이 일부 변동될 수 있음)

메인 보드 부품 기능	부품명 및 사용 갯수
마이크로컨트롤러	Atmega2560-16AU, 16Mhz
LED	노랑 LED
컬러 LED	공통 캐소드 타입 RGB 컬러 LED
4-digit FND	공통 캐소드 타입 4-digit FND, WCN-0036SR-C11
버저	삐에조 버저, GEC-13
가변저항	로터리형 10KΩ 가변저항
광센서	CDS 센서, GL5537
온도센서	-30~120도 온도 측정 가능 아날로그 온도센서, TMP36
IR 센서	IR 트랜스미터 + IR 리시버, CL-1L5R + KSM603LM
RTC	RTC + 코인 전지, PCF8563
릴레이	250V/10A 1채널 릴레이, SRD-05VDC-SL-C
스위치	소형 택타일 스위치 4개
DC 모터 드라이브	최대 12V/1.2A DC모터 2개 제어용 모터드라이브, TB6612FNG
확장 모듈 부품 기능	**부품명 및 사용 갯수**
CLCD	LCD1602A 1개
WIFI시리얼	ESP8266(ESP-01) 1개
블루투스 시리얼	HC-06 1개
DC모터	3V~6V 미니 모터 2개
서보 모터	SG90 1개
거리 센서	HC-SR04 1개
9축 센서(I2C)	MPU9250 1개
MicroSD 카드(SPI)	MicroSD Card Adapter 1개

외장 부품 기능	부품명 및 사용 갯수
USB 케이블	마이크로USB 케이블 1개
DC 전원 어댑터	6V DC 전원 어댑터 1개
부품 박스	부품 수납용 멀티 박스 1개

3 _ 커넥터, 스위치, 점퍼 등의 역할

JARDUINO-MEGA-IOT의 실습 키트 내부에 있는 커넥터, 스위치 및 점퍼에 대한 역할을 정리하면 아래 표와 같다.

커넥터/스위치/점퍼 등	내용
DC 잭	전원 공급용으로 6V~12V의 전원어댑터 연결, 많은 기능 사용시 사용 필수
USB 커넥터	USBmicro 커넥터로 프로그램 업로드 및 전원 공급용
모드 선택 점퍼	ICSP 선택 점퍼, 미장착 상태에서 전원 인가된 경우, ICSP 프로그램에서 직접 프로그램 업로드 가능, 장착 상태에서는 일반 아두이노 모드(평상시 장착)
16U2 리셋 점퍼	ATmega16U2 리셋 점퍼, A/S 용(평상시 미장착)
ICSP-1 커넥터	ATmega2560 프로그램 퓨징을 위한 ICSP 연결용
ICSP-2 커넥터	ATmega16U2 프로그램 퓨징을 위한 ICSP 연결용
리셋 스위치	ATmega2560 리셋용, 스위치를 누른 상태에서 전원 인가시 ATmega16U2 부트로더가 실행됨
CLCD용 가변저항	CLCD 글자 밝기 조절용
내부 연결 차단 점퍼	내부에 연결된 입력 자원을 핀에서 차단하고자 할 때 사용 (14핀, 차단 필요시 미장착, 평상시 장착)
WIFI 쓰기 점퍼	ESP8266 WIFI 모듈 프로그램 퓨징 시 장착(평상시 미장착)
3.3V 전원 점퍼	외부 3.3V 전원 공급용(통합 최대 500mA까지 가능)

4 _ 포트/신호 할당

JARDUINO-MEGA-IOT에는 다양한 전자부품이 실장되어 있고, 내부에 있는 아두이노 MEGA2560의 포트에 아래와 같이연결되어 있다.

포트 할당	부품 종류	포트 기능	신호 할당
D0-D1	UART	UART0	D0=RXD0(I), D1=TXD0(O)
D2	삐에조버저	D(PWM)	D2=BUZZER(OC0B, O)
D3-D4, D34-D38	모터드라이브(DC 모터)	D(PWM), D	D3=PWMA(OC3A, O), D4=PWMB(OC3B, O), D34=STB(O), D35=AIN1(O), D36=AIN2(O), D37=BIN1(O), D38=BIN2(O)
D5-D7	Color LED	D(PWM)	D5=RED(OC4B, O) , D6=GREEN(OC4C, O), D7=BLUE(OC28, O)
D8-D9	IR LED + 센서	D, D(PWM)	D8=IR_RX(I), D9=IR_TX(O)
D10	모터드라이브(서보 모터)	D(PWM)	D10=SERVO(OC2A, O)
D11-D12, D18-D19	스위치	D(INT)	D11=SW1(PINT5, I), D12=SW2(PINT6, I), D18=SW3(INT3, I), D19=SW4(INT2, I)
D13	LED	D(PWM)	D13=LED(OC0A, O)
D14-D15	WIFI 모듈	UART3	D14=TXD3(O), D15=RXD3(I)
D16-D17	블루투스 모듈	UART2	D16=TXD2(O), D17=RXD2(I)
D20-D21	가속도/자이로 /지자기 센서, RTC	I2C	D20=SDA(I/O), D21=SCL(O)
D22-D33	4-digit FND	D	D22-D29=FND0-FND7(O), D30- D33=FND_SEL0-FND_SEL3(O)
D39-D40	초음파거리센서	D	D39=TRIG(O), D40=ECHO(I)
D41	릴레이	D	D41=CONTROL(O)
D42-D47	CLCD 모듈	D	D42-D45=D4-D7(O), D46=RS, D47=E
D48-D49	(연결되어 있지 않음)	D	
D50-D53	SD카드		D50=MISO(I), D51=MOSI(O), D52=SCK(O), D53=SS(O)
A0-A12	(연결되어 있지 않음)	A/D	
A13	가변저항	A	A13(I)
A14	CDS센서	A	A14(I)
A15	아날로그온도센서	A	A15(I)

* I : Input, O : Output, I/O : Input/Output, D : Digital, A : Analog, A/D : Analog/Digital

5 _ 전원 인가 및 기동, 보드의 크기

JARDUINO-MEGA-IOT의 전원은 메인 보드 왼쪽 아래에 있는 전원 커넥터(DC-JACK)에 6V~12V(1A 이상) 전원을 공급하거나, 전원 커넥터 바로 위에 있는 USB 커넥터에 USB 케이블을 이용하여 PC 전원(5V)을 공급하면 된다. 전원 커넥터에 전원이 제공되면 USB 케이블로 공급되는 전원은 자동적으로 차단되도록 회로가 구성되어 있다. USB로 전원을 공급하는 경우는 USB 케이블의 전류 공급 능력(0.5A) 범위 내에서만 사용이 가능하므로 메인 보드 내의 기능을 이용하는 경우를 제외하고는 권장하지 않는다.

JARDUINO-MEGA-IOT의 메인 보드 크기는 159mm x 101mm x 25mm(가로 x 세로 x 높이)이다.

6 _ 스케치 프로그램을 이용한 응용 프로그램 업로드 방법

JARDUINO-MEGA-IOT는 아두이노 MEGA2560과 호환되며, 스케치 프로그램 업로드는 일반적인 아두이노 제품의 사용 방법과 동일하다. 즉, 스케치 프로그램을 실행한 후 아래의 항목을 확인하고 세팅한 후 최종적으로 [업로드]를 실행하면 된다.

(1) JARDUINO-MEGA-IOT의 〈모드 선택 점퍼〉를 장착하지 않은 상태로 USB 케이블을 연결
(2) 스케치의 [툴] → [보드]에서 "Arduino/Genuino Mega or Mega 2560" 선택
(3) 스케치의 [툴] → [프로세서]에서 "Atmega2560 (Mega 2560) 선택
(4) 스케치의 [툴] → [포트]에서 "COM(번호) (Arduino/Genuino Mega or Mega 2560)" 선택

아두이노 MEGA2560과 관련한 세부적인 기능 및 규격은 아두이노 웹사이트인 https://www.arduino.cc 를 참조하면 된다.

7 _ ICSP를 이용한 응용 프로그램 업로드 방법

JARDUINO-MEGA-IOT는 아두이노 스케치 프로그램을 이용하지 않고, Atmel Studio나 Codevision 등의 AVR 개발환경을 이용하여 프로그램을 업로드하는 경우도 지원하는데 이 경우는 다음과 같이 수행한다.

(1) JARDUINO-MEGA-IOT의 〈모드 선택 점퍼〉를 장착한다.
(2) USB 케이블을 이용하여, JARDUINO-MEGA-IOT와 PC를 연결한다. 만약, 응용프로그램 업로드 외에 퓨즈 비트도 수정하려고 할 때에는 리셋 스위치를 먼저 누른 상태에서 USB 케이블을 연결한 후 리셋 스위치를 놓는다.
(3) 이 후의 과정은 Atmel Studio 또는 Codevision 등 개발환경의 일반적 실행 과정과 동일하다.

8 _ 참조 사항

기타 JARDUINO-MEGA-IOT와 관련한 세부 내용이나 관련 자료, 문의사항 등은 아래의 문의처로 문의한다.

(1) 제이씨넷 - 전화 : 042-486-0761, 이메일 : jcnet@jcnet.co.kr

(2) 네이버 카페 - 임베디드홀릭(https://cafe.naver.com/lazydigital)

memo

memo